INTRODUÇÃO À ENGENHARIA AMBIENTAL

2ª edição

INTRODUÇÃO À
ENGENHARIA AMBIENTAL

2ª edição

Benedito Braga
Ivanildo Hespanhol
João G. Lotufo Conejo
José Carlos Mierzwa
Mario Thadeu L. de Barros
Milton Spencer
Monica Porto
Nelson Nucci
Neusa Juliano
Sérgio Eiger

Escola Politécnica da Universidade de São Paulo
Departamento de Engenharia Hidráulica e Sanitária

Pearson

Diretor editorial: José Braga
Gerente editorial: Roger Trimer
Editora de desenvolvimento: Marileide Gomes
Gerente de produção: Heber Lisboa
Preparação: Lucrecia Freitas
Revisão: Lucila Segóvia/Regina Barbosa
Capa: Marcelo da Silva Françozo
Foto da capa: Mario Thadeu L. de Barros (Reservatório Ponte Nova — Rio Tietê)
Ilustrações: Eduardo Borges
Projeto gráfico e diagramação: Figurativa Arte e Projeto Editorial

Dados Internacionais de Catalogação na Publicação (CIP)
(Câmara Brasileira do Livro, SP, Brasil)

Introdução à engenharia ambiental – 2ª. ed
Vários autores.
São Paulo : Pearson Prentice Hall, 2005.

Bibliografia.
ISBN: 978-85-7605-041-4

1. Engenharia ambiental.

05-1189 CDD-628

Índices para catálogo sistemático

1. Engenharia ambiental 628

Direitos exclusivos cedidos à
Pearson Education do Brasil Ltda.,
uma empresa do grupo Pearson Education
Av. Francisco Matarazzo, 1400,
7° andar, Edifício Milano
CEP 05033-070 - São Paulo - SP - Brasil
Fone: 19 3743-2155
pearsonuniversidades@pearson.com

Distribuição
Grupo A Educação
www.grupoa.com.br
Fone: 0800 703 3444

A nossas famílias, que, com a paciência dos sábios, cederam preciosas horas de convívio para que este texto pudesse ser escrito.

S U M Á R I O

I
Fundamentos

II
Poluição ambiental

III

Desenvolvimento sustentável

PREFÁCIO

PREFÁCIO À SEGUNDA EDIÇÃO

Esta publicação da segunda edição revisada e ampliada do nosso *Engenharia ambiental* acontece em um momento ambiental importantíssimo para nosso país e para o mundo. A entrada em vigor do Protocolo de Quioto traz grandes esperanças de soluções inovadoras como os mecanismos de mercado de cota de carbono que poderão, eventualmente, trazer ao mundo subdesenvolvido a possibilidade de utilizar recursos financeiros do mundo desenvolvido em ações de desenvolvimento sustentável em seus territórios. No Brasil, o crescimento da economia impõe a construção de infra-estrutura para atender a diferentes setores da sociedade com inevitáveis impactos ambientais. Merece destaque o desafio da construção de infra-estrutura rodoviária, ferroviária e energética em áreas sensíveis como a Mata Atlântica ou mesmo a Amazônia. Mais do que nunca o tema desenvolvimento sustentável está presente na vida diária da sociedade. Portanto, faz-se necessário aprimorar nossa visão sistêmica de ações que irão proporcionar melhor qualidade de vida aos cidadãos.

Este compêndio procura dar ao aluno de graduação em engenharia uma visão sistêmica das opções de desenvolvimento antrópico com respeito ao meio natural. Além disso, procura relacionar a engenharia com outras áreas do conhecimento, afeitas ao direito, sociologia e política. O livro é resultado de um esforço conjunto, já de alguns anos, dos professores do Departamento de Engenharia Hidráulica e Sanitária. Este esforço rendeu também a criação do Curso de Engenharia Ambiental da Escola Politécnica da USP. Formado por um trabalho multiinstitucional no âmbito da Universidade de São Paulo, este curso incorpora um número expressivo de disciplinas nas áreas da engenharia, química, biologia, direito, sociologia, economia e administração, política, saúde pública e ciências políticas.

A primeira edição do livro estava estruturada em três partes: I) Fundamentos, II) Poluição ambiental e III) Desenvolvimento sustentável. Esta mesma lógica foi mantida nesta segunda edição. Como os temas tratados nestas partes são extremamente dinâmicos, houve a necessidade de atualização de muitos dados mostrados em tabelas e gráficos. Incorporamos um grande número de sugestões de nossos leitores, incluindo colegas professores, alunos e profissionais, atuando na iniciativa privada e no setor público. A Parte I, em seus seis capítulos, trata de conceitos básicos na área ambiental, como matéria e energia, e suas inter-relações com o ecossistema, cadeias alimentares, ciclos biogeoquímicos e dinâmica das populações. Trata-se, portanto, da análise da oferta de recursos ambientais e seu metabolismo de equilíbrio. Na Parte II, com quatro capítulos, passa-se a discutir o impacto das ações antrópicas. O homem, a partir da descoberta do fogo e conseqüente uso mais intensivo de energia, passou a alterar significativamente o meio ambiente, gerando resíduos de matéria e energia na hidrosfera, na litosfera e na atmosfera. A necessidade de atender às crescentes demandas energéticas da sociedade moderna está entre os problemas ambientais mais complexos que hoje enfrentamos. A poluição da água, do solo e do ar é analisada em termos de suas fontes, impactos sobre os seres vivos, plantas, e suas diversas formas de controle.

A Parte III, em quatro capítulos, apresenta o conceito de desenvolvimento sustentável e discute as diferentes metodologias de planejamento e gerenciamento ambiental disponíveis para sua implantação. Na parte final são abordados os aspectos legais e institucionais, incluindo a metodologia para desenvolvimento de Estudo de Impacto Ambiental (EIA) e o Relatório de Impacto sobre o Meio Ambiente (RIMA). Nesta parte foi incluído um novo capítulo sobre gestão ambiental, o qual inclui as normas ISO, a rotulagem ambiental, os métodos de gestão corporativa para o meio ambiente e a prevenção da poluição.

A engenharia ambiental deve ser capaz de enfrentar o desafio da nova 'engenhosidade': tornar possível a contínua evolução tecnológica baseada em princípios de gestão integrada. Ao engenheiro compete a realização e a concretização de projetos. O século XXI exige um tipo de profissional que, sem perder esta sua vocação principal, consiga agregar conhecimento para que tal realização se dê segundo a boa prática da ecoeficiência. Este livro pretende colaborar na capacitação de indivíduos para o contínuo desafio de melhorar o trinômio meio ambiente – desenvolvimento econômico – qualidade de vida, atualmente tão inserido na sociedade moderna e firmado como compromisso internacional na era pós-Agenda 21.

Os autores

PREFÁCIO

PREFÁCIO À PRIMEIRA EDIÇÃO

Diversos livros que tratam de temas ligados à ciência ambiental já foram publicados em português, mas ainda se sentia a falta de um texto que transmitisse a visão da engenharia em relação ao meio ambiente. Por isso este trabalho procura enfocar de modo sistemático a questão da tecnologia apropriada ao desenvolvimento com conservação ambiental. A questão do conflito entre aspectos socioeconômicos e ambientais é também apresentada como um dos grandes desafios da engenharia no século XXI.

O livro está dividido em três partes: I – Fundamentos, II – Poluição ambiental e III – Desenvolvimento sustentável. Nos seis capítulos da Parte I são abordados os conceitos de matéria e energia e suas inter-relações com o ecossistema, as cadeias alimentares, os ciclos biogeoquímicos e a dinâmica das populações. Nessa parte, portanto, analisa-se a oferta de recursos ambientais e seu fluxo na biosfera. Nos quatro capítulos da Parte II passa-se a discutir o impacto das ações antrópicas. O homem, a partir da descoberta do fogo e do conseqüente uso mais intensivo da energia, passou a alterar mais significativamente o meio ambiente, gerando resíduos de matéria e energia na hidrosfera, na litosfera e na atmosfera. Essa parte discute as diversas formas de energia disponíveis para o desenvolvimento e a questão da presença dos resíduos no meio ambiente, tratando da poluição da água, do solo e do ar. A Parte II encerra-se com a discussão das diversas formas de controle da poluição. A Parte III, com quatro capítulos, apresenta o conceito de desenvolvimento sustentável e discute as diferentes metodologias de planejamento e gerenciamento ambiental disponíveis para sua implantação. Aspectos legais e institucionais, incluindo a metodologia para desenvolvimento de estudo de impacto ambiental (EIA) e do relatório de impacto sobre o meio ambiente (RIMA), são tratados nessa parte final.

Muitos colaboraram com a organização desta obra. Gostaríamos de demonstrar nossa gratidão aos dedicados alunos de graduação Bianca Bianchi, Ana Marta Bertoni e Ciro Cozzolino, além dos alunos Maria Lucia Auriemi Nunes, Paulo Breno de Moraes Silveira e José Carlos Mierzwa, do Programa de Aperfeiçoamento ao Ensino de Pós-Graduação. Sem a dedicação e o esforço por eles empreendidos não teríamos chegado ao final deste trabalho.

Por fim, gostaríamos de enfatizar que este trabalho é um esforço conjunto de um grupo de docentes do Departamento de Engenharia Hidráulica e Sanitária da Escola Politécnica da Universidade de São Paulo (EPUSP). Portanto, a ordem estabelecida na listagem dos autores tem fundo logístico, e não segue uma escala de importância.

Os autores

AUTORES

Benedito Braga
Ph.D. pela Universidade de Stanford, EUA. Professor titular da Universidade de São Paulo, afastado junto à Agencia Nacional de Águas onde é diretor. Autor de mais de 20 livros e capítulos de livros além de 200 artigos técnicos publicados em revistas nacionais e estrangeiras. Tem como maior interesse de pesquisa o desenvolvimento de modelos para o gerenciamento de recursos hídricos com múltiplos objetivos.

Ivanildo Hespanhol
Engenheiro civil e engenheiro sanitarista pela Universidade de São Paulo. Doutor em saúde pública pela Universidade de São Paulo. M.Sc. e Ph.D. em engenharia ambiental pela Universidade da Califórnia, Berkeley. Membro do corpo científico da Organização Mundial da Saúde. Atua como engenheiro consultor no Brasil e na América Latina em assuntos associados a reúso, qualidade e tratamento avançado de água e efluentes industriais.

João Gilberto Lotufo Conejo
Engenheiro civil com especialização em hidráulica, pela Escola de Engenharia de São Carlos, da Universidade de São Paulo-USP. Mestre em engenharia hidráulica, pela Escola Politécnica da USP. Possui diploma do Imperial College, Universidade de Londres, em engenharia hidrológica. Professor assistente da USP, afastado junto à Agência Nacional de Águas onde é superintendente de planejamento de recursos hídricos. Cargos exercidos: diretor técnico da Sanasa - Campinas, Sociedade de Abastecimento de Água e Saneamento S.A; secretário adjunto da Secretaria de Recursos Hídricos, Saneamento e Obras do Estado de São Paulo; superintendente do Departamento de Águas e Energia Elétrica - DAEE, SP.

José Carlos Mierzwa
Doutor em engenharia civil e mestre em tecnologia nuclear pela Universidade de São Paulo. Ministra aulas de graduação e de pós-graduação no Departamento de Engenharia Hidráulica e Sanitária da Escola Politécnica da USP. Suas principais áreas de pesquisa são reúso, qualidade da água e gestão ambiental.

Mario Thadeu Leme de Barros
Professor livre-docente da Escola Politécnica da USP. É responsável por disciplinas de graduação e de pós-graduação. É pesquisador nas áreas de engenharia de recursos hídricos e de engenharia ambiental, atua sobretudo em análise de sistemas ambientais, gestão ambiental, hidrologia e recursos hídricos. Trabalhou no Departamento de Águas e Energia Elétrica do Estado de São Paulo (DAEE) e foi diretor do Centro Tecnológico de Hidráulica e Recursos Hídricos (CTH) do DAEE/EPUSP.

Milton Spencer Veras Júnior
Professor da Escola Politécnica da Universidade de São Paulo e da Escola de Engenharia de Mauá. Ex-diretor do Departamento de Águas e Energia Elétrica na área de Desenvolvimento Regional do Vale do Paraíba.

Monica Ferreira do Amaral Porto
Professora associada na área de engenharia ambiental do Departamento de Engenharia Hidráulica e Sanitária da EPUSP. É especializada na área de qualidade da água em corpos hídricos superficiais e em gestão de recursos hídricos.É engenheira civil pela Escola Politécnica da USP, com mestrado e doutorado.

Nelson Nucci
Engenheiro civil e professor pela Escola Politécnica da USP, onde lecionou no Departamento de Engenharia Hidráulica e Sanitária até sua aposentadoria, em setembro de 2003. Foi diretor da Sabesp — Companhia de Saneamento Básico do Estado de São Paulo entre 1983 e 1987. Presidiu a ABES — Associação Brasileira de Engenharia Sanitária de 1986 a 1988. Integrou o Conselho Técnico e Científico da IWSA/IWA — International Water Supply Association/International Water Association, entre 1988 e 2002. É diretor da JNS Engenharia, Consultoria e Gerenciamento S/C Ltda. desde 1987.

Neusa Juliano
Engenheira civil pela Escola Politécnica da Universidade de São Paulo — EPUSP. Possui mestrado e doutorado nas áreas de saneamento e meio Ambiente. Na Companhia de Tecnologia de Saneamento Ambiental — Cetesb, foi superintendente das unidades regionais, superintendente de treinamento e informática e superintendente de pesquisa. É professora da EPUSP, junto ao Departamento de Engenharia Hidráulica e Sanitária, nas áreas de saneamento e meio ambiente.

Sérgio Eiger
É formado pela Escola Politécnica da USP e possui doutorado pela Universidade da Califórnia, Berkeley. É professor associado da Faculdade de Saúde Pública da USP, junto ao Departamento de Saúde Ambiental. É também especialista em hidráulica ambiental e qualidade da água.

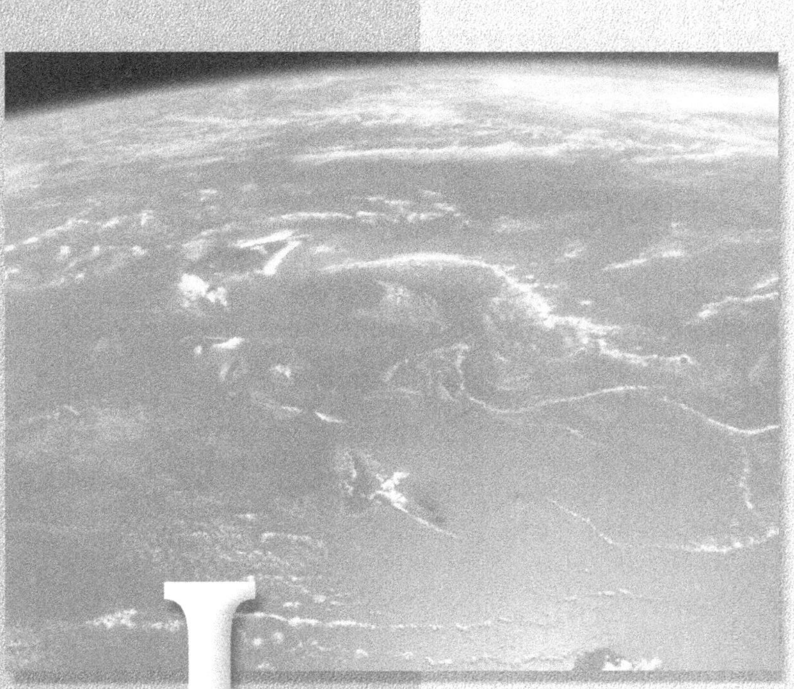

I Fundamentos

1 A crise ambiental

Segundo Miller (1985), nosso planeta pode ser comparado a uma astronave, deslocando-se a cem mil quilômetros por hora pelo espaço sideral, sem possibilidade de parada para reabastecimento, mas dispondo de um eficiente sistema de aproveitamento de energia solar e de reciclagem de matéria. Há atualmente, na astronave, ar, água e comida suficientes para manter seus passageiros. Tendo em vista o progressivo aumento do número desses passageiros, em forma exponencial, e a ausência de portos para reabastecimento, podem-se vislumbrar, em médio e longo prazos, problemas sérios para a manutenção de sua população.

Pela segunda lei da termodinâmica, o uso da energia implica degradação de sua qualidade. Como conseqüência da lei da conservação da massa, os resíduos energéticos (principalmente na forma de calor), somados aos resíduos de matéria, alteram a qualidade do meio ambiente no interior dessa astronave. A tendência natural de qualquer sistema, como um todo, é de aumento de sua entropia (grau de desordem). Assim, os passageiros, utilizando-se da inesgotável energia solar, processam, por meio de sua tecnologia e de seu metabolismo, os recursos naturais finitos — gerando, inexoravelmente, algum tipo de poluição. Do equilíbrio entre esses três elementos — população, recursos naturais e poluição (Figura 1.1) — dependerá o nível de qualidade de vida no planeta. Os aspectos mais relevantes de cada vértice do triângulo formado por esses elementos e suas interligações são analisados nos itens subseqüentes.

FIGURA 1.1

Relação entre os principais componentes da Crise Ambiental.

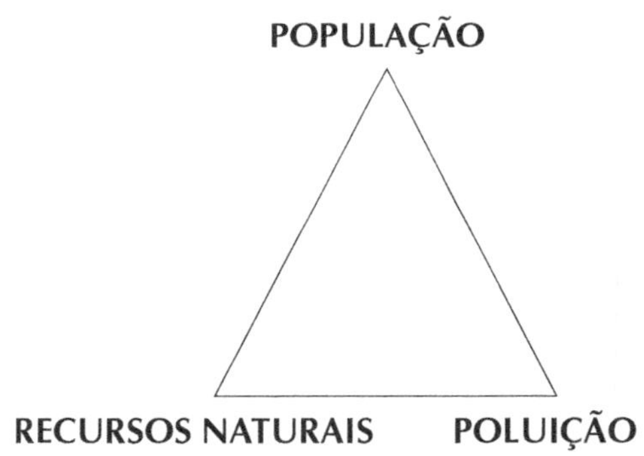

1.1 População

A população mundial cresceu de 2,5 bilhões em 1950 para 6,2 bilhões no ano 2002 (U.S. Census Bureau, 2004a) e, atualmente, a taxa de crescimento se aproxima de 1,13% ao ano. De acordo com a analogia da astronave, isso significa que, nos dias de hoje, ela transporta 6,2 bilhões de passageiros e, a cada ano, outros 74 milhões de passageiros nela embarcam. Esses passageiros estão divididos em 227 nações nos cinco continentes, poucas das quais pertencem aos chamados países desenvolvidos, com 19% da população total. As demais são os chamados países em desenvolvimento ou subdesenvolvidos, com os restantes 81% da população. Novamente usando a analogia com a astronave, é como se os habitantes dos países desenvolvidos fossem passageiros de primeira classe, enquanto os demais viajam no porão. Em decorrência das altas taxas de crescimento populacional que hoje somente ocorrem nos países menos desenvolvidos, essa situação de desequilíbrio tende a se agravar ainda mais: em 1950, os países desenvolvidos tinham 31,5% da população mundial; em 2002, apenas 19,3%; e, em 2050, terão 13,7% (U.S. Census Bureau, 2004a).

Uma das constatações mais importantes na questão demográfica é que já ultrapassamos o ponto de inflexão da curva de crescimento exponencial (curva 'J') da população (Figura 1.2).

FIGURA 1.2

A curva de crescimento exponencial da população.

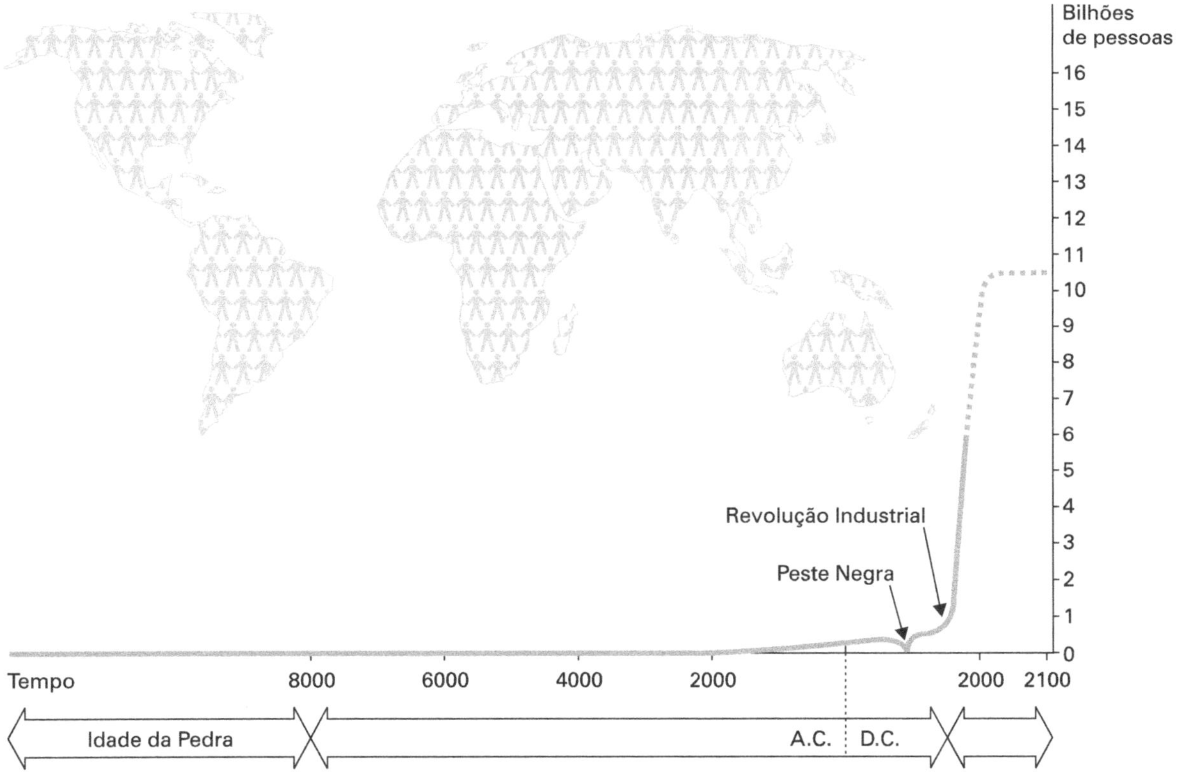

Um casal que tenha cinco filhos, os quais, por sua vez, tenham cinco filhos cada um, representa, a partir de duas pessoas, uma população familiar de 25 pessoas em duas gerações. Esse fenômeno vem ocorrendo mundialmente desde meados do século XIX, com a Revolução Industrial. A partir dessa revolução, a tecnologia proporcionou uma redução da taxa bruta de mortalidade, responsável pelo aumento da taxa de crescimento populacional anual, apesar de a taxa de natalidade estar se reduzindo desde aquela época até os dias atuais.

A taxa mundial bruta de natalidade é hoje de 352.268 habitantes por dia, enquanto a taxa bruta de mortalidade é de 150.677 habitantes por dia. Portanto, a taxa bruta de natalidade é 2,3 vezes maior que a taxa bruta de mortalidade. O aumento de população é dado pela diferença entre os dois valores — o que, nos dias de hoje, significa um aumento anual de cerca de 1,2%. Apesar de os dois valores serem aparentemente pequenos, implicam valores absolutos aproximados um tanto alarmantes: 202 mil novos passageiros por dia, 1,4 milhão por semana ou 74 milhões por ano. Com essa taxa de crescimento, seria necessário somente um dia para repor os 200 mil mortos do maremoto de 1970, no Paquistão, quatro dias para repor os 900 mil mortos da grande cheia de 1987 no Rio Huang, na China, e pouco mais de 12 meses para repor os 75 milhões de mortos vítimas da peste bubônica que assolou a Europa entre 1347 e 1351.

Dentro dessa perspectiva de crescimento, cabe questionar até quando os recursos naturais serão suficientes para sustentar os passageiros da astronave Terra. Existem autores, como Lappe e Collins (1977), que contestam a tese de insuficiência de recursos naturais e responsabilizam a má distribuição da renda e a má orientação da produção agrícola pela fome no mundo hoje.

Na Tabela 1.1, podemos observar a densidade demográfica de países selecionados. Notamos que alguns países, como Japão e Bangladesh, apresentam taxas de ocupação do solo muito elevadas. Observando também a coluna de taxa de crescimento anual da população, podemos concluir que a situação em Bangladesh tende a se tornar mais crítica, em função de sua ainda alta taxa de crescimento anual (2,1%). O Brasil ocupa a quinta colocação no *ranking* com cerca de 2,9% da população mundial, totalizando 180 milhões de habitantes (Tabela 1.1). Com uma ocupação territorial de 21 habitantes por quilômetro quadrado e uma taxa de crescimento populacional declinante (1,2% no ano de 2002), nosso país tende a uma situação de menor complexidade em termos populacionais em relação ao que se previa no início da década de 1980. Entretanto, devemos ter em mente que, mesmo que o problema da fome no mundo hoje possa ser atribuído a interesses políticos e econômicos dos países desenvolvidos, e não a uma superpopulação, em longo prazo teremos de encontrar um modo consensual de reduzir a taxa de crescimento populacional.

TABELA 1.1

Países mais populosos: população, densidade demográfica e taxa de crescimento anual (U.S. Census Bureau, 2004b).

País	População (milhões) (2002)	Densidade demográfica (2002) (hab./km2)	Taxa de Crescimento anual (%)
China	1.309.380	136	0,6
Índia	1.034.173	315	1,5
Estados Unidos	287.676	30	0,6
Indonésia	231.326	121	1,6
Brasil	179.914	21	1,2
Paquistão	147.663	184	2,1
Rússia	144.979	9	- 0,4
Bangladesh	135.657	942	2,1
Nigéria	130.500	141	2,6
Japão	127.066	336	0,1

1.2 Recursos naturais

Recurso natural é qualquer insumo de que os organismos, as populações e os ecossistemas necessitam para sua manutenção. Portanto, recurso natural é algo útil. Existe um envolvimento entre *recursos naturais* e *tecnologia*, uma vez que há a necessidade da existência de processos tecnológicos para utilização de um recurso. Exemplo típico é o magnésio, que até pouco tempo não era um recurso natural e passou a sê-lo quando se descobriu como utilizá-lo na confecção de ligas metálicas para aviões. *Recursos naturais e economia* interagem de modo bastante evidente, uma vez que algo é recurso na medida em que sua exploração é economicamente viável. Exemplo dessa situação é o álcool, que, antes da crise do petróleo de

1973, apresentava custos de produção extremamente elevados ante os custos de exploração de petróleo. Hoje, no Brasil, apesar da diminuição do Proálcool, o álcool ainda pode ser considerado um importante combustível para automóveis e um recurso natural estratégico e de alta significância, por causa de sua possibilidade de renovação e conseqüente disponibilidade. Sua utilização efetiva depende de análises políticas e econômicas que poderão ser revistas sempre que necessário.

Finalmente, algo se torna recurso natural caso sua exploração, processamento e utilização não causem danos ao *meio ambiente*. Assim, na definição de recurso natural, encontramos três tópicos relacionados: *tecnologia, economia* e *meio ambiente*.

O fato de não se ter levado em conta o meio ambiente nas últimas décadas gerou aberrações, como o uso de elementos extremamente tóxicos como recursos naturais. Como exemplo, podemos citar o chumbo e o mercúrio que, dependendo das concentrações utilizadas, podem causar a morte de seres humanos. Os clorofluorcarbonos, que até recentemente vinham sendo utilizados em diferentes processos industriais, como em compressores de refrigeradores e como propelentes de líquidos, estão sendo substituídos por outros gases diante das incertezas ligadas à eventual destruição da camada de ozônio.

Os recursos naturais podem ser classificados em dois grandes grupos: os *renováveis* e os *não-renováveis* (Figura 1.3). Os recursos renováveis são aqueles que, depois de serem utilizados, ficam disponíveis novamente graças aos ciclos naturais. A água, em seu ciclo hidrológico, é um exemplo de recurso renovável. Além da água, podemos citar como recursos renováveis a biomassa, o ar e a energia eólica. Como o próprio nome diz, um recurso não-renovável é aquele que, uma vez utilizado, não pode ser reaproveitado. Um exemplo característico é o combustível fóssil que, depois de ser utilizado para mover um automóvel, está perdido para sempre. Dentro dos recursos não-renováveis é possível, ainda, identificar duas classes: a dos minerais não-energéticos (fósforo, cálcio etc.) e a dos minerais energéticos (combustíveis fósseis e urânio). Os recursos naturais dessa última classe são, efetivamente, não-renováveis, enquanto os recursos da primeira classe podem se renovar, mas após um período de tempo tal que não serão relevantes para a existência humana. Na Figura 1.3 apresentamos os principais tipos de recursos naturais.

FIGURA 1.3

Classificação dos recursos naturais.

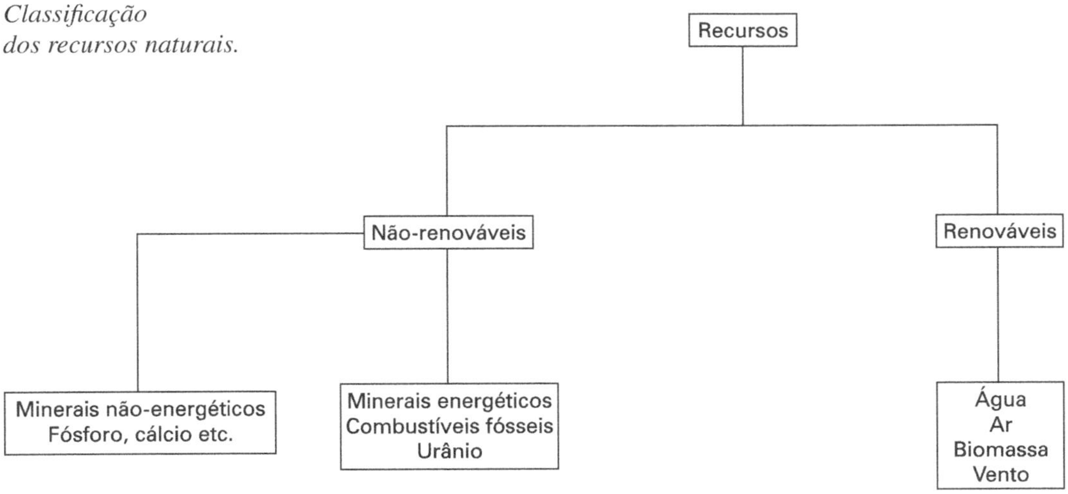

Há situações nas quais um recurso renovável passa a ser não-renovável. Essa condição ocorre quando a taxa de utilização supera a máxima capacidade de sustentação do sistema. Hardin (1968), no histórico *The tragedy of the commons*, ilustra essa situação. Um campo de pastagem comum (*The commons*) é utilizado coletivamente por alguns fazendeiros. O capim, evidentemente, é um recurso renovável (biomassa). Entretanto, os fazendeiros, visando ao aumento de seus lucros imediatos, colocam o número máximo de cabeças de gado nesse pasto, uma vez que o campo é comum a todos. O resultado dessa atitude é a depleção de um recurso, que era renovável, até níveis que inviabilizam a sua renovação.

1.3 Poluição

Completando o terceiro vértice do triângulo da Figura 1.1, como resultado da utilização dos *recursos naturais* pela *população* surge a *poluição*. A poluição é uma alteração indesejável nas características físicas, químicas ou biológicas da atmosfera, litosfera ou hidrosfera que cause ou possa causar prejuízo à saúde, à sobrevivência ou às atividades dos seres humanos e outras espécies ou ainda deteriorar materiais. Para fins práticos, em especial do ponto de vista legal de controle da poluição, acrescentamos que o conceito de poluição deve ser associado às alterações indesejáveis provocadas pelas atividades e intervenções humanas no ambiente. Desse modo, uma erupção vulcânica, apesar de poder ser considerada uma fonte poluidora, é um fenômeno natural não provocado pelo homem e que foge a seu controle, assim como outros fenômenos naturais, como incêndios florestais, grandes secas ou inundações.

Poluentes são resíduos gerados pelas atividades humanas, causando um impacto ambiental negativo, ou seja, uma alteração indesejável. Dessa maneira, a poluição está ligada à concentração, ou quantidade, de resíduos presentes no ar, na água ou no solo. Para que se possa exercer o controle da poluição de acordo com a legislação ambiental, definem-se padrões e indicadores de qualidade do ar (concentrações de CO, NO_x, SO_x, Pb etc.), da água (concentração de O_2, fenóis e Hg, pH, temperatura etc.) e do solo (taxa de erosão etc.) que se deseja respeitar em um determinado ambiente.

Quanto à origem dos resíduos, as fontes poluidoras podem ser classificadas em *pontuais* ou *localizadas* (lançamento de esgoto doméstico ou industrial, efluentes gasosos industriais, aterro sanitário de lixo urbano etc.) e *difusas* ou *dispersas* (agrotóxicos aplicados na agricultura e dispersos no ar, carregados pelas chuvas para os rios ou para o lençol freático, gases expelidos do escapamento de veículos automotores etc.). As fontes pontuais podem ser identificadas e controladas mais facilmente que as difusas, cujo controle eficiente ainda é um desafio.

Os efeitos da poluição podem ter caráter localizado, regional ou global. Os mais conhecidos e perceptíveis são os efeitos locais ou regionais, os quais, em geral, ocorrem em áreas de grande densidade populacional ou atividade industrial, correspondendo às aglomerações urbanas em todo o planeta, que floresceram com a Revolução Industrial. Nessas áreas há problemas de poluição do ar, água e solo. Esses efeitos espalham-se e podem ser sentidos em áreas vizinhas, às vezes relativamente distantes, sendo objeto de conflitos intermunicipais (disputa pelo mesmo manancial para abastecimento urbano), interestaduais (poluição das águas por municípios e indústrias de um estado, a montante de captações municipais e industriais de estado vizinho a jusante) e internacionais (chuva ácida na Suécia e Noruega oriunda da poluição do ar na Grã-Bretanha e Europa Ocidental).

Os efeitos globais detectados mais recentemente, como o efeito estufa e a redução da camada de ozônio, ainda não são bem conhecidos, mas podem trazer conseqüências que afetarão o clima e o equilíbrio global do planeta. É importante um esforço conjunto e sem precedentes para que se possa conhecer esses efeitos e controlá-los de modo eficaz. Os efeitos globais têm contribuído bastante para a sensibilização recente da sociedade sobre questões ambientais, merecendo destaque na mídia e na agenda de políticos e grupos ambientalistas em todo o planeta. Isso talvez possa ser explicado pela incerteza que os humanos passaram a experimentar em relação à própria sobrevivência da espécie e pela constatação de sua incapacidade de entender e controlar os processos e as transformações ambientais decorrentes de suas atividades. Até recentemente, acreditava-se que a inteligência e a tecnologia resolveriam qualquer problema e que não havia limites para o desenvolvimento da espécie e para a utilização de matéria e energia na busca de conforto e qualidade de vida.

2 Leis da conservação da massa e da energia

Todo e qualquer fenômeno que acontece na natureza necessita de energia para ocorrer. A vida, como a conhecemos, requer basicamente matéria e energia. Esses dois conceitos são fundamentais no tratamento da maioria das questões ambientais. O conceito de matéria é absolutamente simples: matéria é algo que ocupa lugar no espaço. Já o conceito de energia é um pouco mais complicado: energia é a capacidade de realização de trabalho. Nesse sentido, quanto maior for a capacidade de realizar trabalho, melhor será a qualidade da energia associada. Um litro de gasolina tem alta qualidade energética, enquanto o calor, a baixas temperaturas, possui energia de baixa qualidade.

Em qualquer sistema natural, matéria e energia são conservadas, ou seja, não se criam nem se destroem matéria nem energia. Duas leis da física explicam esse comportamento: a lei da conservação da massa e a lei da conservação da energia ou primeira lei da termodinâmica. Ao mesmo tempo, a segunda lei da termodinâmica explica que a qualidade da energia sempre se degrada de maneiras mais nobres (maior qualidade) para maneiras menos nobres (menor qualidade).

Essas leis da física, conhecidas desde longa data, estão atualmente sendo utilizadas para o entendimento dos sistemas ambientais. A seguir, descrevemos em detalhes as referidas leis e suas implicações na conservação do meio ambiente.

2.1 Lei da conservação da massa

De acordo com essa lei, em qualquer sistema, físicc ou químico, nunca se cria nem se elimina matéria, apenas é possível transformá-la de uma forma em outra. Portanto, não se pode criar algo do nada nem transformar algo em nada. Logo, tudo que existe provém de matéria preexistente, só que em outra forma, assim como tudo o que se consome apenas perde a forma original, passando a adotar uma outra. Tudo se realiza com a matéria que é proveniente do próprio planeta, apenas havendo a retirada de material do solo, do ar ou da água, o transporte e a utilização desse material para a elaboração do insumo desejado, sua utilização pela população e, por fim, a disposição, na Terra, em outra forma, podendo muitas vezes ser reutilizado.

A lei da conservação da massa explica também um dos grandes problemas com o qual nos defrontamos atualmente: a poluição ambiental, compreendendo água, solo e ar. O fato de não ser possível consumir a matéria até sua aniquilação implica a geração de resíduos em todas as atividades dos seres vivos, resíduos esses indesejáveis a quem os eliminou, mas que podem ser reincorporados ao meio, para serem posteriormente reutilizados. Esse processo denomina-se reciclagem e ocorre na natureza por meio dos ciclos biogeoquímicos, nos quais interagem mecanismos biogeoquímicos que tornam os resíduos aproveitáveis em outra forma. Quando não existe um equilíbrio entre consumo e reciclagem, podem advir conseqüências desastrosas ao meio ambiente, tais como eutrofização dos lagos, contaminação dos solos por pesticidas e fertilizantes etc.

Atualmente, o mundo vive em plena era do desequilíbrio, uma vez que os resíduos são gerados em ritmo muito maior que a capacidade de reciclagem do meio. A Revolução Industrial do século XIX introduziu novos padrões de geração de resíduos, que surgem em quantidades excessivamente maiores que a capacidade de absorção da natureza e de maneira tal que ela não é capaz de absorver e reciclar (materiais sintéticos não-biodegradáveis).

2.2 Primeira lei da termodinâmica

Esta lei apresenta um enunciado análogo à lei da conservação da massa, só que referente à energia. De acordo com essa lei, a energia pode se transformar de uma forma em outra, mas não pode ser criada ou destruída. As diversas formas de energia podem ser enquadradas genericamente em energia cinética e potencial. Energia cinética é a energia que a matéria adquire em decorrência de sua movimentação e em função de sua massa e velocidade. A *energia cinética* total das moléculas de uma amostra de matéria é denominada energia calorífica. *Energia potencial* é a energia armazenada na matéria em virtude de sua posição ou composição. Assim, a energia armazenada nos combustíveis fósseis, nos alimentos etc. é classificada como energia potencial.

Na natureza ocorre constantemente a transformação de energia em formas diferentes. Essas transformações induzem as pessoas menos atentas à idéia de que houve criação ou destruição de energia. Esse falso conceito advém da tendência intuitiva de se considerar sempre partes do sistema, e não o todo. Assim sendo, é possível verificar que determinada parte de um sistema sofreu variação em sua energia total. Entretanto, as partes vizinhas também podem ter sofrido variações, de tal modo que o conjunto, formado por todas essas partes, pode não ter apresentado variação alguma.

Por meio da primeira lei da termodinâmica é possível provar que as avaliações do potencial energético do planeta são, em geral, otimistas. Considerando-se petróleo, gás natural, carvão e combustíveis naturais, nota-se que o potencial poderá ser menor do que indicam as estimativas, uma vez que não se leva em conta a energia necessária para a exploração, o transporte e a transformação desses materiais. O potencial à disposição da humanidade deve, então, ser quantificado em termos de energia líquida, e não bruta, como em geral é feito.

A aplicação mais importante da primeira lei da termodinâmica está relacionada à maneira como os seres vivos obtêm sua energia para viver. Essa energia chega até eles por meio de diversas transformações. A energia luminosa, incidente na superfície da Terra, é absorvida pelos vegetais fotossintetizantes, que a transformam em energia potencial, nas ligações químicas de moléculas orgânicas complexas. No processo respiratório, essas moléculas são quebradas em moléculas menores, liberando a energia que é utilizada nas funções vitais dos seres vivos.

2.3 Segunda lei da termodinâmica

De acordo com essa lei, todo processo de transformação de energia dá-se a partir de uma maneira mais nobre para uma menos nobre, ou de menor qualidade. Quanto mais trabalho se conseguir realizar com uma mesma quantidade de energia, mais nobre será esse tipo de energia. Embora a quantidade de energia seja preservada (primeira lei da termodinâmica), a qualidade (nobreza) é sempre degradada. Toda transformação de energia envolve sempre rendimentos inferiores a 100%, sendo que uma parte da energia disponível transforma-se em uma forma mais dispersa e menos útil, em geral na forma de calor transferido para o ambiente.

Uma conseqüência da segunda lei da termodinâmica é que todo corpo que possui uma forma ordenada necessita de energia de alta qualidade para manter sua entropia baixa. Como a tendência é o aumento de dispersão da energia na forma de calor, destruindo a ordem inicial e levando a um estado final mais estável para se manter qualquer sistema organizado, é necessário o fornecimento contínuo de energia.

Também essa lei tem aplicação importante na obtenção de energia pelos seres vivos. A energia radiante é absorvida pelos vegetais fotossintetizantes e passa por uma série de transformações que afetam sua qualidade. Em cada transformação, a energia útil torna-se menor, advindo um aumento da entropia. Assim sendo, os seres vivos, incapazes de sintetizar seu próprio alimento, têm à sua disposição uma quantidade total de energia bem inferior à disponível aos seres capazes de tal síntese. Nos seres vivos, a energia para a manutenção da organização individual é conseguida por meio da respiração.

Uma conseqüência ambiental da segunda lei da termodinâmica é a tendência da globalização da poluição. Se medidas não forem tomadas no sentido de conter essa evolução natural da desordem, casos de chuvas ácidas internacionais (dos Estados Unidos sobre o Canadá, do Reino Unido sobre a Suécia etc.), por exemplo, tenderão a ser mais freqüentes.

2.4 Conclusão

As leis físicas apresentadas são fundamentais para o entendimento dos problemas ambientais. A lei da conservação da massa mostra que nunca estaremos livres de algum tipo de poluição (resíduos). Uma conseqüência da segunda lei da termodinâmica é o fato de ser impossível obter energia de melhor qualidade do que aquela disponível inicialmente, ou seja, não existe a reciclagem completa da energia. Logo, a energia dispersada em qualquer transformação será perdida para sempre. Outra conseqüência é o aumento da entropia, o que implica maior desordem nos sistemas locais, regionais e globais.

De acordo com essas observações, se não forem tomadas medidas de controle ambientais eficientes, a previsão é de que haverá um aumento da poluição global. O fato de essas leis existirem, serem sempre aplicáveis e não haver como burlá-las traz uma série de problemas e enormes preocupações à sociedade industrial de hoje. Desprezando-se o problema da possível falta de energia, mesmo que exista uma alta taxa de reciclagem de matéria, se o crescimento industrial continuar a uma taxa incompatível, por mais que se recicle sempre haverá a necessidade de se obter mais matéria e sempre sobrará detrito não-reciclável. Assim, explorando-se os recursos naturais de maneira inadequada, mais poluentes e energia de baixa qualidade serão produzidos, resultando em excessivos problemas para a Terra.

Um exemplo típico desses problemas é uma possível alteração do efeito estufa, em função do aumento da concentração de dióxido de carbono (CO_2) na atmosfera. O consumo inadvertido e rápido de combustíveis fósseis resulta em quantidades de CO_2 que a natureza não é capaz de absorver totalmente. As quantidades de CO_2 liberadas na atmosfera, embora pequenas em comparação com a quantidade total em circulação natural, levam à previsão de um aumento de 170% sobre essa quantidade de gás existente na natureza, quando todo o combustível fóssil na Terra tiver sido consumido (Odum, 1971).

Portanto, o entendimento dessas leis básicas da física leva-nos a buscar um novo posicionamento ante as necessidades de desenvolvimento das sociedades. Percebe-se que será necessária uma ação externa para manter os sistemas em estado de menor entropia. A conservação do meio ambiente tem seu custo econômico e o compromisso adequado deve ter, como meta, o desenvolvimento sustentável.

3 Ecossistemas

3.1 Definição e estrutura

O ecossistema é a unidade básica no estudo da ecologia. Em um ecossistema, o conjunto de seres vivos interage entre si e com o meio natural de maneira equilibrada, pela reciclagem de matéria e pelo uso eficiente da energia solar. A natureza fornece todos os elementos necessários para as atividades dos seres vivos; o seu conjunto recebe o nome de *biótipo*, enquanto o conjunto de seres vivos recebe o nome de *biocenose*.

A união entre esses conjuntos, biótipo e biocenose, forma o que se convencionou chamar de *ecossistema*. Ecossistema é um sistema estável, equilibrado e auto-suficiente, apresentando em toda a sua extensão características topográficas, climáticas, pedológicas, botânicas, zoológicas, hidrológicas e geoquímicas praticamente invariáveis. As dimensões de um ecossistema são extremamente variáveis. Podemos considerar ecossistemas a copa de um abacaxi ou uma floresta tropical do tamanho do Estado do Amazonas. O importante é que as condições mencionadas anteriormente sejam verificadas.

Um ecossistema compõe-se de elementos *abióticos*, ou seja, matéria inorgânica ou sem vida (como água, ar, solo) e elementos *bióticos*, os seres vivos. Esses elementos se inter-relacionam de maneira estreita, uma vez que compostos como O_2, CO_2 e H_2O estão em constante fluxo entre os seres vivos e o ambiente externo. Na Figura 3.1 apresentam-se dois possíveis ecossistemas, um de natureza aquática e outro terrestre.

Em um ecossistema, cada espécie possui seu *hábitat* e seu *nicho ecológico*. Hábitat pode ser definido como o local ocupado pela espécie, com todas as suas características abióticas. Simplificando, podemos dizer que o hábitat é o endereço de uma espécie ou indivíduo. Nicho ecológico é a função da espécie dentro do conjunto do ecossistema e suas relações com as demais espécies e com o ambiente. Assim, o nicho seria a profissão da espécie ou indivíduo. Para definir nicho ecológico de uma certa espécie, é necessário conhecer suas fontes de energia e alimento, suas taxas de crescimento e metabolismo, seus efeitos sobre outros organismos e sua capacidade de modificar o meio em que vive. Em um ecossistema equilibrado, cada espécie possui um nicho diferente do nicho de outras espécies; caso contrário, haverá competição entre espécies que possuem o mesmo nicho. Espécies que ocupam nichos semelhantes, em regiões distintas, são denominadas de *equivalentes ecológicos*.

Uma das características fundamentais dos ecossistemas é a *homeostase*. Todo ecossistema procura um estado de equilíbrio dinâmico ou homeostase por meio de mecanismos de autocontrole e auto-regulação, os quais entram em ação assim que ocorre qualquer mudança. Entre a mudança e o acionamento dos mecanismos de auto-regulação existe um *tempo de resposta*. Esse sistema de auto-regulação — ou realimentação — tem por função manter o equilíbrio do ecossistema. Assim, se ocorrer uma alteração de comportamento do ecossistema, o sistema de realimentação aciona seus mecanismos homeostáticos para garantir a normalidade. Geralmente, esse mecanismo homeostático só é efetivo para modificações naturais que, porventura, ocorram — se não forem muito profundas nem demoradas. No caso de modificações artificiais impostas pelo homem, por serem relativamente violentas e continuadas, o mecanismo não consegue absorver essas mudanças e ocorre o impacto ecológico no meio.

Um exemplo do funcionamento desses sistemas é a recuperação de uma floresta após a ação de uma descarga elétrica da atmosfera, que provoca um pequeno incêndio. Em pouco tempo, a mata se regenera, e aquela pequena área afetada se torna outra vez parte do ecossistema. Já no caso de desmatamentos extensivos (como aqueles ocorridos no século passado na Alemanha, nos Estados Unidos e no Japão), o ecossistema não dispõe de mecanismos de auto-regulação para regenerar o sistema original.

A quantidade total de matéria viva em um ecossistema é denominada *biomassa* e pode ser quantificada em termos de energia armazenada ou de peso seco, geralmente referidos a uma unidade de área.

FIGURA 3.1

Ecossistemas aquático e terrestre.

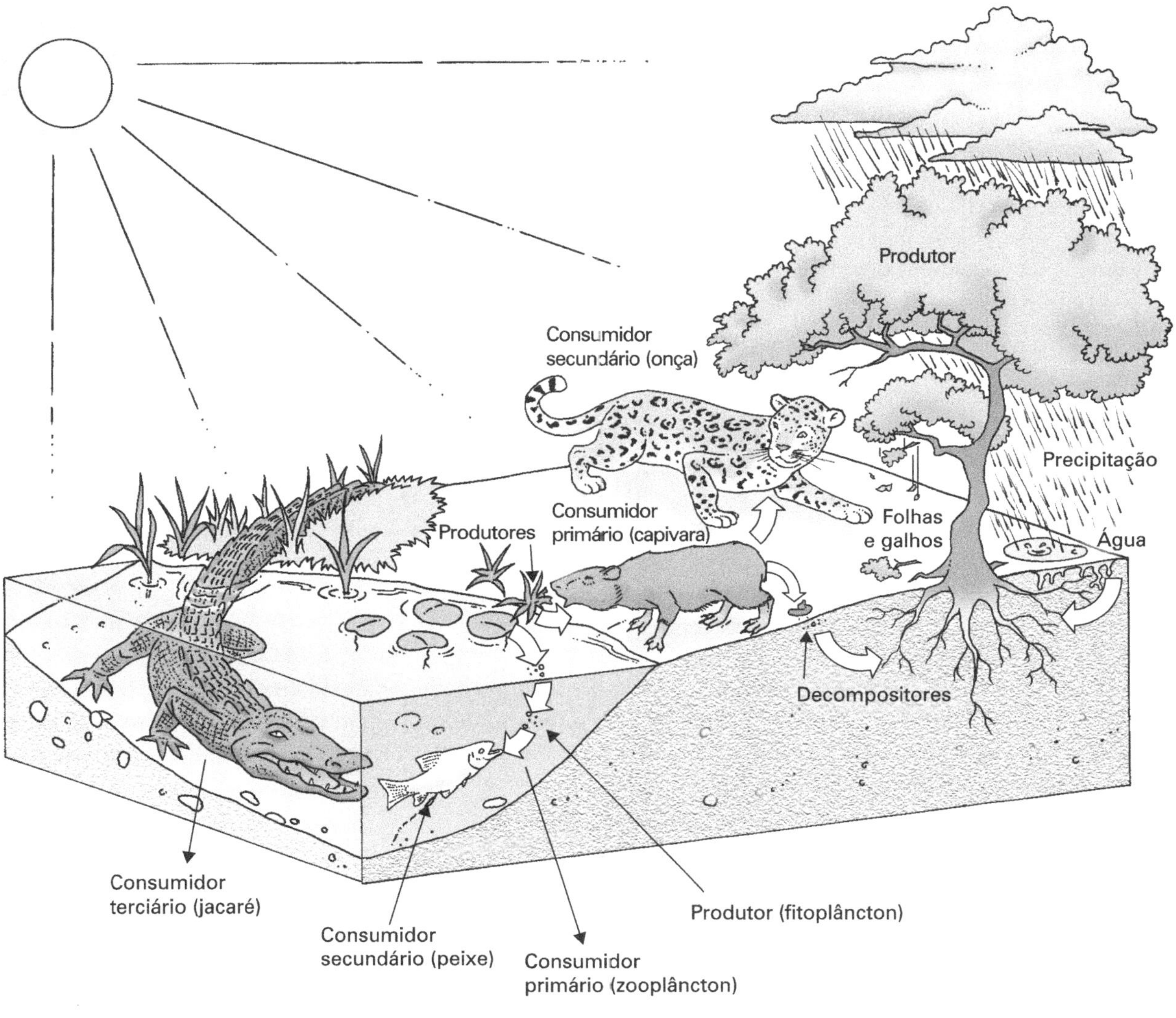

3.2 Reciclagem de matéria e fluxo de energia

Conforme vimos anteriormente, os seres vivos necessitam de energia para manter sua constituição interna, para locomover-se, para crescer etc. Essa energ a provém da alimentação realizada pelos seres vivos, que se dividem em dois grandes grupos: os *autótrofos* e os *heterótrofos*. O grupo dos autótrofos compreende os seres capazes de sintetizar seu próprio alimento, sendo, portanto, auto-suficientes. Esse grupo subdivide-se ainda em dois subgrupos: 1) os *quimiossintetizantes*, cuja fonte de energia é a oxidação de compostos inorgânicos, e 2) os *fotossintetizantes*, de grande importância para a vida no planeta, os quais utilizam o sol como fonte de energia.

Por sua vez, o grupo dos heterótrofos compreende os seres incapazes de sintetizar seu alimento e que, para obtenção de energia, utilizam-se do alimento sintetizado pelos autótrofos. Entre os heterótrofos existe um grupo de seres com uma função tão vital quanto a dos autótrofos, que são os decompositores. Os decompositores não ingerem comida, como os herbívoros e os carnívoros. Sua nutrição ocorre por um processo de absorção, mediante o lançamento de enzimas sobre a matéria orgânica morta. Parte da matéria orgânica degradada é absorvida e o restante é devolvido ao meio, na forma de compostos inorgânicos que são utilizados, pelos autótrofos, para a síntese de mais alimentos.

O fluxo de energia no ecossistema envolve diversos níveis de seres vivos. Os vegetais fotossintetizantes absorvem a energia solar, armazenando-a como energia potencial, na forma de compostos químicos altamente energéticos constituintes dos alimentos. Os animais que se alimentam de vegetais, os herbívoros, absorvem a energia neles contida por meio do processo respiratório. Esse herbívoro, por sua vez, é devorado por um predador natural, carnívoro, que absorve, pelo processo respiratório, a energia anteriormente adquirida pela presa. Esse carnívoro pode ser presa de outro carnívoro e, assim, a energia vai se deslocando no interior do ecossistema. Segundo as leis da termodinâmica, à medida que a energia caminha, vai se tornando menos utilizável. Desse modo, a energia luminosa absorvida pelos vegetais é, em parte, perdida no processo de transformação em energia potencial e, ainda, no próprio metabolismo do vegetal. A seguir, a energia absorvida pelo herbívoro também é reduzida de uma parcela, a qual, então, é empregada em seu processo metabólico e em suas atividades diárias. Assim, a energia útil reduz-se a cada passo, tornando-se inteiramente inaproveitável, na forma de calor.

Energia solar

Toda a energia utilizada na Terra tem como fonte as radiações recebidas do Sol (luz solar). O Sol é considerado um gigantesco reator de fusão nuclear com diâmetro aproximadamente 110 vezes maior do que o da Terra e de massa 329.400 vezes a do nosso planeta. Lá, continuamente se processam reações de fusão entre átomos de hidrogênio, o que origina átomos de hélio e libera energia em forma de ondas eletromagnéticas, gerando uma potência média total de $3{,}92 \times 10^{26}$ W. Essa radiação tem um espectro de comprimentos de onda que abrange desde valores extremamente pequenos (raios X e gama) até valores elevados (ondas de rádio). Entretanto, aproximadamente 99% da energia total encontra-se na região do espectro compreendida entre 0,2 m e 4 m (o que inclui a região das radiações visíveis, que varia entre 0,38 m e 0,77 m, e onde se concentra aproximadamente 50% de toda essa energia). Essas radiações têm efeitos conhecidos, enquanto as radiações de comprimento de onda muito curto são praticamente desconhecidas, a não ser por seu efeito mutagênico e carcinogênico. Na Figura 3.2, apresentamos um esquema de espectro da energia luminosa do Sol.

FIGURA 3.2

Espectro da luz solar.

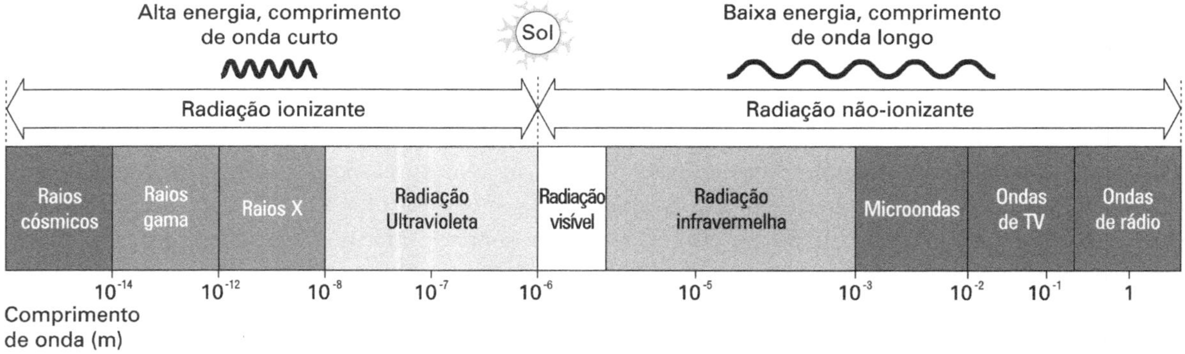

A energia solar atinge o topo da atmosfera terrestre de maneira contínua, ao longo de todo ano, a uma taxa aproximada de 2 cal/cm^2/min, o que nos leva a denominar esse valor de *constante solar*. Essa radiação sofre uma redução exponencial à medida que se aproxima da superfície terrestre. Além disso, observam-se variações sensíveis em locais distintos do planeta, que geram variações climáticas, uma vez que a radiação é a força motriz da temperatura, evaporação da água e movimentação de grandes massas de ar e água.

Reflexão e absorção

Em decorrência de fatores que discutiremos a seguir, a superfície da Terra só recebe as radiações visíveis, uma pequena quantidade de ultravioleta, o infravermelho e ondas de rádio. Dessa energia incidente, uma pequena parte é utilizada pelos vegetais e potencializada, por meio da fotossíntese, em alimento (matéria orgânica).

Vários fatores contribuem para a variação de radiação que ocorre entre o início da estratosfera e a superfície do planeta. Esses fatores atuam em diversos níveis e com intensidade variável conforme a freqüência e o comprimento de onda da radiação incidente. As radiações ultravioleta (abaixo de 0,3 μ de comprimento de onda) são absorvidas pela camada de ozônio que envolve a Terra a uma altitude aproximada de 25 quilômetros. A camada de ozônio é um dos fatores de manutenção da vida no planeta, uma vez que esse tipo de radiação é letal quando incide em grande intensidade. As radiações visíveis e as radiações infravermelho são, em grande parte, absorvidas nas camadas intermediárias da atmosfera pela poeira e pelo vapor d'água, contribuindo para o aquecimento do ar.

Uma outra parte da energia incidente é refletida pelas nuvens e por outras partículas suspensas no ar, volta ao espaço e torna-se perdida para a Terra. A esse fenômeno dá-se o nome de *albedo*, e é ele o responsável pela luminosidade observada em corpos celestes opacos, como Vênus. O albedo é uma medida da capacidade de um dado material refletir a luz. Seu valor médio na atmosfera externa da Terra é de aproximadamente 34% (Figura 3.3).

A radiação remanescente chega à superfície terrestre em forma de luz direta ou difusa, apresentando, em um dia claro, uma composição de aproximadamente 10% de radiação ultravioleta, 45% de radiação visível e 45% de infravermelho. A dispersão é causada pelas moléculas gasosas da atmosfera (que conferem cor azul ao céu) e pelas partículas sólidas em suspensão (que dão coloração branca ao céu, mais notável nas grandes cidades). A radiação visível é pouco atenuada quando transpõe camadas de nuvens — o que possibilita a realização da fotossíntese pelos vegetais, mesmo em dias nublados, ou a pequenas profundidades nos mares, rios e lagos.

FIGURA 3.3

Fluxo de energia na Terra.

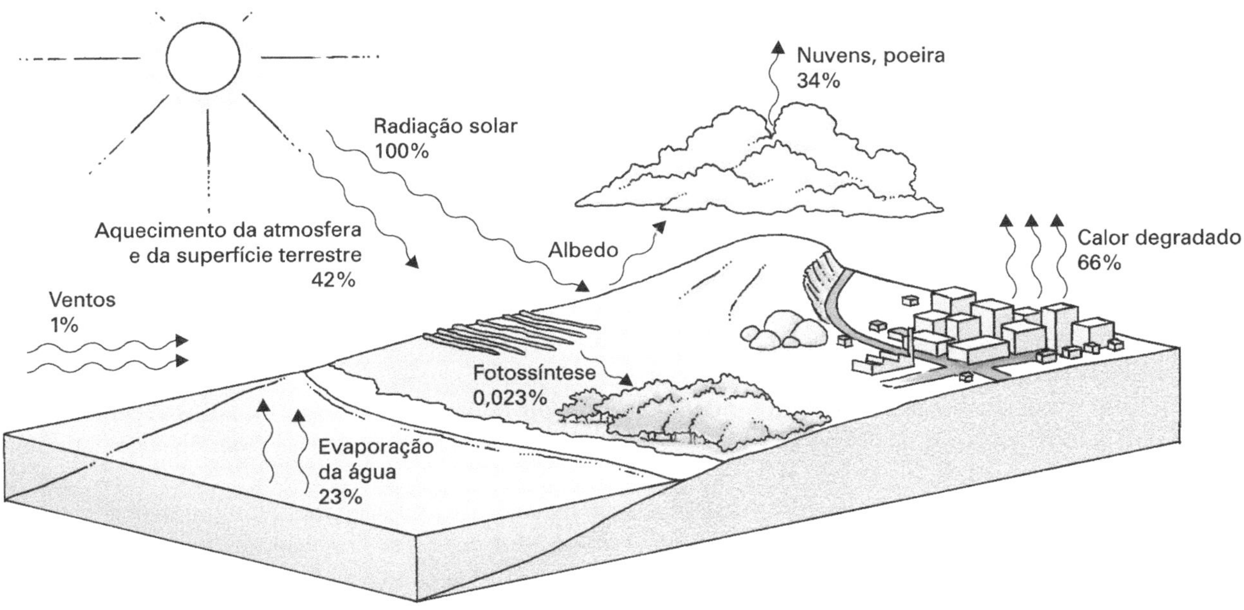

A Figura 3.3 fornece uma boa visão do balanço energético discutido anteriormente. É interessante observar a magnitude da energia fornecida pelo Sol (127 bilhões de MW) em relação à maior usina hidroelétrica brasileira, Itaipu, que tem uma potência instalada de 12.000 MW. Existem, ainda, as radiações térmicas (com grande comprimento de onda) que provêm de qualquer corpo com temperatura acima de 0 °K, inclusive nuvens, que contribuem com quantidade substancial do calor incidente na superfície. Assim sendo, esse tipo de radiação incide o tempo todo e em todas as direções, o que faz com que, no verão, a radiação total, em determinado ponto, seja muitas vezes superior à radiação solar que chega à superfície.

Energia e vida na Terra

Toda a vida na Terra depende da energia proveniente do Sol, e a distribuição das diversas formas de vida é conseqüência da variação de sua incidência e intensidade. Por isso, regiões de intensa incidência de radiação apresentam flora e fauna totalmente diversas da flora e fauna de regiões de fraca incidência. Essa variação de incidência é o principal fator que gera as diferenças climáticas entre as diversas regiões do mundo. Veremos, a seguir, como a incidência luminosa influi no clima da Terra e, conseqüentemente, na vida no globo.

A influência mais notada é a divisão do ano em estações, ditada pela maior ou menor intensidade com que a energia solar alcança a superfície de determinada região do globo. A variação de intensidade verificada nas estações torna-se mais acentuada à medida que nos afastamos do Equador. Nas regiões temperadas, onde as estações do ano são bem demarcadas, as florestas se compõem de árvores que renovam suas folhas; já nas regiões tropicais, as árvores apresentam folhagem o ano inteiro. Tais modificações na flora levam, conseqüentemente, à existência de faunas diversas nessas regiões. O mesmo ocorre no ambiente aquático, desde a superfície dos mares até profundidades que variam de 2 metros a 30 metros.

Outra conseqüência importante da variação da incidência solar é a existência de regiões quentes e frias e, assim, de baixas e altas pressões, respectivamente. Essa diferença de pressão faz com que as massas de ar de regiões de alta pressão (áreas anticiclonais) desloquem-se para regiões de menor pressão (áreas ciclonais), levando, nesse deslocamento, a umidade que se precipitará ao longo do percurso (chuvas), criando diferentes condições climáticas nas áreas por onde passar.

A radiação solar influi diretamente na vida do planeta, uma vez que é ela a fonte de energia para a realização de todas as atividades básicas dos seres vivos. Apenas uma pequena parcela dessa energia é absorvida pelos vegetais fotossintetizantes e transformada em alimento para eles mesmos e para os demais seres incapazes de sintetizar seu próprio alimento.

Desconsiderando todas as perdas inerentes a qualquer processo de transferência de energia, aquela que for absorvida da radiação solar fica armazenada em forma de moléculas orgânicas complexas que serão, quando necessário, transformadas em moléculas mais simples, liberando energia. Isso ocorre por meio da respiração aeróbia ou anaeróbia (fermentação), tanto nos vegetais quanto nos animais, e essa energia será utilizada para o metabolismo dos seres vivos. Nesses dois processos de respiração, o que ocorre é a degradação da matéria orgânica em compostos químicos inorgânicos. O melhor aproveitamento ocorre na respiração aeróbia, uma vez que a molécula de glicose é totalmente degradada até CO_2.

3.3 Cadeias alimentares

Podemos definir cadeia alimentar como o caminho seguido pela energia no ecossistema, desde os vegetais fotossintetizantes até diversos organismos que deles se alimentam e servem de alimento para outros. As cadeias alimentares podem ser divididas em dois tipos: as que começam pelos vegetais vivos e passam pelos herbívoros e carnívoros e as que se iniciam pelos detritos vegetais e animais e passam pelos detritívoros (Figura 3.4).

Nas cadeias que se iniciam pelos vegetais, definimos como produtores aqueles capazes de sintetizar matéria orgânica. Os herbívoros, que se alimentam dos produtores, são os consumidores primários; os carnívoros, que se alimentam dos herbívoros, são os consumidores secundários e assim por diante. Teremos, então, os consumidores terciários, que se alimentam dos secundários; os consumidores quaternários etc., até os decompositores. Podemos ainda dividir esse grupo em cadeias de predadores e de parasitas. Para as cadeias que se iniciam pela matéria orgânica morta, os consumidores primários são denominados detritívoros e podem ser os invertebrados de pequeno tamanho ou as bactérias e os fungos.

FIGURA 3.4

Cadeia alimentar e fluxo energético.

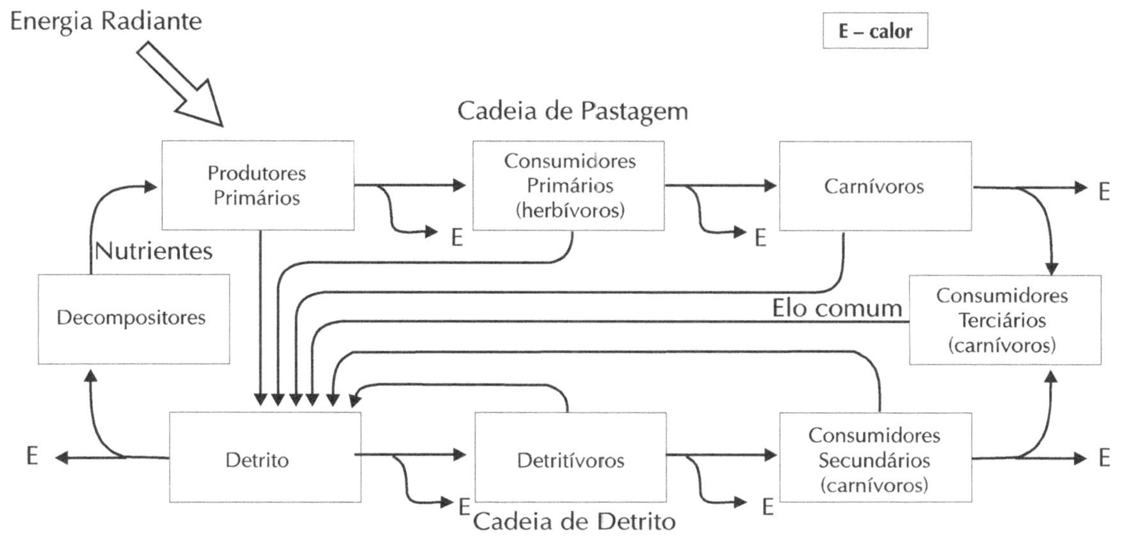

Seguindo os preceitos das leis básicas da termodinâmica, à medida que se avança na cadeia alimentar, há uma redução na qualidade de energia disponível aos próximos organismos da cadeia. Isso explica por que as cadeias alimentares não apresentam seqüência muito longa, raramente passando dos consumidores de quinta ordem. Esse fenômeno e suas conseqüências serão estudados adiante, quando trataremos da produtividade.

As cadeias alimentares não podem ser vistas como seqüências isoladas, mas sim fortemente interligadas, formando as redes ou teias alimentares. Isso porque um determinado produtor pode ser consumido por vários tipos de herbívoros que, por sua vez, podem ser presa de outros tantos carnívoros diferentes. Nesse ponto, torna-se importante a definição de *nível trófico*, que é a posição ocupada por todos os organismos que estão em um mesmo patamar da cadeia. Isto é, os produtores ocupam o primeiro nível trófico, os consumidores primários, o segundo nível trófico e assim sucessivamente. Entretanto, esse conceito não é absoluto, pois os indivíduos podem ocupar mais de um nível trófico em uma rede alimentar, conforme a origem do seu alimento, podendo um mesmo organismo alimentar-se tanto de vegetais como de outros animais. Assim, eles ocupam o segundo nível trófico no primeiro caso e o terceiro ou quarto no segundo caso.

É muito importante conhecer o mecanismo e as seqüências das cadeias alimentares, uma vez que fazemos parte de uma rede alimentar na qual ocupamos diversos níveis tróficos. Diante disso, e uma vez que a energia útil decresce ao longo da cadeia alimentar, quanto mais se afasta do primeiro nível trófico, mais limitado e menor será o número de consumidores que podem ser sustentados por um dado número de produtores. Isso implica uma maior eficiência na cadeia produtor—homem do que na cadeia produtor—boi—homem. Por essa razão, uma dieta vegetariana balanceada é uma prática de preservação do meio ambiente, pois permite alimentar um maior contingente populacional.

Além disso, o conhecimento das cadeias alimentares permitirá aos seres humanos agir sobre elas em seu benefício, de forma ordenada. Isso possibilitaria, por exemplo, o aumento da produtividade agrícola, com um combate mais eficiente às pragas por meio da incorporação à cadeia alimentar de predadores naturais, o que evitaria o risco de se gerar uma praga pior pela eliminação de seu predador natural. No Capítulo 9, item 9.6, apresentamos esse conceito aplicado ao chamado manejo integrado de pragas, no qual o uso de defensivos agrícolas é minimizado pela utilização simultânea de predadores naturais.

3.4 Produtividade primária

Conforme visto anteriormente, a energia solar que chega à superfície terrestre é, em parte, absorvida pelos produtores, que a utilizam para elaboração de compostos orgânicos pela fotossíntese. A quantidade de material produzido pela fotossíntese, em um período fixo de tempo, define-se como sendo a produtividade bruta do universo considerado (ecossistema, plantação ou indivíduo). No entanto, os produtores, pelo processo respiratório, utilizam parte da energia potencial acumulada nesses compostos orgânicos para sua automanutenção (atividades físicas, crescimento, formação de elementos reprodutivos, como ovos e sementes). Assim, apenas uma parte do que é produzido torna-se utilizável como alimento aos consumidores, e é a parte utilizável que definimos como *produtividade primária líquida* (PPL).

Em um mesmo ecossistema, a produtividade primária varia significativamente, de acordo com a idade do indivíduo e com a estação do ano. No verão, a produtividade bruta sofre um crescimento quando comparada à do inverno (estudos realizados no Lago Erie, na divisa do Canadá e Estados Unidos, revelaram aumento de nove vezes para o fitoplâncton). Por sua vez, quanto mais jovem o indivíduo, menor a produtividade primária, em decorrência de altas perdas e consumo energéticos para seu crescimento. Variações consideráveis são também verificadas entre os diversos ecossistemas em função do clima, sendo significativamente superior em clima tropical, conforme os valores mostrados na Tabela 3.1. Nos ecossistemas, de acordo com a primeira lei da termodinâmica, a soma total de energia, cessadas as entradas e saídas de energia, é constante. Por sua vez, de acordo com a segunda lei da termodinâmica, a energia utilizável vai se reduzindo, após cada transformação, tornando-se inaproveitável quando atinge a forma de calor e tendendo a um estado de equilíbrio com máxima entropia e, portanto, desorganizado. Assim, para manter-se um ecossistema organizado, é necessário que haja fluxo constante e ininterrupto de energia proveniente de fontes externas.

TABELA 3.1

Valores aproximados da produtividade primária líquida para diversas regiões da Terra (Kormondy, 1976).

Tipo de Ecossistema	Clima	Produtividade (Kcal/m²/ano)
Deserto		400
Oceano		800
Lago	Temperado	800
Lago poluído	Temperado	2.400
Florestas		
Decídua	Temperado	4.800
Conífera	Temperado	11.200
Tropical pluvial	Tropical	20.000
Culturas agrícolas		
Anual	Temperado	8.800
Perene	Temperado	12.000
Anual	Tropical	12.000
Perene	Tropical	30.000

(continua)

(continuação)

Tipo de Ecossistema	Clima	Produtividade (Kcal/m²/ano)
Pântanos		
Pântano	Temperado	17.100
Pântano	Tropical	30.000

A energia que entra no ecossistema e é absorvida pelos produtores sofre transformação ao longo da cadeia alimentar, tornando-se cada vez menos aproveitável. Assim, muitos produtores são necessários para suprir um número bem menor de herbívoros que, por sua vez, serão capazes de abastecer ainda menos carnívoros, o que faz com que as cadeias sejam relativamente curtas, com poucos níveis tróficos.

Com base nesses fatos, podemos representar a estrutura trófica por meio de uma pirâmide, sendo a pirâmide energética a mais importante e representativa. Nela, os produtores representam a base, e os demais níveis vão se superpondo até o cume (Figura 3.5). Definimos a relação de energia entre diferentes níveis da cadeia alimentar como eficiência ecológica. Como uma média geral, adotamos, para os diversos ecossistemas, o valor de 10%. Assim sendo, para energia incidente de 1.000 cal, a produção líquida dos vegetais será de 100 cal, e apenas 10 cal estarão disponíveis para os herbívoros e 1 cal para carnívoros primários. Portanto, concluímos que a pirâmide deve ter base larga e pequena altura.

FIGURA 3.5

Exemplo de Pirâmide de energia. 1000 cal = 1.000 cal

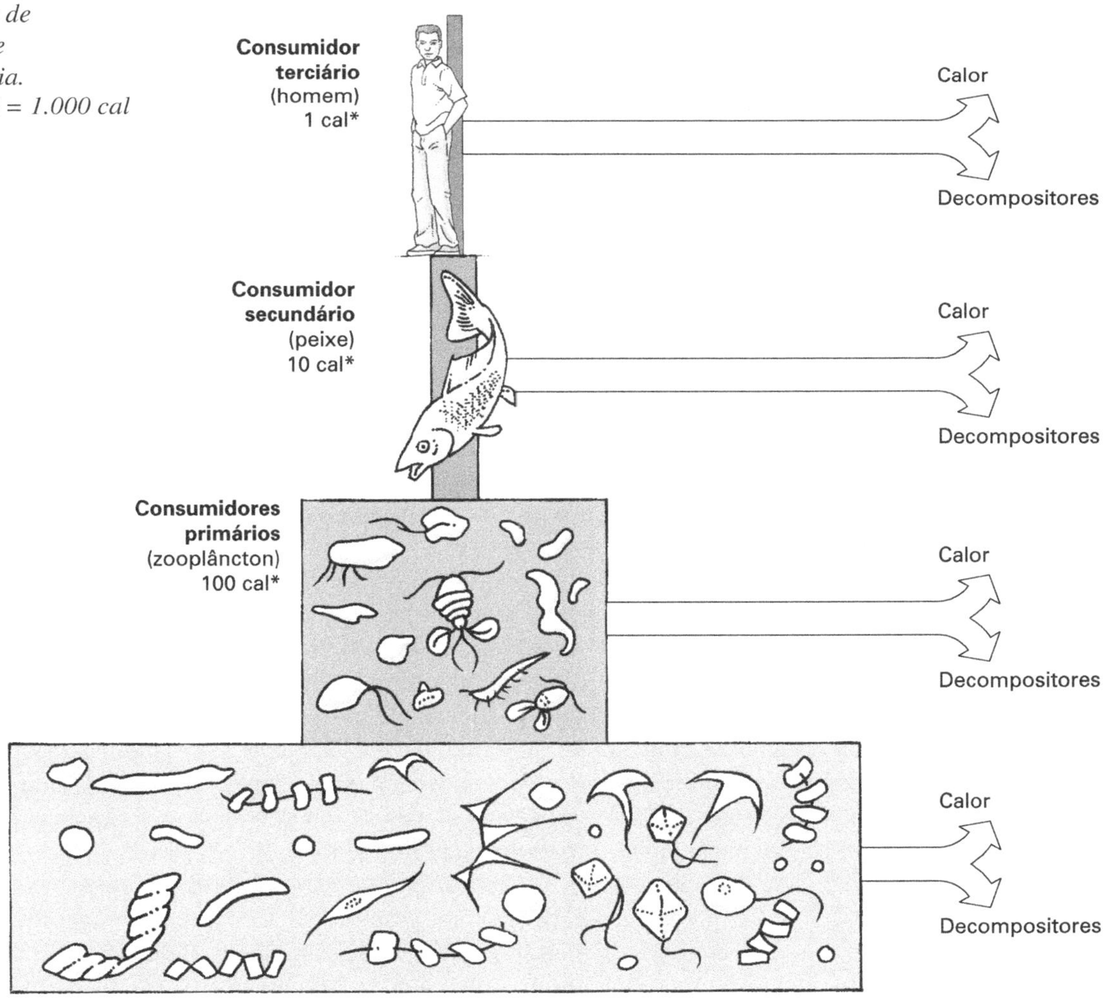

* - Energia disponível em cada nível trófico

A título de curiosidade, o porco é o melhor conversor de energia até agora estudado, uma vez que, da energia consumida, 20% mantém-se utilizável no próximo nível trófico. De modo geral, a eficiência é maior nos invertebrados que nos mamíferos, pois os gastos de manutenção para manter a temperatura constante são elevados nos homeotermos.

A produtividade primária é controlada por vários fatores, como disponibilidade de água, intensidade luminosa e quantidade de sais minerais. Assim, duas regiões, como os desertos e as regiões profundas dos mares, podem apresentar condições exatamente opostas e possuir taxas baixíssimas de produtividade, sendo a falta de água a causa principal no primeiro caso e a falta de luz no segundo. O conjunto dos ecossistemas da Terra produz anualmente 31 bilhões de toneladas de matéria, em que só as florestas são responsáveis por 20 bilhões de toneladas, ou seja, dois terços do total.

Os seres humanos consomem atualmente, junto com seus animais domésticos, mais de 6% da produção líquida da biosfera, além de grandes quantidades da produção bruta na forma de fibras. Deduzimos, então, que o homem é o grande interessado no aumento de produtividade no planeta, que pode ser obtida por meio de irrigação, ampliação da área agrícola, reciclagem dos elementos nutritivos do fundo dos mares e melhoria no rendimento das culturas. Desses itens, o último tem despertado maior interesse, e é nele que estão concentrados os maiores investimentos e diversos estudos.

Esse aumento de produtividade é possível com a adição de um fluxo suplementar de energia ao já naturalmente existente, na forma de trabalho humano ou animal e combustíveis fósseis — ingredientes fundamentais para o cultivo, irrigação, fertilização, seleção genética e controle de pragas. Estima-se que os Estados Unidos empregam anualmente o equivalente a 1 HP por hectare cultivado, contra 0,1 HP por hectare na África e Ásia, tendo, entretanto, uma produção por hectare apenas três vezes superior à desses países.

Os esforços despendidos pelo homem não aumentaram a produtividade bruta, que é sempre máxima nas condições naturais. Porém, tem-se conseguido aumento considerável na produtividade líquida, que é o que interessa, por meio de redução de perdas de energia e desenvolvimento de variedades que produzam em maior quantidade órgãos consumíveis pelo homem, como frutos e folhas, em vez de caule e raiz.

3.5 Sucessão ecológica

Sucessão ecológica é o desenvolvimento de um ecossistema desde sua fase inicial até a obtenção de sua estabilidade e do equilíbrio entre seus componentes. É um processo que envolve alterações na composição das espécies com o tempo, levando sempre a uma maior diversidade, sendo razoavelmente dirigido e, portanto, previsível. Resulta da ação da comunidade sobre o meio físico, que cria condições ao desenvolvimento de novas espécies e culmina em uma estrutura estável e equilibrada. Durante o processo de sucessão, as cadeias alimentares tornam-se mais longas e passam a constituir complexas redes alimentares; já os nichos tornam-se mais estreitos, levando a uma maior especialização. A biomassa também aumenta ao longo da sucessão, do mesmo modo que o ecossistema adquire auto-suficiência, tornando-se um sistema fechado por meio do desenvolvimento de processos de reciclagem de matéria orgânica.

À seqüência de comunidades que substituem umas às outras dá-se o nome de *série*, e a essas comunidades transitórias dá-se o nome de *estágios*. A primeira comunidade que se instala é denominada *comunidade pioneira,* e a última comunidade da sucessão é denominada *comunidade clímax*. Quando a sucessão se inicia em uma área nunca antes povoada, ela é conhecida como *sucessão primária*. Por sua vez, se a sucessão se inicia em área já anteriormente povoada e cuja comunidade tenha sido quase extinta, essa é denominada *sucessão secundária* e processa-se mais rápido que a anterior, pois alguns organismos ou mesmo sementes da povoação anterior permanecem no local.

A *sucessão ecológica* processa-se por causa da ação de vários fatores, tanto bióticos quanto abióticos. O clima e as alterações geológicas podem alterar o ambiente, tornando-o desfavorável às espécies que nele habitam e favorável a novas espécies. Por sua vez, a própria comunidade age no meio físico, alterando-o, e o resultado da decomposição da matéria orgânica, proveniente da excreção ou dos cadáveres dos indivíduos, gerará modificações químicas no solo. O desenvolvimento de vegetação leva a alterações climáticas próximas do solo, além de reter mais a água da chuva, modificando, assim, as condições ambientais.

À medida que se avança na sucessão ecológica, a taxa respiratória aumenta, levando a uma redução na produtividade líquida do ecossistema. A produtividade bruta também aumenta, mas a ritmo menos acelerado, o que significa dizer que, nos ecossistemas maduros, a energia fixada por meio da fotossíntese tende a ser consumida pela respiração. Por sua vez, os ciclos de nutrientes, como nitrogênio, fósforo e cálcio, tendem a se fechar, aumentando a independência do ecossistema em relação ao meio externo, tendo os decompositores papel de grande importância em tais comunidades.

O processo de sucessão ecológica leva o ecossistema a um crescente desenvolvimento das relações interespecíficas, principalmente o mutualismo. Além disso, à medida que se aproximam do clímax, os organismos tendem a aumentar de tamanho e seus ciclos de vida tendem a se tornar mais longos.

3.6 Amplificação biológica

Há um aumento de concentração de determinados elementos e compostos químicos, notadamente os poluentes da água, à medida que se avança na cadeia alimentar. Essa concentração crescente deve-se à assimilação, pelo organismo, desses compostos, quando da síntese dos tecidos ou gorduras. A esse aumento de concentração de poluentes ao longo da cadeia alimentar dá-se o nome de *amplificação biológica, magnificação biológica* ou, ainda, *ampliação biológica.*

Esse fenômeno ocorre em função de três fatores: 1) com base na segunda lei da termodinâmica, podemos dizer que é necessário um grande número de elementos do nível trófico anterior para alimentar um determinado elemento do nível trófico seguinte; 2) o poluente considerado deve ser recalcitrante ou de difícil degradação; e 3) o poluente deve ser lipossolúvel. A primeira condição é necessária para facilitar sua absorção nos primeiros níveis tróficos. A última condição implica dissolução do poluente nos tecidos gordurosos do organismo em vez de sua concentração na urina — caso em que seria eliminado e devolvido ao ambiente.

A amplificação biológica torna-se mais séria quando tratamos de elementos tóxicos como radionuclídeos e pesticidas. Os casos mais freqüentes de amplificação, por tratar-se de compostos mais utilizados pelo ser humano, são os referentes ao inseticida DDT e ao mercúrio. Quanto ao mercúrio, o fato ocorrido nos anos 60, no Japão, mais precisamente na Baía de Minamata, onde vários pescadores pereceram em razão de haverem se alimentado de peixes contaminados com mercúrio, é uma amostra da gravidade do problema. Nesse caso, o constante despejo ao mar de compostos de mercúrio fez com que ele fosse fixado pelo fitoplâncton, acumulando-se, então, no zooplâncton e nos peixes e, enfim, concentrando-se em doses elevadas e altamente tóxicas nos pescadores que deles se alimentavam.

Outro composto que gera o mesmo fenômeno é o DDT. Quando se utiliza tal produto, a preocupação maior é que as doses lançadas não sejam letais à vida de vegetais e animais, mas nunca se levou em consideração, no passado, o fato de que sua toxicidade permaneceria por longo tempo e que ele seria absorvido junto com detritos, concentrando-se ao longo da cadeia alimentar. Esse acúmulo (medido em ppm) pode ser observado nas gorduras dos animais, como exemplifica a Tabela 3.2.

O resultado da amplificação é que alguns animais vão se extinguindo, como é o caso da águia-pesqueira norte-americana. Nesse caso, o acúmulo do DDT no organismo das fêmeas faz com que os seus ovos tenham casca excessivamente frágil, quebrando-se antes mesmo de serem chocados. Assim sendo, uma certa quantidade pode não ser fatal para o indivíduo, mas letal para a espécie.

Na Tabela 3.2, apresentamos dados do fenômeno de ampliação biológica relativa ao DDT, observado em Long Island, Estados Unidos.

O fenômeno da ampliação biológica também pode ser observado com elementos radioativos. Em pesquisas realizadas no Rio Columbia, Estados Unidos, despejou-se certa quantidade de elementos radioativos (fósforo 32, estrôncio 90, césio 137, iodo 131 etc.) na água de modo que se obteve, para o fósforo, na água, concentração de 3,10 mg/g e, em cascas de ovos de patos que viviam e se alimentavam no rio, concentração de 6 mg/g.

TABELA 3.2

Concentração de DDT na cadeia alimentar verificada em Long Island, Estados Unidos (Odum, 1971).

Elementos	Concentração de DDT (ppm) nos tecidos
Água	0,00005
Plâncton	0,04
Silverside Minnow (peixe de pequeno porte)	0,23
Sheephead Minnow (peixe de pequeno porte)	0,94
Pickered (peixe predador)	1,33
Peixe-espada (peixe predador)	2,07
Heron (alimenta-se de animais menores)	3,57
Tern (alimenta-se de animais menores)	3,91
Herring Gull (gaivota)	6,00
Ovo de gavião marinho	13,8
Merganser (pato que se alimenta de peixe)	22,8
Pelicano (que se alimenta de peixe)	26,4

3.7 Biomas

A superfície terrestre apresenta, em toda sua extensão, uma grande diversidade de hábitats em função da variação do clima, distribuição de nutrientes, topografia etc., que leva também a uma grande variedade de seres vivos. Essa diversidade decorre da capacidade dos indivíduos e da espécie como um todo de se adaptarem às condições locais. Assim sendo, as comunidades que desenvolvem determinados mecanismos de adaptação ao meio ambiente tendem a sobreviver e a proliferar em tal ambiente. Por isso, regiões de condições diferentes apresentam espécies diferentes que nelas desenvolvem suas atividades normais. Em decorrência desse fato, podemos dividir nosso planeta em regiões de grande extensão onde se desenvolveu predominantemente um determinado tipo de vida. Esses grandes ecossistemas são denominados *biomas* e distribuem-se na superfície terrestre grande parte em função da latitude, uma vez que o clima varia de acordo com ela.

Além do clima, também o solo é um importante fator de distribuição dos biomas, mas é difícil estabelecer causa e efeito nessa distribuição, pois os três fatores — solo, clima e vegetação — se inter-relacionam intimamente, um afetando e modificando o outro.

Falamos até aqui dos ecossistemas terrestres, mas devemos citar, também, os ecossistemas aquáticos, uma vez que 75% da superfície de nosso planeta é ocupada pelas águas. Além disso, enquanto os continentes são habitados somente em sua superfície, o domínio aquático é ocupado em todas as suas dimensões. As diferenças básicas entre os ecossistemas terrestres e aquáticos, além do substrato que os envolve, são as seguintes:

- Enquanto nos ecossistemas terrestres a água é muitas vezes fator limitante, nos ecossistemas marinhos a luz é que se torna limitante.
- As variações de temperatura são mais pronunciadas no meio terrestre do que no meio aquático, por causa do alto calor específico da água.

- No meio terrestre, a circulação do ar provoca uma rápida distribuição e reciclagem de gases, enquanto, no aquático, o oxigênio, às vezes, é um fator limitante.
- O meio aquático requer esqueletos menos rígidos dos seus habitantes do que o meio terrestre, uma vez que o empuxo do ar é bem inferior ao da água.
- Os ecossistemas terrestres apresentam uma biomassa vegetal muito maior que os ecossistemas aquáticos, mas as cadeias alimentares tornam-se bem maiores nos ecossistemas aquáticos.

A seguir, descrevemos sucintamente os maiores biomas aquáticos e terrestres, apontando suas principais características e condições de vida.

Ecossistemas aquáticos

Os ecossistemas aquáticos podem, *grosso modo*, ser divididos em dois tipos: os de água doce e os de água salgada. Considera-se água doce aquela cuja concentração de sais dissolvidos é de até 0,5 g/l, enquanto a concentração média das águas marinhas é em torno de 35 g/l. A salinidade da água é fator de grande importância na distribuição dos seres aquáticos, uma vez que algumas espécies são estritamente marinhas e outras estritamente de água doce. Isso se deve às adaptações que essas espécies possuem para manutenção do equilíbrio osmótico com o meio.

Os seres aquáticos podem ser divididos em três categorias principais, em função de seu modo de vida:

- *Plânctons*: são os organismos em suspensão na água, sem meios de locomoção própria, que acompanham as correntes aquáticas. Podem ser divididos em fitoplânctons (algas), responsáveis pela produção primária nos meios aquáticos, e zooplânctons, que são principalmente os protozoários.
- *Bentos*: são organismos que vivem na superfície sólida submersa, podendo ser fixos ou móveis.
- *Néctons*: são os organismos providos de meio de locomoção própria, como os peixes.

Ecossistemas de água doce

Os ecossistemas de água doce podem ser divididos em dois grupos: os *lênticos*, como os lagos e os pântanos, e os *lóticos*, como os rios, as nascentes e as corredeiras.

A vida nos ecossistemas de água doce compõe-se principalmente de algas (o principal grupo de produtores), moluscos, insetos aquáticos, crustáceos e peixes (os principais consumidores), além das bactérias e fungos, encarregados da decomposição da matéria orgânica.

Rios

Os cursos de água estão intimamente relacionados com o ambiente a seu redor, dependendo dele para satisfazer a maior parte das necessidades de suprimento de energia de seus indivíduos, já que os produtores encontrados nos cursos de água não são suficientes, tornando, assim, os cursos de água ecossistemas abertos.

Os fatores essenciais que influem no povoamento dos cursos de água são a velocidade da corrente, a natureza do fundo, a temperatura, a oxigenação e a composição química das águas. A temperatura das águas correntes acompanha a do meio externo, mas possui menor amplitude de variação. As nascentes apresentam temperatura praticamente constante ao longo de todo o ano. Quanto à oxigenação, as águas correntes possuem suprimento abundante de oxigênio por causa de uma série de fatores, tais como agitação constante, ampla área de contato ar—água e pequena profundidade. Por isso, as comunidades desses ecossistemas são muito sensíveis à variação da concentração de oxigênio, como, por exemplo, em casos de poluição dos cursos de água.

Lagos

Os lagos e as lagoas originam-se de períodos de intensa atividade vulcânica e tectônica e apresentam, em função disso, distribuição localizada na superfície terrestre conforme as regiões onde tais ações se fizeram mais pronunciadas. Assim sendo, são numerosos no norte da Europa, Canadá e Estados Unidos, tendo-se formado há aproximadamente cem mil anos, durante o recuo das geleiras. São também numerosos em regiões que sofreram recente elevação, emergindo do fundo do mar, como no caso da Flórida, e em regiões sujeitas a recentes atividades vulcânicas.

A produtividade de um lago depende de sua profundidade e idade geológica e do recebimento de nutrientes do exterior. A produtividade dos lagos geralmente decresce à medida que sua profundidade aumenta. Podemos classificar os lagos quanto à sua produtividade em dois grupos principais: os lagos *oligotróficos* e os *eutróficos*. Os lagos oligotróficos são aqueles de baixa produtividade, em geral profundos e geologicamente jovens. A densidade de plâncton é baixa e, como há baixa produtividade, o teor de oxigênio é elevado e as espécies que neles se desenvolvem requerem bastante oxigênio. A decomposição faz-se lentamente. Já os lagos eutróficos são aqueles nos quais a vida aquática é abundante — tanto a sua flora e fauna são extremamente ricas — e são corpos d'água que possuem uma elevada capacidade de depuração de matéria orgânica em decomposição.

Oceanos

Os oceanos são de vital importância não somente para os ecossistemas que se desenvolvem em suas águas, mas, também, para todos os demais ecossistemas do planeta em decorrência de sua grande influência nas características climáticas e atmosféricas da Terra, além de seu importante papel nos ciclos minerais, já que são um extenso reservatório de minerais, depositados principalmente próximos aos continentes.

Como veremos no Capítulo 4, o oceano desempenha um papel importantíssimo no equilíbrio do ciclo do carbono, atenuando os possíveis impactos do aumento do CO_2 na atmosfera, um dos responsáveis pelo 'efeito estufa'.

A temperatura nos oceanos diminui com a profundidade, variando, em regiões mais profundas, entre 1°C e 3°C. As camadas mais superficiais apresentam uma grande variação térmica, o que não ocorre nas mais profundas, nas quais a temperatura mantém-se constante por todo o ano. É possível, ainda, definir, em função da iluminação, duas zonas distintas: *eufótica* e *afótica*. Na primeira delas, até cerca de 200 metros de profundidade, em média, é onde ocorre a fotossíntese nos oceanos. A segunda abrange as profundidades maiores que 200 metros, e nela não há luz suficiente para a fotossíntese. Por isso, seus habitantes são adaptados à ausência de claridade, possuindo olhos superdesenvolvidos em algumas espécies, atrofiados em outras, sentidos mais aguçados, além do desenvolvimento de órgãos luminescentes para atrair as presas. Deve-se considerar, entretanto, que, com o aumento da turbidez da água, a zona eufótica torna-se menos profunda.

A região mais bem conhecida e estudada dos oceanos é a que se denomina *plataforma continental*, a qual se estende até a profundidade de 200 metros, seguindo um relevo com suave declínio. Nessa região, os produtores são basicamente os fitoplânctons, e os consumidores dividem-se entre o zooplâncton, os bentos e o nécton. A plataforma continental é de grande valor econômico para o homem, pois nela se localizam as mais ricas regiões de pesca do planeta.

Uma comunidade de grande importância que se desenvolve nas plataformas continentais de regiões tropicais e subtropicais são os recifes de corais, que se distinguem por sua elevada produtividade e pela grande diversidade de espécies que os constituem, possuindo uma estrutura trófica que inclui uma grande biomassa vegetal. Sua alta produtividade deve ser creditada ao constante movimento da água e à elevada eficiência na reciclagem de nutrientes.

Estuários

Estuário é um corpo d'água litorâneo semifechado com livre acesso para o mar, onde as águas marinhas se misturam com a água doce proveniente do continente em pontos de desembocaduras de rios e baías costeiras. Ele pode ser considerado zona de transição entre a água doce e a salgada, mas com características próprias.

A salinidade nos estuários apresenta uma grande variação durante o ano, por isso as espécies que os habitam possuem uma grande tolerância a tais variações. Geralmente, nos estuários, as condições de alimento são muito favoráveis, levando a um grande número de organismos.

A comunidade que habita os estuários compõe-se de várias espécies que só se desenvolvem nessas regiões, além de espécies que vêm do oceano e algumas poucas que passam do oceano para os rios e vice-versa. Várias espécies que pertencem ao nécton oceânico utilizam os estuários como hábitat em suas primeiras fases de crescimento, em decorrência do abrigo e do alimento abundante disponíveis. Assim sendo, as regiões comerciais de pesca dependem da conservação e da proteção dos estuários.

Ecossistemas terrestres

Conforme citamos, no meio terrestre, a água torna-se às vezes escassa, o que leva os seres vivos a desenvolver uma série de adaptações para garantir sua sobrevivência. Essas adaptações podem envolver mecanismos como redução de perda de água (na qual há o desenvolvimento de órgãos respiratórios internos, impermeabilização do tegumento e redução da excreção de água, com sua melhor utilização no metabolismo, por meio de oxidação de gorduras, como no caso do dromedário) ou o desenvolvimento de hábitos que reduzam o consumo de água, como viver em tocas onde a umidade é relativamente elevada, possuir vida noturna e realizar migrações em épocas muito secas.

Uma característica marcante nos ecossistemas terrestres é a presença de grandes vegetais providos de raízes, que são os principais produtores do meio terrestre. Esses organismos fornecem abrigo a outras espécies, desempenham importante papel na modificação do solo e do clima e são estritamente autótrofos, necessitando apenas de luz e nutrientes minerais para elaboração de matéria orgânica. Fortemente ligados às características vegetais do meio e seguindo sua grande variedade, os consumidores apresentam grande diversidade. Os decompositores, no meio terrestre, são basicamente constituídos pelos fungos e bactérias, que requerem microambientes de elevada umidade para apresentarem alta produtividade, sendo que, em regiões mais secas, a produção vegetal excede a decomposição microbiológica.

Nos ecossistemas terrestres, as montanhas representam papel importante na distribuição de chuvas e, portanto, na composição da vegetação e da vida nessas regiões. Cadeias montanhosas podem barrar os ventos carregados de umidade provenientes do mar, fazendo com que subam a alturas mais frias, gerando condensação e precipitação da umidade por eles transportada. Assim, após superarem essa barreira, os ventos perdem grande parte de sua umidade e seguem secos para o interior do continente, lá gerando baixas médias pluviométricas. Esse efeito é típico do Nordeste brasileiro, onde os ventos provenientes do Atlântico perdem sua umidade ao transpor as formações das chapadas nordestinas, criando uma zona semi-árida no interior e outra chuvosa no litoral.

Na Figura 3.6 mostramos os principais biomas ou grandes ecossistemas terrestres cuja descrição é apresentada a seguir.

FIGURA 3.6

Os grandes ecossistemas da Terra.

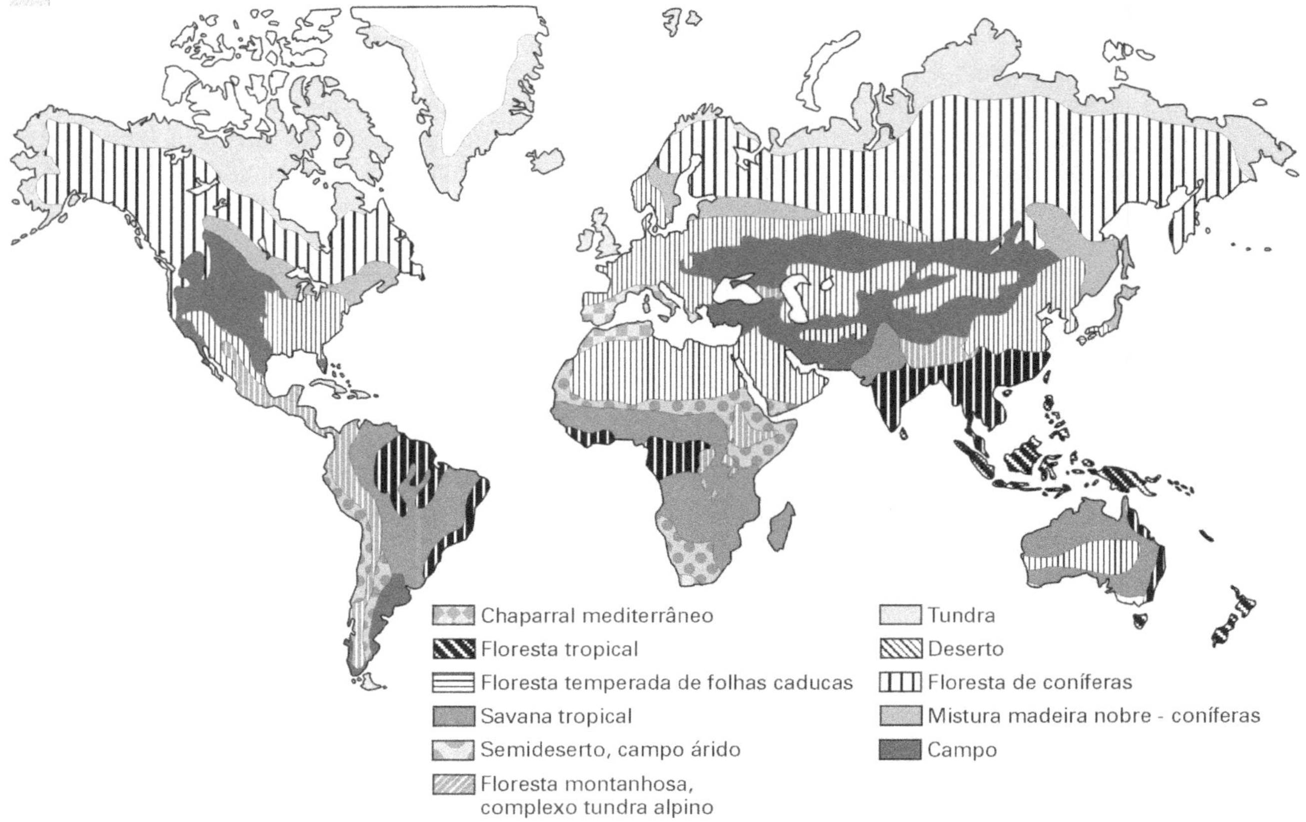

Tundra

A tundra desenvolve-se na região localizada entre os gelos permanentes e o limite natural das árvores, ao norte da latitude 57° N. Ela se caracteriza pela ausência de árvores e pelo solo esponjoso e acidentado, como conseqüência dos contínuos congelamentos e degelos. Apresenta, a pouca profundidade, um solo permanentemente congelado, que impede o desenvolvimento de raízes e a drenagem, formando regiões pantanosas.

As cadeias alimentares na tundra são relativamente curtas em decorrência da simplicidade do ecossistema, e qualquer alteração em um nível trófico leva a repercussões violentas no ecossistema, uma vez que são poucos os caminhos alternativos na rede alimentar.

Floresta de coníferas

As florestas de coníferas (também denominadas *taigas*) constituem um cinturão que limita o domínio da tundra e ocorrem principalmente entre as latitudes 45° N e 70° N, podendo também ocorrer na região de montanhas. Elas se caracterizam por possuir uma vegetação pouco diversificada, na qual predominam largamente os pinheiros e outras espécies de coníferas, árvores permanentemente verdes e com folhas afiladas em forma de agulha. Localizam-se em clima frio, no qual a precipitação — que ocorre principalmente no verão — é maior que na tundra.

Os solos da taiga são normalmente ácidos e pobres em minerais, que são carregados pelas águas das chuvas, uma vez que a evaporação é reduzida. Esse fato, somado à pouca luminosidade que alcança o solo, explica o pequeno número de espécies arbustivas e herbáceas.

Florestas temperadas de folhas caducas

Esse bioma apresenta-se bem desenvolvido na Europa e América do Norte, mas também aparece no Japão e na Austrália. Ele é dividido em partes isoladas umas das outras e apresenta, por isso, uma composição de espécies diferentes entre cada região. Ocorre em regiões de clima moderado, com inverno bem definido e precipitação abundante que se distribui praticamente por igual ao longo do ano. A característica mais marcante desse ecossistema é sua flora, composta basicamente por árvores que perdem suas folhas no inverno, como adaptação às condições climáticas do meio. A vegetação mais baixa, como arbustos, é bem desenvolvida e diversificada.

Florestas tropicais

As florestas tropicais também formam um bioma descontínuo, uma vez que ocorrem em regiões isoladas, sempre a baixas altitudes e próximas ao Equador. São encontradas nas bacias dos rios Amazonas, Congo, Niger e Zambeze e na Indo-Malásia, apresentando sempre estrutura e ecologia semelhantes, embora as espécies que as ocupam sejam diferentes. Sua temperatura mantém-se praticamente invariável ao longo do ano e não há distinção entre verão e inverno. A precipitação é elevada e distribuída por todo o ano e, associada às altas temperaturas, faz com que a umidade relativa do ar seja bastante elevada.

A variedade de espécies, tanto animais como vegetais, atinge seu ápice nas florestas tropicais. Observa-se aí uma grande estratificação no sentido vertical, pois os animais desenvolvem-se em diferentes níveis e raramente descem ou sobem a outros estratos.

A vegetação da floresta equatorial apresenta, além das várias espécies, uma grande dispersão dos indivíduos de cada espécie. A flora característica é composta por árvores de grande porte e densa folhagem, o que explica a pequena quantidade de espécies arbustivas e herbáceas, uma vez que a luminosidade que alcança o solo é baixa, favorecendo o desenvolvimento de epífitas, plantas que se desenvolvem sobre outras maiores para que elas melhor recebam a luz do Sol. A fauna desses biomas, também rica em espécies, desenvolve-se principalmente nas árvores, sendo poucas as espécies que descem ao solo ou vivem exclusivamente nesse nível. Essa diversidade de fauna pode ser explicada pela antigüidade de sua biocenose e pela ausência de mudanças climáticas. Além disso, existe abundância de alimento e um grande número de hábitats, permitindo a formação de diversos nichos ecológicos.

Dadas as condições de farta irradiação solar por todo o ano, possuem produtividade bastante elevada. Além disso, por causa da alta umidade e das elevadas temperaturas, a decomposição e a reciclagem de nutrientes acontecem com grande rapidez. Isso explica o porquê do desenvolvimento de uma vida tão intensa e diversificada sobre um solo pobre e raso, como o dessas florestas. O grande reservatório de minerais concentra-se na matéria orgânica morta e viva da floresta, sendo ínfima a quantidade armazenada no solo. Por isso é difícil o desenvolvimento de agricultura em área antes dominada pela floresta, assim como sua restituição após qualquer devastação. A pobreza do solo pode em parte ser explicada pela lixiviação pelas águas das chuvas constantes que caem sobre esse ecossistema.

Assim sendo, graças à fragilidade do ecossistema e sua grande importância para a vida e clima na Terra, as florestas tropicais devem ser motivo de constante preocupação por parte do homem quanto à sua conservação e a de sua fauna. Existem evidências científicas indicando que uma devastação geraria enormes desertos em sua área de ocupação, provocando alterações climáticas, ecológicas e econômicas de grande vulto e muito desfavoráveis ao planeta e ao homem.

Campos

Os campos são biomas nos quais predomina a vegetação herbácea, geralmente baixa. Eles se dividem em dois tipos principais: a *estepe* e a *savana*. A estepe é caracterizada pelo domínio das gramíneas, enquanto, na savana, a vegetação inclui também arbustos e pequenas árvores.

A fauna das savanas compreende um grande número de herbívoros de grande porte e grandes carnívoros e mantém-se muito menos alterada do que a fauna das estepes. As aves são também corredoras, e muitas têm grande porte, como o avestruz e a ema dos cerrados sul-americanos. Observa-se, nessa região, um princípio de preocupação em não substituir os rebanhos naturais por gado, pelo fato de os animais naturais serem imunes a uma série de doenças que afetam o gado bovino, e tal substituição exigiria altos gastos na imunização dos rebanhos. Por isso, acredita-se ser possível explorar a fauna nativa economicamente, pois, mesmo produzindo menos, requer menores investimentos, além de provocar menores alterações ao ambiente natural.

Desertos

Os desertos são regiões áridas de vegetação rara e espaçada, nas quais predomina o solo nu. Ocorrem em regiões de baixa precipitação ou em locais de maior precipitação, mas mal-distribuída ao longo do ano, porém sempre com altas taxas de evaporação. A reduzida precipitação pode ocorrer em decorrência de o ecossistema estar localizado em áreas de alta pressão onde se originam os ventos, o que impede a chegada, nessas regiões, de umidade proveniente dos oceanos. Outra causa é a sua localização atrás de altas cadeias montanhosas litorâneas (que barram os ventos úmidos) ou em altitudes muito elevadas. No Saara Central e no deserto ao norte do Chile raramente ocorrem precipitações.

4 Ciclos biogeoquímicos

Matéria e energia são conceitos fundamentais ligados à vida no planeta. O fluxo unidirecional de energia solar proporciona condições para síntese da matéria orgânica pelos seres autótrofos e sua decomposição e retorno ao meio como elementos inorgânicos pela ação dos microconsumidores heterótrofos. Esse processo de reciclagem da matéria é de suma importância, uma vez que os recursos na Terra são finitos e a vida depende do equilíbrio natural desse ciclo.

Os elementos essenciais à vida participam dessa trajetória desde o meio inanimado, passando pelos organismos vivos e retornando ao meio original. Esses elementos, em número aproximado de 40, são incorporados aos organismos na forma de compostos orgânicos complexos ou participam de uma série de reações químicas essenciais às atividades dos seres vivos. Um elemento essencial disponível para os produtores, em forma molecular ou iônica, recebe o nome de *nutriente*. Podemos distinguir dois grandes grupos de nutrientes: os chamados *macronutrientes*, que participam em quantidades superiores a 0,2% do peso orgânico seco (p.o.s.); e os chamados *micronutrientes*, que participam em quantidades inferiores a 0,2% do p.o.s. do ser vivo.

Dentre os principais macronutrientes, podemos citar o carbono (C), o hidrogênio (H), o oxigênio (O), o nitrogênio (N) e o fósforo (P), que participam em quantidades superiores a 1% do p.o.s. dos seres vivos, além do enxofre (S), do cloro (Cl), do potássio (K), do sódio (Na), do cálcio (Ca), do magnésio (Mg) e do ferro (Fe). Como principais micronutrientes, citamos o alumínio (Al), o boro (B), o cromo (Cr), o zinco (Zn), o molibdênio (Mo), o vanádio (V) e o cobalto (Co).

Os elementos essenciais fazem parte, portanto, de ciclos que recebem o nome de *biogeoquímicos*. *Bio*, porque os organismos vivos interagem no processo de síntese orgânica e decomposição dos elementos; *geo*, porque o meio terrestre é a fonte dos elementos, e *químicos* porque são ciclos de elementos químicos. A biogeoquímica é, portanto, a ciência que estuda a troca ou a circulação de matéria entre os componentes vivos e físico-químicos da biosfera (Odum, 1971). Podemos distinguir basicamente três tipos de ciclos biogeoquímicos. Dois tipos referem-se ao ciclo dos elementos vitais (macro e micronutrientes) e outro se refere ao ciclo de um composto vital: a água. Dessa maneira, identificamos o ciclo hidrológico (ou da água) e os ciclos sedimentares e gasosos dos elementos químicos. Nos ciclos sedimentares (como, por exemplo, do fósforo, do enxofre, do cálcio, do magnésio e do potássio), o reservatório que supre os elementos e os recebe de volta é a litosfera, ao passo que, nos ciclos gasosos (como, por exemplo, do carbono, do nitrogênio e do oxigênio), o reservatório é a atmosfera.

Em decorrência do tamanho do reservatório atmosférico e dos inúmeros mecanismos de realimentação negativa, os ciclos gasosos tendem a ser mais auto-reguláveis que os ciclos sedimentares. Nesses últimos, a imobilidade relativa da grande maioria dos elementos na crosta terrestre faz com que o ciclo esteja muito mais sujeito à alteração, por causa das intempéries e da ação do homem. Como conseqüência, há a tendência à 'perda' de material para a hidrosfera como fruto da erosão natural e acelerada (a partir da mineração).

A seguir, analisaremos os ciclos gasosos do carbono e do nitrogênio, os ciclos sedimentares do fósforo e do enxofre e, por fim, o ciclo hidrológico.

4.1 O ciclo do carbono

O reservatório de carbono é a atmosfera onde o nutriente das plantas encontra-se na forma de dióxido de carbono (CO_2), um gás que, nas condições naturais de temperatura e pressão, é inodoro e incolor. O carbono é o principal constituinte da matéria orgânica, participando em 49% do peso orgânico seco. O ciclo do carbono é um ciclo perfeito, pois o carbono é devolvido ao meio à mesma taxa a que é sintetizado pelos produtores. O CO_2, liberado por todas as plantas e animais em seu processo vital de respiração, recicla-se a uma taxa de aproximadamente uma vez a cada 300 anos (Miller, 1985).

As plantas utilizam o CO_2 e o vapor de água da atmosfera para, na presença de luz solar, sintetizar compostos orgânicos de carbono, hidrogênio e oxigênio, tais como a glicose ($C_6H_{12}O_6$). A reação de fotossíntese pode ser expressa como:

4.1

$$6CO_2 + 6H_2O + \text{Energia Solar} \rightarrow C_6H_{12}O_6 + 6O_2$$

A Expressão 4.1 é uma simplificação de um conjunto de aproximadamente 80 a 100 reações químicas. Entretanto, é importante observar dois pontos: a) a fixação do carbono em sua forma orgânica indica que a fotossíntese é a base da vida na Terra; e b) a energia solar é armazenada como energia química nas moléculas orgânicas da glicose.

A energia armazenada nas moléculas orgânicas é liberada no processo inverso ao da fotossíntese: a respiração. Na respiração, temos a quebra das moléculas, com a conseqüente liberação de energia para realização das atividades vitais dos organismos. A reação de respiração é dada por:

4.2

$$C_6H_{12}O_6 + 6O_2 \rightarrow 6CO_2 + 6H_2O + 640\text{Kcal/mol de glicose}$$

Por meio da fotossíntese (Expressão 4.1) e da respiração (Expressão 4.2), o carbono passa de sua fase inorgânica à fase orgânica e volta para a fase inorgânica, completando, assim, seu ciclo biogeoquímico. Fotossíntese e respiração são processos de reciclagem do carbono e do oxigênio em várias formas químicas em todos os ecossistemas.

A Figura 4.1 apresenta uma visão mais detalhada desse ciclo. Nela, os valores apresentados correspondem a 1.012 moles/ano para os fluxos e 1.012 moles para os reservatórios. É importante observar a existência de uma interação entre o CO_2 atmosférico e o aquático. A concentração de CO_2 na atmosfera é de 0,032%, um valor excessivamente baixo para explicar a síntese de aproximadamente 50 a 60 x 10^9 toneladas/ano de carbono no processo de fotossíntese. Além da alta taxa de reciclagem do carbono (menos de mil anos), a explicação para o número apresentado advém da existência de reservatório auxiliar de carbono representado pelos oceanos.

A interação entre os reservatórios aquático e atmosférico ocorre por meio de uma reação química de difusão, cuja direção depende da maior ou menor concentração do gás. A reação é dada a seguir (Kormondy, 1976):

4.3

$$CO_2 \text{ atmosférico}$$

$$\Updownarrow$$

$$CO_2 + H_2O \Leftrightarrow H_2O_3 \Leftrightarrow H^+ + HCO_3^- \Leftrightarrow 2H^+ + CO_3^-$$

Caso haja aumento da concentração de CO_2 na atmosfera, a reação indica que parte desse CO_2 será absorvida pelo oceano, ficando dissolvido na água.

FIGURA 4.1

O ciclo do carbono (Helou, 1999).

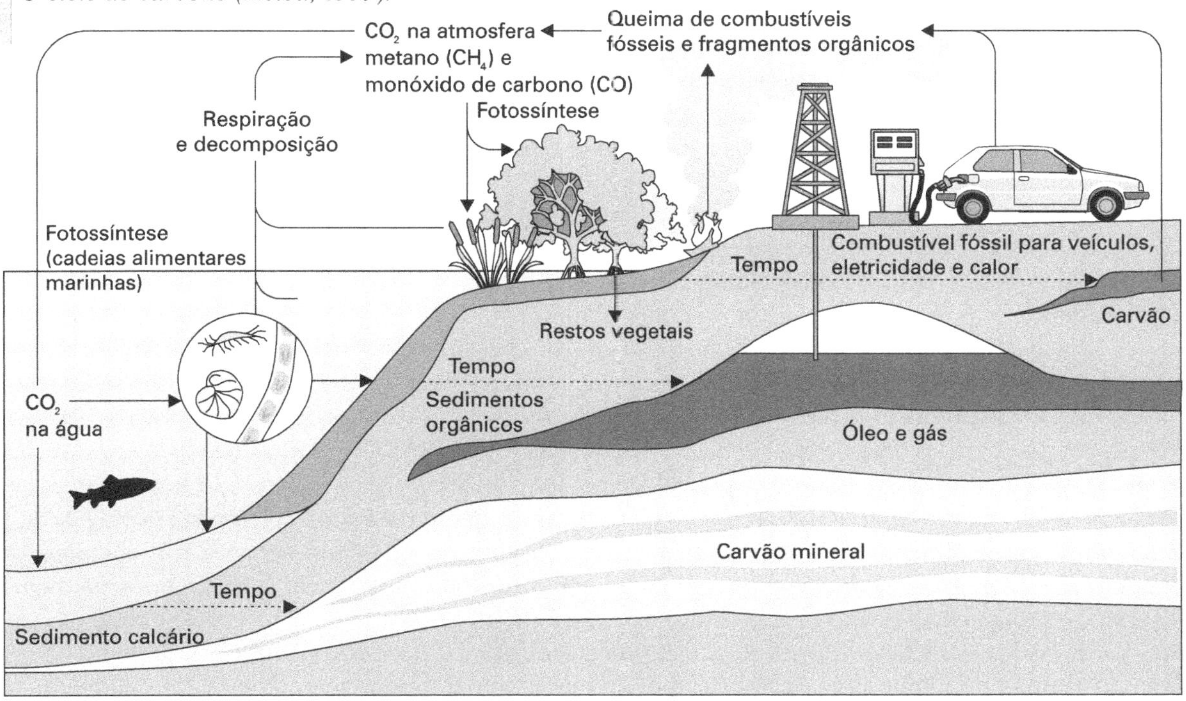

Esse CO_2 combina-se com a água para produzir o ácido carbônico (H_2CO_3), que, por sua vez, dissocia-se em um íon de hidrogênio (H^+) e em um íon de bicarbonato (HCO_3^-). O HCO_3^- dissocia-se em um íon de carbonato ( ) mais um íon de hidrogênio (H^+). A reação é reversível e realiza-se no sentido da maior para a menor concentração.

Na Figura 4.1, podemos distinguir um ciclo principal, por meio do qual produtores, consumidores e decompositores participam, respectivamente, dos processos de fotossíntese e respiração, e um ciclo secundário, mais lento, do decaimento de plantas e animais que foram incorporados por processos geológicos na crosta terrestre. Nesses processos, os organismos foram transformados em combustíveis fósseis e calcário, que ficam à margem do ciclo principal. Os combustíveis fósseis são, portanto, energia solar armazenada na forma de moléculas orgânicas no interior da Terra.

A partir da Revolução Industrial, o homem passou a fazer uso intenso dessa energia armazenada e, no processo de queima (respiração), passou a devolver o CO_2 à atmosfera a uma taxa superior à capacidade assimiladora das plantas (pela fotossíntese) e dos oceanos (pela reação de difusão). Esse desequilíbrio do ciclo natural pode ter implicações na alteração do chamado 'efeito estufa', com conseqüente aumento da temperatura global da Terra. Sabemos hoje que aproximadamente 50% do excesso de CO_2 gerado é absorvido pelos oceanos (Perkins, 1974). Até que ponto os oceanos suportarão o aumento de CO_2 é uma pergunta difícil de responder, diante da multiplicidade de fatores que intervêm no mecanismo de recuperação do sistema.

4.2 O ciclo do nitrogênio

O aumento acentuado da população humana e, principalmente, da taxa de crescimento populacional após a Revolução Industrial, na segunda metade do século XIX, implicou um aumento da produtividade agrícola para fazer frente à demanda crescente de alimentos. Tanto o nitrogênio como o fósforo são fatores limitantes do crescimento dos vegetais e, por isso, tornaram-se alguns dos principais fertilizantes utilizados hoje na agricultura. O nitrogênio desempenha um importante papel na constituição das moléculas de proteínas, ácidos nucléicos, vitaminas, enzimas e hormônios — elementos vitais aos seres vivos.

O ciclo do nitrogênio, assim como o do carbono, é um ciclo gasoso. Apesar dessa similaridade, existem algumas diferenças notáveis entre os dois ciclos, como, por exemplo: a) a atmosfera é rica em nitrogênio (78%) e pobre em carbono (0,032%); b) apesar da abundância de nitrogênio na atmosfera, somente um grupo seleto de organismos consegue utilizar o nitrogênio gasoso; e c) o envolvimento biológico no ciclo do nitrogênio é muito mais extenso que no ciclo do carbono.

Apresentamos uma versão simplificada do ciclo do nitrogênio na Figura 4.2. Grande parte do nitrogênio existente nos organismos vivos não é obtida diretamente da atmosfera, uma vez que a principal forma de nutriente para os produtores são os nitratos (NO_3^-). Esses nitratos são fruto da decomposição de matéria orgânica, na qual o nitrogênio do protoplasma é quebrado em uma série de compostos orgânicos e inorgânicos por bactérias com funções especializadas em cada parte do processo. Os nitratos podem ainda ser obtidos por meio da ação de bactérias fixadoras de nitrogênio e das descargas elétricas que ocorrem na atmosfera.

No ciclo do nitrogênio existem quatro mecanismos bastante diferenciados e importantes: 1) fixação do nitrogênio atmosférico em nitratos; 2) amonificação; 3) nitrificação; e 4) desnitrificação. A fixação do nitrogênio ocorre por meio dos chamados organismos simbióticos fixadores de nitrogênio, de vida livre e fotossintéticos. Entre os organismos simbióticos, destaca-se a espécie Rhizobium, que vive em associação simbiótica (mutualismo) com raízes vegetais leguminosas (ervilha, soja, feijão etc.). A importância desses organismos é bastante óbvia, sendo a rotação de culturas de leguminosas uma alternativa ecológica ao uso dos fertilizantes nitrogenados sintéticos. Dentre os organismos de vida livre, encontramos bactérias aeróbias, como a azotobacter, e bactérias anaeróbias, como a clostridium. Também as algas, principalmente as cianofíceas (anabaena e nostoc, entre outras), são organismos de vida livre fixadores de nitrogênio. Algumas bactérias fotossintéticas como a Rhodospirillum são também fixadoras de nitrogênio.

A fixação do nitrato por via biológica é, de longe, a mais importante. Dos 140 a 700 mg/m2/ano fixados pela biosfera como um todo, somente cerca de 35 mg/m2/ano são fixados por mecanismos físico-químicos (Odum, 1971). Dentro da fixação por via biológica, os organismos simbióticos produzem uma quantidade que é, no mínimo, cem vezes maior do que aquela produzida pelos organismos de vida livre (Kormondy, 1976).

FIGURA 4.2

O ciclo do nitrogênio.

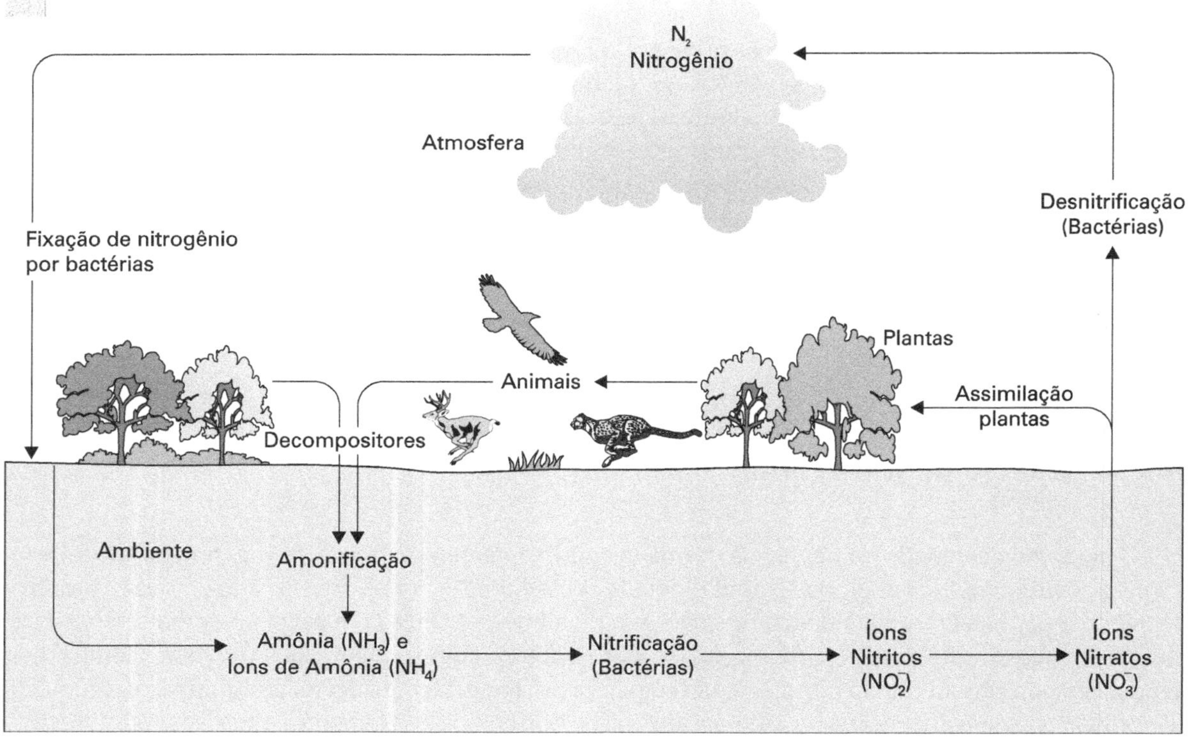

O nitrogênio fixado é rapidamente dissolvido na água do solo e fica disponível para as plantas na forma de nitrato. Essas plantas transformam os nitratos em grandes moléculas que contêm nitrogênio e outras moléculas orgânicas nitrogenadas, necessárias à vida. Inicia-se, então, o processo de amonificação.

Quando esse nitrogênio orgânico entra na cadeia alimentar, ele passa a constituir moléculas orgânicas dos consumidores primários, secundários e assim sucessivamente. Atuando sobre os produtos de eliminação desses consumidores e do protoplasma de organismos mortos, as bactérias mineralizam o nitrogênio produzindo gás amônia (NH_3) e sais de amônio (NH_4^+). Dessa maneira se completa a fase de amonificação no ciclo.

NH_4^+ e NH_3 são convertidos em nitritos (NO_2^-) e, posteriormente, no processo de nitrificação, de nitritos em nitratos (NO_3^-) por um grupo de bactérias quimiossintetizantes. A passagem de amônia a nitrito é feita pelas nitrossomonas; e a passagem a nitratos, pelas nitrobacter. Esse processo de nitrificação se processa aerobiamente. Por fim, temos o retorno ao nitrogênio gasoso (N_2) a partir do nitrato, pela ação das pseudomonas. Esse fenômeno da desnitrificação é anaeróbio e ocorre nos solos pouco aerados.

A síntese industrial da amônia (NH_3) a partir do nitrogênio atmosférico (N_2), desenvolvida durante a Primeira Guerra Mundial pelo alemão Fritz Haber, possibilitou o aparecimento dos fertilizantes sintéticos, com um conseqüente aumento da eficiência da agricultura. Entretanto, como foi mostrado, o ciclo equilibrado do nitrogênio depende de um conjunto de fatores bióticos e abióticos determinados; portanto, nem sempre está apto a assimilar o excesso sintetizado artificialmente. Esse excesso de 9×10^9 t/ano (Kormondy, 1976), carregado para os rios, lagos e lençóis de água subterrâneos, tem provocado o fenômeno da eutrofização, comprometendo a qualidade das águas.

4.3 O ciclo do fósforo

O fósforo é o material genético constituinte das moléculas dos ácidos ribonucléico (RNA) e desoxirribonucléico (DNA) e componente dos ossos e dentes. É, portanto, um elemento fundamental na transferência de caracteres no processo de reprodução dos seres humanos. Como notado por Hutchinson (Kormondy, 1976), o fósforo aparece nos organismos em proporção muito superior aos outros elementos quando comparado com sua participação nas fontes primárias. Esse fato justifica a importância ecológica do fósforo e sugere que esse elemento é provavelmente o fator mais limitante à produtividade primária.

Como o fósforo é um elemento de ciclo fundamentalmente sedimentar, seu principal reservatório (ou *pool* nutritivo) é a litosfera, mais precisamente as rochas fosfatadas e alguns depósitos formados ao longo de milênios. Por meio de processos erosivos, ocorre a liberação do fósforo na forma de fosfatos, que serão utilizados pelos produtores. Entretanto, parte desses fosfatos liberados é carregada para os oceanos, onde se perde em depósitos a grandes profundidades, ou é consumida pelo fitoplâncton.

Os meios de retorno do fosfato para os ecossistemas a partir dos oceanos são insuficientes para compensar a parcela que se perde. Esse retorno tem por principais agentes os peixes e as aves marinhas. Exemplo disso são os extensos depósitos de guano (fosfato de cálcio originário dos excrementos das aves marinhas) existentes nas costas do Peru e do Chile. A ação predadora dos seres humanos sobre esses pássaros faz com que a taxa de retorno reduza-se ainda mais. Ao mesmo tempo que reduzem a taxa de retorno, os seres humanos, agindo sobre a natureza com a exploração da mineração, ocupação desordenada do solo, desmatamentos e agricultura, entre outras atividades, aceleram o processo de perda de fósforo do ciclo. Estima-se que, atualmente, um a dois milhões de toneladas de fosfato são produzidas a partir da mineração de rochas fosfatadas. Desse total, apenas 60 mil toneladas retornam pelos meios anteriormente referidos.

Na Figura 4.3 está uma representação esquemática do ciclo do fósforo. O ciclo é lento, passando da litosfera para a hidrosfera por meio da erosão.

FIGURA 4.3

O ciclo do fósforo.

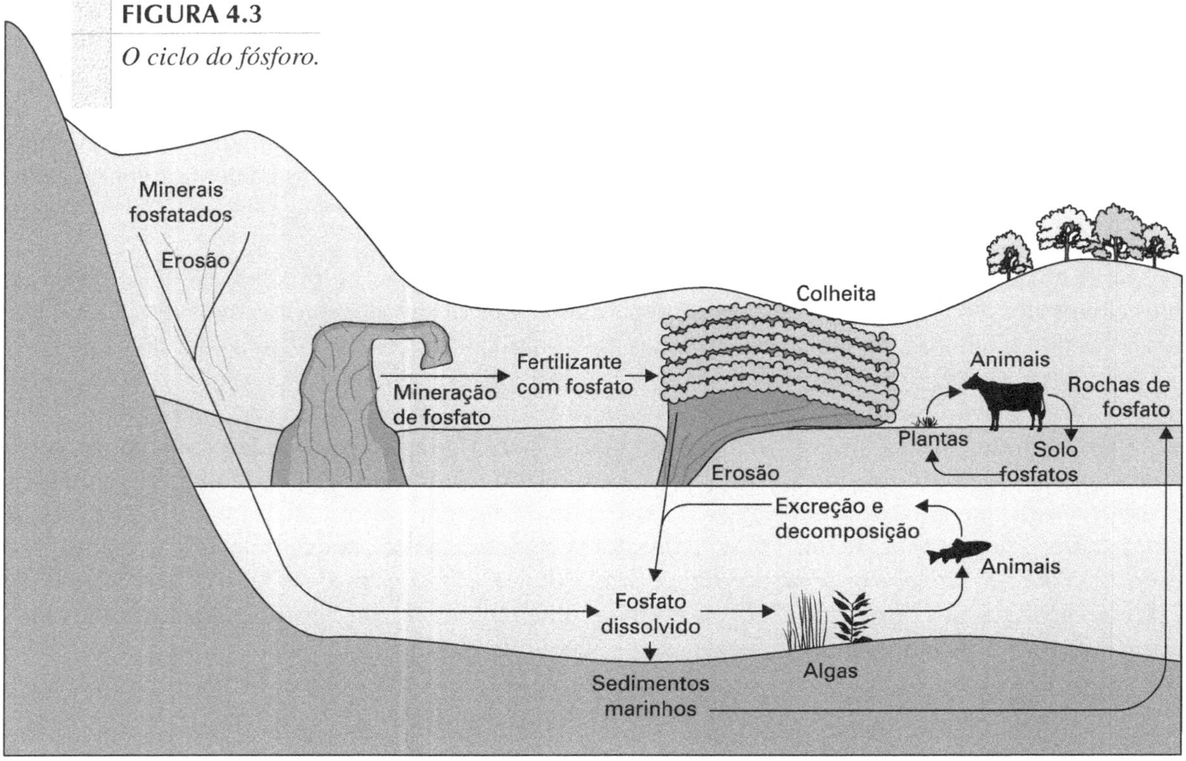

Como já mencionamos anteriormente, parte do fósforo é perdida para os depósitos de sedimentos profundos no oceano. Em decorrência de movimentos tectônicos, existe a possibilidade de levantamentos geológicos que tragam de volta aquele fósforo perdido. Por meio da reciclagem, o fósforo, em compostos orgânicos, é quebrado pelos decompositores e transformado em fosfatos, sendo novamente utilizado pelos produtores. Nesse processo também há perdas, uma vez que os ossos, ricos em fósforo, oferecem resistência aos decompositores e à erosão.

4.4 O ciclo do enxofre

O enxofre apresenta um ciclo basicamente sedimentar, embora possua uma fase gasosa, porém de pouca importância. A principal forma de assimilação do enxofre pelos seres produtores é como sulfato inorgânico. O processo biológico envolvido nesse ciclo compreende uma série de microorganismos com funções específicas de redução e oxidação.

A maior parte do enxofre que é assimilado é mineralizado em processo de decomposição. Entretanto, sob condições anaeróbias, ele é reduzido a sulfetos, entre os quais o sulfeto de hidrogênio (H_2S), composto letal à maioria dos seres vivos, principalmente aos ecossistemas aquáticos em grandes profundidades. Esse gás, tanto no solo como na água, sobe a camadas mais aeradas onde então é oxidado, passando à forma de enxofre elementar, quando, mais oxidado, ele se transforma, daí, em sulfato.

Sob condições anaeróbias e na presença de ferro, o enxofre precipita-se, formando sulfetos férricos e ferrosos. Esses compostos, por sua vez, permitem que o fósforo converta-se de insolúvel a solúvel, tornando-se, assim, utilizável. Esse exemplo mostra a inter-relação que ocorre em um ecossistema entre diferentes ciclos de minerais.

A ação do homem também interfere nesse ciclo por meio de grandes quantidades de dióxido de enxofre liberadas nos processos de queima de carvão e óleo combustível em indústrias e usinas termoelétricas. O dióxido de enxofre tem potenciais efeitos danosos ao organismo, além de provocar, em certas situações, o que se denomina de 'chuva ácida' e o *smog* industrial.

Na Figura 4.4, apresentamos de forma simplificada o ciclo do enxofre. Notam-se as relações na litosfera e hidrosfera, bem como os processos que se desenvolvem aeróbia e anaerobiamente.

FIGURA 4.4

O ciclo do enxofre.

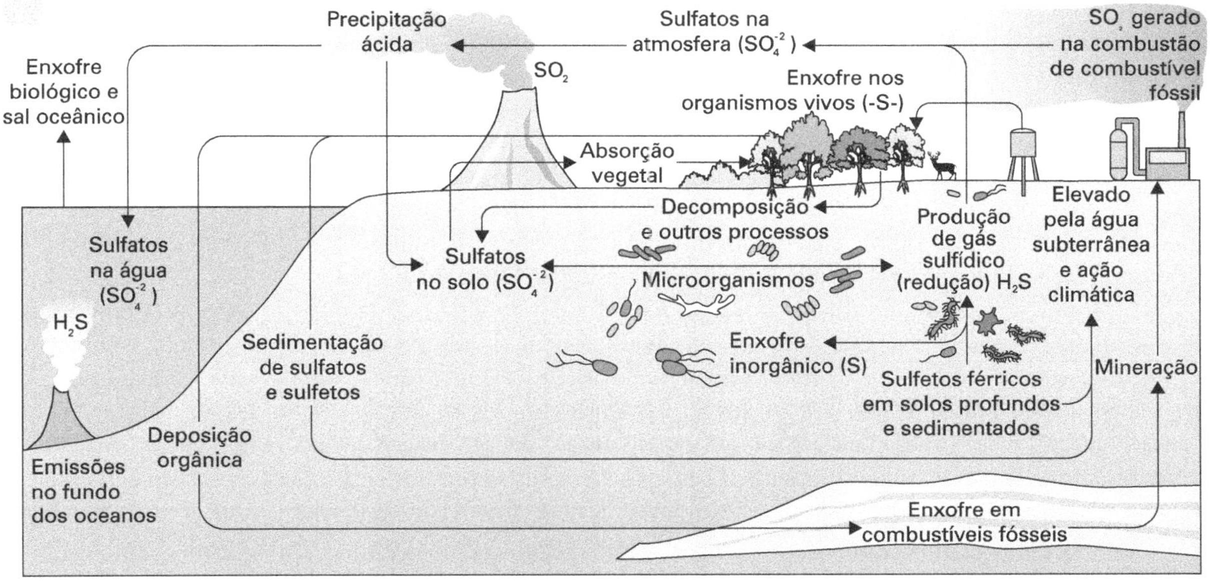

4.5 O ciclo hidrológico

A água é o principal componente dos organismos vivos. Seu percentual no peso dos seres varia entre 70 e 90, sendo mais abundante em tecidos jovens do que nos tecidos idosos. Uma vez que a quantidade de água apresenta enormes variações de um ponto a outro do planeta, e dada sua importância para a manutenção da vida, os seres vivos devem apresentar características específicas conforme a umidade e a ocorrência de água em seu hábitat. Desse modo, às vezes, torna-se mais importante a conservação da água interior que a ingestão de água do exterior. A água pode ser consumida pelos seres por diversos meios, seja ingerindo-a diretamente, seja utilizando a água contida nos alimentos ou, ainda, pela penetração por meio da pele. A perda de água, por sua vez, dá-se basicamente por evapotranspiração, respiração, excreções urinárias e dejeções.

Os seres vivos que vivem em ambientes muito secos devem desenvolver mecanismos que lhes possibilitem evitar, ao máximo, a desidratação do organismo. Um desses mecanismos é a redução da perda de água, conseguida por meio de alterações fisiológicas e anatômicas, tais como impermeabilização do tegumento, desenvolvimento de órgãos respiratórios internos em substituição às brânquias ou excreções mais concentradas ou mesmo sólidas. Outro mecanismo é a utilização da água do metabolismo, proveniente da oxidação de gorduras. Por fim, podemos citar as adaptações ecológicas, visando ao máximo aproveitamento da umidade existente, como, por exemplo, morar em tocas e cavernas (geralmente mais úmidas), adquirir hábitos noturnos (quando o calor é menos intenso) ou, ainda, migrar em épocas de estiagem mais acentuada para locais favoráveis.

Para algumas espécies de insetos, a água ainda surge como fator influente na longevidade, fertilidade e comportamento dos indivíduos.

No organismo, as principais funções desempenhadas pela água são de reguladora térmica (graças a seu elevado calor específico), mantenedora do equilíbrio osmótico e equilibradora ácido-base, além de ser ativadora das enzimas.

A água é o grande regulador do ambiente. Além de seu alto calor específico (1 g Cal/g), ela possui elevado calor latente de fusão (80 g Cal/g) e alto calor latente de vaporização (536 g Cal/g). Em se tratando de comunidades aquáticas, a água e suas características condicionam totalmente os seres de cada região. Sua propriedade de possuir densidade máxima a 4°C é de fundamental importância a essas comunidades, pois, com isso, apenas a superfície aquática se congela, tendo essa propriedade, assim, a função de anteparo protetor. O pH é outro fator de grande importância para as comunidades aquáticas, uma vez que os peixes suportam viver apenas em águas com pH que varia entre 5 e 9, apresentando produtividade máxima em pH entre 6,5 e 8,5. A movimentação da água também influi nas comunidades aquáticas, permitindo maior oxigenação e uniformidade de temperatura. Além de o movimento influir na forma dos corpos, ele induz adaptações ecológicas, como a orientação contra a corrente.

Outra característica que condiciona as espécies aquáticas é a turbidez da água, ou seja, a presença de sólidos em suspensão. Esses sólidos diminuem a incidência luminosa em regiões mais profundas, reduzindo, assim, a produtividade e o teor de oxigênio. As principais adaptações dos peixes habitantes dessas águas são a redução dos olhos, o desenvolvimento dos sentidos do tato e audição, além da liberação de um muco coagulante que precipita os sólidos suspensos em torno do animal.

A presença de água é fundamental para a existência de vida no planeta, pois ela atua como regulador térmico do ambiente, fazendo com que as diferenças de temperatura entre a noite e o dia sejam minimizadas graças a seu alto calor específico. Considera-se água doce aquela cuja concentração de sais minerais está por volta de 0,5 g/l, principalmente cloretos e sulfatos. Água salgada é aquela cuja concentração de sais está acima de 3 g/l, principalmente cloretos e sulfatos. A salinidade é um importante condicionador das espécies aquáticas, uma vez que são raras as espécies que sobrevivem em água doce e salgada, em decorrência, principalmente, das diferentes condições de equilíbrio osmótico existentes entre as duas situações.

Observamos que a maior parte da água doce encontra-se em locais de difícil extração (calota polar e subsolo). A água na atmosfera mostra-se em porcentagem ínfima. Porém, devemos ter em mente que, ao longo de um ano, muita água circula na região da ecosfera.

A Figura 4.5 apresenta o ciclo hidrológico propriamente dito, no qual os fenômenos básicos são a evaporação e a precipitação. Segundo estimativas feitas (Eagleson, 1970), calcula-se a precipitação anual total em 551 mil km^3, sendo 215 mil km^3 sobre os continentes e 336 mil km^3 sobre os oceanos. Assim, a umidade atmosférica deve ser reposta em média 40 vezes por ano, implicando um tempo de residência dessa umidade de aproximadamente nove dias. Ou seja, a velocidade de troca nesse ciclo é muito grande. Nos oceanos, a evaporação excede a precipitação, e, nos continentes, ocorre o oposto. Daí, concluímos que boa parte da água de chuva nos continentes provém da evaporação da água dos oceanos. Uma importante exceção é a bacia Amazônica, onde se especula, cientificamente, que perto de 50% da precipitação provém da própria bacia. Essa circulação que ocorre com o vapor de água é de fundamental importância para o clima de diversas regiões, pois dela depende a distribuição da precipitação nas diversas partes do planeta. Assim, os ventos alísios, provenientes de latitudes mais frias em direção ao Equador, vão carregando umidade à medida que se deslocam, provocando a precipitação sobre as regiões equatoriais.

As plantas retiram água do solo por meio de suas raízes e transpiram graças aos estômatos de suas folhas. Para termos uma idéia de quantidade, é interessante observar que 0,5 ha de milho transpira dois milhões de litros de água em um ciclo vegetativo. Essa água fica disponível para evaporar.

Esse fenômeno ocorre a partir das energias solar e eólica, que aumentam o nível de agitação das moléculas na interface atmosfera—hidrosfera. Esse nível de agitação chega a um ponto em que algumas moléculas escapam do meio aquático na forma de vapor de água, na verdade uma mistura de moléculas gasosas, formada por água, oxigênio e nitrogênio. À medida que o vapor de água aquecido sobe, ele se expande, reduzindo sua temperatura. Sabemos que a máxima capacidade de armazenamento de vapor de água na atmosfera é proporcional à temperatura do ar (Figura 4.6). Assim, a umidade relativa desse ar úmido vai aumentando à medida que ele sobe.

FIGURA 4.5
O ciclo hidrológico.

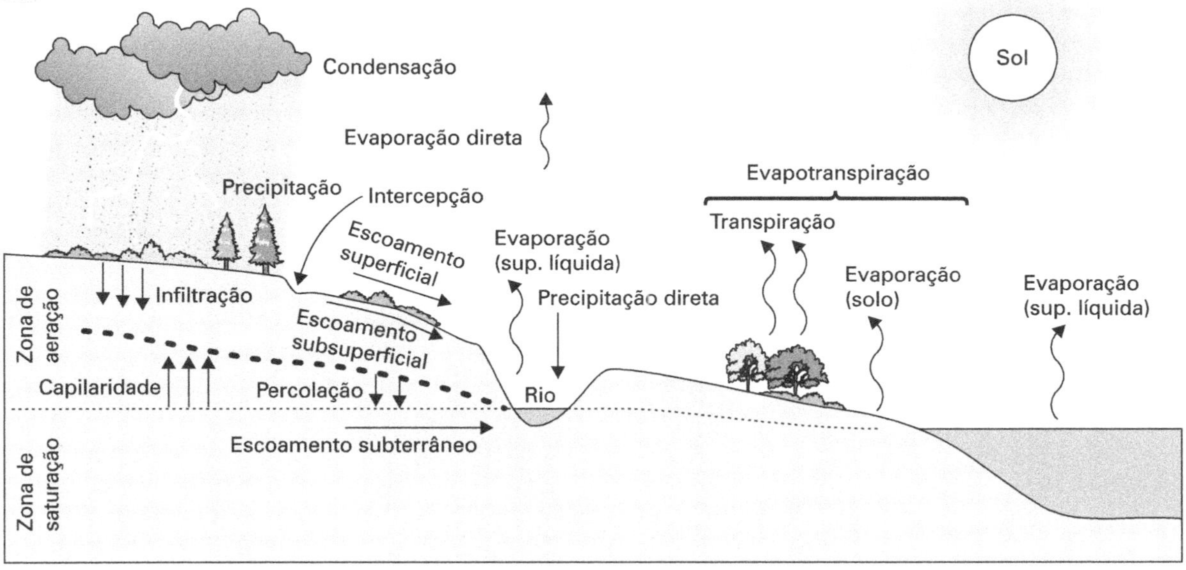

FIGURA 4.6
Variação da capacidade de armazenamento de vapor de água.

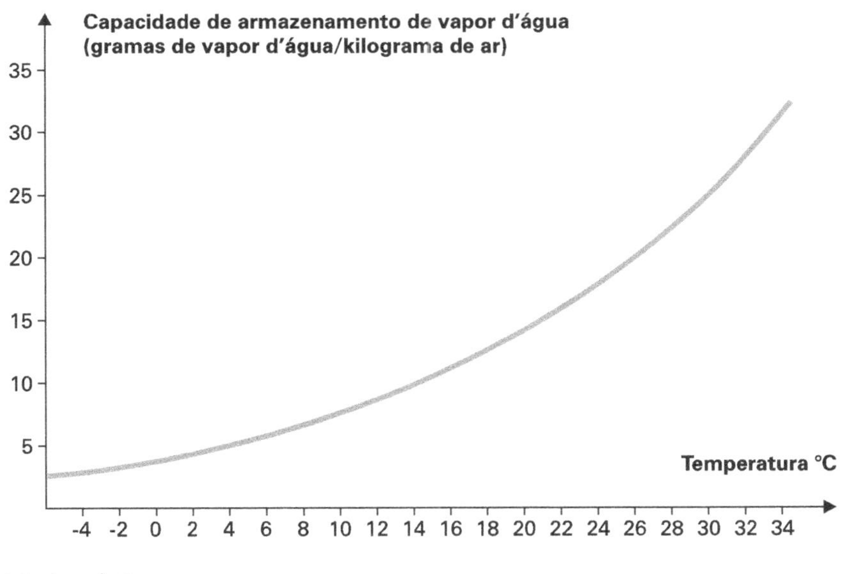

Define-se umidade relativa como:

4.4

$$r = 100\frac{\rho_v}{\rho_s}$$

onde ρ_v indica a densidade de vapor de água existente a uma dada temperatura e ρ_s indica a densidade de saturação do vapor de água a essa mesma temperatura (quantidade máxima passível de armazenamento mostrada na Figura 4.6).

Quando *r* chega a 100%, dá-se a condensação do vapor de água. Essas pequenas partículas coalescem (aumentam de tamanho) por interação com o material particulado existente no ar. O tamanho das partículas chega a um ponto em que as forças de sustentação ascendentes são menores que as forças gravitacionais. Essas gotículas caem na forma de chuva, neve ou granizo, dependendo da temperatura de condensação.

A quantidade, a distribuição espacial e a periodicidade dessas precipitações, juntamente com a evapotranspiração, é que vão determinar as características dos principais biomas terrestres.

A precipitação não interceptada pela planta atinge a superfície do terreno e parte dela se infiltra. A parcela remanescente escoa superficialmente, até encontrar o primeiro riacho, e daí seqüencialmente até a chegada no oceano, onde o ciclo se repete. A maior ou menor parcela de infiltração vai depender das condições de umidade da zona não saturada do solo ou da zona onde os poros do solo contêm água e ar (Figura 4.7). Dessa zona, as plantas normalmente retiram a água necessária ao seu metabolismo por meio de suas raízes. A água é retida, por capilaridade, até o ponto em que os poros vão se saturando, as forças gravitacionais superam as capilares e ocorre a percolação para a zona saturada. Nessa zona, os poros do solo estão completamente saturados e interligados, possibilitando o escoamento subterrâneo, responsável pelo suprimento de água dos rios, de modo lento e contínuo.

FIGURA 4.7

A água no solo.

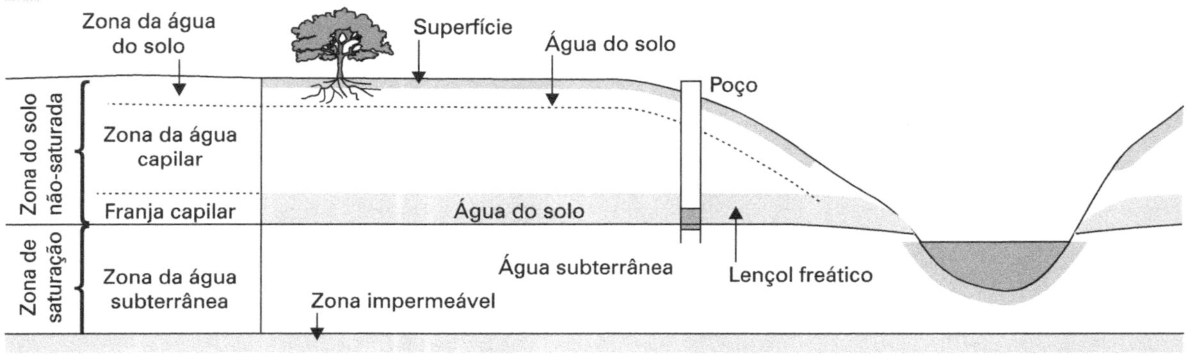

É interessante estudar a relação entre precipitação (P) e evapotranspiração potencial (E) ou evapotranspiração em condições ideais de saturação de água no solo para entender o funcionamento de diferentes biomas. Na Tabela 4.1, mostramos que a relação P/E varia significativamente em diferentes regiões brasileiras.

TABELA 4.1

Relação precipitação/evaporação potencial em diferentes regiões brasileiras.

Região	P/E
Amazônia	1,2 a 1,8
Semi-árido NE — Brasil	0,2
Estado de São Paulo	1,0 a 1,3

Assim, podemos resumir o ciclo por meio dos seguintes processos:

- *Detenção:* parte da precipitação fica retida na vegetação, depressões do terreno e construções. Essa massa de água retorna à atmosfera pela ação da *evaporação* ou penetra no solo pela *infiltração.*
- *Escoamento superficial:* constituído pela água que escoa sobre o solo, fluindo para locais de altitudes inferiores, até atingir um corpo d'água como um rio, lago ou oceano. A água que compõe o escoamento superficial pode também sofrer infiltração para as camadas superiores do solo, ficar retida ou sofrer evaporação.
- *Infiltração:* a água infiltrada pode sofrer evaporação, ser utilizada pela vegetação, escoar ao longo da camada superior do solo ou alimentar o lençol de água subterrâneo.
- *Escoamento subterrâneo:* constituído por parte da água infiltrada na camada superior do solo, sendo bem mais lento que o escoamento superficial. Parte desse escoamento alimenta os rios e os lagos, além de ser responsável pela manutenção desses corpos durante épocas de estiagem.
- *Evapotranspiração:* parte da água existente no solo que é utilizada pela vegetação e é eliminada pelas folhas na forma de vapor.
- *Evaporação:* em qualquer das fases descritas anteriormente, a água pode voltar à atmosfera na forma de vapor, reiniciando o ciclo hidrológico.
- *Precipitação:* água que cai sobre o solo ou sobre um corpo de água.

Também nesse ciclo, a presença do homem pode ser notada por meio do desmatamento e da impermeabilização via pavimentação do solo. Isso acelera a evaporação e reduz a recarga dos aqüíferos subterrâneos, gerando, assim, maiores enchentes nos cursos de água que cortam centros urbanos, causando uma série de danos físicos, econômicos e transtornos aos habitantes da cidade. Nas regiões de clima frio, devem-se considerar, ainda, a água armazenada na forma de geleiras, as quais são formadas pela precipitação de neve, e o fluxo correspondente ao degelo dessas geleiras.

5 A dinâmica das populações

5.1 Conceitos básicos

Define-se como população o conjunto de indivíduos da mesma espécie que dividem o mesmo hábitat. As populações possuem uma série de características próprias, exclusivas do grupo, e não dos indivíduos — tais como: densidade, taxas de natalidade e mortalidade, relações de interdependência, distribuição etária, potencial biótico e dispersão —, além de características genéticas — tais como: adaptação e habilidade reprodutiva. Assim sendo, as populações são entidades estruturadas que não podem ser confundidas com simples agrupamentos de indivíduos independentes entre si.

O conjunto de populações agrupadas em uma certa área/hábitat é definido como *comunidade*. A comunidade é uma unidade organizada que possui características adicionais às características dos indivíduos e às das populações que a compõem: densidade populacional, taxas de natalidade e mortalidade, distribuição etária etc. A seguir, apresentamos as principais características das populações.

Densidade populacional é o número de indivíduos, ou a quantidade de biomassa, por unidade de área ou volume. Essa propriedade influi bastante na ação da espécie sobre o ecossistema e mesmo no próprio crescimento dessas populações, como veremos mais adiante. A influência do nível trófico em que os indivíduos se localizam é considerável na densidade da espécie, pois níveis tróficos mais altos apresentam baixas densidades, por causa da redução de energia utilizável, à medida que se avança na cadeia alimentar.

Natalidade é a tendência de crescimento de uma população. A taxa bruta de natalidade quantifica o crescimento e é dada pela relação entre novos indivíduos nascidos em uma unidade de tempo, sendo essa relação denominada 'taxa de natalidade'. Essa taxa assume valores positivos ou nulos e é, em geral, expressa por habitantes nascidos/1.000 habitantes existentes no meio considerado.

Mortalidade é a antítese da natalidade e é quantificada pela taxa bruta de óbitos. A Figura 5.1 apresenta a evolução das curvas de natalidade, mortalidade e taxa bruta de crescimento para países mais desenvolvidos, e a Figura 5.2, para os menos desenvolvidos. O Brasil apresenta comportamento característico da Figura 5.2 com tendência a caminhar para o padrão da Figura 5.1 a partir da década de 1990. Em uma população isolada, onde não ocorra imigração/emigração, a diferença entre as taxas brutas de natalidade e mortalidade indica a *taxa de crescimento vegetativo* dessa população.

FIGURA 5.1

Mudanças nas taxas de natalidade e mortalidade para países mais desenvolvidos (Population Reference Bureau and UN).

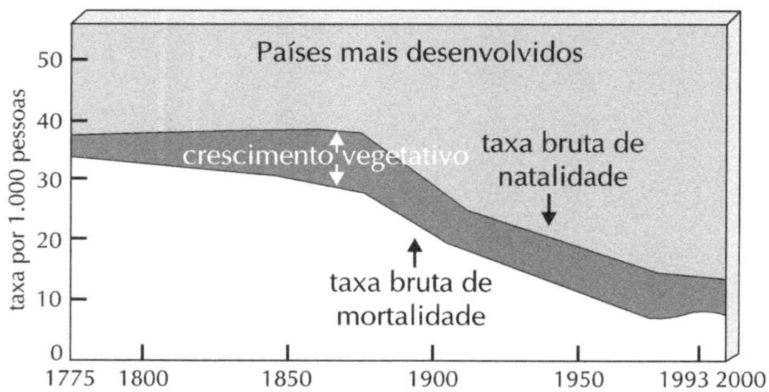

FIGURA 5.2

Mudanças nas taxas de natalidade e mortalidade para países menos desenvolvidos (IBGE, 1991).

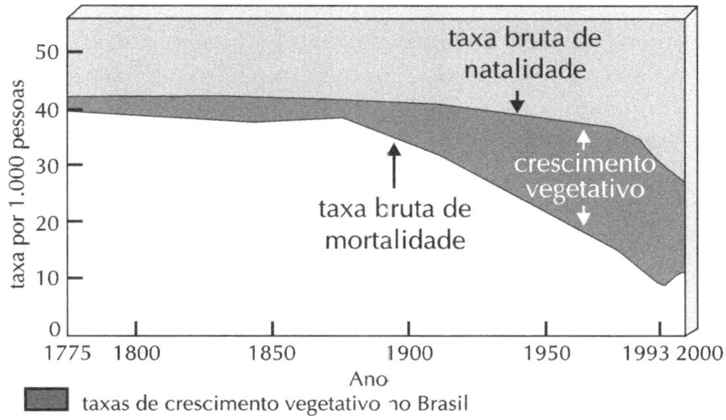

A *distribuição etária* é outra propriedade de interesse no estudo das populações, uma vez que permite prever sua tendência futura de crescimento. Em uma população, os indivíduos podem ser divididos em três grupos com base na idade: *pré-reprodutivos, reprodutivos* e *pós-reprodutivos.* Podemos representar cada grupo por barras de tamanhos proporcionais ao número de indivíduos e colocá-las umas sobre as outras, originando uma figura semelhante a uma pirâmide (Figura 5.3). Dependendo da forma dessa pirâmide, podemos prever um crescimento, decréscimo acentuado da população ou se ela atingiu um nível de equilíbrio. Assim, se a base da pirâmide é larga (caso A), é sinal de que há um grande número de indivíduos em fase pré-reprodutiva que virão a gerar descendentes. Nesse caso, ocorrerá um aumento considerável da população. À medida que a população se estabiliza, a base da pirâmide diminui e o número de indivíduos nas fases pré-reprodutiva e reprodutiva torna-se praticamente o mesmo (caso B). Se a base tornar-se estreita com menor número de indivíduos na fase pré-reprodutiva, então a população estará em fase de declínio ou senilidade. A Figura 5.4 ilustra essa situação para as populações de alguns países.

FIGURA 5.3

Estruturas etárias possíveis em uma população.

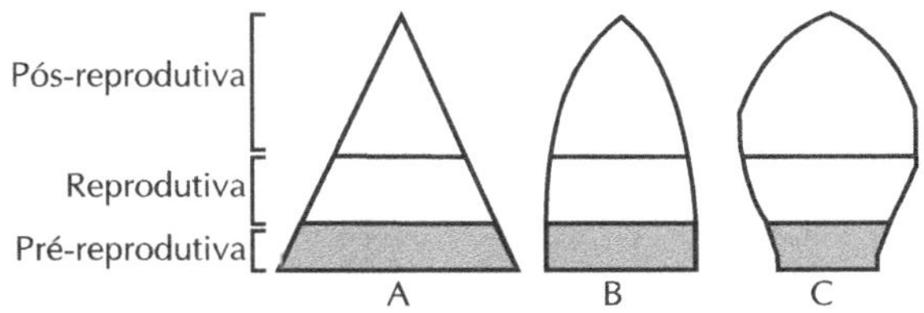

FIGURA 5.4

Estruturas etárias de países com taxas de crescimento vegetativo rápida, lenta, nula e negativa, respectivamente (Population Reference Bureau).

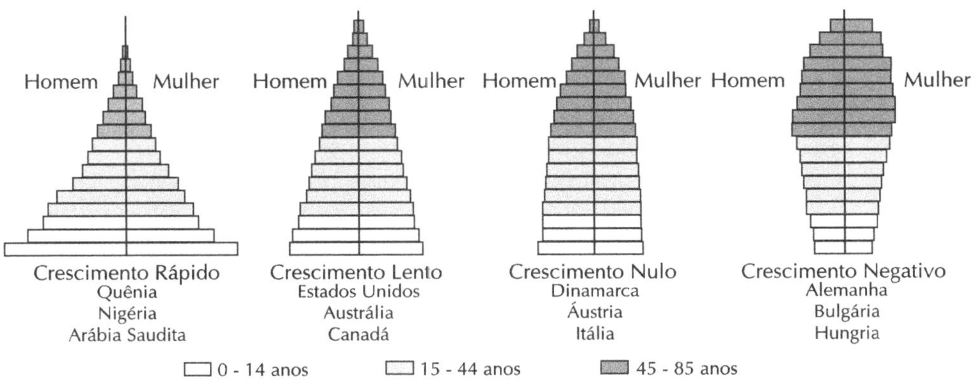

Até meados da década de 1970, a estrutura etária da população brasileira mostrava traços bem marcantes de uma população predominantemente jovem — reflexo da persistência de altos níveis de fecundidade no país. A partir da década de 1980, passou-se a observar uma alteração no perfil da distribuição da população brasileira por faixa etária, apontando o início da estabilização dos níveis de crescimento: a base da pirâmide já não era tão larga. Os dados do Censo Demográfico de 1991 ratificam essa tendência, apresentando um estreitamento da base da pirâmide, ou seja, a estabilização do crescimento populacional está se consolidando em nosso país, e os dados do Censo de 2000 indicam um estreitamento ainda maior, conforme pode ser verificado nas figuras 5.5.a e 5.5.b. É interessante notar a relação que se apresenta entre a forma da pirâmide de estrutura etária de um país e seu grau de desenvolvimento: quanto mais larga a base, menor o grau de desenvolvimento.

Em um mesmo país, as características da população podem variar de região para região. Um exemplo disso pode ser visto na Tabela 5.1, na qual é apresentada a distribuição da população e algumas de suas características para as várias regiões brasileiras, como: população, razão de sexos, taxa de crescimento anual (%) e taxa de urbanização, por região, em 2000 (IBGE, 2000). Podemos observar a diferença existente entre as grandes regiões geográficas brasileiras principalmente com relação à taxa de crescimento cujo valor médio para o Brasil é próximo ao da região Sudeste, havendo crescimento menor nas regiões Sul e Nordeste e maior nas regiões Norte e Centro-Oeste. Devemos ressaltar que o valor da taxa está ligado não só ao grau de desenvolvimento da região, mas também ao movimento migratório.

TABELA 5.1

Algumas características da população brasileira, por região (IBGE, 2000).

Região	População Total (hab.)	Taxa de Crescimento Anual (Média 1991 – 2000) (%)	Relação entre Sexos Homens / Mulheres	Urbanização (%)
Brasil	169.799.170	1,64	97/100	81,25
Norte	12.900.704	2,86	103/100	69,87
Nordeste	47.741.711	1,31	96/100	69,07
Sudeste	72.412.411	1,62	96 /100	90,52
Sul	25.107.616	1,43	98 /100	80,94
Centro-Oeste	11.636.728	2,39	99/100	86,73

IBGE, 2000 — Censo Demográfico 2000. Resultados do Universo. http://www.ibge.gov.br.

Um conceito de fundamental importância para o estudo e compreensão do desenvolvimento de uma população é o conceito de fator limitante. *Fator limitante* é qualquer fator ecológico, biótico ou abiótico que condiciona as possibilidades de sucesso de um organismo em um ambiente, impedindo que a população cresça acima de certos limites. Esse condicionamento ocorre tanto para quantidades pequenas e insuficientes quanto para quantidades muito grandes e excessos do fator.

Dessa maneira, cada espécie possui, em relação a cada fator ambiental, um nível mínimo e um máximo, entre os quais os indivíduos se desenvolvem bem. Esse intervalo, entre o mínimo e o máximo, é definido como *intervalo de tolerância*. Dentro do *limite de tolerância* existe uma quantidade ótima, em que o desenvolvimento ocorre em seu máximo, conforme ilustrado na Figura 5.6. No entanto, observamos, na natureza, que os seres vivos raramente se desenvolvem no seu ponto ótimo em relação a um dado fator ambiental. Os organismos podem possuir grandes intervalos de tolerância para alguns fatores e pequenos intervalos para outros, sendo que as espécies com grande tolerância para todos os fatores são aquelas que se distribuem pela maioria dos ecossistemas. O período reprodutivo é o mais crítico, pois os indivíduos reprodutivos apresentam limites de tolerância menores que os não reprodutivos.

FIGURA 5.5a

Pirâmide etária brasileira segundo idades individuais do ano de 1991 (obtida a partir do Censo de 1991).

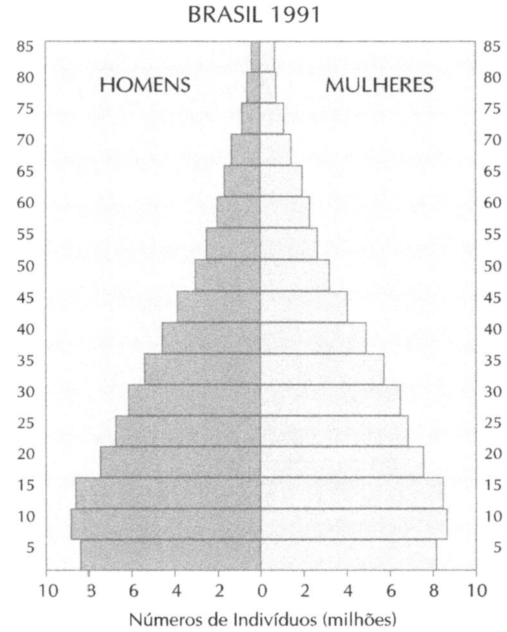

FIGURA 5.5b

Pirâmide etária brasileira segundo idades individuais do ano de 2000 (obtida a partir do Censo de 2000).

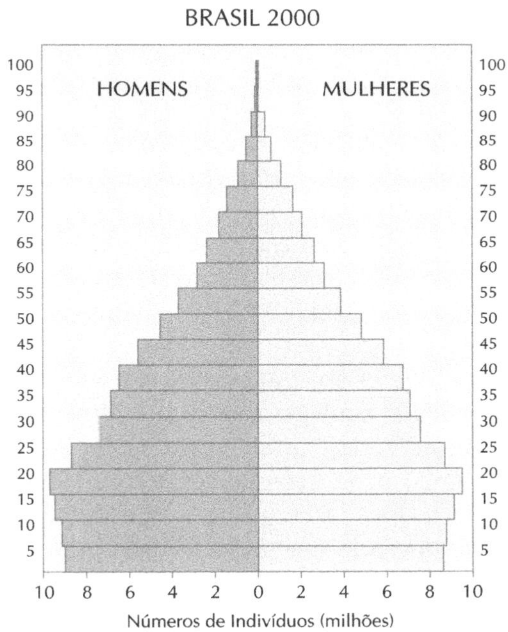

No meio terrestre, os principais fatores limitantes do crescimento da população são fósforo, luz, temperatura e água; no meio aquático, são oxigênio, fósforo, luz, temperatura e salinidade. A vida conhecida só se desenvolve dentro da faixa de -200°C a 100°C, sendo que a maioria das espécies apresenta intervalo bem mais reduzido. Os seres aquáticos possuem tolerância menor que os terrestres, uma vez que as variações de temperatura na água são bem menores que as verificadas na terra. Em relação à luz, sua qualidade varia pouco no meio terrestre, embora sua quantidade diminua nas florestas, nos níveis mais próximos ao solo. No meio aquático também ocorre absorção da luz, que só a pequenas profundidades pode ser utilizada para fotossíntese. Em meios aquáticos de pequena movimentação de águas e em águas poluídas, o oxigênio torna-se fator limitante. Nos meios terrestres, o principal fator limitante da produtividade, depois da água, é o fósforo, sempre em quantidades insuficientes. Esse conhecimento dos fatores limitantes é de grande importância para os seres humanos, pois permite aumentar a produtividade agrícola por meio de inserção, nas áreas cultivadas, dos elementos que faltam na terra, como água e adubos fosfatados, além de suprir outras substâncias para combater pragas e insetos.

FIGURA 5.6

Esquema representativo do limite de tolerância de uma espécie para um dado fator ambiental (Miller, 1985).

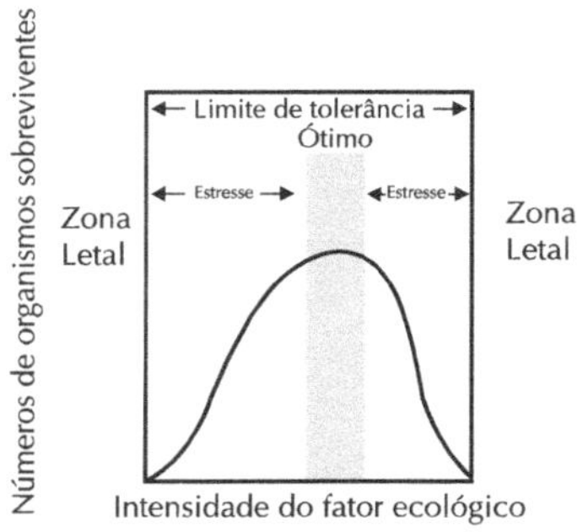

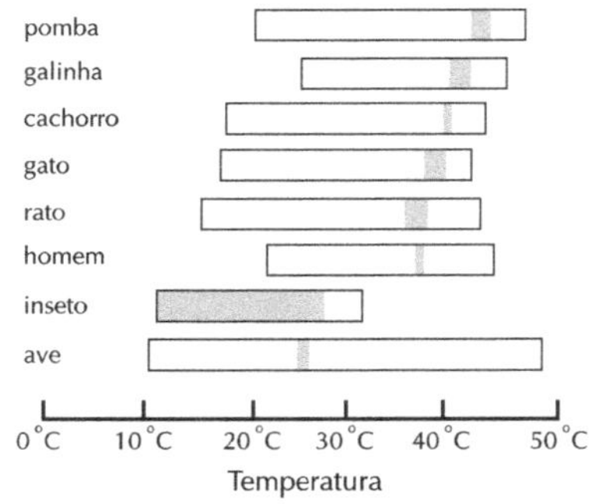

5.2 Comunidade

A comunidade é uma estrutura organizada de espécies que interagem por meio de laços de interdependência. Em uma dada comunidade, nem todos os organismos possuem a mesma importância na determinação de suas características, sendo que apenas algumas espécies exercem maior influência por causa do número de indivíduos, produção ou atividade. Sua importância verifica-se basicamente em sua participação na cadeia alimentar e no fluxo de energia. Entre os produtores, macroconsumidores e decompositores existem espécies chamadas *dominantes ecológicos,* que dominam seus níveis tróficos, afetando o ambiente para todas as outras espécies. A retirada dessas espécies dominantes gerará alterações sensíveis, tanto na comunidade como no meio físico. Nos diversos ecossistemas terrestres, notamos que, quanto mais favoráveis as condições físicas do meio, maior o número de espécies que podem ser consideradas dominantes; ao passo que, sob condições externas desfavoráveis, menos espécies dividirão o controle da comunidade.

Um aspecto interessante no estudo de uma comunidade é a diversidade das espécies que a compõem. Essa diversidade aumenta à medida que se desloca das regiões árticas para os trópicos, em decorrência dos vários fatores, como, por exemplo, o clima, uma vez que, em regiões de clima estável, a diversidade é maior — dada a constância de recursos ao longo de todo o ano. Verificamos também que os ecossistemas mais antigos apresentam maior diversidade em relação aos mais recentes, pois alcançaram maior estabilidade, levando a perdas de energia menores, que passa a compor a comunidade na forma de matéria viva. Quanto maior a diversidade, mais longas se tornam as cadeias alimentares e mais eficientes os mecanismos de realimentação e auto-regulação da comunidade. Por sua vez, quanto maior o número de espécies, menor será o número de indivíduos por espécie, de modo que a densidade não seja demasiadamente elevada e mantenha-se a um nível que permita condições de vida satisfatórias.

Um conceito importante no estudo das comunidades é o de *ecótone*, ou seja, a zona de interseção entre dois ou mais ecossistemas. Nessa região de transição, verifica-se que tanto a densidade como o número de espécies são maiores que nos ecossistemas vizinhos, pois é nele que se desenvolvem as espécies de cada um dos ecossistemas que o formam além das espécies que só habitam o ecótone.

Um exemplo dessa situação é o *estuário,* onde se desenvolvem condições intermediárias de salinidade entre a água doce do rio e a água salgada do mar. A esse aumento de diversidade e densidade dá-se o nome de *efeito dos bordos*. Para o homem, o conceito de ecótone assume maior importância quando se trata de ecossistemas terrestres (florestas), pois, durante todos os processos de colonização, os seres humanos procuraram desenvolver-se à sua margem, abrindo clareiras, fixando-se em seu interior, plantando árvores em regiões de campos e criando, com isso, áreas de maior diversidade das quais usufruíam.

5.3 Relações interespecíficas

Duas ou mais espécies que convivem em um mesmo hábitat podem desenvolver relações mútuas favoráveis ou desfavoráveis para uma ou para todas as participantes da relação. Os tipos possíveis de indivíduos podem ser divididos em associações *neutras*, *benéficas* (ou *positivas*) e *maléficas* (ou negativas), conforme veremos a seguir.

O *neutralismo* é uma associação neutra na qual as duas espécies são independentes e uma não influi na outra.

O *comensalismo* é uma associação positiva entre uma espécie comensal, que se beneficia da união, e uma espécie hospedeira, que não se beneficia nem se prejudica com a relação. Esse tipo de relação verifica-se, por exemplo, entre os humanos (espécie hospedeira) e as bactérias que vivem em seus intestinos (espécie comensal) e alimentam-se do material retirado pelo organismo.

Cooperação é a associação positiva, na qual ambas as espécies levam vantagem, mas que não é indispensável à união, permitindo que os indivíduos levem vida independente uns dos outros. Um exemplo desse tipo de associação é a nidificação coletiva, empreendida por algumas espécies de pássaros, visando à maior segurança e proteção contra seus predadores.

O *mutualismo* é uma união positiva na qual os indivíduos são intimamente ligados, não podendo um sobreviver sem o outro. Como exemplo desse tipo de associação, citamos a relação entre os cupins e os microrganismos que vivem em seu estômago, que são os responsáveis pela digestão da celulose da madeira que os cupins comem. A relação mutualística entre certos fungos e raízes de vegetais é de grande importância econômica para os humanos.

O *amensalismo* é uma associação negativa em que a espécie amensal sofre inibição em seu crescimento ou reprodução pela espécie inibidora, que não sofre nada.

Predação é também uma associação negativa, em que a espécie predadora ataca e devora a espécie-presa. O predador leva vida livre, independente da presa. Nesse tipo de associação verificam-se, no início, grandes oscilações nas populações envolvidas, mas, à medida que avançamos no tempo, os efeitos negativos tendem quantitativamente a reduzir-se para as espécies — até que chegamos a um ponto de equilíbrio, no qual as duas populações mantêm-se com tamanho praticamente constante.

O *parasitismo*, como a predação, é uma associação negativa, em que a espécie parasita inibe o crescimento, a reprodução ou o metabolismo da espécie hospedeira, podendo ou não acarretar sua morte. Diferente do predador, o parasita vive ligado ao hospedeiro e não se alimenta dele, não havendo destruição violenta. Como no caso da predação, o parasitismo pode alcançar um equilíbrio em longo prazo e ter seus efeitos negativos reduzidos. No entanto, se um parasita for introduzido em um ambiente novo que seja desprovido de elementos de defesa, pode, então, vir a se tornar uma epidemia ou praga de grandes proporções.

Uma relação importante é a *competição*, outra associação negativa, na qual as duas espécies apresentam o mesmo nicho ecológico e, portanto, disputam alimentos, abrigo e outros recursos comuns às duas espécies competidoras, causando prejuízos a ambas. Assim, espécies com necessidades semelhantes não podem se desenvolver em um mesmo local, pois uma forte competição surgirá, levando uma delas à dizimação. Quando ocorre a competição, a espécie mais especializada e com nicho mais estreito é que predomina e acaba eliminando as outras.

5.4 Crescimento populacional

Quando o ambiente em que vive uma dada população possui recursos ilimitados, condições climáticas favoráveis e ausência de outras espécies que limitem o crescimento dessa população, ocorre um crescimento exponencial a uma taxa máxima denominada *potencial biótico*. O valor dessa taxa de crescimento é característico da população e depende de sua estrutura etária e das condições do meio, sendo denominada *taxa de crescimento específico*. Assim:

5.1

$$r = \frac{\partial N}{\partial t}$$

onde: $\partial N/\partial t$ é o coeficiente instantâneo de crescimento, N é o número inicial de indivíduos da população e r é a taxa de crescimento específico (ou potencial biótico da população).

O resultado da integração dessa equação diferencial leva à equação de crescimento da população:

5.2

$$N_t = N_0 e^{rt}$$

onde: N_t é a população no tempo t, r é o potencial biótico e N_0 é a população no instante inicial.

Se fosse esse o tipo de crescimento realmente verificado na natureza, uma bactéria coli recobriria a Terra de descendentes em 36 horas, e um paramécio produziria, em alguns dias, um volume de protoplasma dez mil vezes maior que o volume da Terra. Entretanto, na natureza, os recursos são limitados, às vezes até em demasia, e as condições ambientais nem sempre são favoráveis — o que leva a um crescimento real bastante diferente do crescimento potencial. A diferença entre o máximo crescimento (potencial biótico) e o crescimento real deve-se às condições limitantes do meio e denomina-se *resistência ambiental.*

O modelo mais utilizado para estudo do crescimento das populações segue duas formas principais, que são denominadas *de crescimento em 'J'* e *crescimento em 'S',* em decorrência da forma que assume o gráfico quando se coloca, na ordenada, o número de indivíduos e, na abscissa, o tempo. O crescimento em 'J' ocorre seguindo a mesma equação do crescimento potencial, só que o aumento da população é verificado até certo ponto, declinando, depois, bruscamente, quando a resistência ambiental torna-se efetiva.

A outra forma de crescimento, *sigmóide, logístico* ou em *'S',* é a mais comum. Inicialmente, o crescimento é lento e, então, torna-se rápido até atingir certo ponto, quando passa a diminuir até um ponto em que o número de indivíduos torna-se praticamente constante, com pequenas oscilações em torno de um valor médio. Esse tipo de crescimento é dado pela equação:

5.3

$$\frac{\partial N}{\partial t} = r.N.\frac{(K - N)}{K}$$

onde: K é a assíntota superior sigmóide e representa a população máxima capaz de sobreviver no meio em estudo, denominada capacidade biótica do meio, e $(K - N)/K$ representa a resistência ambiental. Essa equação mostra que, quando N é bastante pequeno, o termo (K – N)/K aproxima-se da unidade e o crescimento é próximo ao exponencial. À medida que N aumenta e o termo (K – N)/K diminui, a taxa de crescimento $\partial N/\partial t$ diminui até zero, quando K = N. A partir daí, a população alcança um equilíbrio em que natalidade e mortalidade igualam-se e há equilíbrio também entre a população e o meio, situação em que uma alteração do ambiente pode gerar desequilíbrio. Se essa mudança não for contínua, com o tempo, o equilíbrio é restabelecido novamente, em outro nível. Esse equilíbrio é mais facilmente alcançado em ecossistemas complexos, nos quais pequenas alterações são facilmente absorvidas e não geram conseqüências mais drásticas (Figura 5.7).

FIGURA 5.7

Esquema demonstrativo da diferença entre as curvas de crescimento potencial e a de crescimento logístico (Dajoz, 1983).

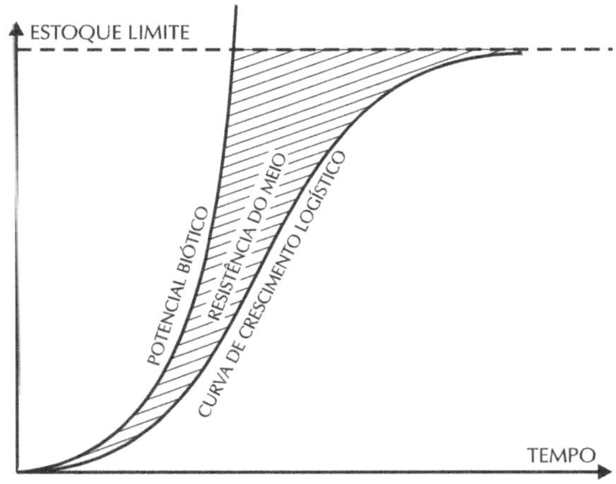

Os estudos de engenharia utilizam a curva logística na previsão de demandas futuras de sistemas para estimar a população futura.

Há grande interesse no estudo das populações humanas porque, com ele, temos um conhecimento maior de nossos problemas, suas causas e soluções. Esse estudo, entretanto, apresenta uma complexidade maior que o estudo das populações das outras espécies animais, uma vez que os humanos possuem um comportamento bastante homogêneo de região para região, além de, diversas vezes, adotar comportamentos antinaturais. Para os humanos, não há limites físicos intransponíveis ou condicionantes regionais insuperáveis. Seu comportamento não é instintivo, mas condicionado cultural e socialmente. A capacidade de alteração da natureza trouxe uma série de problemas inesperados e às vezes superiores aos benefícios gerados. A degradação acelerada do ambiente e a grande massa de lixo e subprodutos inaproveitáveis gerados por suas atividades econômicas provocaram alterações rápidas e bruscas nos ecossistemas, influindo na vida de milhares de elementos de outras espécies. Tudo isso, associado ao fato de os humanos buscarem mais o benefício e a sobrevivência do indivíduo (ao contrário das demais populações, que buscam principalmente a sobrevivência da espécie), está levando o homem a um ponto crítico em seu desenvolvimento, com os atuais problemas de superpovoamento e poluição, uma vez que sua capacidade de alterar a natureza não se estende à alteração das leis naturais.

5.5 Biodiversidade

Ninguém conhece, ainda, o número total de espécies existentes na Terra. As estimativas de alguns anos atrás mencionavam a existência de 5 milhões a 30 milhões delas. Entretanto, estudos recentes efetuados nas florestas tropicais sugerem que pode haver 30 milhões de espécies apenas de insetos.

Atualmente, cerca de 1,4 milhão de espécies vivas foram catalogadas. Aproximadamente 750 mil são insetos, 265 mil são plantas e 41 mil são vertebrados. O restante inclui invertebrados, fungos, algas e microrganismos.

Uma quantidade significativa dessas espécies está sendo sistematicamente destruída pela atividade antrópica, que causa a redução da biodiversidade em todo o mundo. A perda maior ocorre nos trópicos em decorrência do grande crescimento populacional, pobreza generalizada, demanda crescente por carvão vegetal e falha nos métodos agrícola e de reflorestamento. A poluição é uma das grandes causadoras da perda da biodiversidade. Em um ecossistema aquático, por exemplo, há normalmente um grande número de espécies, cada uma delas com um número relativamente pequeno de indivíduos. Quando um desses ecossistemas recebe descargas de efluentes orgânicos como, por exemplo, esgotos domésticos sem tratamento, as espécies mais sensíveis (como aquelas que necessitam de maior quantidade de oxigênio dissolvido para sobreviver) são eliminadas, restando apenas as espécies menos nobres — essas com grande número de indivíduos por causa da diminuição da competição como seleção natural.

É importante destacar que a biodiversidade não deve ser considerada apenas sob o ponto de vista da conservação, uma vez que ela representa a fonte de recursos naturais mais importante da Terra.

Na agricultura e pecuária, as plantas e os animais fornecem produtos importantes, incluindo desde medicamentos, matérias-primas a artigos diversos para as indústrias. Apenas 20 espécies de plantas fornecem mais de 80% da alimentação mundial; três delas — milho, trigo e arroz — constituem 65% da oferta de alimentos.

A medicina também depende da biodiversidade. Atualmente, mais de 40% das drogas prescritas vendidas nos Estados Unidos contêm compostos químicos orgânicos derivados de espécies selvagens: cerca de 25% dessas drogas vêm de plantas, outros 12% são derivados de fungos e bactérias e 6% são de origem animal. O valor dos produtos medicinais derivados de tais fontes aproxima-se de 40 bilhões de dólares por ano.

A indústria é outra atividade que depende da biodiversidade, já que muitos de seus produtos e matérias-primas essenciais são derivados de plantas e animais selvagens. Citamos, por exemplo, a madeira para construção e outros produtos extraídos de árvores — incluindo celulose — e produtos químicos de origem vegetal — como o raiam, a borracha e os óleos lubrificantes. Todos eles são itens industrializados, economicamente importantes, derivados de fontes vivas.

A biodiversidade deve também ser mantida por motivos psicológicos (necessidade de admirar e observar a natureza, além de usufruir dela), filosóficos (sustentabilidade, não violar o direito de existência das espécies) e éticos (reverência a todas as formas de vida, conceito fundamental para muitas religiões e sistemas morais). Isso pode ser feito por meio de ações diversas que incluem o desenvolvimento de áreas protegidas, a recuperação de ecossistemas degradados, a implementação de leis e tratados e pela conscientização individual (o homem deve tomar conhecimento das espécies de animais e plantas que consome, promover a biodiversidade em sua casa e em suas terras, não comprar plantas, animais e seus derivados em fase de extinção, apoiar e participar de atividades protecionistas etc.).

No Brasil a manutenção da biodiversidade é de importância fundamental. O *Primeiro Relatório Nacional para a Convenção sobre a Diversidade Biológica*, produzido pelo Ministério do Meio Ambiente, mostra que possuímos aproximadamente 20% da diversidade biológica da Terra, a flora mais rica (aproximadamente 60 mil plantas superiores, o que representa 22% do total mundial), 10% dos anfíbios e mamíferos, 17% das aves, mais de três mil espécies de peixes de água doce e de cinco a dez milhões de insetos. Temos, ainda, a maior floresta tropical remanescente, a Mata Atlântica, o Pantanal de Mato Grosso, os biomas costeiros e marinhos, o cerrado e a caatinga.

6 Bases do desenvolvimento sustentável

A análise dos itens apresentados até agora mostra, com clareza, os motivos que levaram à degradação ambiental do planeta, gerando incertezas sobre as possibilidades de sobrevivência e perpetuação da espécie humana na Terra. O modelo de desenvolvimento escolhido pela sociedade humana até atingir seu atual estágio pode ser representado pela Figura 6.1. Como podemos observar, o modelo representa um sistema aberto, que depende de um suprimento contínuo e inesgotável de matéria e energia que, depois de utilizadas, são devolvidas ao meio ambiente (jogadas fora). Para que tal modelo possa ter sucesso de desenvolvimento, ou seja, para que os seres humanos garantam sua sobrevivência, as seguintes premissas teriam de ser verdadeiras:

- suprimento inesgotável de energia;
- suprimento inesgotável de matéria; e
- capacidade infinita do meio de reciclar matéria e absorver resíduos.

FIGURA 6.1

Modelo atual de desenvolvimento.

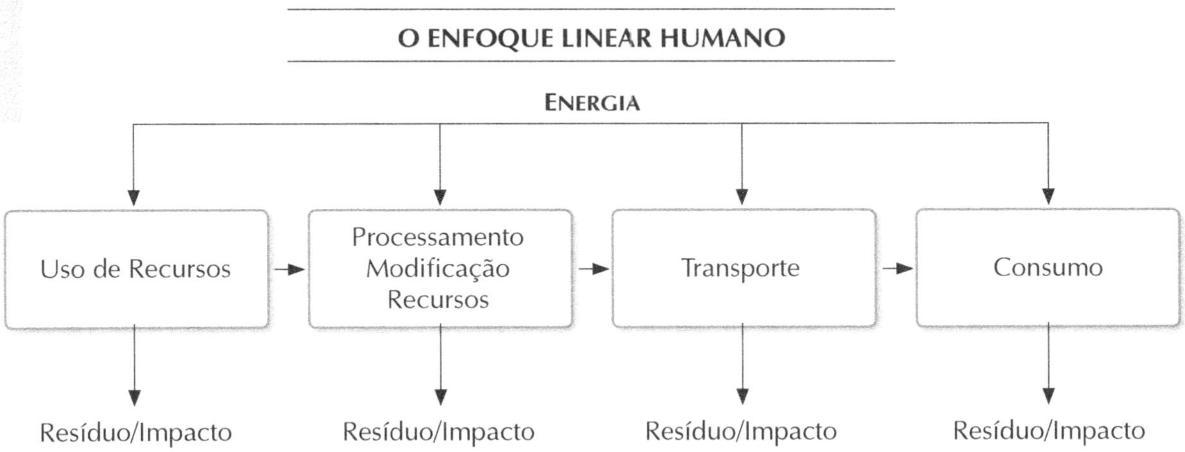

Podemos admitir que o Uso de Recursos (primeiro bloco) é inesgotável, já que o Sol é uma estrela que ainda poderá fornecer energia à Terra por 5 bilhões de anos. Em relação à matéria, a premissa não se verifica, já que sua quantidade é finita e conhecida. Quanto à capacidade de absorver e reciclar matéria ou resíduos, a humanidade tem observado a existência de limites no meio ambiente e precisa conviver com níveis indesejáveis e preocupantes de poluição do ar, da água e do solo e com a conseqüente deterioração da qualidade de vida.

Dessa maneira, o crescimento populacional contínuo observado é incompatível com um ambiente finito, em que os recursos e a capacidade de absorção e reciclagem de resíduos são limitados. Devemos acrescentar a esse quadro o aumento do consumo individual que se observa no desenvolvimento da sociedade humana, que torna a situação mais preocupante ainda. Portanto, se o modelo de desenvolvimento da sociedade não for alterado, estaremos caminhando a passos largos para o colapso do planeta, com perspectivas nefastas para a sobrevivência do homem.

Devemos, ainda, rever o modelo anterior para que, com lucidez e conhecimento científico, seja possível aumentar a probabilidade de sucesso de perpetuação da espécie humana. Os ensinamentos das leis físicas e do funcionamento dos ecossistemas fornecem os ingredientes básicos para a concepção do modelo que pode ser chamado de *modelo de desenvolvimento sustentável*. Ele deve funcionar como um sistema fechado, que tem como base as seguintes premissas:

- dependência do suprimento externo contínuo de energia (Sol);
- uso racional da energia e da matéria com ênfase à conservação, em contraposição ao desperdício;
- promoção da reciclagem e do reuso dos materiais;
- controle da poluição, gerando menos resíduos para serem absorvidos pelo ambiente; e
- controle do crescimento populacional em níveis aceitáveis, com perspectivas de estabilização da população.

A Figura 6.2. ilustra como funciona o modelo de desenvolvimento sustentável. Um fato importante que diferencia esse novo modelo daquele mostrado na Figura 6.1 é a reciclagem e o reuso dos recursos aliados à restauração do meio ambiente. Devemos lembrar ainda que, mesmo com a estabilização da população e com o controle da poluição e a reciclagem, o aumento do consumo nos países menos desenvolvidos para os padrões existentes em países desenvolvidos pode gerar desequilíbrios no balanço global de energia no planeta, acarretando mudanças globais de conseqüências imprevisíveis.

FIGURA 6.2

Modelo de desenvolvimento sustentável.

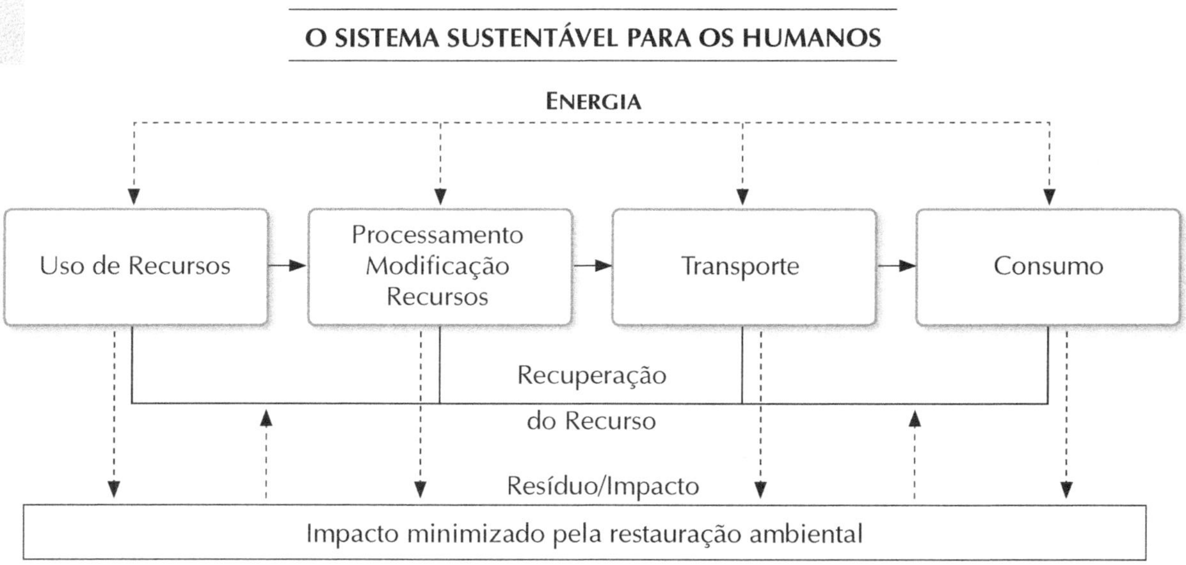

Para que a humanidade evolua para o modelo proposto, devem acontecer revisões comportamentais em direção ao novo paradigma. A sociedade atual já despertou parcialmente para o problema, mas há muito ainda para ser feito em termos de educação e cooperação entre os povos e em termos de meio ambiente. Nosso conhecimento sobre o funcionamento do planeta Terra até então é pequeno, mas é suficiente para saber que precisamos aprender a habitá-lo e usufruir dele de maneira consciente e responsável, preparando-o para que possa continuar sustentando as gerações futuras.

A engenharia foi responsável pela maior oferta de alimentos, pelo crescimento do nível de conforto e saúde e pelo aumento da longevidade do homem, colocando à sua disposição tecnologias agronômicas, de geração de energia, de construção civil, de transportes, saneamento, farmacêuticas, cirúrgicas, de comunicação etc. No entanto, apesar dos benefícics, houve um crescimento populacional explosivo que ficou associado ao fenômeno da urbanização, do consumismo e do desconhecimento científico dos impactos negativos desse tipo de desenvolvimento. A degradação ambiental e a poluição passaram a atormentar a sociedade urbano-industrial.

Verificou-se, desse modo, que as práticas da engenharia nem sempre foram as mais adequadas do ponto de vista ambiental. Portanto, um novo desafio foi recentemente colocado ao engenheiro: o de utilizar as tecnologias disponíveis e desenvolver outras novas, compatibilizando-as com a minimização dos impactos negativos ao meio ambiente. É conveniente lembrar, conforme nos ensinam as leis da física, que não se pode ganhar sempre, em todos os aspectos. Se quisermos aumentar nosso nível de conforto, mediante maior disponibilidade de bens de consumo, energia, lazer etc., é irreal pensar que nenhum impacto negativo ou poluição sejam gerados, por melhor que seja a tecnologia utilizada.

Trata-se, portanto, de encontrar o ponto de equilíbrio entre objetivos conflitantes quando analisados globalmente, ou seja, de compatibilizar o aumento do conforto individual e a conservação ambiental. Para equacionarmos essas questões, é preciso caracterizar, de maneira objetiva, o que a sociedade pretende em termos de qualidade de vida, que envolve tanto aspectos de conforto como ambientais. Isso poderia ser obtido com o estabelecimento de padrões e metas para itens que representem um padrão de qualidade de vida desejado, como, por exemplo, 2.000 kcal de alimentos por indivíduo por dia; 40 horas de trabalho por semana, salário mínimo de US$ 1.000 por mês, habitação de no mínimo 50 m^2, com um mínimo de 20 m^2 por pessoa, área verde de 7 m^2 por habitante, concentração de poluentes do ar abaixo dos padrões, áreas de lazer (lago, praia, rio, parque) a distâncias inferiores a 40 km, disponibilidade de água potável e sistema de coleta e tratamento de esgotos etc.

Apesar de meramente especulativo, o exercício anterior indica que tais procedimentos poderiam ser adotados por setor, como para áreas urbanas, agrícolas, naturais etc. Além disso, o exemplo ilustra que não se pode desvincular o estabelecimento de padrões e metas ambientais dos padrões e metas pretendidos para a sociedade humana. Quanto maiores forem as aspirações de preservação ambiental, menores as possibilidades de crescimento socioeconômico e vice-versa. A natureza e suas leis nos ensinam que tudo está interligado, interdependente e, que se algum lado ganhou, é porque o outro perdeu.

Outro aspecto que pode ser destacado em relação à engenharia é que, historicamente, ela sempre foi dominada e praticada por um grupo da sociedade muito restrito, seleto e, por que não dizer, hermético. Um problema qualquer, se levado até um engenheiro, sempre teria uma boa solução, que se materializaria em um edifício, uma auto-estrada, uma máquina, uma hidrelétrica, um meio de transporte etc., somente na dependência de disponibilidade de recursos financeiros e da vontade daquele que decide (por exemplo, um empresário, um político). Hoje, no entanto, a materialização de qualquer solução de engenharia não depende exclusivamente de dinheiro e decisão, mas também de convencimento e negociação com setores ambientalistas, que representam interesses sociais locais ou regionais envolvidos, além de ser preciso atender a requisitos exigidos por órgãos governamentais normalizadores e financiadores. Assim, à viabilidade técnica e econômica de uma obra de engenharia adicionou-se a viabilidade ambiental.

Nesse contexto, o engenheiro é compelido a transformar-se em um técnico que, além de competente, seja comunicativo, aberto a sugestões do público e dos setores envolvidos, com capacidade de negociação e persuasão. Daí a existência de um mercado atual que exige um novo perfil para o engenheiro. Devemos ressaltar, no entanto, que os cursos de engenharia ainda não estão estruturados para formar profissionais com esse perfil. A alternativa tem sido o treinamento nas próprias empresas, de forma não sistemática, ou a criação de cursos de especialização e extensão universitária.

Concluímos, então, que a engenharia é o caminho para se minimizar ou controlar a poluição e a degradação ambiental até que sejam compatíveis com o nível de desenvolvimento pretendido pela sociedade. Devemos lembrar que esse controle precisa, preferencialmente, ser atingido por meio de medidas preventivas, isto é, com o planejamento do uso e ocupação do solo pelos humanos, em contraposição às medidas corretivas. Essas, embora às vezes necessárias, em geral requerem vultosos investimentos.

II Poluição ambiental

7 A energia e o meio ambiente

A crise ambiental pode ser descrita considerando-se três aspectos básicos: crescimento populacional, demanda de energia e de materiais e geração de resíduos, ou seja, poluição. O problema de poluição ambiental surge no momento em que o ser humano descobre o fogo e passa a ser capaz de impulsionar máquinas e realizar trabalho, o que o conduz a um enorme avanço tecnológico. Esse desenvolvimento traz a necessidade de quantidades cada vez maiores de materiais e energia — para satisfazer a necessidade de desenvolvimento da humanidade —, e isso, por sua vez, resulta em uma quantidade significativa de resíduos, tanto em termos de matéria quanto em termos de energia. Assim, torna-se vital o entendimento do conceito de energia e de suas múltiplas formas, principalmente aquelas que têm menor impacto sobre o meio ambiente.

Por isso, este capítulo descreve o problema energético, apresentando as principais fontes de energia utilizadas na ecosfera e discutindo alternativas para o futuro, diante do aumento previsto da demanda. Ao final, apresentamos uma análise da questão energética no Brasil.

7.1 Fontes de energia na ecosfera

As radiações provenientes do Sol constituem a principal fonte de energia da Terra. Cerca de 99% da energia térmica utilizada pelos ecossistemas provem desse enorme 'gerador'. Caso o Sol não existisse, a temperatura terrestre seria da ordem de –200 graus negativos. O restante da energia consumida pela ecosfera (1%) é obtido a partir de outras fontes, as chamadas fontes primárias de energia.

A Figura 7.1 apresenta um diagrama que mostra as possíveis fontes de energia, das quais as primárias são convertidas pelo homem em outras formas de energia, ou seja, energia elétrica, energia química, energia térmica e energia mecânica. Essas formas de energia são utilizadas para o desenvolvimento das diversas atividades humanas, além de possibilitar a sobrevivência do homem em locais que apresentam condições adversas. Dentre os principais usos de energia pela humanidade, destacam-se: aquecimento de ambientes, processos industriais, transporte, aquecimento de alto-fornos, dentre outros.

Os recursos energéticos ditos primários são classificados em *renováveis* e *não-renováveis*.

As fontes renováveis provêm direta ou indiretamente da energia solar, sendo que o aproveitamento direto da energia solar vem sendo aos poucos implementado. Hoje em dia, a radiação solar direta é utilizada para atividades domésticas, principalmente para aquecimento de água e ambientes; outros usos, como geração de eletricidade, são feitos em pequenas comunidades e em âmbito de pesquisa. Já o emprego de fontes renováveis ditas indiretas, tais como vento e vazão de rios, é limitado pela quantidade de energia disponível no tempo. Como não existe uma relação direta entre consumo e disponibilidade, há necessidade de se armazenar energia para atendimento contínuo da demanda. É o caso, por exemplo, das hidrelétricas, que dependem da vazão dos rios. O barramento do rio cria um reservatório de água, formando um grande lago. Durante o período de chuvas, armazena-se a água que é utilizada no período seco, quando a vazão do rio diminui. A seguir, apresentamos as principais fontes de energia utilizadas pelo homem para o desenvolvimento de suas atividades.

Fontes renováveis

Energia das marés: é a energia que pode ser obtida da variação do nível de água dos oceanos (energia potencial) para obtenção de energia mecânica. O aproveitamento desse tipo de energia pode ser viável onde a variação dos níveis de maré, baixa e alta, seja significativa.

Energia geotérmica: é a energia obtida do calor gerado a partir dos elementos radioativos presentes em depósitos subterrâneos e do magma existente no interior do planeta.

Energia solar: é a energia radiante do Sol que pode ser utilizada para aquecimento de água em residências e para a geração de energia elétrica por meio de células fotoelétricas.

Biogás: é a energia que pode ser obtida do gás natural resultante da decomposição anaeróbia de compostos orgânicos (geralmente estrume, resíduos domésticos etc.). O aproveitamento da energia do biogás ocorre pela queima do gás natural, utilizando-se, dessa maneira, o calor liberado na combustão.

Biocombustível líquido: material obtido pela fermentação e decomposição anaeróbia de vários tipos de biomassa, como, por exemplo, cana-de-açúcar e lixo orgânico. O aproveitamento da energia desse tipo de combustível também se dá pela sua queima.

Gás hidrogênio: combustível gasoso produzido por processos eletroquímicos, a partir principalmente da eletrólise da água. O aproveitamento da energia gerada também se dá pela queima do gás hidrogênio gerado.

Fontes não-renováveis

Combustíveis fósseis: são depósitos naturais de petróleo, gás natural e carvão, que nada mais são que a própria energia solar armazenada na forma de energia química, em depósitos geológicos formados há milhões de anos a partir da decomposição de vegetais e animais e submetidos a altas temperaturas e pressões na crosta terrestre.

Derivados de combustíveis fósseis: são os produtos obtidos a partir do fracionamento dos combustíveis fósseis, principalmente do petróleo, como, por exemplo, a gasolina, o óleo diesel, o querosene e outros produtos.

Derivados sintéticos: óleo cru sintético e gás natural sintético produzidos por liquefação ou gaseificação de carvão.

Óleos pesados não-convencionais: são depósitos subterrâneos de consistência asfáltica que podem ser extraídos de depósitos de petróleo bruto convencionais por métodos de recuperação forçada, rochas sedimentares oleosas (xisto) e depósitos arenosos (areias com alcatrão). A partir desses elementos obtém-se óleo cru.

Gás natural não-convencional: é o gás presente nos depósitos subterrâneos profundos encontrados em camadas arenosas, rochas sedimentares devonianas e veios de carvão. Além disso, encontra-se dissolvido em depósitos profundos de água salgada, a altas temperaturas e pressões (zonas geopressurizadas).

Combustíveis nucleares: principalmente urânio e tório, encontrados em depósitos naturais, que podem sofrer fissão nuclear ou serem transformados em materiais físseis. No processo de fissão nuclear, que deve ocorrer de maneira controlada, a energia presente no núcleo dos materiais físseis é utilizada para a geração de vapor a alta pressão, o qual, por sua vez, é utilizado para o acionamento de uma turbina acoplada a um gerador elétrico. A energia do núcleo dos materiais físseis é liberada quando esses capturam um nêutron, que desestabiliza o núcleo do átomo (de urânio, por exemplo), fazendo com que ele se divida e libere uma grande quantidade de energia, além de outros nêutrons, os quais irão manter a reação em cadeia.

Fusão nuclear: é o processo no qual dois átomos de elementos leves (principalmente os isótopos do hidrogênio) se unem, dando origem a um elemento mais pesado. Para que o processo de fusão ocorra, é necessária uma grande quantidade de energia para aproximar os núcleos dos elementos que participam da reação. No entanto, quando o processo de fusão ocorre, a energia liberada é muitas vezes superior à energia que foi utilizada para promover o processo de fusão, e pode ser utilizada para a geração de energia elétrica.

Depósitos geotérmicos confinados: constitui-se em calor de baixa temperatura depositado em zonas subterrâneas de vapor seco, água quente ou em uma mistura de vapor e água quente. O calor é liberado por substâncias radioativas encontradas no manto de rochas parcialmente derretidas, localizadas abaixo da crosta terrestre, ou pelo próprio magma.

FIGURA 7.1

Fontes de energia (Miller, 1985).

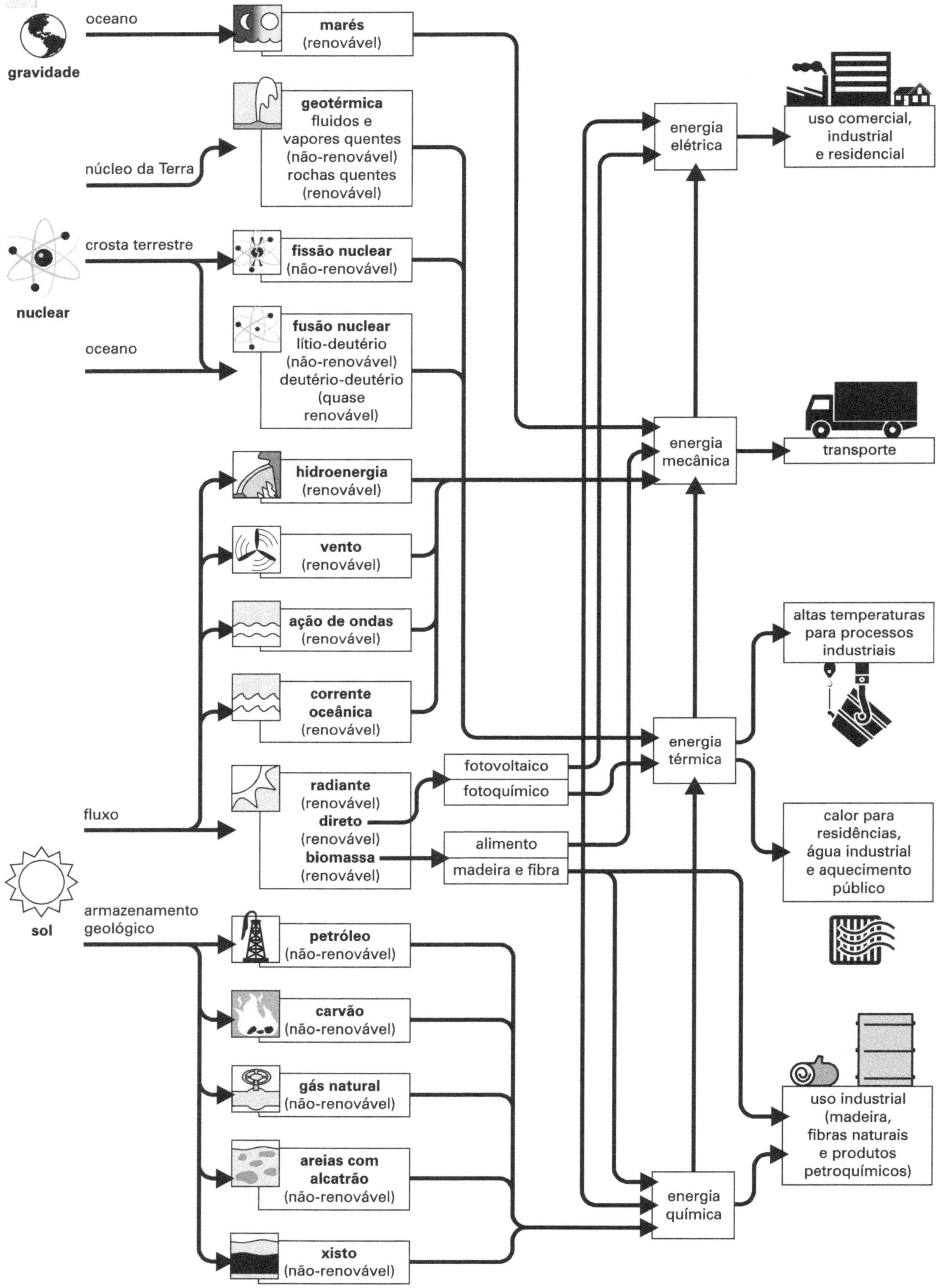

7.2 Histórico da crise energética

O homem vem, ao longo dos anos, modificando seu padrão de vida, utilizando a tecnologia para viver mais e melhor. Isso implica um maior consumo de energia. O texto a seguir, apresentado por Miller (1985), ilustra bem a relação desenvolvimento *versus* consumo de energia, mostrando que a sociedade enfrenta hoje um sério desafio: como atender ao padrão de vida humano, consumir mais energia e viver em um ambiente mais sadio?

> *A média diária de consumo de energia dos humanos primitivos era de 2.000 kilocalorias por dia, obtidas do alimento consumido. Até então, não se controlava o fogo. Os primeiros grupos humanos e os primeiros caçadores aumentaram essa média para 5.000 kcal/dia. Os primeiros agricultores, usando o fogo para cozimento e aquecimento (queima de madeira) e a tração animal para o plantio, elevaram esse consumo para 12.000 kcal/dia. Durante a Revolução Industrial, no século XIX, a madeira foi empregada para movimentar máquinas e locomotivas, para converter minério em metais e para fundir areia em vidro. Por volta de 1850, a média de consumo diário alcançou, em nações como a Inglaterra e os Estados Unidos, um valor próximo de 60.000 kcal/dia. A partir de então, as florestas primárias começaram a sofrer um processo rápido de destruição. Nessa mesma época, descobriu-se que o carvão podia ser obtido por mineração e substituir a madeira. Por volta de 1900, o carvão substituiu integralmente a madeira na maioria dos países europeus e nos Estados Unidos. Todavia, o grande salto em termos de consumo energético ainda estava para ocorrer.*
>
> *Em 1869, o primeiro poço de petróleo foi perfurado. Esse evento — juntamente com as descobertas envolvendo destilação e refino do petróleo em gasolina, óleo combustível e óleo diesel — levou a humanidade a uma drástica mudança em termos de consumo de energia primária. Na mesma época, descobriu-se que os depósitos de gás natural, encontrados junto aos depósitos de petróleo, podiam ser queimados como combustível. Por volta de 1950, o petróleo tornou-se, nos Estados Unidos, a primeira fonte de energia primária e o gás natural, a terceira. Em 1983, essas duas fontes foram responsáveis pela produção de 53% da energia primária mundial. Dada a abundância de óleo e gás da década de 1950 ao início da de 1980, o consumo mundial triplicou. Atualmente, o consumo* per capita *mundial diário é de 125.000 kcal/dia. O aumento no consumo de energia foi muito sensível em países desenvolvidos. Em decorrência, o desequilíbrio entre os países desenvolvidos e os subdesenvolvidos acentuou-se. Exemplo disso é o consumo norte-americano: os Estados Unidos possuem 4,7% da população mundial e consomem 25% da energia comercial mundial. A Índia, com 16% da população mundial, consome somente 1,5% da energia mundial. Os 258 milhões de norte-americanos usam mais energia em aparelhos de ar-condicionado do que os 1,2 bilhão de chineses para todos os fins.*

A Tabela 7.1 apresenta a distribuição aproximada da oferta mundial de energia por fonte. Pelos dados apresentados, verifica-se que os elementos não-renováveis são os principais combustíveis utilizados pela sociedade, o que agrava, ainda mais, a condição futura de disponibilidade de energia, dado que são produtos finitos.

TABELA 7.1

Oferta mundial de energia por fonte, 2000 (MME, Balanço Energético, 2003).

Fonte	(%)
Petróleo	34,9
Carvão mineral	23,5

(continua)

(continuação)

Gás natural	21,1
Energias renováveis	11,0
Nuclear	6,8
Hidráulica	2,3
Outras	0,5

As fontes não-renováveis são responsáveis por, aproximadamente, 86% da oferta, e as renováveis, por 14%. Além do problema da disponibilidade, a questão energética vem se agravando por fatos políticos marcantes, que envolvem principalmente os países produtores de petróleo. Nos últimos anos, destacam-se as guerras nos países do Oriente Médio, grandes exportadores de petróleo, gerando enormes impactos econômicos no mundo. Em 1973, o embargo promovido pela Organização dos Países Exportadores de Petróleo (OPEP) alterou drasticamente o preço do barril de petróleo, que passou de US$ 2,70 para US$ 10. A Revolução Iraniana, em 1979, elevou o preço do barril para US$ 34.

Durante a década de 1990, os acontecimentos políticos não alteraram significativamente o quadro energético. O preço do petróleo estabilizou-se em patamares mais baixos, e o consumo manteve o seu crescimento. O mundo de hoje vive uma situação bastante instável. Qualquer alteração política nas regiões produtoras de óleo pode criar um 'caos' econômico global de conseqüências imprevisíveis para toda a sociedade. Desse modo, concluímos que o modelo energético atual e o modelo futuro são extremamente vulneráveis. Um dos maiores desafios da humanidade no futuro próximo será, sem dúvida, alterar o quadro da crescente demanda energética associada ao emprego de fontes finitas e sujeitas a instabilidades políticas. Durante o ano de 1999, os preços do barril de petróleo começaram a subir novamente, alcançando os US$ 30/barril.

7.3 A eficiência do aproveitamento energético

Além da questão do gerenciamento e do controle do consumo, outro desafio técnico é a eficiência do aproveitamento das fontes de energia. O parâmetro que avalia o grau de eficiência é a razão de energia líquida (REL), definida por:

7.1

$$REL = \frac{\text{Energia obtida}}{\text{Energia gasta na produção}}$$

Quanto maior for o valor de REL, maior é a eficiência no uso da fonte empregada. Se essa razão for menor que um, ocorre uma perda de energia líquida durante a vida útil do sistema. A Tabela 7.2 apresenta a razão líquida para três atividades: aquecimento doméstico, processos industriais e transporte, em função da fonte de energia primária empregada.

Percebemos que o petróleo possui uma alta razão líquida, pois as reservas disponíveis hoje são ricas e muito acessíveis. À medida que essas fontes forem se esgotando, a razão líquida deverá decrescer, porque a energia útil gasta na sua obtenção deverá aumentar, seja para extrair esse petróleo ou para processá-lo e entregá-lo para consumo.

As usinas nucleares possuem uma razão líquida muito baixa por causa da quantidade enorme de energia despendida na sua construção e produção. Além disso, as usinas atômicas exigem a desativação e o confinamento do lixo produzido, o que implica maior demanda de energia.

Uma saída para a crise de energia é a conservação. Isso significa desenvolver meios de utilizar mais eficientemente as fontes hoje disponíveis. Os benefícios da conservação são enormes, prolongam o uso das fontes finitas e, principalmente, minimizam os impactos ambientais decorrentes da geração de energia.

Paralelamente ao desenvolvimento de novas formas de aproveitamento energético, a conservação é um dos principais meios de gerenciar a crise atual.

TABELA 7.2

Razão Líquida para três usos em função da fonte de energia empregada (Miller, 1985).

Fonte	Razão de energia útil líquida
Aquecimento doméstico	
Sol	5,8
Gás natural	4,9
Petróleo	4,5
Carvão gaseificado	1,5
Térmica a carvão	0,4
Térmica a gás natural	0,4
Térmica nuclear	0,3
Processos Industriais	
Carvão mineral (superfície)	28,2
Carvão mineral (subterrâneo)	25,8
Gás natural	4,9
Petróleo	4,7
Carvão gaseificado	1,5
Solar direto	0,9
Transporte	
Gás natural	4,9
Gasolina	4,1
Biocombustível (álcool)	1,9
Carvão liquefeito	1,4

Existem hoje, no mundo, duas correntes que defendem estratégias opostas para enfrentar a crise energética do futuro. Uma delas segue a linha de conduta mais tradicional, a chamada 'trajetória severa' ou 'modelo do mundo em crescimento'; a outra é chamada de 'trajetória branda' ou 'modelo de crescimento sustentável'.

Miller (1985) apresenta um breve resumo desses dois enfoques:

Os membros da linha do mundo em crescimento enfatizam de imediato a necessidade de medidas de incentivo para que as companhias de energia aumentem seus suprimentos de combustíveis não-renováveis: petróleo, gás natural, carvão e urânio. Além disso, defendem a construção de grandes usinas termoelétricas (a carvão e combustível nuclear) para atender a demanda nos próximos 25 anos. Após 2020, entrariam em funcionamento os reatores Breeder, em substituição aos reatores de fissão, prolongando as reservas de urânio por pelo menos mais mil anos. Após o ano 2050, haveria uma gradual mudança para a total dependência das usinas a fusão nuclear.

A linha do crescimento sustentável argumenta que o caminho, mais rápido, eficiente e barato, para prover a energia necessária para o futuro é uma combinação das seguintes medidas: 1) aumentar a eficiência no uso da energia; 2) diminuir o emprego de óleo, carvão e gás natural não-renováveis; 3) eliminar as usinas nucleares, pois essas seriam anti-econômicas, inseguras e desnecessárias; e 4) aumentar o emprego de recursos energéticos solares diretos e indiretos.

As casas e os edifícios seriam aquecidos por sistemas que aproveitariam a luz solar direta; a eletricidade seria gerada por usinas térmicas existentes (devidamente equipadas para não lançar resíduos para a atmosfera), por co-geração nas indústrias, por geradores acionados pela força do vento, pela restauração de antigas hidrelétricas e, finalmente, por células fotoelétricas. O calor de alta temperatura seria obtido por caldeiras alimentadas por gás natural, restos vegetais e lixo urbano. O resíduo de calor dessas caldeiras poderia ser usado para co-geração. Para transporte, continuaria o emprego da gasolina, com a introdução de biocombustíveis, como o álcool. Esse seria obtido a partir de culturas feitas em terras improdutivas para não comprometer a produção de alimentos. Outro combustível a ser empregado seria o gás hidrogênio, isso se for viável o desenvolvimento de sistemas eficientes de decomposição da água a partir da energia solar. O aproveitamento da energia solar (direta e indireta) para fins de geração de energia elétrica a partir de usinas solares e de usinas oceânicas para aproveitamento do gradiente térmico deveria ser evitado pelo alto custo, pela ineficiência e fortíssimo impacto ambiental produzido.

7.4 A questão energética no futuro

Os números indicam que a crise energética deverá se intensificar no futuro. Como discutir a questão tecnologia *versus* consumo de energia?

Segundo Miller (1985), a experiência mostra que são necessários aproximadamente 50 anos para desenvolver e implementar novas tecnologias de aproveitamento energético. Portanto, esse planejamento deve ser feito considerando diferentes períodos de tempo: em curto prazo (até 10 anos), em médio prazo (de 10 a 20 anos) e em longo prazo (acima de 20 anos).

Segundo esse autor: *a primeira decisão a tomar refere-se ao quanto de energia se quer obter e qual a qualidade exigida. Necessita-se de calor a baixa temperatura, de calor a alta temperatura, de eletricidade, de combustível para transporte? Isso envolve decidir o tipo e a qualidade de energia requerida para melhor desempenho, em face de uma ou várias necessidades. Feito isso, deve-se determinar qual fonte pode atender a essas necessidades, a mínimo custo e menor impacto ambiental. Ao analisar a possibilidade de aproveitamento de uma nova fonte de energia, devemos responder às seguintes perguntas:*

- *Qual o potencial de aproveitamento da fonte, em curto, médio e longo prazos?*
- *Qual o rendimento esperado?*
- *Qual o custo de desenvolvimento, construção e operação?*
- *Quais são os impactos ambientais, sociais, de segurança (militar e econômica) e como eles podem ser reduzidos?*

As respostas a essas questões são fundamentais para estabelecer a viabilidade ou não de um aproveitamento energético. A solução da crise energética é um dos maiores desafios tecnológicos do próximo milênio.

7.5 Perspectivas futuras: fontes não-renováveis e fontes renováveis

A seguir, apresentamos um breve resumo das fontes de energia e uma pequena discussão sobre suas potencialidades e os impactos ambientais produzidos, tanto no âmbito da exploração como no de consumo.

Fontes não-renováveis

Petróleo

O petróleo é um líquido formado basicamente por hidrocarbonetos e poucos compostos e contém oxigênio, enxofre e nitrogênio. O petróleo e o gás estão geralmente confinados a grandes profundidades, tanto abaixo dos continentes como dos mares. Em geral, o petróleo está disperso em cavidades e em fraturas de formações rochosas. O petróleo mais valioso, conhecido como *leve*, contém poucas impurezas de enxofre e grande quantidade de compostos orgânicos facilmente refináveis em gasolina. Quanto menor for a quantidade de enxofre, menor a quantidade de dióxido de enxofre (SO_2) lançado na atmosfera. O petróleo menos valioso é chamado de *pesado*. Esse tipo possui muitas impurezas e exige maiores recursos de refino para obtenção de gasolina.

Uma vez retirado do poço, o petróleo é enviado para as refinarias. Na refinaria, ele é aquecido e destilado para separar a gasolina, o óleo combustível, o óleo diesel e outros componentes. Os produtos petroquímicos são utilizados como matéria-prima em indústrias de produtos químicos, de fertilizantes, de pesticidas, de plásticos, de fibras sintéticas, de tintas, de remédios e de muitos outros produtos. Cerca de 3% do petróleo mundial é utilizado na indústria petroquímica.

Quanto à distribuição espacial da produção de petróleo, o quadro atual é o seguinte: aproximadamente dois terços do petróleo mundial estão estocados em cinco países: Arábia Saudita, Kuwait, Irã, Iraque e Emirados Árabes. A OPEP (Organização dos Países Produtores de Petróleo) é detentora de 67% do óleo mundial, por isso controla as reservas e os preços. A Rússia é atualmente a maior produtora mundial. As reservas mundiais são constantemente avaliadas; hoje, estima-se que os estoques de óleo poderão atender ao consumo dos próximos 50 anos.

Xisto betuminoso

Os xistos betuminosos são rochas sedimentares que contêm quantidades variáveis de uma mistura de compostos orgânicos em estado sólido ou em forma pastosa chamada querogênio. O grande problema provocado pelo aproveitamento do xisto é o impacto ambiental. Seu processamento requer grandes quantidades de água, geralmente escassa nas regiões áridas e semi-áridas onde os depósitos mais ricos estão localizados. Além disso, a produção de querogênio gera grande quantidade de CO_2, óxidos de nitrogênio, SO_2 e sais cancerígenos, afetando o ar e a água da região. Algumas técnicas de extração e processamento de menor impacto estão sendo propostas, mas são extremamente caras.

Alcatrão

O alcatrão é obtido em depósitos arenosos. As maiores reservas estão localizadas no Canadá. Supõe-se que as reservas de óleo pesado presentes nessas areias sejam superiores ao total de reservas de óleo hoje conhecidas da Arábia Saudita. Do ponto de vista de eficiência, o aproveitamento do betume a partir da areia possui baixíssimo rendimento. Para produzir um barril de óleo, é necessário quase meio barril de óleo convencional. Outros problemas são os impactos ambientais produzidos na água, no ar e no solo.

Gás natural

O gás natural é uma mistura de gás metano com pequenas quantidades de hidrocarbonetos gasosos mais pesados, como propano e butano. No aproveitamento do gás natural, os gases butano e propano são liquefeitos, gerando o gás liquefeito de petróleo (GLP). O GLP é armazenado em tanques pressurizados para uso em áreas onde não existe distribuição por rede. O restante do gás (metano) é distribuído em redes. O gás natural pode ser liquefeito a baixas temperaturas para transporte em navios. O maior produtor é a Rússia (40%) e, em seguida, vêm os países do Oriente Médio e alguns países africanos. Estima-se que, mantidas as taxas de consumo atual, o suprimento mundial é suficiente para os próximos 60 anos. À medida que os custos de produção de gás convencional se tornarem altos, as fontes não-convencionais poderão se tornar economicamente viáveis. Essas fontes incluem veios de carvão, rochas sedimentares devonianas, depósitos subterrâneos profundos de areia e zonas profundas geopressurizadas.

O gás natural gera menos poluentes atmosféricos quando comparado com outros combustíveis fósseis. Ele produz muito pouco SO_2, quase nenhum material particulado e aproximadamente um sexto dos óxidos de nitrogênio produzidos por carvão, óleo e gasolina. O CO_2 produzido por unidade de energia é inferior a outros combustíveis. O custo de aproveitamento do gás é baixo quando comparado com outras fontes, e seu rendimento é bastante alto. É um combustível versátil e pode ser queimado eficientemente em fornos, fogões, aquecedores de água, secadores, caldeiras, incineradores, aparelhos de ar-condicionado, refrigeradores, desumidificadores etc. Em termos de geração de eletricidade, podem ser utilizadas turbinas a gás, operando como turbinas a jato.

Carvão

O carvão mineral, ou hulha, é formado basicamente por carbono, com pequenas quantidades de água, nitrogênio e enxofre. Existem quatro tipos básicos de carvão: a turfa, a lignita, o carvão betuminoso e o antracito. Os três primeiros são os mais comuns. O antracito possui maior poder calórico e contém menos SO_2. Boa parte do carvão mundial é queimada em termoelétricas; o restante é convertido em coque para fabricação de aço e queimado em caldeiras para produzir vapor em diversos processos industriais.

O carvão é o combustível fóssil mais abundante no mundo. As maiores reservas estão nos Estados Unidos, na China e na Rússia. Essas nações respondem por cerca de 60% da produção mundial. O maior produtor é a China, e, até o final do século, os chineses pretendem dobrar a sua produção.

O carvão é extraído de campos superficiais e subterrâneos. A mineração subterrânea é feita quando as reservas encontram-se a grande profundidade. O impacto ambiental produzido pela exploração de carvão é extremamente alto, pois ela destrói a vegetação e o hábitat de várias espécies. A erosão nessas regiões é altíssima, cerca de mil vezes superior à da floresta natural. É grande também a produção de materiais tóxicos, que acabam poluindo rios e aqüíferos subterrâneos.

Em termos de poluição atmosférica, o carvão é a grande fonte de óxidos de enxofre e nitrogênio. Essas emissões são responsáveis pelo *'smog* industrial' e pela ocorrência das chuvas ácidas (consulte o Capítulo 10). Além disso, o carvão produz grande quantidade de CO_2 por unidade de energia, quando comparado com outras fontes. Portanto, é um dos maiores contribuintes do chamado efeito estufa.

Energia geotérmica

Essa energia está contida em alguns depósitos (renováveis e não-renováveis) em forma de vapor seco, vapor úmido e água quente. A exploração desses depósitos é feita pela perfuração de poços. A energia térmica produzida pode ser utilizada para aquecimento ambiental, produção industrial e geração de eletricidade. O uso desse tipo de energia restringe-se pela sua distribuição. Para alguns países, como a Finlândia, a energia geotérmica é a principal fonte de aquecimento de ambientes. As maiores vantagens desse tipo de fonte são a eficiência no seu uso e a não-emissão de CO_2. Como desvantagens, podemos citar poucas fontes de energia, emissão de amônia, gás sulfídrico e materiais radioativos, lançamento de compostos tóxicos em rios, além da produção de cheiro e ruído nos locais de exploração.

Energia nuclear

Uma usina nuclear consiste basicamente de uma usina térmica na qual o aquecimento é produzido por reação de fissão nuclear. O combustível mais utilizado é o urânio 235, que existe em pequena proporção no minério natural (1/140 em relação ao urânio 238). Como é pequena a probabilidade de um nêutron rápido atingir um átomo de urânio 235, que existe em pequena porcentagem, é preciso utilizar uma técnica suplementar para manter a reação em cadeia. Nessa técnica, pode-se transformar os nêutrons rápidos em lentos, aumentar a proporção de átomos físseis, mediante aumento do urânio 235, ou adicionar plutônio 239 ou tório 232 à composição do combustível.

Os reatores que se utilizam de nêutrons lentos são chamados *reatores térmicos,* e os que se utilizam de nêutrons rápidos para manter a reação em cadeia são os *reatores rápidos.* Além do combustível, os reatores devem ter um sistema de *controle* das partículas (absorvedores de nêutrons), um *moderador* e um sistema de *refrigeração* e *blindagem* de proteção. Os controladores são fabricados com materiais especiais, como o cádmio, o háfnio e o boro, geralmente na forma de barras que absorvem nêutrons, desacelerando a reação e reduzindo a produção de energia. Os moderadores desaceleram os nêutrons e podem muitas vezes fazer o papel também de refrigeradores. O sistema de refrigeração deve ser altamente eficiente para evitar superaquecimento e principalmente a fusão do núcleo. São utilizados materiais abundantes, não corrosivos e que não absorvem nêutrons, geralmente o gás carbônico, o hélio, a água comum ou leve, a água pesada, alguns metais líquidos como o sódio e alguns compostos orgânicos. A proteção é feita com a colocação de uma *blindagem*, que pode ser feita de concreto e chapas metálicas, entre outros materiais.

A diferença básica entre os diversos tipos de usinas nucleares está no reator e na forma como o vapor é gerado para a movimentação das turbinas que irão acionar o gerador elétrico. O mais utilizado atualmente (85%) é o chamado 'reator de água leve pressurizado', RALP, e a principal diferença entre esse reator e os demais está no tipo de refrigerante e no tipo de moderador empregado, além de o vapor ser gerado em um circuito térmico que não tem contato com o fluido de refrigeração do reator (circuito secundário). Um reator RALP possui uma eficiência aproximada de 30%, menor que a usina térmica a carvão (40%) e muito menor que a usina hidrelétrica, cuja eficiência chega a até 96%.

A segurança dos reatores é feita por vários dispositivos e obras, das quais destacam-se paredes espessas e envoltório de concreto e aço que cobrem o vaso do reator; sistema para inserção automática das hastes de controle na alma do reator para paralisar a fissão em condições de emergência, edifício de concreto com aço reforçado para impedir que os gases radioativos e materiais escapem para a atmosfera na eventualidade de um acidente, sistemas de filtro e de aspersores de produtos químicos dentro do edifício do reator para impedir que a poeira radioativa contamine o ar, sistemas para condensar o vapor que pode escapar do vaso do reator e para prevenir que a pressão interna aumente além do limite de segurança do vaso do reator, sistema de emergência para inundar automaticamente o reator em caso de derretimento do núcleo, duas linhas de energia separadas que servem a usina e diversos geradores a diesel para suprir energia para as bombas de emergência e para o sistema refrigerante do núcleo, inspeção com raio X das peças metálicas durante a construção e operação para prever corrosão e sistema alternativo automático para substituir qualquer parte do sistema de segurança em caso de falha. Com essas medidas, é muito pequena a possibilidade de ocorrência de acidente em uma usina nuclear.

O combustível é parte integrante da usina nuclear. Sua obtenção passa por vários processos de beneficiamento. Ele é fabricado com um grau de pureza maior do que o usado na fabricação de remédios e deve ter também uma precisão de relógio, pois qualquer imperfeição ou impureza pode prejudicar seu desempenho e encarecer o processo. Ele é composto da mistura do material físsil, que se parte após a captura do nêutron (fissão), liberando enorme quantidade de energia e de material fértil que pode se transformar em físsil mediante a captura de um nêutron. O combustível é lacrado dentro do gerador e não entra em contato com o ar. Ele não se esgota inteiramente, sendo periodicamente removido do reator e estocado em piscinas especialmente projetadas para armazená-lo por um determinado período de tempo, podendo, mais tarde, ser submetido ao reprocessamento, cujo objetivo é recuperar o material físsil e fértil ainda existente para, posteriormente, utilizá-lo na fabricação de novos elementos combustíveis. Anualmente, a terça parte dos elementos combustíveis é removida do reator.

Notem que o combustível nuclear não deixa resíduos, não solta fumaça ou fuligem nem deixa cinzas como combustíveis convencionais. Entretanto, existe um ciclo desse combustível no meio ambiente que gera vários impactos ambientais. A seguir, apresentamos as fases do processo de obtenção do combustível nuclear:

- *Mineração*: na mineração, o minério de urânio é extraído na forma de um produto concentrado de urânio (U_3O_8), de cor amarelada, conhecido como 'bolo amarelo' (*Yellow Cake*), que contém cerca de 99,3% de urânio 238 e 0,7% de urânio 235.
- *Purificação e enriquecimento*: depois do processo de extração, o concentrado de urânio obtido é submetido a um processo de purificação para se obter urânio de grau nuclear, ou seja, isento de quaisquer impurezas que possam interferir no processo. Posteriormente, ele é encaminhado para uma usina de enriquecimento, onde se aumenta a concentração do isótopo de urânio 235 de 0,7% para 3%.
- *Fabricação de elementos combustíveis*: o urânio enriquecido é levado para uma fábrica de elementos combustíveis, acondicionado na forma de pastilhas de UO_2 (dióxido de urânio) e colocado em tubos de *zircalloy* (liga de zircônio).

- *Reatores*: nessa fase, o combustível vai para a usina, é colocado no núcleo do reator e utilizado até a concentração de urânio 235 ficar reduzida a cerca de 1%.
- *Reprocessamento*: a cada ano, um terço do combustível é trocado, e os elementos saturados podem, em função do seu estado, ir para uma usina de reprocessamento dos combustíveis irradiados ou para uma central de rejeitos para serem descartados. Logicamente, os diversos tipos de reatores usam combustíveis de maneira diferente. Existem certos reatores que utilizam como combustível o plutônio e o tório. O plutônio é obtido a partir do urânio 238 em reatores rápidos ou do urânio 235 em reatores térmicos. O tório 232 é encontrado nas areias monazíticas, e sua utilização depende do beneficiamento das areias, com remoção das terras raras e urânio. Em reatores refrigerados a gás de alta temperatura, ele é transformado em urânio 235.
- *Armazenamento e transporte do combustível irradiado*: os combustíveis irradiados são retirados do reator nuclear e depositados em piscinas de estocagem para que seja removido o calor residual liberado durante o decaimento radioativo dos elementos radioativos presentes; além disso, a água fornece uma blindagem biológica durante o período em que o combustível permanece na piscina. Além dos problemas de segurança, outro grande desafio técnico continua sendo a disposição segura do *rejeito radioativo*. As soluções adotadas até agora são paliativas. O problema é encontrar um local seguro para armazenar os combustíveis irradiados, que apresentam elevados níveis de radioatividade, durante um longo período de tempo (entre 10 mil anos e 240 mil anos). Os métodos propostos e que estão hoje em pesquisa são enterrar a uma grande profundidade, lançar no espaço em direção ao Sol, transformar em isótopos menos perigosos ou menos danosos e usar os elementos presentes em pequenas baterias para alimentar pequenos geradores domésticos de energia.

Fissão nuclear Breeder e Fusão nuclear

Nos reatores desse tipo, o urânio 238 não físsil é convertido em plutônio 239 físsil, e a sua grande vantagem é a economia de material radioativo. Os reatores em operação hoje são experimentais e não produzem a quantidade de plutônio esperada. Além disso, os custos de desenvolvimento, construção e operação são extremamente altos. Levará muitos anos para que o reator esteja comercialmente disponível. Outro grande desafio tecnológico é o reator a fusão. A reação de fusão já pode ser realizada em reatores experimentais. O grande problema consiste em torná-los comercialmente viáveis.

Fontes renováveis

Hidroeletricidade

Esse tipo de aproveitamento é um dos mais eficientes e consiste em aproveitar a energia potencial ou cinética da água, transformando-a em energia mecânica, pela turbina, e finalmente em eletricidade, pelo gerador. O tipo de hidrelétrica é função, basicamente, da vazão do rio e da queda disponível. Na maioria dos países desenvolvidos, os recursos hidrelétricos já estão praticamente esgotados. Os países em desenvolvimento possuem grandes reservas ainda não exploradas. Em países como o Brasil e a Noruega, a hidroeletricidade é responsável por 92% da produção total de energia. A grande vantagem da hidroeletricidade é o seu altíssimo rendimento (em torno de 96%). Além disso, é um dos sistemas mais baratos de produção de eletricidade. São inúmeras as vantagens da hidroeletricidade; entretanto, o reservatório provoca impactos ambientais tanto na fase de construção como na fase de operação. A seguir, detalhamos as potencialidades brasileiras em termos hidrelétricos.

Energia solar direta

Existem poucas usinas térmicas para aproveitamento da energia solar direta. A mais conhecida encontra-se na França, em Odeillo, nos Pirineus. O calor produzido é intenso, podendo-se obter temperaturas da ordem de 2.760°C. Essa energia é utilizada para fabricar metais puros e outras substâncias. O calor excedente é usado para produzir vapor e eletricidade. Algumas torres, com potência de até 30 MW, foram construídas no deserto de Mojave, na Califórnia. São sistemas ineficientes e caros, porém com a vantagem de produzir poucos impactos no meio ambiente.

Energia das marés

Uma das formas de aproveitamento da energia das águas dos oceanos é por meio das usinas maremotrizes, as quais utilizam os desníveis criados pelas marés. Os projetos hoje existentes são quase experimentais e se mostraram antieconômicos. Além disso, são poucos os locais onde é viável o aproveitamento econômico das marés, mesmo no Brasil. Em algumas regiões do Nordeste, esse tipo de aproveitamento é possível.

Energia eólica

Desde a década de 1970, pequenas e modernas turbinas de vento estão sendo implantadas. A experiência tem mostrado que essas turbinas podem produzir energia a custos razoáveis em áreas onde a velocidade do vento varia de 25 km/h a 50 km/h. A primeira turbina eólica com capacidade para geração comercial de energia elétrica foi ligada à rede pública em 1976, na Dinamarca (ANEEL, 2002). Atualmente, existem mais de 30 mil turbinas eólicas em operação no mundo, sendo que, até outubro de 2000, a capacidade instalada era de 15.081 MW (ANEEL, 2002). Recentemente, o Centro Brasileiro de Energia Eólica (CBEE), com apoio da ANEEL e do Ministério da Ciência e Tecnologia (MCT), desenvolveu um estudo para avaliar o potencial eólico brasileiro e, em 2001, publicou o Atlas do Potencial Eólico Brasileiro. Os resultados obtidos mostram que o potencial eólico no Brasil é da ordem de 147.500 MW, para ventos com velocidade média superior a 7,5 m/s (Amarante, Brower, Zack e Sá, 2001). A grande desvantagem desse tipo de energia é que os centros de demanda necessitam de sistemas alternativos de produção para os períodos de calmaria. Em termos de meio ambiente, as turbinas eólicas podem interferir na migração de pássaros, na transmissão de sinais de rádio e TV e na paisagem.

Biomassa

A biomassa é a matéria vegetal produzida pelo Sol por meio da fotossíntese. Ela pode ser queimada no estado sólido ou convertida para outros estados (líquido ou gasoso). Segundo Miller (1985), a biomassa supre 15% da energia mundial, principalmente pela queima de madeira e estrume para aquecer prédios e fornos de cozinha. Ambientalmente, as grandes desvantagens do emprego da biomassa relacionam-se com o conflito do uso da terra para agricultura, o aumento da erosão, a poluição do solo e da água e a destruição do hábitat. Além disso, dada a sua grande umidade, a biomassa não é muito eficiente em termos de energia útil. As vantagens e desvantagens em termos ambientais dependem do tipo de biomassa empregada. Muitas pessoas que vivem em países subdesenvolvidos aquecem suas moradias e cozinham utilizando lenha e carvão vegetal. O grande problema da queima da madeira é a produção de CO (monóxido de carbono) e de material particulado.

Biogás e biolíquido

O biogás (metano) e o biolíquido são produzidos pela conversão de biomassa sólida em gás e líquido, respectivamente. Na China, existem cerca de 7 milhões de biodigestores para converter plantas e dejetos animais em metano. Os combustíveis são utilizados para aquecimento e cozimento, e os resíduos são empregados como adubo. A Índia possui cerca de 750 mil digestores, metade deles construídos depois de 1986. O gás metano também é obtido pela decomposição da matéria orgânica (digestão anaeróbia) em aterros sanitários e também pode ser produzido em estações de tratamento de esgoto.

A biomassa pode ser transformada em combustível líquido (etanol e metanol). A partir da crise do petróleo, o Brasil passou a utilizar o etanol como combustível nos veículos automotores, sendo o país com a maior frota do mundo. Na década de 1980, 30% da frota de carros da região metropolitana de São Paulo era movida a etanol; hoje, esse número caiu para menos de 5%. Além disso, a gasolina brasileira contém, aproximadamente, 22% de álcool, o que diminuiu muito a poluição do ar por monóxido de carbono, mas aumentou, entretanto, a emissão de oxidantes fotoquímicos.

O grande problema da exploração da biomassa, do biogás e do biolíquido é o uso da terra para fins não tão nobres quando comparados com a produção de alimentos. Além disso, os impactos ambientais são todos aqueles característicos da agricultura (erosão, fertilizantes, agrotóxicos etc.). Entretanto, se forem utilizadas terras improdutivas para produzir o biocombustível, essa solução poderá contribuir positivamente para a crise energética.

Gás hidrogênio

Muitos cientistas sugerem o uso do gás hidrogênio para substituir o petróleo e o gás natural. Esse gás não está disponível em grande quantidade na natureza, mas pode ser produzido por processos químicos que utilizam carvão não-renovável, ou gás natural, calor e eletricidade. No futuro, o hidrogênio poderá ser obtido pela decomposição da água doce ou salgada.

O gás hidrogênio pode ser queimado em uma reação com o oxigênio em usinas térmicas, carros ou em uma célula combustível que converte a energia química em corrente elétrica. Essas células, operando em uma mistura de hidrogênio e ar, possuem um grau de eficiência que varia de 60% a 80%. O grande problema para o emprego desse elemento é o alto custo de produção do gás. Além disso, pela segunda lei da termodinâmica, a energia obtida pela queima de H_2 é sempre menor que a energia gasta para sua produção. Portanto, essa fonte só será viável à medida que for possível produzir H_2 em grande escala. Outro problema é o fato de o H_2 ser altamente explosivo. Muitos técnicos dedicam-se ao desenvolvimento de sistemas mais seguros de utilização do hidrogênio. Existem vários combustíveis para exploração do hidrogênio que estão sendo testados. Quanto à poluição do ar, o impacto depende do combustível a ser empregado para a produção de H_2. Os cientistas hoje tentam desenvolver células que captem diretamente a luz solar para produzir H_2.

Aumento da eficiência no uso da energia

Uma das maneiras de aumentar a energia disponível é utilizá-la de modo mais eficiente. Isso pode ser implementado a partir, por exemplo, das seguintes ações (Miller, 1985):

- mudança de hábitos: andar a pé ou de bicicleta em pequenos percursos, utilizar transporte de massa em vez do automóvel, manter luzes apagadas, reduzir o consumo de produtos descartáveis e outras medidas similares;
- aumentar a eficiência no consumo usando menos energia para realizar a mesma quantidade de trabalho — exemplos: maior isolamento térmico de casas e edifícios, manter o motor do carro regulado, aumentar a eficiência dos carros, de equipamentos de refrigeração, de lâmpadas e de processos industriais; e
- empregar menos energia para realizar mais trabalho, desenvolvendo equipamentos de baixo consumo — exemplos: células solares para geração de eletricidade, veículos aerodinâmicos para diminuir o consumo, equipamentos mais eficientes para aquecimento e refrigeração.

Existem hoje tecnologias para reduzir o consumo de eletricidade em diversos usos. A Tabela 7.3 apresenta alguns exemplos.

TABELA 7.3

Potencial de conservação (Miller, 1985).

Consumo de eletricidade	Projeções atuais (TWh)	% de economia	Potencial (TWh)
Motores industriais	164,8	20	33,0
Refrigeradores	24,7	60	14,8

(continua)

(continuação)

Iluminação domiciliar	16,5	50	8,2
Motores comerciais	28,0	20	5,6
Iluminação comercial	25,0	60	15,0
Iluminação pública	16,8	40	6,7

A eficiência no uso da energia pode ser implementada de diversas maneiras na produção industrial, nos transportes, na construção civil, na produção de eletricidade etc.

Existem, ainda, outros tipos de aproveitamento que podem ser citados, como a *obtenção de calor por gradiente térmico do oceano* e as *lagoas solares*. São métodos ainda em pesquisa e pouco efetivos, apresentando pequenos valores de REL.

7.6 O caso brasileiro

O Brasil apresentou, em 2002, um consumo médio anual de energia comercial da ordem de 1,13 Toneladas Equivalentes de Petróleo por habitante (TEP/habitante), valor inferior à média mundial, que é de 1,65 TEP/habitante (MME, 2003).

De um modo geral, nos países com consumo de energia comercial abaixo de 1,0 TEP/habitante, as taxas dos indicadores sociais, tais como as de analfabetismo, mortalidade infantil e fertilidade, são altas, enquanto a expectativa de vida é baixa. À medida que o consumo de energia comercial aumenta para valores acima de 2,0 TEP/habitante, as condições sociais melhoram, como é o caso dos países desenvolvidos, os quais apresentam um consumo energético superior a 3,0 TEP/habitante. Algumas projeções indicam que o consumo de energia comercial no Brasil deve atingir um valor entre 1,4 TEP/habitante até o ano de 2020.

Considerando essa previsão para o aumento da demanda de energia, é importante traçar um panorama dos recursos energéticos disponíveis para que possamos verificar se eles serão suficientes para atender a essa demanda ou se passaremos a depender de importações de petróleo ou gás ou, ainda, do desenvolvimento de outras fontes de energia. Na Tabela 7.4 estão apresentados os principais recursos energéticos do país e suas respectivas reservas.

TABELA 7.4

Principais recursos e reservas energéticas brasileiras em 31 de dezembro de 2002 (MME, 2003).

Fonte	Recursos Medidos	Reservas Estimadas	Total	Equivalência Energética (10^3 TEP)*	Duração Estimada (anos)**
Petróleo (1.000 m^3)	1.560.158	519.984	2.080.142	1.388.123	22,2
Gás natural (10^6 m^3)	236.592	95.349	331.941	234.842	22,0
Carvão mineral (10^6 t)	10.113	22.240	32.353	3.944.070	6.840***
Hidráulica (GW ano)	93	51	143	236.006/ano	----
Energia nuclear (t U_3O_8)	177.500	131.870	309.370	1.236.287	526,9

** Calculado com base nos recursos medidos. ** Com base nos dados relativos ao consumo de 2002 e reservas totais. *** Considerando-se apenas o uso para geração de energia e consumo final.*

Com base nos dados apresentados nessa tabela, verifica-se que há necessidade de identificar programas que otimizem o aproveitamento dos recursos mais intensamente utilizados, com o objetivo de prolongar a duração desses, e intensifiquem o aproveitamento de fontes pouco exploradas, como o caso do carvão mineral e o urânio, ou, então, para desenvolver fontes alternativas de energia.

Uma análise dos dados relativos à oferta interna de energia no Brasil mostra que a nossa matriz energética tende a se aproximar da matriz mundial. A Figura 7.2 apresenta a distribuição da oferta interna de energia no Brasil, em 2002.

FIGURA 7.2

Oferta interna de energia no Brasil, em 2002 (MME, 2003).

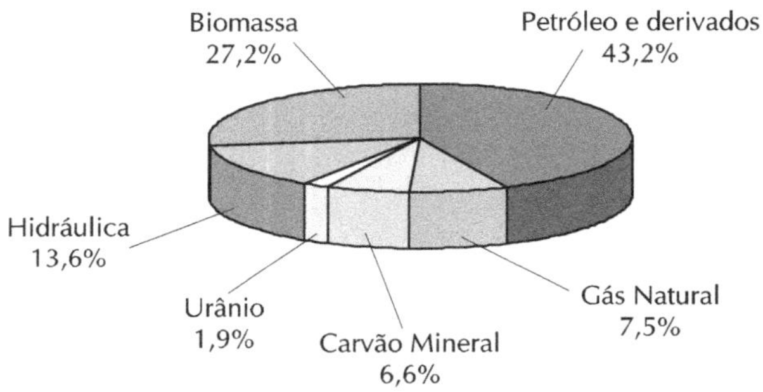

A Figura 7.3 apresenta uma comparação entre produção e consumo dessas fontes de energia.

FIGURA 7.3

Oferta interna de energia — produção e consumo no Brasil (MME, 2003).

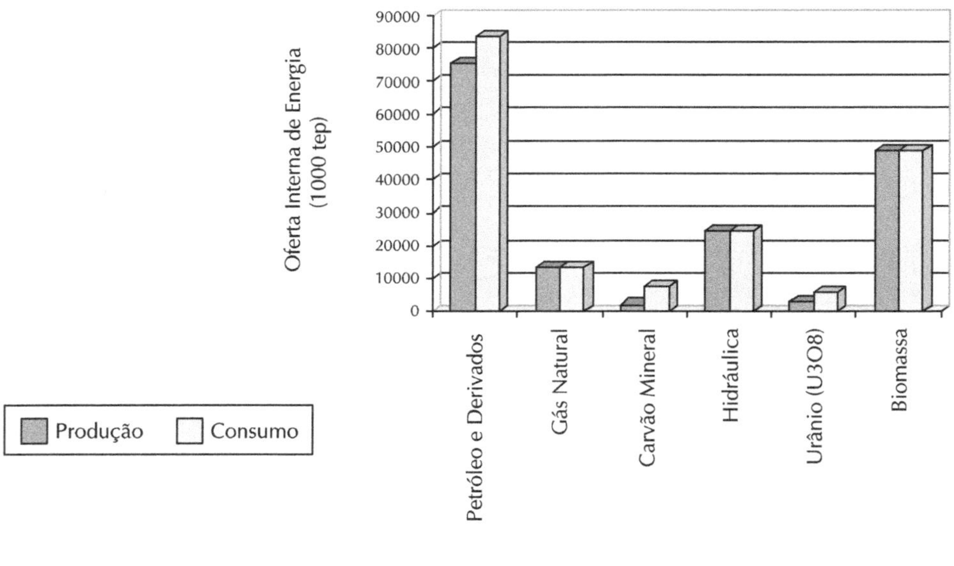

O consumo de toda a energia produzida no Brasil, distribuído por setores, é apresentado na Tabela 7.5.

TABELA 7.5

Distribuição do consumo de energia no Brasil (MME, 2003).

Setor	Consumo	
	(1000 TEP)	(%)
Indústria	65.078	36,7
Transportes	48.460	27,3
Residencial	20.702	11,7
Energético	14.069	7,9
Usos não energéticos	12.864	7,3
Comércio e setor público	8.176	4,6
Agropecuário	8.047	4,5
Total	177.396	100,0

Considerando-se a geração de energia elétrica, o Brasil é o país que possui a maior reserva mundial de hidroenergia. Dada a imensa quantidade de rios que cobre o país, esse é o recurso mais utilizado para a geração de energia elétrica (cerca de 87%). Portanto, o sistema gerador brasileiro é muito diferenciado dos demais países. A Tabela 7.6 apresenta os valores referentes à produção de energia hidrelétrica no Brasil e alguns países onde a utilização dessa fonte é significativa.

TABELA 7.6

Produção de energia hidrelétrica no ano de 2000 (MME, 2003).

País	Geração (10^6 kwh)	Participação (%)
Canadá	358	13,2
Brasil	305	11,3
Estados Unidos	275	10,2
China	222	8,2
Rússia	165	6,1
Noruega	142	5,2
Japão	97	3,6
Suécia	79	2,9
Índia	74	2,7
França	72	2,7
Demais Países	916	33,9
Total Mundial	2.705	100,0

O potencial hidrelétrico brasileiro está estimado em 260.095 MW (ANEEL, 2002), equivalente a 3,92 milhões de barris de petróleo por dia.

A Figura 7.4 apresenta o quadro das disponibilidades de energia hidrelétrica no país estimadas em 2000. Podemos observar que o maior potencial hidrelétrico brasileiro encontra-se na bacia Amazônica, com somente 0,5% de sua capacidade aproveitada.

FIGURA 7.4

Disponibilidades hidroenergéticas brasileiras (figura construída a partir dos dados apresentados no Atlas de Energia Elétrica do Brasil, ANEEL, 2002).

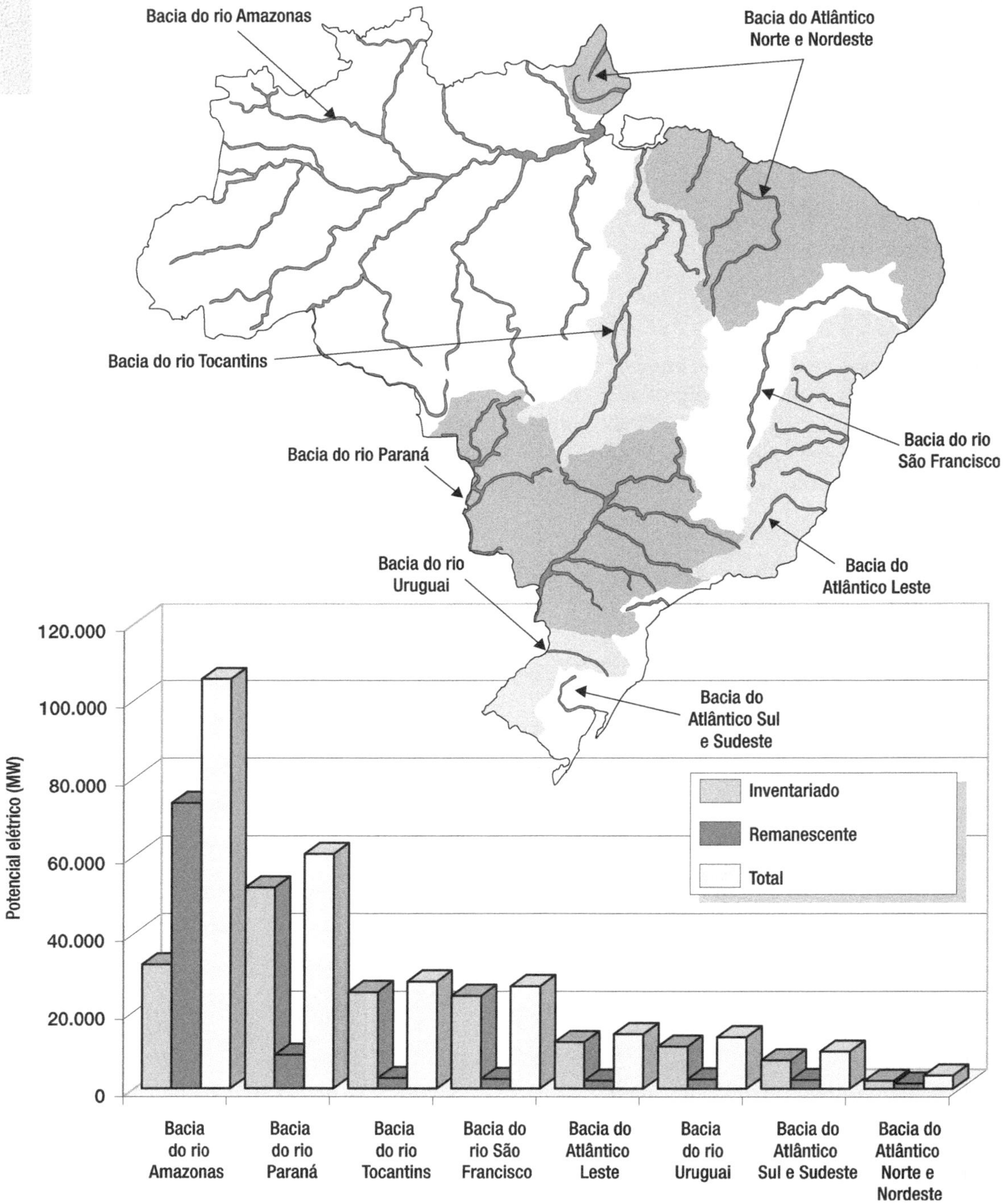

O Brasil consome atualmente 100% da energia hidrelétrica que produz. A potência hidrelétrica instalada atual é da ordem de 65.311 MW, ou seja, somente 25% do total estimado.

Por outro lado, em relação ao petróleo, a demanda total ainda é maior que a quantidade produzida, mas a nossa vulnerabilidade é menor. Em 2002, produzimos 90% do consumo total, enquanto, em 1990, produzíamos apenas 54%.

A produção diária brasileira de petróleo é de cerca de 1 milhão e 500 mil barris (MME, 2003).

É importante salientar que a atual crise de energia do país não é uma crise de fontes alternativas, mas sim criada pelo problema econômico. Durante a década de 1970, o Brasil cresceu em hidroeletricidade a taxas de 12,2% ao ano. O crescimento do consumo residencial de energia elétrica no Brasil, durante o período de 1990-2002, foi de 3,44%, com taxas médias de crescimento anual mostradas na Tabela 7.7.

TABELA 7.7

Taxa média de crescimento anual do consumo residencial e total de energia elétrica no Brasil no período de 1990-2002 (%) (Números obtidos a partir dos dados apresentados no Balanço Energético Nacional — MME, 2003).

Período	Região Norte	Região Nordeste	Região Sudeste	Região Sul	Região Centro-Oeste	Brasil	
						Residencial	Total
1990-1995	5,77	5,16	5,35	6,16	7,65	5,62	4,00
1995-2000	8,24	6,79	5,09	5,51	6,25	5,62	4,60
2000-2002	–0,93	–6,55	–9,00	0,0	–5,86	–6,78	–1,53

É importante observar que no período entre 2000 a 2002 houve uma redução no consumo de energia, resultado de um programa de racionamento implementado no final do ano 2000, como conseqüência do baixo nível de água nos principais reservatórios utilizados para a geração de energia. A maior redução no consumo de energia elétrica foi observada no ano de 2001, registrando uma queda de 6,61% no consumo total.

Segundo o Ministério de Minas e Energia (MME), o setor elétrico brasileiro quase octuplicou sua capacidade instalada no período de 1970 a 2002. Em dezembro de 2002, o setor contava com 82,5 GW em operação (79,2% hidráulica, 18,4% térmica e 2,4% nuclear). O consumo cresceu de 1970 a 2002 a 6,5% a.a., e a participação da eletricidade no consumo final de energia passou de 5,1%, em 1970, para 14,0%, em 2002. O crescimento atual do mercado é de 3,74% a.a., devendo ultrapassar, em 2010, a casa dos 100 mil MW (MME, 2003).

Um problema relevante associado ao potencial hidráulico disponível refere-se à questão ambiental. O estudo sobre oferta de energia foi preparado pela Eletrobras, a *holding* brasileira de geração de eletricidade. A inclusão de variáveis ambientais, notadamente na Amazônia, poderá alterar os valores estimados de energia potencial. Diante disso, a questão energética brasileira poderá tomar novo rumo, aproximando-se dos problemas dos países do Primeiro Mundo.

O álcool foi uma alternativa economicamente viável para combustíveis desenvolvida no Brasil. Até 1985, cerca de US$ 6,5 bilhões tinham sido investidos na produção de 50 bilhões de litros de etanol; cerca de 500 mil empregos foram criados, 2,5 milhões de veículos rodavam com etanol puro e 20% de etanol era adicionado à gasolina para diminuir dramaticamente a emissão de monóxido de carbono pelos veículos automotores. Desde a implantação do Proálcool, a produção passou de 700 mil m^3, em 1975, para 2,85 milhões de m^3, em 1979. A máxima produção de álcool ocorreu em 1977, atingindo a marca de 15,5 milhões de m^3, quando passou a diminuir, chegando a 12,6 milhões de m^3 ao final de 2002 (MME, 2003). Com a introdução dos novos modelos de carros que podem utilizar tanto o álcool quanto a gasolina, poderá haver uma maior demanda pelo álcool e, conseqüentemente, um aumento da produção.

O gás natural participa com cerca de 7,5% do consumo total de energia primária no Brasil. Além de ser usado como combustível industrial, ele é insumo petroquímico, agente redutor na produção de aço, matéria-prima para fertilizantes nitrogenados e combustível automotivo e residencial. O mercado brasileiro é da ordem de 42 x 10^6 m^3/dia, (MME,2003). Parte do gás consumido no Brasil é proveniente da Bolívia, que é transportado da Bolívia para os centros de consumo no Brasil por meio de gasodutos.

As recentes descobertas da Petrobras, na Bacia de Santos, no ano de 2003, elevaram a projeção de reservas totais de gás natural, passando para 631 bilhões de m^3. Com essa descoberta, eleva-se o potencial de utilização de gás natural para suprir as necessidades energéticas do país.

No caso do carvão mineral, o Brasil é o maior importador de carvão metalúrgico para a indústria de aço, pois o carvão aqui produzido não é adequado para esse uso, sendo que 90% da produção anual de carvão nacional é utilizada para a geração de energia elétrica, apresentando um baixo desempenho, em comparação ao potencial existente.

A Figura 7.5 mostra o aumento na demanda de carvão metalúrgico nos anos de 1990 a 2002, período em que a produção interna caiu sensivelmente. Em 1995, os Estados Unidos e a Austrália supriram cerca de três quartos de todo o carvão importado pelo Brasil. Mundialmente falando, o carvão é uma opção de geração de energia elétrica com tecnologia amplamente difundida, embora carecendo de avanços no tocante às emissões de efluentes. No Brasil, essa geração de energia elétrica apresenta, em médio prazo, custos competitivos com as demais alternativas, quando operada em sistema de complementação. Atualmente, a tecnologia está avançando no sentido de reduzir os impactos ambientais dessa forma de geração de energia mediante combustão em leito fluidizado e desenvolvimento de equipamentos de controle de gases de enxofre, nitrogênio e material particulado.

FIGURA 7.5

Carvão metalúrgico e carvão para geração de energia — produção e consumo de 1990 a 2002 (MME, 2003).

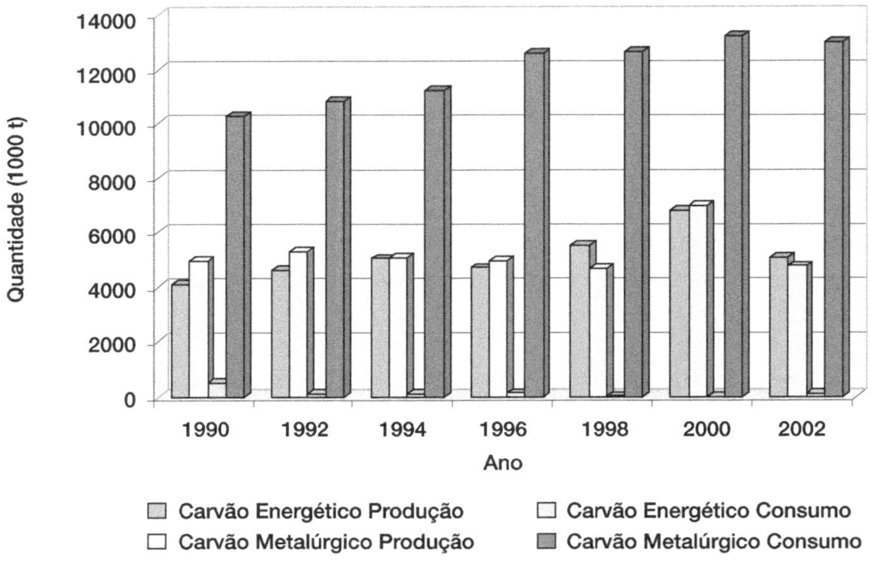

O potencial termoelétrico do carvão mineral nacional, considerando-se seu uso exclusivo para geração de termoeletricidade, está indicado na Tabela 7.8. Nessa avaliação, está incluída a parcela de carvão metalúrgico, cujo consumo hoje é superior ao da termoeletricidade, ressaltando-se que o carvão disponível no Brasil é pouco utilizado para essa finalidade.

TABELA 7.8

Potencial brasileiro termoelétrico das reservas de carvão mineral (com base nos dados de 2000).

Estado	Reservas (milhões de toneladas)				Potencial de Geração (GWh)*	Duração (anos)**
	Medida	Indicada	Inferida	Total		
Paraná	64,36	31,08	---	95,43	315.773,3	0,92
Santa Catarina	1.525,02	919,78	179,21	2.624,01	8.685.473,1	25,2
Rio Grande do Sul	5.762,77	10.271,09	6.375,61	22.409,47	74.175.345,7	215,3
Total	7.352,15	11.221,94	6.554,82	25.128,91	83.176.692,1	241,4

Fonte: DNPM, 2001 – Balanço Nacional de Produção Mineral, 2001.
** Foi adotado o fator de conversão de 3,31 MW.h/t (MME, 2003).*
*** Adotando-se como referência o consumo total de energia elétrica de 2002, de 344,6 TWh (MME, 2003).*

A energia nuclear, depois de sua introdução comercial para produção de energia elétrica, há apenas quatro décadas, já é a segunda maior fonte para a produção de energia elétrica em países industrializados e a terceira na escala mundial. No caso do Brasil, a geração nuclear está baseada na usina de Angra I, unidade RALP (Reator de Água Leve Pressurizado) de 657 MW, em operação desde 1982. O programa nuclear brasileiro — formulado em 1975 no âmbito do acordo nuclear entre Brasil e Alemanha — previa, no que diz respeito a usinas nucleares para produção de energia elétrica, oito centrais RALP de 1.309 MW cada. Das oito centrais previstas, apenas duas foram efetivamente contratadas, Angra II e Angra III.

A usina Angra II foi finalizada em 2000, com a primeira reação em cadeia ocorrendo em julho desse ano. Até o final do ano de 2000, Angra II produziu 2.622,65 GWh. Em decorrência de melhorias ocorridas no projeto, a potência nominal da usina passou para 1.350 MW (www.eletronuclear.gov.br).

Com relação à Angra III, uma resolução do Conselho Nacional de Política Energética (CNPE) autorizou a Eletronuclear a tomar as medidas necessárias para a retomada do empreendimento visando a sua entrada em operação no ano de 2008 (www.eletronuclear.gov.br).

Quanto às reservas brasileiras de urânio, podemos afirmar que o país já dispõe de uma quantidade apreciável desse minério, apesar de a prospecção ter sido realizada em apenas uma parcela reduzida do território nacional. A Tabela 7.9 apresenta as reservas geológicas de urânio classificadas em: medidas, indicadas e inferidas, segundo o critério do Código de Mineração Brasileiro e das Indústrias Nucleares do Brasil.

TABELA 7.9

Brasil: Reservas geológicas de urânio (toneladas de U_3O_8), 2001.

Ocorrência	Medidas e Indicadas			Inferidas	Total
Depósito ou Jazida	< US$ 400/Kg U	< US$ 800/Kg U	Subtotal	< US$ 800/Kg U	
Caldas (MG)		500	500	4.000	4.500
Lagoa Real/Caetité (BA)	24.200	69.800	94.000	6.670	100.770
Itatiaia (CE)	42.000	41.000	83.000	59.500	142.500
Outras				61.600	61.600
Total	**66.200**	**111.300**	**177.500**	**131.870**	**309.370**

Fonte: INB, 2004 — Reservas de Urânio no Brasil. www.inb.gov.br/reservasBrasil.asp

Para fins de estimativa, admite-se o conceito de reservas recuperáveis a preços competitivos (< US$ 800/Kg U). Tais reservas correspondem, em termos globais, a 66.200 t (< US$ 400/Kg U) e 111.300 t (US$ 800/Kg). Atualmente, apenas a reserva de Lagoa Real/Caetité (BA) está produzindo, isso em razão da reserva de Caldas ter atingido o limite de extração economicamente viável. Para viabilizar economicamente a exploração de Itatiaia, é necessário fazer a exploração do fosfato presente (INB, 2004). A capacidade atual de produção da unidade de Lagoa Real/Caetité é de 400 t/ano de concentrado, com previsão para a duplicação dessa capacidade nos próximos anos. A quantidade de urânio existente nessa reserva é suficiente para abastecer a Central Nuclear Almirante Álvaro Alberto (Angra I, Angra II e Angra III), por 100 anos.

Em relação às fontes alternativas de energia, especialmente renováveis, o Brasil tem estudado, além da biomassa, o aproveitamento da energia eólica, sendo que os levantamentos elaborados até o presente momento demonstram a existência de um grande potencial. Na matriz energética brasileira a participação da energia eólica ainda é inexpressiva. Até o final de 2001, apenas seis centrais eólicas estavam em operação, com uma capacidade total de 18,8 MW. A Tabela 7.10 apresenta os dados dessas centrais.

TABELA 7.10

Centrais eólicas em operação no Brasil (ANEEL, 2002).

Central Eólica	Proprietário	Localidade	UF	Potência (kW)
Fernando de Noronha I	Cia. Energética de Pernambuco	Fernando de Noronha	PE	75
Fernando de Noronha II	Centro Brasileiro de Energia Eólica	Fernando de Noronha	PE	225
Morro do Carmelinho	Cia. Energética de Minas Gerais	Gouveia	MG	1.000
Palmas	Centrais Eólicas do Paraná Ltda.	Palmas	PR	2.500
Taíba	Wobben Wind Power Ind. E Com. Ltda.	São Gonçalo do Amarante	CE	5.000
Prainha	Wobben Wind Power Ind. E Com. Ltda.	Aquiraz	CE	10.000

Em julho de 2001, foi instituído o Programa Emergencial de Energia Eólica (Proeólica), para que fosse agregada ao sistema elétrico nacional uma potência adicional de 1.050 MW, a partir de turbinas eólicas. Até julho de 2003, a ANEEL havia autorizado quase 90 empreendimentos eólicos, totalizando uma potência de 6.397, com a maioria desses projetos localizada no litoral dos estados do Ceará e Rio Grande do Norte (ANEEL, 2002). De acordo com os dados disponibilizados pelo Centro Brasileiro de Energia Eólica, o custo de geração de energia elétrica a partir de centrais eólicas modernas é da ordem de US$ 80 por MWh (www.eolica.com.br).

A situação atual do Brasil mostra que o país avançou muito em relação à questão energética, reduzindo a sua dependência externa de energia por meio de uma melhor avaliação dos recursos energéticos disponíveis, descobertas de novas reservas, tecnologias de prospecção e desenvolvimento de alternativas. Por outro lado, uma questão que ainda desperta preocupação diz respeito à implantação de novos empreendimentos para geração de energia, especificamente pela falta de capacidade de investimento do setor público e pelas novas exigências relacionadas ao licenciamento ambiental de novas usinas. Por essa razão, a questão energética do País ainda merece uma atenção especial, principalmente se os níveis de crescimento se aproximarem daqueles vivenciados na década de 1970.

8 O meio aquático

8.1 A água na natureza

A água encontra-se disponível sob várias formas e é uma das substâncias mais comuns existentes na natureza, cobrindo cerca de 70% da superfície do planeta. É encontrada principalmente no estado líquido, constituindo um recurso natural renovável por meio do ciclo hidrológico. Todos os organismos necessitam de água para sobreviver, sendo a sua disponibilidade um dos fatores mais importantes a moldar os ecossistemas. É fundamental que os recursos hídricos apresentem condições físicas e químicas adequadas para sua utilização pelos organismos. Eles devem conter substâncias essenciais à vida e estar isentos de outras substâncias que possam produzir efeitos deletérios aos organismos que compõem as cadeias alimentares. Assim, disponibilidade de água significa que ela está presente não somente em quantidade adequada em uma dada região, mas também que sua qualidade deve ser satisfatória para suprir as necessidades de um determinado conjunto de seres vivos (biota).

Há duas formas de caracterizar os recursos hídricos: com relação à sua quantidade e com relação à sua qualidade, estando essas características intimamente relacionadas. A qualidade da água depende diretamente da quantidade de água existente para dissolver, diluir e transportar as substâncias benéficas e maléficas para os seres que compõem as cadeias alimentares.

Estima-se que a massa de água total existente no planeta seja aproximadamente igual a 265.400 trilhões de toneladas, distribuídas conforme apresentado na Tabela 8.1.

TABELA 8.1

Distribuição porcentual da massa de água no planeta.

Localização	Área (10^6 Km^2)	Volume (10^6 Km^3)	Porcentagem da água total (%)	Porcentagem da água doce (%)
Oceanos	361,3	1338	96,5	
Água subterrânea	134,8	23,4	1,7	
Doce	10,53	0,76	0,055	
Umidade do solo	0,016	0,0012	0,05	
Calotas Polares	16,2	24,1	1,74	68,9
Geleiras	0,22	0,041	0,003	0,12
Lagos	2,06	0,176	0,013	0,26
Doce	1,24	0,091	0,007	
Salgado	0,82	0,085	0,006	
Pântanos	2,7	0,011	0,0008	0,03
Rios	14,88	0,002	0,0002	0,006
Biomassa	0,001	0,0001	0,003	
Vapor na atmosfera	0,013	0,001	0,04	
Total de água doce	35	2,53	100	
Total	510,0	1.386	100	

Entretanto, apesar de existir em abundância, nem toda água é diretamente aproveitada pelo homem. Por exemplo, a água salgada dos oceanos não pode ser diretamente utilizada para abastecimento humano, pois as tecnologias atualmente disponíveis para dessalinização são ainda um processo bastante caro quando comparado com os processos normalmente utilizados para o tratamento de água para uso doméstico. A água existente nas geleiras apresenta o inconveniente de estar localizada em regiões muito distantes dos centros consumidores, o que implica elevados custos de transporte. A extração de águas muito profundas também está sujeita a limitações econômicas.

Do total apresentado de 265.400 trilhões de toneladas, somente 0,5% representa água doce explorável sob o ponto de vista tecnológico e econômico, que pode ser extraída dos lagos, rios e aqüíferos. É necessário ainda subtrair aquela parcela de água doce que se encontra em locais de difícil acesso ou aquela já muito poluída, restando, assim, para utilização direta, apenas 0,003% do volume total de água do planeta. Isso significa que, se toda água do planeta correspondesse a 100 litros, a parcela diretamente utilizável corresponderia a apenas 0,003 litro, ou meia colher de chá.

Além disso, a água doce é distribuída de maneira bastante heterogênea no espaço e no tempo. Essa distribuição heterogênea no espaço pode ser observada pela existência dos desertos, caracterizados por baixa umidade, e das florestas tropicais, caracterizadas por alta umidade. Existe também a variabilidade temporal da precipitação em função das condições climáticas, que variam em decorrência do movimento de translação da Terra.

Além das variações naturais características das fases do ciclo hidrológico, importantes alterações têm ocorrido nas fases desse ciclo por causa de intervenções humanas, intencionais ou não. Por exemplo, a ocorrência de vapor atmosférico pode ser alterada pela presença de reservatórios, pela modificação da cobertura vegetal e, também, por alterações climáticas causadas por gases estufa. Evidentemente, tais modificações podem acarretar mudanças no regime de precipitações, afetando, portanto, a disponibilidade de água.

O uso do solo é fator de importância fundamental na ocorrência natural de água. O desmatamento e a urbanização podem modificar o ciclo hidrológico ao diminuírem, por exemplo, a evapotranspiração. Com o desmatamento, há maior presença da umidade no solo, e sua capacidade de infiltração também diminui. Assim, existe uma tendência de aumento do escoamento superficial durante eventos chuvosos, o que amplia a freqüência de ocorrência de cheias. Tal fato tende a tornar-se gradativamente mais intenso pela diminuição da proteção do solo contra a erosão e a conseqüente diminuição de sua permeabilidade pelo desmatamento.

Nas áreas urbanas ocorre a impermeabilização do solo por meio das construções e da pavimentação das ruas. Assim, quando a precipitação atinge o solo, ocorre escoamento superficial mais intenso em conseqüência de pouca ou nenhuma capacidade de infiltração disponível. Essa impermeabilização do solo pela urbanização é uma das principais causas de inundações nos meios urbanos.

A qualidade da água

Além dos problemas relacionados à quantidade de água — tais como: escassez, estiagens e cheias —, há também aqueles relacionados à qualidade da água. A contaminação de mananciais impede, por exemplo, seu uso para abastecimento humano. A alteração da qualidade da água agrava o problema da escassez desse recurso.

A Organização Mundial de Saúde (OMS) estima que 25 milhões de pessoas no mundo morrem por ano em virtude de doenças transmitidas pela água, como cólera e diarréias. A OMS indica que nos países em desenvolvimento 70% da população rural e 25% da população urbana não dispõem de abastecimento adequado de água potável.

Características físicas da água

A água é uma substância notável por apresentar-se no estado líquido nas condições normais de temperatura e pressão, sendo uma das poucas substâncias inorgânicas a possuir tal característica. Conseqüentemente, sua *densidade* atinge valores relativamente elevados, existindo uma interface bem definida entre o meio aquático superficial e a atmosfera, pois a densidade da água é de cerca de oitocentas vezes superior à densidade do ar.

A densidade da água varia com a temperatura, a concentração de substâncias dissolvidas e a pressão. As variações de densidade observadas no meio aquático em decorrência desses fatores são relativamente pequenas do ponto de vista numérico, mas suficientemente elevadas para dar origem a uma série de fenômenos muito importantes do ponto de vista ambiental.

Uma das características físicas mais marcantes da água é o modo pelo qual sua densidade varia com a temperatura. De acordo com a Figura 8.1, a densidade da água pura atinge um valor máximo para uma temperatura próxima a 4°C.

A água no estado sólido é menos densa do que a água no estado líquido entre 0°C e 4°C, fazendo com que o gelo flutue sobre a água. Mesmo quando há gelo sobre a superfície dos corpos de água, sua parte inferior pode permanecer no estado líquido, possibilitando a existência de vida aquática.

FIGURA 8.1

Variação da densidade da água com a temperatura.

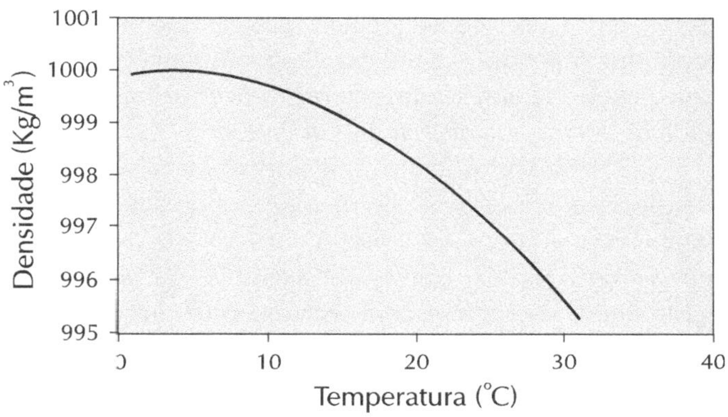

A concentração de sais dissolvidos também afeta a densidade da água. Por exemplo, a densidade da água do mar é cerca de 2% maior que a densidade da água pura nas condições normais de temperatura e pressão em conseqüência da presença de sais. *Estuários* são regiões que podem ser profundamente afetadas pela diferença de densidade entre a água doce, que chega pelas extremidades a montante dos rios, e a água salgada, dos mares e oceanos da extremidade a jusante. Assim, uma determinada substância pode ser transportada em ambos os sentidos em um estuário, dependendo do campo de densidades existentes no sistema.

O *calor específico* da água é bastante elevado, de modo que ela pode absorver ou liberar grandes quantidades de calor à custa de variações de temperatura relativamente pequenas. Assim, grandes massas de água têm o potencial de alterar características climáticas locais, amenizando as variações de temperatura. De forma análoga, regiões desérticas apresentam variações diárias de temperatura relativamente amplas. Essas mesmas conclusões podem ser estendidas para o planeta como um todo. Se os oceanos não existissem, a amplitude térmica do planeta seria muito maior. O alto calor específico da água faz também com que esse recurso seja muito utilizado para refrigeração de motores, processos industriais e produção de energia.

Em função do alto calor específico da água, as variações naturais da temperatura nos meios aquáticos costumam ser brandas. Conseqüentemente, toda a biota aquática não está adaptada para sobreviver a grandes variações de temperatura. Por isso, o despejo de efluentes aquecidos nos meios aquáticos tem o potencial de produzir grandes danos ambientais.

Muitos componentes da biota aquática não são dotados de mecanismos de locomoção própria. Esse é o caso das algas que, possuindo densidade maior que a da água que as envolve, tenderiam a ocupar o fundo do meio aquático. Isso não ocorre, pois esses organismos conseguem permanecer flutuando por causa da força de atrito entre sua superfície e a água. A força de atrito é função da *viscosidade* da água, a qual é alterada por variações de temperatura. Com o aumento da temperatura da água, a viscosidade diminui e, portanto, diminui a força de atrito entre a água e a superfície do fitoplâncton. A velocidade de sedimentação desses organismos aumenta, afastando-os da zona iluminada e conseqüentemente reduzindo ou cessando a fotossíntese. Esse é um dos motivos pelos quais despejos de água aquecida nos corpos de água podem ser danosos aos ecossistemas aquáticos.

A importância da *penetração da luz* em meios aquáticos é evidente, uma vez que é fator essencial para a ocorrência da fotossíntese e, portanto, pode afetar todo o meio biótico existente em um corpo de água. Ao penetrar na água, a luz é absorvida e convertida em calor. Essa absorção diminui de forma aproximadamente exponencial, em função da profundidade. Duas características são importantes do ponto de vista ambiental. A primeira é o *comprimento de onda* (ou a *freqüência*), que é associada a uma determinada cor. A outra característica é a *intensidade*, que é associada à energia transportada pela luz.

A maior parte da energia luminosa incidente tende a ficar retida nas camadas superficiais de água. Essa absorção não ocorre de forma uniforme para todos os comprimentos de onda que caracterizam o espectro de energia luminosa. Por exemplo, as extremidades do espectro visível correspondentes às regiões do infravermelho e do ultravioleta são absorvidas mais intensamente pela água do que os comprimentos de onda visíveis localizados entre esses extremos, como o verde e o azul. Assim, para profundidades maiores, ocorre um estreitamento progressivo do espectro, sendo que a luz azul é a última faixa do espectro a se extinguir. Como conseqüência, as algas que vivem próximas à superfície tendem a apresentar coloração verde (luz refletida) e a utilizar a luz vermelha para efetuar a fotossíntese. Em regiões mais profundas, as algas tendem a apresentar coloração avermelhada (luz refletida) e a absorver luz com comprimentos de onda menores para efetuar a fotossíntese.

Existem vários fatores que podem afetar a penetração da luz no meio aquático. Dentre eles destacam-se a *cor* e a *turbidez* do meio. A cor da água é constituída por luz refletida, podendo ser classificada como *cor real* e *cor aparente*. A cor real está associada a substâncias dissolvidas na água e pode afetar a penetração da luz. Esse é, por exemplo, o caso do Rio Negro, afluente do Rio Amazonas, cujas águas apresentam coloração escura em virtude da presença de ácidos húmicos dissolvidos em suas águas. A cor aparente do meio aquático está associada a reflexos originados na paisagem ao redor do corpo de água e à cor de seu fundo, se esse for visível da superfície. A presença de material em suspensão afeta a *turbidez* da água, dificultando ou mesmo impedindo a penetração da luz. Causam turbidez, por exemplo, partículas minerais e algas.

Como a molécula de água é polarizada, cada molécula no meio líquido sofre e exerce atração das moléculas situadas ao seu redor. Todavia, uma molécula de água situada na superfície líquida sofre atração maior das moléculas vizinhas, oferecendo maior resistência à penetração de luz nessa superfície. Cria-se, então, uma 'película' originada pela *tensão superficial*, a qual constitui o hábitat de muitas espécies animais que vivem sobre ela. Para pequenos organismos que vivem na água, a tensão superficial representa uma barreira para que não escapem do meio líquido. A presença de detergentes pode enfraquecer essa película, afetando as populações dos organismos que dependem de sua existência, além de outros problemas como a geração de espumas e inconvenientes para o tratamento de esgotos.

Características químicas da água

Entre as características químicas mais importantes, destacamos o fato de a água ser um ótimo solvente, sendo chamada de solvente universal. Isso significa que a água é capaz de dissolver um grande número de substâncias orgânicas ou inorgânicas nos estados sólido, líquido ou gasoso. Algumas das substâncias dissolvidas nas águas naturais são essenciais para a sobrevivência dos organismos aquáticos.

A presença de *gases dissolvidos* na água, como o oxigênio e o dióxido de carbono, permite a ocorrência da fotossíntese e da respiração aeróbia nesse meio. A solubilidade de um gás na água depende de sua composição, aumentando com a pressão parcial do gás no meio adjacente (a atmosfera, por exemplo) e diminuindo com a temperatura e com a concentração de substâncias dissolvidas. Em razão da maior concentração de sais dissolvidos, a água do mar apresenta menor concentração de saturação de gases dissolvidos do que a água doce para as mesmas condições de temperatura e pressão.

A presença de alguns *sais dissolvidos* na água é fundamental para a constituição das cadeias alimentares no meio aquático, pois eles servem como nutrientes para os organismos autótrofos. Em geral, os sais de fósforo ou de nitrogênio são fatores limitantes para o crescimento desses organismos no ambiente aquático, de modo que um aumento excessivo na concentração desses sais pode gerar uma proliferação exagerada de algas, ocorrendo o fenômeno denominado *eutrofização*. Sais de outros elementos também são fundamentais para a vida aquática. Os organismos precisam de quantidades moderadas de sais de sílica, cálcio, magnésio, sódio, potássio, enxofre, cloro e ferro. Quantidades diminutas, porém fundamentais, de sais de manganês, zinco, cobre, molibdênio e cobalto, entre outros, são também necessárias para a vida aquática.

O *pH* é a medida da acidez ou alcalinidade relativa de uma determinada solução. Seu valor para a água pura a 25°C é igual a 7 e varia entre 0 e 7, em meios ácidos, e entre 7 e 14, em meios alcalinos. O pH é importante porque muitas reações químicas que ocorrem no meio ambiente são intensamente afetadas pelo seu valor. Sistemas biológicos também são bastante sensíveis ao valor do pH, sendo que, usualmente, o meio deve ter pH entre 6,5 e 8,5 para que os organismos não sofram grandes danos. Muitas substâncias decorrentes da atividade humana despejadas no meio aquático podem alterar significativamente o valor do pH, como as deposições ácidas provenientes da poluição atmosférica. Dentre as substâncias que ocorrem naturalmente no meio ambiente e que podem alterar o pH, temos o gás carbônico que, ao dissolver-se na água, forma o ácido carbônico, reduzindo o pH. Água saturada de gás carbônico terá pH igual a 5,6.

Características biológicas da água

Se houver condições físicas e químicas apropriadas no meio aquático, surgirá uma cadeia alimentar composta por organismos produtores, consumidores de várias ordens e decompositores. Além do papel desempenhado por esses organismos no meio aquático, eles também são importantes como fonte de alimento para o homem, por sua atuação na recuperação da qualidade das águas poluídas e pela introdução e retirada de gases presentes na atmosfera e na hidrosfera. Fora isso, também contribuem com a ocorrência de uma série de doenças.

Os organismos aquáticos podem pertencer a um dos seguintes grupos: vírus, bactérias, fungos, algas, macrófitas, protozoários, rotíferos, crustáceos, insetos aquáticos, vermes, moluscos, peixes, anfíbios, répteis, aves e mamíferos.

Uma outra maneira de classificar os organismos aquáticos é por meio da região onde vivem. Por exemplo, o plâncton refere-se à comunidade de seres vivos que vive em suspensão no meio aquático, sendo genericamente subdividido em fitoplâncton (comunidade vegetal do plâncton) e zooplâncton (comunidade animal do plâncton). O nécton refere-se ao conjunto de organismos que possui capacidade de locomoção, independentemente das correntes. Finalmente, os organismos bentônicos são os que habitam os leitos dos corpos de água.

8.2 Usos da água e requisitos de qualidade

A água é um dos recursos naturais mais intensamente utilizados. É fundamental para a existência e a manutenção da vida e, para isso, deve estar presente no ambiente em quantidade e qualidade apropriadas.

O homem tem usado a água não só para suprir suas necessidades metabólicas, mas também para outros fins, como mostra a Figura 8.2. Existem regiões no planeta com intensa demanda de água, tais como os grandes centros urbanos, os pólos industriais e as zonas de irrigação. Essa demanda pode superar a oferta de água, seja em termos quantitativos, seja porque a qualidade da água local está prejudicada em virtude da poluição. Tal degradação da sua qualidade pode afetar a oferta de água e também gerar graves problemas de desequilíbrio ambiental.

FIGURA 8.2
Usos da água.

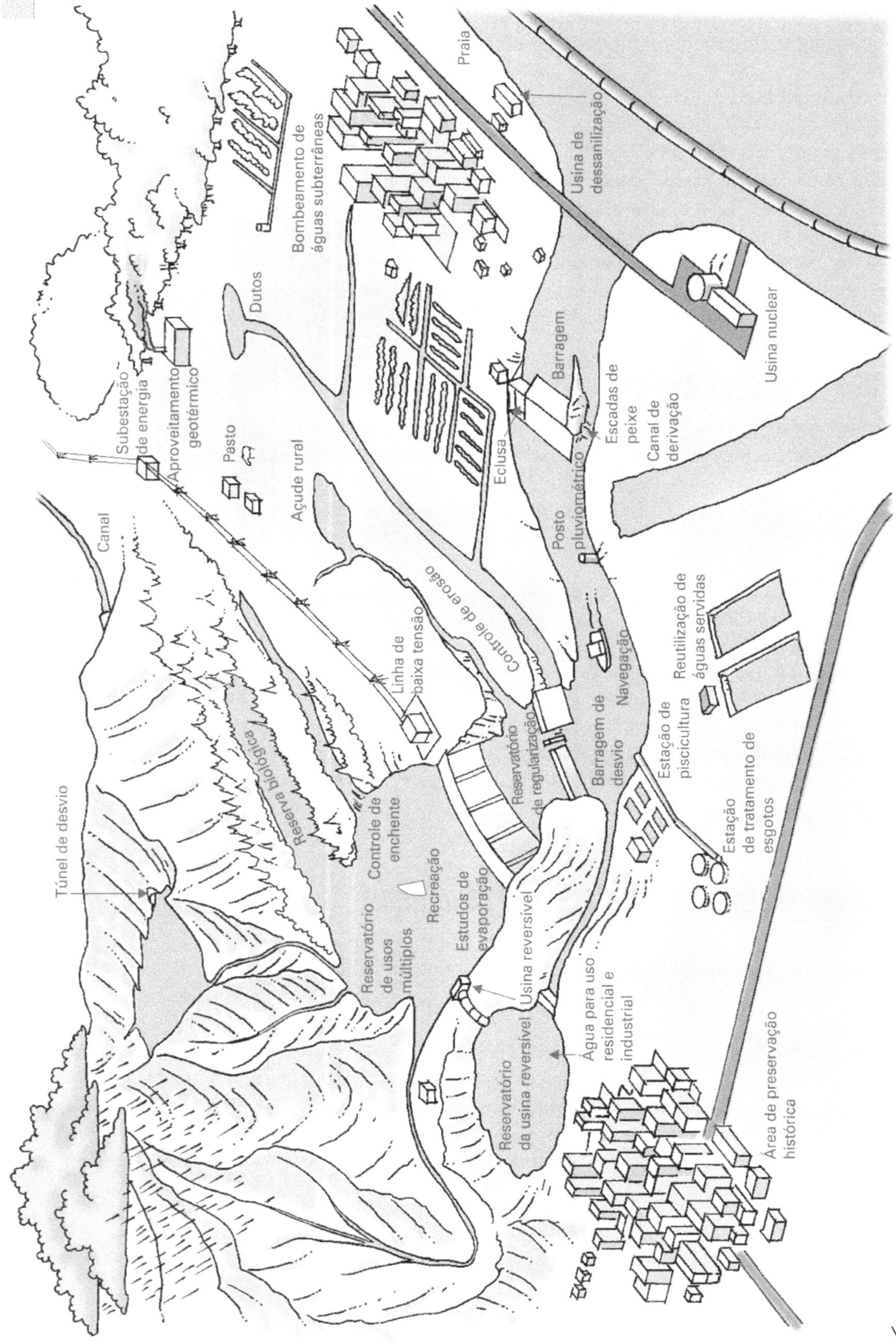

Abastecimento humano

Dentre os vários usos da água, esse é considerado o mais nobre e prioritário, uma vez que o homem depende de uma oferta adequada de água para sua sobrevivência. A qualidade de vida dos seres humanos está diretamente ligada à água, pois ela é utilizada para o funcionamento adequado de seu organismo, o preparo de alimentos, a higiene pessoal e de utensílios. Usamos a água também para irrigação de jardins, lavagem de veículos e pisos, usos esses com exigências menores em relação à qualidade.

A água usada para abastecimento doméstico deve apresentar características sanitárias e toxicológicas adequadas, tais como estar isenta de organismos patogênicos e substâncias tóxicas, para prevenir danos à saúde e ao bem-estar do homem. Organismos patogênicos são aqueles que transmitem doenças pela ingestão ou contato com a água contaminada, como bactérias, vírus, parasitas, protozoários, que podem causar doenças como disenteria, febre tifóide, cólera, hepatite e outras. A Organização Mundial de Saúde estima que, das 13.700 pessoas que morrem por dia por causa de doenças transmitidas pela água, mais da metade são crianças com menos de cinco anos de idade. Essas doenças são facilmente evitáveis com a existência de saneamento básico adequado.

Água potável é aquela que não causa danos à saúde nem prejuízo aos sentidos. Deve haver uma preocupação com a aparência da água porque um consumidor insatisfeito com o aspecto da água oferecida pode utilizar água de outro manancial com melhor aspecto. Todavia, não existe uma relação biunívoca entre aspecto e qualidade da água, de modo que uma água com melhor aspecto pode ser mais nociva à saúde do que outra com mau aspecto, dependendo das substâncias dissolvidas e dos organismos patogênicos existentes em ambas.

Abastecimento industrial

A água é usada na indústria em seu processo produtivo, por exemplo, como solvente em lavagens e em processos de resfriamento. Não existe um requisito de qualidade da água genérico para todas as indústrias, pois cada uso específico apresenta requisitos particulares. Indústrias que processam produtos farmacêuticos, alimentícios e de bebidas estão entre aquelas que precisam de qualidade elevada. Indústrias que utilizam a água para resfriamento devem usar água isenta de substâncias que causem o aparecimento de incrustações e corrosão nos condutos. Indústrias envolvidas com processos de tingimento de tecidos e louças devem ter à disposição água isenta de produtos que propiciem o aparecimento de manchas no produto final.

Irrigação

A qualidade da água utilizada na irrigação depende do tipo de cultura a ser irrigada. Por exemplo, para o cultivo de vegetais que são consumidos crus, a água deve estar isenta de organismos patogênicos que poderão atingir o consumidor desse produto. Essa água também deve estar isenta de substâncias que sejam tóxicas aos vegetais ou aos seus consumidores.

Outro aspecto de importância fundamental diz respeito ao teor de sais dissolvidos na água empregada para a irrigação. Excesso de sais dissolvidos pode afetar a atividade osmótica das plantas, bem como prejudicar o aproveitamento de nutrientes do solo, influir diretamente no metabolismo das plantas e, ainda, reduzir a permeabilidade do solo, dificultando a drenagem e a aeração. Esquemas de irrigação mal operados arruinaram grandes áreas de solo originalmente férteis em conseqüência do efeito da salinização e do encharcamento dos solos.

É importante observar também que a irrigação representa o uso mais intenso dos recursos hídricos, sendo responsável por aproximadamente 70% do consumo de água doce do mundo. Além disso, ela pode carrear para os corpos de água superficiais e subterrâneos as substâncias empregadas para o aumento de produtividade da agricultura. Entre tais substâncias, destacam-se os fertilizantes sintéticos e os defensivos agrícolas.

Geração de energia elétrica

A água é utilizada para fins energéticos por meio da geração de vapor de água nas usinas termoelétricas ou pelo aproveitamento de energia potencial ou cinética da água nas usinas hidrelétricas. Em ambos os casos, os requisitos de qualidade da água são pouco restritivos, a não ser pelo controle de substâncias que possam afetar a durabilidade e a manutenção dos equipamentos utilizados.

O aproveitamento dos recursos hídricos para fins energéticos pode introduzir uma série de impactos ambientais no meio aquático. As usinas termoelétricas podem despejar calor nos corpos de água, afetando o ecossistema de várias maneiras. As usinas hidrelétricas dependem, em geral, da existência de uma barragem que crie um desnível entre as superfícies livres de água localizadas nos lados a montante e a jusante. Como conseqüência, o rio a montante da barragem transforma-se em um lago, o que altera o ecossistema aquático, pois ele passa de um ambiente de altas velocidades e alta turbulência (rio) para um ambiente de baixas velocidades e baixa turbulência (lago).

Navegação

O transporte de carga e passageiros por via fluvial, lacustre e marítima é freqüentemente uma alternativa bastante interessante sob o ponto de vista econômico. Para isso, a água existente no meio deve estar isenta de substâncias que sejam agressivas ao casco e condutos de refrigeração das embarcações e/ou que propiciem a proliferação excessiva de vegetação, causando inconvenientes à navegação.

A navegação pode perturbar o meio ambiente ao despejar substâncias poluidoras das embarcações no meio aquático, seja de modo deliberado ou acidental. Os portos também são um potencial poluidor pela mesma razão. Temos, por exemplo, o caso de terminais petrolíferos, nos quais podem ocorrer os vazamentos de petróleo.

A navegação fluvial requer um leito adequado em termos de profundidade e curvas para o deslocamento das embarcações. A velocidade do curso de água é outro fator importante para a viabilização desse tipo de navegação. Assim, para a implantação da navegação fluvial podem ser necessárias alterações no canal como, por exemplo, a implantação de barragens com obras de transposição de nível.

Assimilação e transporte de poluentes

Os corpos de água podem ser utilizados com a finalidade de assimilar e transportar os despejos neles lançados. A jusante do lançamento, as concentrações do poluente dependerão em parte da razão de diluição, isto é, da relação entre a vazão do rio e a vazão do despejo. Se a razão de diluição for alta, as concentrações podem ser baixas o suficiente para não causar impactos sobre outros usos de água. A diluição, no entanto, não deve ser recomendada em substituição ao tratamento dos despejos, devendo somente ser utilizada para a carga residual das estações de tratamento. O comportamento dos corpos de água como receptores de despejos varia em função de suas características físicas, químicas e biológicas e da natureza das substâncias lançadas.

Preservação da flora e fauna

O equilíbrio ecológico do meio aquático deve ser mantido, independentemente dos usos que se façam dos corpos de água. Para isso, deve-se garantir a existência de concentrações mínimas de oxigênio dissolvido e de sais nutrientes na água. Ela não deve conter substâncias tóxicas acima de concentrações críticas para os organismos aquáticos.

Aqüicultura

A criação de organismos aquáticos de interesse para o homem requer padrões de qualidade da água praticamente idênticos aos necessários para a preservação da flora e da fauna, havendo possivelmente algumas considerações específicas para o favorecimento da proliferação de certas espécies.

Recreação

Os corpos de água oferecem várias alternativas de recreação para o homem, seja por meio de atividades como a natação e os esportes aquáticos ou por meio de outras atividades como a pesca e a navegação esportiva. O contato com a água pode ser primário, tal qual o que ocorre quando há um contato físico proposital com a água, como na natação. É evidente que a água não deve apresentar organismos patogênicos e substâncias tóxicas em concentrações que possam causar danos à saúde pelo contato com a pele ou por ingestão. O contato secundário ocorre de forma acidental em atividades como a navegação esportiva.

Do ponto de vista estético, os corpos de água poluídos são inconvenientes ao homem em decorrência da liberação de odores desagradáveis, da presença de substâncias flutuantes e da turbidez excessiva. Freqüentemente, tais corpos de água estão próximos de centros urbanos, não sendo utilizados para fins recreativos. Existe um valor econômico bastante expressivo associado ao aspecto estético da água. Por exemplo, são bastante valorizadas as propriedades próximas a corpos de água. Problemas com a água desvalorizam essas propriedades, prejudicando o uso dos rios e lagos como recursos paisagísticos. Na Tabela 8.2, encontramos os dados referentes ao consumo de água por região do planeta.

TABELA 8.2

Distribuição do consumo de água no planeta.

Período de referência	Região	Volume anual consumido (Km^3)*	Consumo anual per capita (m^3)*	Distribuição do Consumo (%)		
				Uso agrícola	Uso doméstico	Uso industrial
1987 a 1977	Norte da África e Oriente Médio	221,1	774	80	16	4
1987 a 1995	África (Exceto Norte e Oriente Médio)	72,6	151	68	24	8
1988 a 1998	Europa	355,8	523	26	23	51
1990 a 1991	América do Norte	512,4	1.721	27	16	57
1990 a 1997	América Central	105,7	394	65	21	14
1987 a 1997	América do Sul	157,0	833	76	17	7
1987 a 1999	Ásia	1.759,9	992	79	11	10
1985 a 1991	Oceania	14,7	398	45	40	15
1998**	Brasil	67,5	398	68	14	18
1990	Mundo	3.414,0	650	71	9	20

Fonte: World Resources 2002–2004 (WRI, 2003).
** Esses valores podem estar subestimados, uma vez que foram obtidos a partir da média dos dados disponíveis.*
*** Dados obtidos da Agência Nacional de Águas (ANA, 2002).*

Usos diversos da água e conflitos

Observamos que os recursos hídricos podem ser utilizados de diversas maneiras, atendendo a várias necessidades simultaneamente. Essa é uma exigência importante não só do ponto de vista econômico, mas, também, do ponto de vista do abastecimento, em função da crescente escassez da oferta de recursos hídricos diante da demanda sempre crescente. Assim, podem surgir conflitos quanto à utilização dos recursos hídricos, como, por exemplo:

- A diluição de despejos de origem humana, industrial e agrícola pode degradar a qualidade das águas, afetando outros usos, tais como: o abastecimento humano, industrial, a irrigação, a preservação do meio ambiente e a recreação.
- A necessidade de ajustar a variação temporal da oferta natural de água à sua demanda pode levar à necessidade da criação de um reservatório. Todavia, reservatórios podem provocar impactos ambientais significativos. Além disso, uma das funções do reservatório pode ser o controle de cheias pela criação de um espaço vazio adequado disponível para receber e armazenar água durante o período de vazões altas. Essa água ficará retida no reservatório para impedir a ocorrência de inundações nas áreas situadas a jusante da barragem. A manutenção de um espaço vazio no reservatório conflita com a necessidade de armazenamento de água adequado para satisfazer os usos anteriormente discriminados.
- Determinados usos dos recursos hídricos fazem com que parte da água que é utilizada não retorne ao corpo de água do qual foi retirada. Tais usos são denominados *consuntivos*. Exemplos de usos consuntivos são a irrigação (na qual parte da água fornecida é retirada para a constituição da vegetação ou sofre evapotranspiração), o abastecimento urbano (no qual existe uma perda de água significativa durante o sistema de distribuição) e o abastecimento industrial (no qual também ocorrem perdas no sistema de distribuição ou, então, incorporação da água ao produto manufaturado). Usos consuntivos, em geral, conflitam com quaisquer outros usos em função da retirada da água que provocam no sistema aquático.

8.3 Alteração da qualidade das águas

Entende-se por *poluição da água* a alteração de suas características por quaisquer ações ou interferências, sejam elas naturais ou provocadas pelo homem. Essas alterações podem produzir impactos estéticos, fisiológicos ou ecológicos. O conceito de poluição da água tem-se tornado cada vez mais amplo em função de maiores exigências com relação à conservação e ao uso racional dos recursos hídricos.

Em sua origem, o vocábulo poluição está associado ao ato de manchar ou sujar, o que demonstra a conotação estética dada à poluição quando essa passou a ser percebida. Entretanto, a alteração da qualidade da água não está necessariamente ligada somente a aspectos estéticos, já que a água de aparência satisfatória para um determinado uso pode conter microorganismos patogênicos e substâncias tóxicas para determinadas espécies, e águas com aspecto desagradável podem ter determinados usos. A noção de poluição deve estar associada ao uso que se faz da água.

É importante distinguir a diferença entre os conceitos de *poluição* e *contaminação*, já que ambos são às vezes utilizados como sinônimos. A contaminação refere-se à transmissão de substâncias ou microorganismos nocivos à saúde pela água. A ocorrência da contaminação não implica necessariamente um desequilíbrio ecológico. Assim, a presença na água de organismos patogênicos prejudiciais ao homem não significa que o meio ambiente aquático esteja ecologicamente desequilibrado. De maneira análoga, a ocorrência de poluição não implica necessariamente riscos à saúde de todos os organismos que fazem uso dos recursos hídricos afetados. Por exemplo, a introdução de calor excessivo nos corpos de água pode causar profundas alterações ecológicas no meio sem que isso signifique necessariamente restrições ao seu consumo pelo homem.

Os efeitos resultantes da introdução de poluentes no meio aquático dependem da natureza do poluente introduzido, do caminho que esse poluente percorre no meio e do uso que se faz do corpo de água. Os poluentes podem ser introduzidos no meio aquático de forma *pontual* ou *difusa* (Figura 8.3). As cargas pontuais são introduzidas por lançamentos individualizados, como os que ocorrem no despejo de esgotos sanitários ou de efluentes industriais. Cargas pontuais são facilmente identificadas e, portanto, seu controle é mais eficiente e mais rápido. As cargas difusas são assim chamadas por não terem um ponto de lançamento específico e por ocorrerem ao longo da margem dos rios como, por exemplo, as substâncias provenientes de campos agrícolas, ou por não advirem de um ponto preciso de geração, como no caso de drenagem urbana.

FIGURA 8.3

Poluição da água por fontes pontuais e difusas.

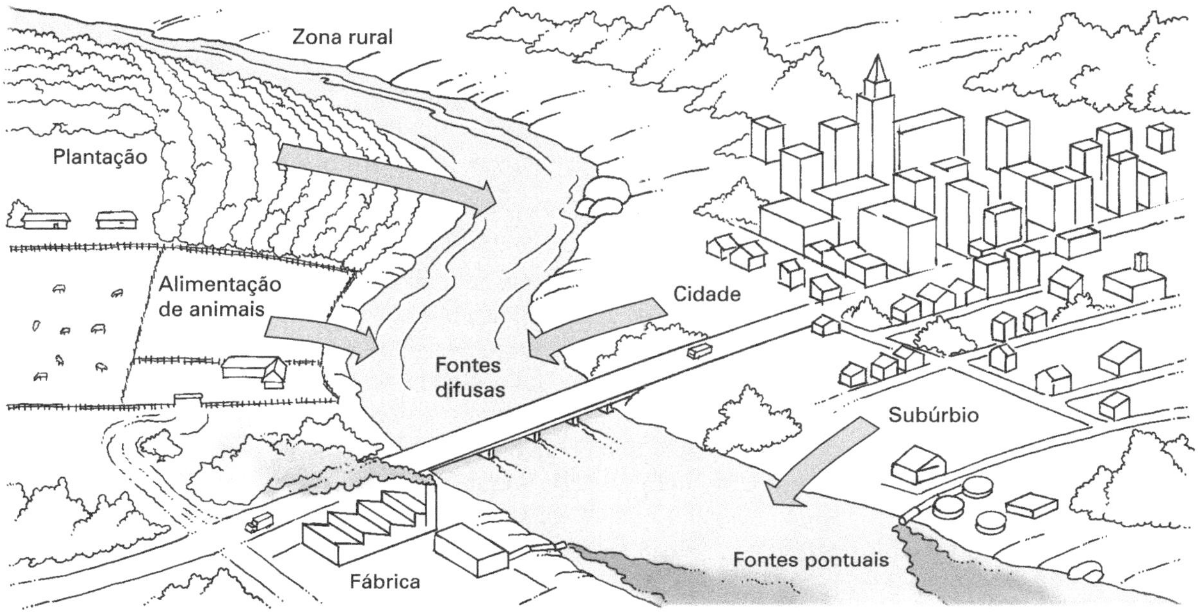

Principais poluentes aquáticos

Os poluentes são classificados de acordo com sua natureza e com os principais impactos causados pelo seu lançamento no meio aquático.

Poluentes orgânicos biodegradáveis

A matéria orgânica biodegradável lançada na água será degradada pelos organismos decompositores presentes no meio aquático. Existem duas maneiras de esses compostos, constituídos principalmente por proteínas, carboidratos e gorduras, serem degradados:

- se houver oxigênio dissolvido no meio, a decomposição será feita por bactérias aeróbias, que consomem o oxigênio dissolvido existente na água. Se o consumo de oxigênio for mais intenso que a capacidade do meio para repô-lo, haverá seu esgotamento e a inviabilidade da existência de vida para peixes e outros organismos que dependem do oxigênio para respirar; e
- se não houver oxigênio dissolvido no meio, ocorrerá a decomposição anaeróbia, com a formação de gases, como o metano e o gás sulfídrico.

Portanto, a presença de matéria orgânica biodegradável no meio aquático pode causar a destruição da fauna ictiológica e de outras espécies aeróbias em razão de consumo do oxigênio dissolvido pelos organismos decompositores. Assim, o impacto introduzido pelo despejo de esgotos domésticos em corpos de água ocorre principalmente pela diminuição da concentração de oxigênio dissolvido disponível na água, e não pela presença de substâncias tóxicas nesses despejos.

Poluentes orgânicos recalcitrantes ou refratários

Muitos compostos orgânicos não são biodegradáveis ou sua taxa de biodegradação é muito lenta. Tais compostos também recebem a denominação de *recalcitrantes* ou *refratários.*

A digestão de uma determinada substância depende não somente da possibilidade de ela fornecer energia para os organismos, mas também da existência de organismos capazes de digeri-la. Esse é o caso da maioria dos compostos orgânicos recalcitrantes, os quais têm sido criados por processos tecnológicos e dispostos há relativamente pouco tempo no ambiente. O impacto introduzido por compostos orgânicos desse tipo está associado à sua toxicidade, e não ao consumo de oxigênio utilizado para sua decomposição.

Alguns desses compostos encontram-se no meio aquático em concentrações que não são perigosas ou tóxicas. No entanto, em conseqüência do fenômeno da bioacumulação, sua concentração no tecido dos organismos vivos pode ser relativamente alta, caso eles não possuam mecanismos metabólicos que eliminem tais compostos após sua ingestão.

Alguns exemplos de compostos orgânicos dessa natureza são:

- *Defensivos agrícolas:* parcela considerável do total aplicado para fins agrícolas atinge os rios, lagos, aqüíferos e oceanos por meio do transporte por correntes atmosféricas, despejo de restos de soluções, limpeza de acessórios e recipientes empregados na aplicação desses produtos e também pelo carreamento do material aplicado no solo pela ação erosiva da chuva. Graças aos mecanismos de transporte característicos dos meios aquáticos, alguns desses defensivos têm sido detectados até na região antártica.
- *Detergentes sintéticos:* tais produtos têm causado danos maiores em águas interiores do que em águas oceânicas, sendo, em geral, mais tóxicos para os peixes do que para o homem. Muitos microorganismos que efetuam a biodegradação da matéria orgânica também podem ser afetados pelos detergentes sintéticos. Além disso, a presença de uma camada de detergente sintético na interface ar—água afeta a troca de gases entre os dois meios, podendo também gerar espuma abundante. Essa espuma é levada pelo vento e espalha-se por uma região mais ampla, transportando consigo alguns poluentes que porventura existam no meio aquático.
- *Petróleo:* o petróleo é composto por uma mistura de várias substâncias com diferentes taxas de biodegradabilidade. O petróleo e seus derivados podem acidentalmente atingir corpos de água nas fases de extração, transporte, aproveitamento industrial e consumo. Entre os principais efeitos danosos impostos ao meio ambiente estão a formação de uma película superficial que dificulta as trocas gasosas entre o ar e a água, a vedação dos estômatos das plantas e órgãos respiratórios dos animais, a impermeabilização das raízes de plantas e a ação de substâncias tóxicas nele contidas para muitos organismos.

Metais

Todos os metais podem ser solubilizados pela água, podendo gerar danos à saúde em função da quantidade ingerida, pela sua toxicidade, ou de seus potenciais carcinogênicos, mutagênicos ou teratogênicos. Exemplos de metais tóxicos são o arsênico, o bário, o cádmio, o cromo, o chumbo e o mercúrio.

Um organismo aquático pode apresentar dois tipos básicos de comportamento em relação aos metais: ou é sensível à ação tóxica de um determinado metal ou não é sensível, mas o bioacumula, potencializando seu efeito nocivo ao longo da cadeia alimentar, colocando em risco organismos situados no topo dessa cadeia.

Como exemplo de problema relacionado com metais, citamos o mal de Minamata, detectado em 1953 na Baía de Minamata, Japão. Houve acúmulo de compostos organomercuriais no sistema nervoso humano, principalmente no cérebro e na medula. A presença de metilmercúrio nas águas, com o lançamento de efluentes industriais, atingiu a população local que consumiu peixes, causando grande número de mortes e deformações genéticas.

Em geral, metais tóxicos estão presentes em quantidades diminutas no meio aquático por ação de fenômenos naturais, mas podem ser despejados em quantidades significativas por atividades industriais, agrícolas e de mineração.

Às vezes é difícil detectar metais no meio aquático porque alguns deles se depositam no fundo dos corpos de água. Todavia, existem situações em que essas substâncias são recolocadas em circulação por meio de reações químicas. Por exemplo, as águas ácidas deficientes em oxigênio dissolvido favorecem reações com os metais depositados nos sedimentos.

Outro problema associado à presença dos metais é que, mesmo em concentrações diminutas, eles podem gerar danos importantes aos organismos aquáticos ou ao homem. Em muitos casos, tais concentrações são inferiores à capacidade de detecção dos aparelhos utilizados nos laboratórios encarregados do monitoramento da qualidade das águas. Exemplos de metais de menor toxidade, dependendo da concentração, são o cálcio, magnésio, sódio, ferro, manganês, alumínio, cobre e zinco. Alguns desses metais podem produzir certos inconvenientes para o consumo doméstico de água pela alteração de cor, odor e sabor que provocam.

Nutrientes

O excesso de nutrientes nos corpos de água pode levar ao crescimento excessivo de alguns organismos aquáticos, acarretando prejuízo a determinados usos dos recursos hídricos superficiais e subterrâneos. Esses nutrientes, notadamente os sais de nitrogênio e o fósforo, são comumente responsáveis pela proliferação acentuada de algas, as quais podem prejudicar a utilização de mananciais de água potável.

Os nutrientes chegam aos corpos de água por meio da erosão de solos, pela fertilização artificial dos campos agrícolas ou pela própria decomposição natural da matéria orgânica biodegradável existente no solo e na água.

Organismos patogênicos

Embora saibamos há muito tempo que a água pode ser responsável pela transmissão de um grande número de doenças, é ainda enorme o número de pessoas por elas afetadas, principalmente nas regiões menos desenvolvidas, onde o saneamento básico é precário ou mesmo inexistente. Essas doenças podem causar incapacitação temporária ou mesmo a morte, sendo responsáveis por boa parte da ocupação de leitos hospitalares e pela diminuição da qualidade de vida das pessoas.

As classes de organismos patogênicos mais comuns e algumas doenças transmitidas pela água e pelo esgoto ao homem são:

- *bactérias:* responsáveis pela transmissão de doenças, como a leptospirose, a febre tifóide, a febre paratifóide, a cólera etc.;
- *vírus:* responsáveis pela transmissão de doenças, como a hepatite infecciosa e a poliomielite;
- *protozoários:* responsáveis pela transmissão de doenças, como a amebíase e a giardíase; e
- *helmintos:* responsáveis pela transmissão de doenças, como a esquistossomose e a ascaridíase.

Sólidos em suspensão

Os sólidos em suspensão aumentam a turbidez da água, isto é, diminuem sua transparência. O aumento da turbidez reduz as taxas de fotossíntese e prejudica a procura de alimento para algumas espécies, levando a desequilíbrios na cadeia alimentar. Sedimentos podem carregar pesticidas e outros tóxicos, e sua deposição no fundo de rios e lagos prejudica as espécies bentônicas e a reprodução de peixes.

Calor

A temperatura da água afeta características físicas, químicas e biológicas do meio aquático, como a densidade da água, a solubilidade de gases, a taxa de sedimentação do fitoplâncton, a tensão superficial, as reações químicas e o metabolismo dos organismos aquáticos. Por exemplo, um aumento de temperatura pode causar migração intensa de peixes para regiões mais amenas nas quais a concentração de oxigênio dissolvido é maior ou bloquear a passagem de peixes migratórios em decorrência da presença de uma barreira de calor com menor concentração de oxigênio dissolvido. Pode também favorecer o desenvolvimento excessivo de seres termófilos e, ainda, alterar a cinética de reações químicas ou mesmo favorecer alguns sinergismos nocivos ao ambiente. Efluentes aquecidos são gerados principalmente por usinas termoelétricas, independentemente do tipo de combustível utilizado, seja ele de origem fóssil ou nuclear.

Radioatividade

A radioatividade existe naturalmente no meio ambiente pela presença de substâncias radioativas e de radiação que vem do espaço exterior. Parte dessas substâncias atinge os corpos de água superficiais e subterrâneos, penetrando nas cadeias alimentares, podendo ser ou não bioacumulada. Desse modo, os organismos podem entrar em contato com materiais radioativos por meio do ar, da água, do solo ou de alimentos.

A radioatividade da maioria das águas naturais está bem abaixo das concentrações máximas permissíveis. Todavia, o uso da radioatividade pelo homem — seja para fins bélicos, energéticos, de pesquisa, médicos ou de conservação de alimentos — tem liberado maiores quantidades de substâncias radioativas para o meio ambiente.

A radioatividade pode afetar o homem e outros organismos de diversas maneiras. Uma exposição aguda a ela pode levar à morte ou, então, causar danos à saúde. Uma exposição prolongada pode provocar o aparecimento de várias doenças, como o câncer. Além disso, a radioatividade pode afetar as células envolvidas na reprodução dos indivíduos, com graves danos para as gerações futuras.

Comportamento dos poluentes no meio aquático

Os poluentes, ao atingir os corpos de água, sofrem a ação de diversos mecanismos físicos, químicos e biológicos existentes na natureza, que alteram seu comportamento e suas respectivas concentrações.

Mecanismos físicos

Diluição

O despejo de uma substância qualquer no meio aquático usualmente faz com que a concentração original dessa substância sofra uma redução. Esse mecanismo é chamado de *diluição* e é resultante do processo de mistura do despejo com a água presente no corpo de água.

Ação hidrodinâmica

Os corpos de água não são estáticos. Eles apresentam um movimento próprio que transporta um poluente do seu ponto de despejo para outras regiões, e, portanto, sua concentração varia no espaço e no tempo. O transporte é feito pelo campo de velocidades da água, sendo esse fenômeno denominado *advecção*. Quanto mais intenso for o campo de velocidades, mais rapidamente o poluente se afastará de seu ponto de despejo. A concentração de substâncias dissolvidas ou em suspensão em meios fluidos é também função de *processos difusivos*. Existem basicamente dois processos difusivos, conforme descrevemos a seguir:

- *Difusão molecular:* resulta do movimento decorrente da agitação térmica das partículas existentes no meio fluido. Por exemplo, um corante colocado em um recipiente que contenha um fluido solvente de mesma densidade tende a se espalhar por todo o recipiente, mesmo que não exista qualquer perturbação externa que force a mistura entre as duas substâncias. Essa mistura ocorre até que a concentração da substância dissolvida seja uniforme em todo o recipiente. Devemos ressaltar, no entanto, que o efeito da difusão molecular na concentração de poluentes em corpos de água naturais é, em geral, desprezível.

- *Difusão turbulenta:* a existência de turbulência no escoamento da água provoca mistura mais rápida das substâncias presentes. Tal mistura ocorre a uma taxa muito mais intensa que a verificada na difusão molecular e é um mecanismo extremamente eficiente para a diminuição da concentração de poluentes em meios fluidos. Assim, por exemplo, se o corante citado para o caso de difusão molecular for despejado de forma turbulenta no recipiente, ocorrerá a mistura rápida entre as substâncias envolvidas.

Escoamentos que ocorrem com maior velocidade em uma superfície livre são mais turbulentos e tendem a apresentar uma interface ar—água com maior área superficial. Como a taxa de troca de gases nessa interface é proporcional à área da superfície, a turbulência aumenta a intensidade com a qual essas trocas ocorrem. Conseqüentemente, o oxigênio atmosférico penetra mais rapidamente no meio aquático, e os gases resultantes da decomposição anaeróbia podem deixar o meio aquático com a mesma rapidez. A turbulência afeta bastante os processos que dependem de trocas de gases com a atmosfera.

A presença de turbulência excessiva também pode introduzir efeitos negativos, dificultando a sedimentação de partículas indesejáveis ou mesmo removendo do fundo material que estaria mais bem disposto nessa região.

Finalmente, denomina-se *dispersão* o fenômeno de transporte de poluentes causado pela ocorrência conjunta de difusão molecular e/ou turbulenta e da advecção.

Gravidade

A ação da gravidade pode alterar a qualidade da água por meio da sedimentação de substâncias poluidoras em suspensão que sejam mais densas que o meio aquático. Ela é utilizada em certas etapas do tratamento de águas e esgotos pelo uso de decantadores, nos quais as partículas em suspensão sedimentam-se para serem retiradas logo depois.

Luz

A presença de luz é condição necessária para a existência de algas, que são a fonte básica de alimento do meio aquático. Além disso, elas são responsáveis pela produção endógena de oxigênio (isto é, interna). A luz extingue-se muito rapidamente na água em função da profundidade, limitando a ocorrência da fotossíntese apenas à camada superficial. O aumento da turbidez diminui a transparência e, portanto, a penetração de luz.

Temperatura

A temperatura altera a solubilidade dos gases e a cinética das reações químicas, fazendo com que a interação dos poluentes com o ecossistema aquático seja bastante influenciada por sua variação.

Mecanismos bioquímicos

O ecossistema aquático abriga em suas cadeias alimentares seres fotossintetizantes, como as algas, por exemplo. Eles são chamados de seres produtores por fabricarem o alimento necessário para a sobrevivência dos demais organismos. O ecossistema abriga, ainda, os seres chamados de consumidores, assim denominados por necessitarem, direta ou indiretamente, ingerir alimentos fabricados pelos fotossintetizantes.

Há um equilíbrio natural entre produção e consumo, entre seres produtores e consumidores, entre a reação da fotossíntese e a reação da respiração. Mas, para que essas reações ocorram, são necessários diversos elementos, tais como: o nitrogênio (formador das proteínas), o fósforo, o potássio, o ferro etc., além do carbono, do oxigênio e do hidrogênio. Para que o ecossistema possa sobreviver, esses elementos, após sua utilização, têm de ser devolvidos ao meio novamente, mesmo que de outra forma. Desse modo, eles podem entrar na cadeia alimentar por meio da fotossíntese.

Essa devolução ocorre por intermédio dos seres decompositores que, a partir dos resíduos orgânicos e/ou da morte dos seres vivos, terminam a oxidação da matéria orgânica e completam o ciclo dos nutrientes. Os seres decompositores são microorganismos que vivem no lodo do fundo da água, tais como bactérias e outros organismos.

Quando a matéria orgânica biodegradável é despejada no meio aquático, os decompositores fazem sua digestão por meio de mecanismos bioquímicos. Os seres decompositores aeróbios respiram o oxigênio dissolvido na água e passam a competir com os demais organismos. Como têm alimento à sua disposição (nesse caso, a matéria orgânica para ser decomposta) e possuem requisitos de sobrevivência em termos de oxigênio bastante baixos, eles ganham a competição. Com isso, os peixes morrem e a população dos decompositores cresce rapidamente. É dessa forma que a matéria orgânica biodegradável causa poluição. A redução dos teores de oxigênio dissolvido pelo excesso de consumo pelos decompositores prejudica a sobrevivência dos demais seres consumidores.

O oxigênio dissolvido é um dos constituintes mais importantes dos recursos hídricos. Embora não seja o único indicador de qualidade da água existente, é um dos mais usados porque está diretamente relacionado com os tipos de organismos que podem sobreviver em um corpo de água. Quando ausente, permite a existência de organismos anaeróbios que liberam substâncias que conferem odor, sabor e aspecto indesejáveis à água. Peixes e outras espécies animais necessitam de oxigênio para sobreviver, sendo necessária uma concentração mínima de 2 mg/l para a existência de formas de vida aeróbia superior. Algumas espécies são mais exigentes com relação à concentração de oxigênio dissolvido, necessitando no mínimo de 4 mg/l.

A concentração de oxigênio dissolvido na água ocorre em função de diversas variáveis:

- *características do despejo* estão associadas aos fatores de consumo do oxigênio dissolvido no meio, tais como a natureza do material biodegradável envolvido, a facilidade com que ele é biodegradado pelos organismos decompositores, a quantidade de oxigênio necessário para a biodegradação, a quantidade de poluente, a vazão despejada etc.;
- *características do corpo de água* estão associadas à facilidade com que as cargas poluidoras são misturadas ao meio aquático. Entre as variáveis mais importantes estão a velocidade do fluido, a geometria do escoamento, a intensidade da difusão turbulenta e outras; e
- *produção de oxigênio:* o oxigênio dissolvido no meio aquático pode ser originado pela atividade fotossintética dos organismos autótrofos (produção endógena) ou pela reaeração (produção exógena), a qual consiste na passagem de oxigênio atmosférico para o interior do meio aquático por meio da interface ar–água.

Um corpo de água poluído por lançamentos de matéria orgânica biodegradável sofre um processo natural de recuperação denominado *autodepuração.* A autodepuração realiza-se por meio de processos físicos (diluição, sedimentação), químicos (oxidação) e biológicos. A decomposição da matéria orgânica corresponde, portanto, a um processo biológico integrante do fenômeno da autodepuração. É importante salientar que os compostos orgânicos biorresistentes e os compostos inorgânicos (incluindo os metais pesados) não são afetados pelo mecanismo da autodepuração.

A matéria orgânica biodegradável é consumida pelos decompositores aeróbios, que transformam os compostos orgânicos de cadeias mais complexas, como proteínas e gordura, em compostos mais simples, como amônia, aminoácidos e dióxido de carbono. Durante a decomposição, há um decréscimo nas concentrações de oxigênio dissolvido na água por causa da respiração dos decompositores.

O processo de autodepuração completa-se com a reposição, pela reaeração, desse oxigênio consumido. O processo de autodepuração pode ser dividido em duas etapas:

Etapa 1: decomposição

A quantidade de oxigênio dissolvido na água necessária para a decomposição da matéria orgânica é chamada *Demanda Bioquímica de Oxigênio (DBO).* Em outras palavras, a DBO é o oxigênio que vai ser respirado pelos decompositores aeróbios para a decomposição completa da matéria orgânica lançada na água.

A DBO serve como uma forma de medição do potencial poluidor de certas substâncias biodegradáveis em relação ao consumo de oxigênio dissolvido. Assim, por exemplo, o esgoto doméstico é composto por um grande número de substâncias biodegradáveis, possuindo cada uma características distintas de consumo de oxigênio. Todavia, o conhecimento da DBO do esgoto como um todo já é suficiente para determinar o impacto do despejo desse material na concentração de oxigênio dissolvido do corpo de água receptor, sem que haja necessidade de se conhecer a DBO de cada constituinte separadamente.

O consumo de oxigênio dissolvido para a digestão da matéria orgânica ocorre durante um certo intervalo de tempo. Convencionou-se que as medições experimentais de DBO devem ser feitas com ensaios que tenham duração de cinco dias, nas quais se adota o símbolo DBO_5, que se refere à decomposição da matéria orgânica carbonácea. A temperatura afeta a taxa de degradação da matéria orgânica, pois o metabolismo dos organismos decompositores tende a se acelerar com o aumento da temperatura. A determinação experimental da DBO é convencionalmente feita a uma temperatura de 20ºC, sendo adotado o símbolo $DBO_{5,20}$ para representá-la.

O valor da DBO varia consideravelmente de acordo com a natureza do despejo. Por exemplo, a $DBO_{5,20}$ para o esgoto doméstico situa-se em torno de 300 mg/l, sendo esse valor substancialmente maior que a concentração de saturação de oxigênio dissolvido na água, que fica em torno de 9 mg/l para a água pura a 20ºC. Outros tipos de despejo podem possuir $DBO_{5,20}$ mais elevadas que o esgoto doméstico, como, por exemplo, aqueles resultantes de certas indústrias alimentícias, fábricas de papel e celulose, curtumes etc.

Quando os decompositores terminam sua tarefa, dizemos que a matéria orgânica foi estabilizada ou mineralizada, por não existirem mais compostos orgânicos biodegradáveis, mas apenas água, gás carbônico e sais minerais.

Etapa 2: recuperação do oxigênio dissolvido ou reaeração

Existem fontes contínuas que adicionam oxigênio à água: a atmosfera e a fotossíntese. As trocas atmosféricas são mais intensas quanto maior for a turbulência no curso de água. Ocorre que, durante a fase de decomposição, usualmente o consumo é maior do que a reposição por ambas as fontes. Apenas quando cessa a decomposição e os decompositores morrem é que o oxigênio começa a 'sobrar', e sua concentração aumenta novamente. Essas duas etapas ocorrem simultaneamente ao longo de todo o processo. O fenômeno da autodepuração está ilustrado na Figura 8.4. No trecho afetado do rio, ocorrerão alterações das espécies presentes, da cor, turbidez e outras características da água.

Caso a quantidade de matéria orgânica lançada seja muito grande, pode haver o esgotamento total do oxigênio dissolvido na água. A decomposição será, então, feita pelos decompositores anaeróbios, que prosseguem as reações de decomposição utilizando o deslocamento do hidrogênio para a quebra das cadeias orgânicas. Como subproduto dessa decomposição haverá a formação de metano, gás sulfídrico e outros. A decomposição anaeróbia não é completa, devendo ser completada pela decomposição aeróbia quando o rio começar a apresentar teores mais elevados de oxigênio. Ela possui enormes desvantagens por produzir odores bastante desagradáveis.

Na Figura 8.4, podemos observar as seguintes regiões características:

- *região anterior ao lançamento de matéria orgânica:* em geral é uma região de águas limpas, com elevada concentração de oxigênio dissolvido e vida aquática superior, isso se já não existir poluição anterior;
- *zona de degradação:* localiza-se a jusante do ponto de lançamento do poluente biodegradável, sendo caracterizada por uma diminuição inicial na concentração de oxigênio dissolvido, sedimentação de parte do material sólido e aspecto indesejável. Nessa região, ainda existem peixes que afluem ao local em busca de alimentos, quantidade elevada de bactérias e fungos, mas poucas algas;
- *zona de decomposição ativa:* é a zona em torno da qual a concentração de oxigênio dissolvido atinge o valor mínimo, podendo inclusive tornar-se igual a zero em alguns casos.

Nessa região, a quantidade de bactérias e fungos diminui, havendo também uma redução ou mesmo eliminação da quantidade de organismos aeróbios;

- *zona de recuperação*: nessa zona, ocorre um aumento na concentração de oxigênio dissolvido, pois os mecanismos de reaeração acabam predominando sobre os mecanismos de desoxigenação. A concentração de oxigênio pode voltar a atingir a concentração de saturação. O aspecto das águas melhora continuamente, havendo uma redução na quantidade de bactérias e fungos e um aumento na quantidade de peixes e outros organismos aeróbios. Existe uma tendência para a proliferação de algas em conseqüência da disponibilidade de nutrientes, resultante da decomposição da matéria orgânica; e
- *zona de águas limpas:* é a zona na qual a água volta a apresentar condições satisfatórias com relação às concentrações de oxigênio dissolvido e DBO e com relação à presença de organismos aeróbios. Todavia, isso não significa necessariamente que ela esteja livre de organismos patogênicos.

FIGURA 8.4

Processo de autodepuração.

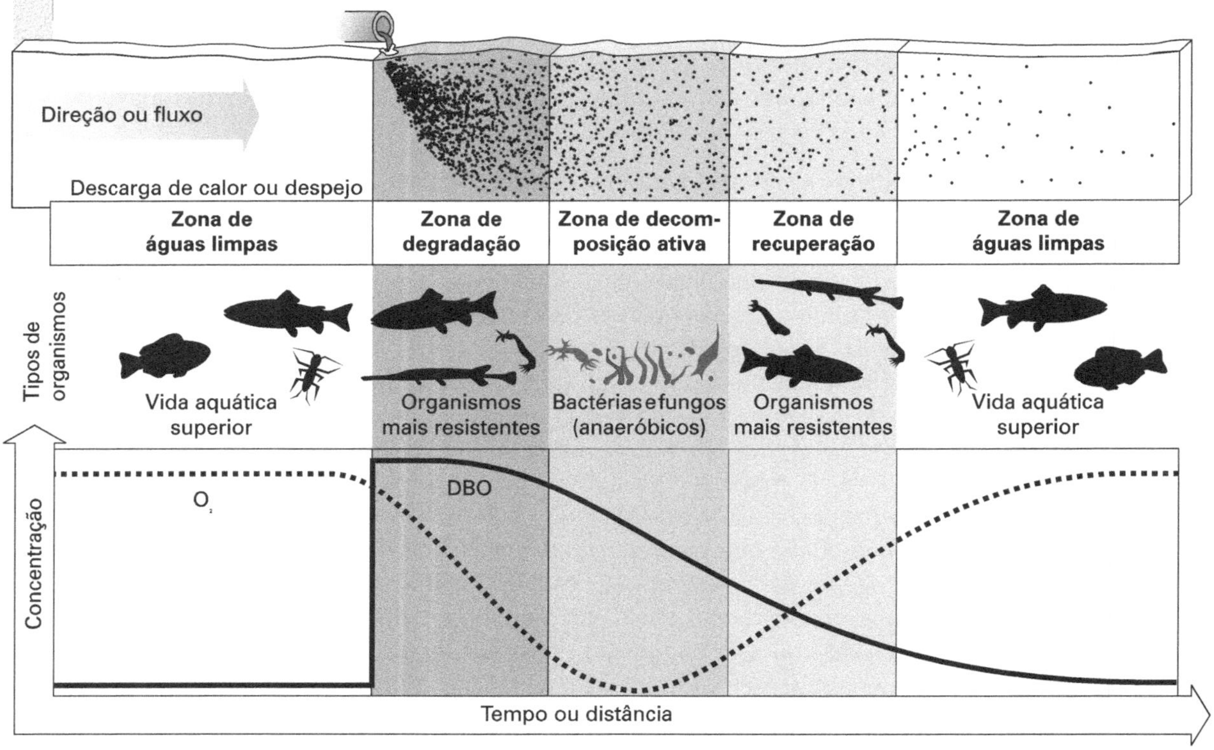

Existem diversos fatores que contribuem para o processo de autodepuração. Entre eles estão o potencial poluidor do esgoto, dado pela sua DBO, e mais a concentração de oxigênio dissolvido (o disponível no curso de água). A temperatura intensifica os processos bioquímicos, aumentando a velocidade da decomposição.

Uma das primeiras formulações matemáticas propostas na área de qualidade da água foi a da previsão do déficit de oxigênio dissolvido no caso de poluição por matéria orgânica biodegradável, proposta por Streeter e Phelps (1925). Tal formulação passou a ser conhecida como o *Modelo de Streeter—Phelps.*

A hipótese básica no modelo de Streeter—Phelps é que o processo de decomposição da matéria orgânica no meio aquático segue uma reação de primeira ordem, semelhante àquela dos processos radioativos. Nesse tipo de reação, a taxa de redução da matéria orgânica é proporcional à concentração de matéria orgânica presente em um dado instante de tempo. Assim, pode-se escrever:

8.1
$$\frac{dL}{dt} = -K_1 \cdot L$$

onde: L é a demanda bioquímica de oxigênio e K_1 é a constante de desoxigenação que depende do tipo de efluente. O sinal negativo indica que haverá uma redução da concentração de DBO com o passar do tempo. A integração da equação diferencial de primeira ordem dada por 8.1 resulta em:

8.2
$$L_t = L_0 \cdot e^{-K_1 \cdot t}$$

onde: L_0 é a DBO imediatamente após o ponto de lançamento, ou seja, a quantidade total de oxigênio necessária para a completa estabilização da matéria orgânica em termos de sua componente de carbono. Como o carbono é um macronutriente (Capítulo 4) que comparece em grandes proporções na matéria orgânica, essa aproximação é razoável em termos práticos. Um conceito importante associado é o de DBO satisfeita em t dias (DBO_t), dado por:

8.3
$$DBO_t = L_0 \, (1 - e^{-K_1 \cdot t})$$

ou seja, DBO_t é a quantidade de oxigênio dissolvido consumido desde o instante inicial até o instante t. Os ensaios de qualidade de água em laboratório utilizam a DBO_5 para informar sobre o potencial de poluição com base em amostras de água. A DBO_5 dos esgotos domésticos situa-se na faixa de 300 mg/l a 500 mg/l.

A reação de DBO que provoca um consumo de OD do meio líquido ocorre ao mesmo tempo que a reação de reoxigenação do meio líquido, na qual, por meio de processos exógenos, o oxigênio passa da atmosfera para a água. Essa transferência ocorre por uma reação de difusão em que a taxa de transferência depende da concentração relativa do oxigênio no ar e na água. Essa dinâmica também é modelada por uma reação de primeira ordem dada por:

8.4
$$\frac{dL}{dt} = -K_2 \cdot D$$

onde: D é o 'déficit' de oxigênio, isto é, a diferença entre a concentração de saturação do oxigênio no meio líquido e a concentração de oxigênio dissolvido na água em um dado instante, e K_2 é constante de reoxigenação do corpo de água, que depende da turbulência do meio. O valor de K_2 pode ser estimado pela fórmula de O'Connor e Dobbins:

8.5
$$K_2 = 3{,}93 \, \frac{U^{\frac{1}{2}}}{H^{\frac{3}{2}}}$$

onde: U é a velocidade média do escoamento em m/s e H é a profundidade em metros. A fórmula de O'Connor e Dobbins é válida para os valores de velocidade entre 0,15 m/s e 0,50 m/s e para valores de profundidade do rio entre 0,30 m e 0,90 m. Existem outras fórmulas para diferentes intervalos de aplicação (Chapra, 1997).

Tendo em conta que (8.1) e (8.4) ocorrem ao mesmo tempo, sendo (8.1) responsável pela redução de OD e (8.4) pelo aumento de OD (ou redução do déficit D), podemos combinar as duas equações para representar a variação do déficit de oxigênio com o tempo, o que resulta em:

8.6
$$\frac{dD}{dt} = K_1 L - K_2 \cdot D$$

o sinal positivo para a parcela K_1L indica que ela contribui para o aumento do déficit. O resultado da integração de (8.6) é mostrado a seguir:

8.7
$$D_t = \frac{K_1L_0}{K_2 - K_1}\left(e^{-K_1 t} - e^{-K_2 t}\right) + D_0 e^{-K_2 t}$$

onde: D_0(mg/l) é o déficit inicial de oxigênio dissolvido no curso de água, L_0(mg/l) é a DBO no ponto de lançamento e K_1 e K_2(dia^{-1}) são as constantes de desoxigenação e reoxigenação do rio, respectivamente.

A Equação 8.7 permite acompanhar a variação do déficit de OD ao longo do tempo. Entretanto, o interesse prático diz respeito à variação do déficit ao longo do curso de água a jusante de um ponto de lançamento de esgoto. Na hipótese de movimento permanente e uniforme, é possível substituir *t* por *x* da seguinte maneira:

8.8
$$t = \frac{x}{U}$$

onde: *x* é a distância a jusante do ponto de lançamento (m) e *U* é a velocidade média do rio (m/s). Combinando-se (8.8) e (8.7), temos:

8.9
$$D_x = \frac{K_1L_0}{K_2 - K_1}\left(e^{-K_1 \frac{x}{U}} - e^{-K_2 \frac{x}{U}}\right) + D_0 e^{-K_2 \frac{x}{U}}$$

A Figura 8.4 mostra o comportamento do OD em função da distância a jusante do ponto de lançamento (curva pontilhada). O déficit máximo não ocorre no ponto de lançamento do efluente, mas a uma distância x_c obtida quando se iguala a zero a variação do déficit de oxigênio em relação a *x*. Assim procedendo, obtemos:

8.10
$$\left.\frac{dD}{dx}\right|_{x=x_c} = 0 \Rightarrow x_c = \frac{U}{K_2 - K_1} \ 1n \left[\frac{K_2}{K_1}\left(1 - \frac{D_0\,(K_2 - K_1)}{K_1\,L_0}\right)\right]$$

Um fator importante na autodepuração é a chamada *vazão de diluição*. Considere a situação mostrada na Figura 8.5.

FIGURA 8.5
Diluição de efluentes.

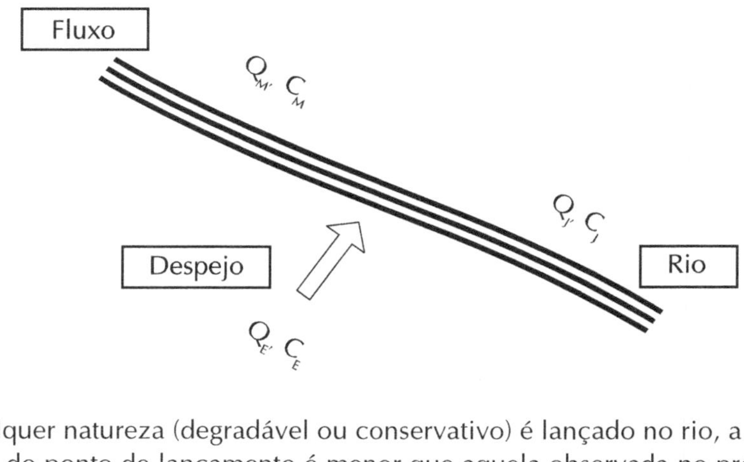

Quando um efluente de qualquer natureza (degradável ou conservativo) é lançado no rio, a concentração imediatamente a jusante do ponto de lançamento é menor que aquela observada no próprio efluente. Aplicando-se a equação da continuidade para um volume de controle desprezível e supondo-se que ocorra mistura completa do poluente na seção transversal onde ocorre o despejo, podemos escrever:

8.11

$$C_j = \frac{Q_M C_M + Q_E C_E}{Q_E + C_M}$$

Observamos que, quanto maior for a vazão do rio (Q_M), menor será o impacto (C_j) do poluente considerado, desde que a concentração do poluente a montante do rio (C_M) seja pequena. Q_e e C_e são, respectivamente, a vazão do despejo e a concentração do poluente no despejo. Notem que, na aplicação da Equação 8.9, os valores das concentrações de D_0 e L_0 referem-se à seção imediatamente a montante do ponto de lançamento.

Mecanismos químicos

Existem reações químicas no meio aquático por causa da presença de substâncias naturalmente existentes no meio ou, então, que lá foram despejadas. Tais reações químicas podem ser afetadas por fatores como radiação solar, temperatura, pH, catalisadores e outros. É difícil prever o impacto ambiental resultante do despejo de certas substâncias no meio aquático em virtude da ocorrência de processos sinérgicos.

Mecanismos biológicos

A quantidade e os tipos de espécies presentes no meio aquático variam com a transparência da água, a quantidade de nutrientes disponíveis e a temperatura, entre outros fatores. Assim, por exemplo, se existir excesso de nutrientes no meio aquático, haverá um crescimento adicional de fitoplâncton e, ainda, dependendo do nutriente em excesso, de diferentes tipos de algas. A tendência é que ocorram mudanças na estrutura populacional do ecossistema, levando a alterações na qualidade da água, como o teor de oxigênio disponível, o pH e outros.

8.4 O comportamento ambiental dos lagos

A estratificação térmica

Em determinadas épocas do ano, os lagos apresentam uma clara distinção entre as temperaturas das camadas superficiais e das profundas e, portanto, entre as densidades dessas duas camadas. Esse fenômeno é denominado *estratificação térmica*.

A radiação solar, ao penetrar na água, sofre um decaimento exponencial, e a faixa do espectro solar que corresponde às ondas longas, ou seja, a parcela de radiação infravermelha responsável pela transmissão de calor, é absorvida quase totalmente logo abaixo da superfície, estando praticamente extinta a um metro de profundidade. Essa rápida absorção de radiação resulta em uma significativa diferença de temperatura entre a superfície e o fundo dos lagos.

O perfil vertical de temperatura tende a adquirir a forma mostrada na Figura 8.6, e o lago tende a dividir-se em três camadas distintas de diferentes temperaturas. Cria-se uma situação de estabilidade, na qual existem uma camada superior, mais quente e menos densa, e uma camada inferior, mais fria e mais densa.

A camada superior, chamada de *epilímnio*, é mais quente, mais turbulenta e com temperatura aproximadamente uniforme. O *hipolímnio* é a camada inferior que fica junto ao fundo do lago, mais fria e com baixos níveis de turbulência. O nome da camada intermediária é *metalímnio*, e denomina-se *termoclina* o plano imaginário que passa pelo ponto de máximo gradiente no perfil vertical de temperatura.

A *estratificação* dos lagos ocorre em razão das diferenças de densidade entre as camadas de água, gerando uma estabilidade que somente poderá ser rompida por forças externas que, atuando sobre a massa líquida, conseguem fornecer energia suficiente para provocar a mistura. A forma mais comum de estratificação que ocorre em lagos é a chamada *estratificação térmica*, na qual as diferenças de densidade entre a superfície e o fundo ocorrem por causa da diferença de temperatura. No entanto, podem ocorrer casos em que essa diferença de densidade é gerada por variação na concentração de sais nas diversas camadas, quando se tem, então, uma estratificação de origem química, como ocorre em lagos salinos, estuários e regiões oceânicas.

São raros os lagos que permanecem estratificados durante o ano todo. No outono, a temperatura da superfície cai e iguala-se à temperatura do fundo. Nesse momento, forças externas, tais como o vento, podem misturar as camadas superiores e inferiores.

Os principais fatores que interferem nos processos de mistura em reservatórios e lagos e, portanto, na formação, estabilidade e duração da estratificação térmica são:

1) transferência de calor pela interface ar–água;
2) mistura advectiva gerada pela movimentação das vazões de entrada e saída; e
3) mistura provocada pela turbulência induzida pelo vento.

FIGURA 8.6

Perfil vertical de temperatura de um lago estratificado.

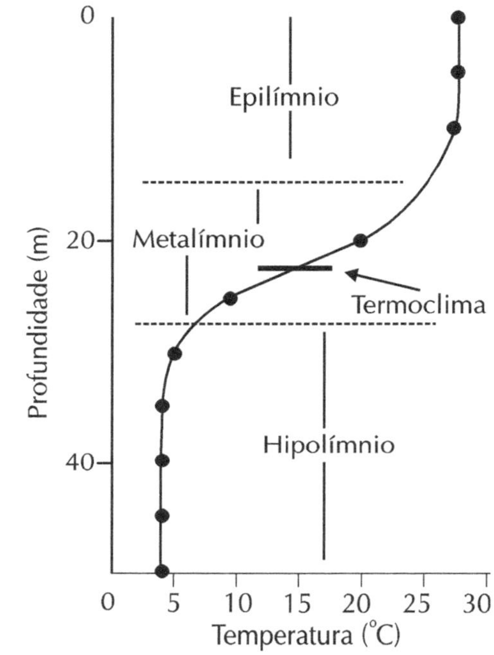

A transferência de calor é basicamente induzida por processos meteorológicos, e os processos hidrodinâmicos controlam os fatores 2 e 3.

A estratificação térmica em reservatórios é importante, pois a temperatura afeta todos os processos químicos e biológicos que ocorrem no lago. A estabilidade induzida pela estratificação inibe os processos de transporte de calor e massa no reservatório, causando, assim, problemas relativos à qualidade da água.

Em um reservatório estratificado, o local de produção do oxigênio é o epilímnio, junto à superfície e praticamente coincidindo com a zona de luz, ou eufótica. O local de consumo para a decomposição da matéria orgânica é basicamente a região do fundo, o hipolímnio. A Figura 8.7 mostra as regiões produtoras e consumidoras do lago.

A termoclina, além de dificultar a passagem do calor da superfície para o fundo dos corpos de água, dificulta também a passagem do oxigênio dissolvido. Essa passagem dá-se apenas por meio da difusão molecular, o que significa taxas muito baixas de reposição para um grande consumo representado pela decomposição. Cria-se um perfil de concentração de oxigênio dissolvido ao longo da vertical bastante semelhante ao perfil de temperatura, com a ocorrência de transição e a presença de oxiclina (Figura 8.8). Na ocasião da mistura, a homogeneidade na concentração de oxigênio dissolvido acompanha a isotermia do lago.

FIGURA 8.7

Processo de produção e consumo de oxigênio em um lago estratificado.

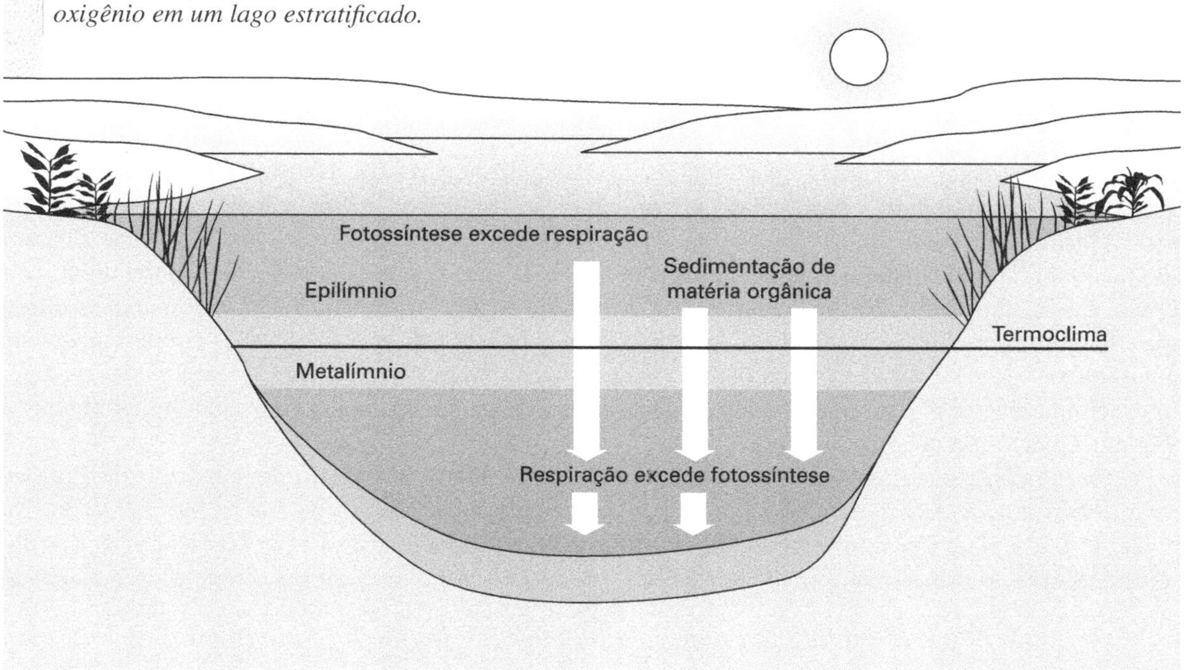

FIGURA 8.8

Exemplo de perfis verticais de concentração de oxigênio ao longo do tempo.

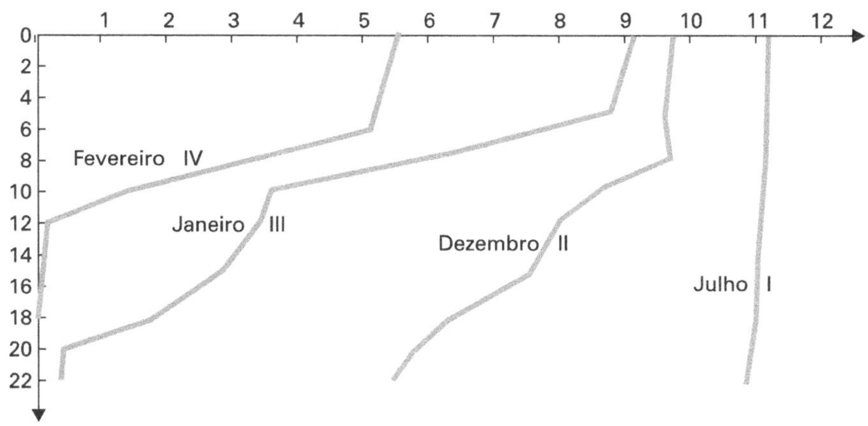

Quando acontece a estratificação, a concentração de oxigênio no hipolímnio diminui, e, à medida que se aproxima de zero, profundas transformações químicas passam a ocorrer em conseqüência da passagem de um ambiente oxidante para um ambiente redutor. A água do hipolímnio anóxico apresenta baixo potencial de redução, levando à liberação do ferro e do manganês a partir do sedimento do fundo e a concentrações crescentes de fosfato, amônia, silicatos, carbonatos, íons de cálcio e gás sulfídrico. No epilímnio, o fitoplâncton utiliza o CO_2 no processo de fotossíntese, em parte retirado da solução em equilíbrio de bicarbonato de cálcio, o que induz a precipitação de carbonato de cálcio. Assim, verifica-se uma menor alcalinidade no período de estratificação no epilímnio pela diminuição dos bicarbonatos e precipitação do carbonato. No hipolímnio, altos níveis de dióxido de carbono produzidos pelo processo de respiração resultam em grandes quantidades de bicarbonato de cálcio e ácido carbônico em solução.

Em um lago ou reservatório, a qualidade da água liberada depende da altura das tomadas de água e da época do ano, isto é, pode ter qualidade pior durante o período de estratificação térmica em função da posição. Essa tem sido uma das maiores preocupações quanto às alterações ambientais provocadas por barragens, uma vez que a má qualidade da água a jusante da barragem pode atingir uma extensão de rio bastante significativa.

Nas tomadas de água profundas, a água é retirada do hipolímnio durante a fase de estratificação térmica, região que é mais fria, sem oxigênio dissolvido, rica em gás sulfídrico, com baixo pH e altas concentrações de matéria orgânica, fosfatos, ferro e manganês. Com isso, as turbinas sofrem problemas de corrosão e, eventualmente, problemas pela precipitação do ferro e do manganês. No rio, a jusante, ocorrem episódios de mau cheiro e mortandade de peixes pela ausência de oxigênio dissolvido. Dependendo da quantidade de matéria orgânica e das condições de escoamento a jusante, o rio pode demorar a recuperar o oxigênio dissolvido. Em contrapartida, tomadas de água superficiais liberam água mais quente, mas de melhor qualidade, por sair do epilímnio, onde ela está misturada com altas concentrações de oxigênio dissolvido e baixas concentrações de nutrientes. Em países de clima frio, a temperatura da água é um problema adicional para a região a jusante pelo fato de peixes, como a truta, estarem habituados a temperaturas baixas da água.

Uma solução que tem sido adotada é a tomada de água seletiva, que permite a retirada de água de várias alturas, misturando a água de boa qualidade da camada superficial com água de pior qualidade da camada profunda. Para rios com problemas de controle de temperatura, essa solução é viável por poder liberar água mais fria, mas com qualidade melhor que a do hipolímnio, em decorrência da mistura de várias camadas.

O processo de eutrofização

A eutrofização é o enriquecimento das águas com os nutrientes necessários ao crescimento da vida vegetal aquática. É um processo natural dentro da sucessão ecológica dos ecossistemas, quando o ecossistema lacustre tende a se transformar em um ecossistema terrestre utilizando a interação do lago com o meio terrestre que o circunda.

A eutrofização é, portanto, um processo natural de maturação de um ecossistema lacustre (Figura 8.9).

FIGURA 8.9

O processo natural de eutrofização.

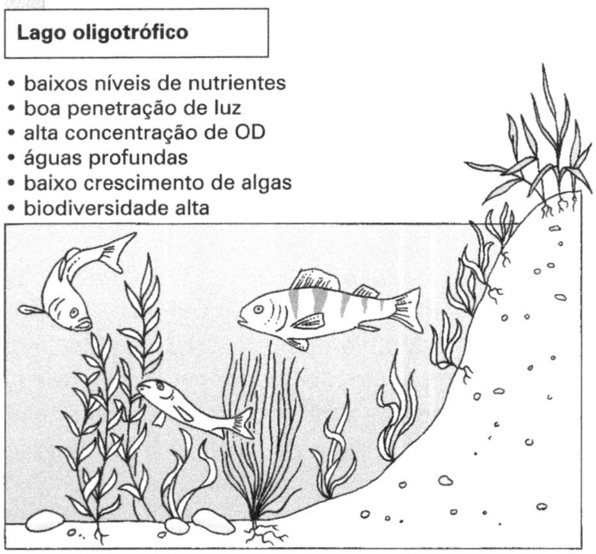

A eutrofização manifesta-se por meio do aumento da produtividade biológica do lago, sendo observada a proliferação de algas e outros vegetais aquáticos por causa da maior quantidade de nutrientes disponível. Os nutrientes mais importantes para a ocorrência da eutrofização são, em geral, o fósforo e/ou o nitrogênio. De acordo com a produtividade biológica, podemos classificar os lagos em:

- *oligotróficos*: lagos com baixa produtividade biológica e baixa concentração de nutrientes;
- *eutróficos*: lagos com produção vegetal excessiva e alta concentração de nutrientes; e
- *mesotróficos*: lagos com características intermediárias entre oligotrófico e eutrófico.

A eutrofização natural é um processo bastante demorado, associado ao tempo de evolução dos ecossistemas. No entanto, esse processo vem se acelerando pela intervenção humana em lagos cujas bacias sofrem a ocupação de atividades industriais, agrícolas ou zonas urbanas. A eutrofização associada à intervenção humana é chamada de *eutrofização cultural* ou *acelerada*.

A eutrofização acelerada causa inúmeros efeitos negativos por impedir que as alterações morfológicas acompanhem o seu ritmo, como ocorre no processo natural. Há predominância apenas da fertilização das águas, com a proliferação excessiva dos vegetais aquáticos.

Causas da eutrofização acelerada

Os organismos fotossintetizantes aquáticos dependem da disponibilidade de diversos nutrientes para seu crescimento e proliferação. São necessários carbono, oxigênio, enxofre, potássio, cálcio, nitrogênio, fósforo e outros. Dentre os que são utilizados em maior quantidade estão o oxigênio, o carbono, o nitrogênio e o fósforo.

O crescimento pode ser limitado pela insuficiência de qualquer um desses elementos. Na maioria dos ecossistemas aquáticos, o fósforo é o nutriente limitante. Quanto ao nitrogênio, apesar de a maior parte dos seres fotossintetizantes aquáticos necessitarem desse elemento sob forma de nitrato dissolvido na água, na escassez, há seres fotossintetizantes que o utilizam na forma gasosa.

A única fonte natural de fósforo vem do desgaste de rochas que contêm fosfato, provocado pelas intempéries naturais. O fósforo chega aos corpos de água transportado pelo escoamento superficial e circula na cadeia alimentar por meio da reciclagem de matéria feita pelos decompositores. A *eutrofização acelerada* é causada pelo aporte de fósforo que provém principalmente das seguintes fontes:

- esgotos domésticos;
- esgotos industriais; e
- fertilizantes agrícolas.

Outros fatores que interferem na ocorrência da eutrofização são a radiação solar e a temperatura, fato que pode ser constatado pela observação dos lagos oligotróficos, os quais se encontram em latitudes e altitudes elevadas, onde predominam as baixas temperaturas e a radiação solar é menos intensa. Os lagos em regiões tropicais possuem uma tendência maior à eutrofização por se localizarem em regiões quentes e com grande incidência de radiação solar, praticamente constante ao longo do ano.

Com relação às características morfológicas do lago, estarão mais sujeitos à eutrofização aqueles que possuem menor profundidade, por permitirem maior influência da radiação solar, aqueles que possuem forma dendrítica, por disporem de maior zona litorânea, e aqueles de maior tempo de residência, que possuem um fluxo de água mais lento que favorece o crescimento das algas.

Conseqüências da eutrofização

As principais conseqüências da eutrofização acelerada podem ser entendidas quando se examina o desequilíbrio ecológico que ocorre no lago, como mostrado na Figura 8.10.

A camada superior do lago passa a ser a zona 'produtora' de oxigênio, pela presença das algas, e a camada inferior do lago passa a ser a zona 'consumidora' de oxigênio, pela presença dos decompositores. A quantidade de matéria orgânica a ser decomposta é tão grande que os peixes passam a competir com os decompositores pelo oxigênio disponível. Disso resulta a morte de peixes e a sobrevivência das espécies menos exigentes. Com o agravamento do processo, mesmo essas espécies desaparecem, pois haverá oxigênio disponível apenas em uma estreita camada superficial, totalmente tomada pelas algas.

Na fase final do processo, a camada inferior do lago passa a ser permanentemente anóxica. A quantidade de matéria orgânica a ser decomposta é tão grande que consome todo o oxigênio disponível. Isso facilita a recirculação do fósforo, pois, na ausência de oxigênio, em ambiente redutor, o fósforo passa à forma de $Fe_3(PO_4)_2$, que é solúvel na água, ficando disponível para ser utilizado no processo fotossintético. Na presença de oxigênio, o fósforo apresenta-se na forma de $FePO_4$, que é insolúvel na água e, portanto, fica depositado no fundo.

FIGURA 8.10

Desequilíbrio ecológico nos lagos eutrofizados.

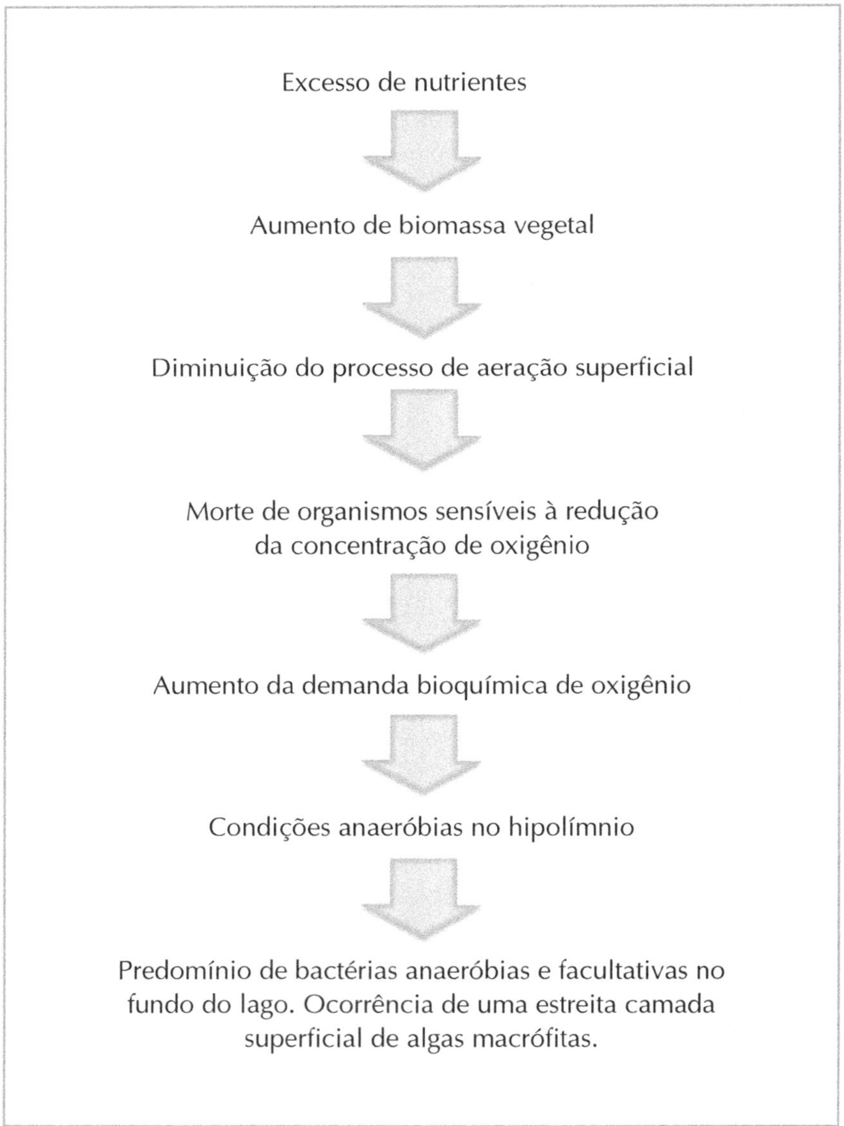

As conseqüências da eutrofização podem ser englobadas em duas categorias:

1) Impactos sobre o ecossistema e a qualidade da água:

- a diversidade biológica diminui, pois poucas espécies sobrevivem às condições adversas;
- há alteração das espécies de algas presentes no meio; caso haja nitrato em quantidade suficiente, diversas espécies podem estar presentes; se não houver nitrogênio em forma de nitrato, haverá um crescimento excessivo de algas azuis;
- os baixos teores de oxigênio dissolvido na água alteram a composição das espécies de peixes presentes no meio;

- as concentrações elevadas de compostos orgânicos dissolvidos provocarão sabor e odor desagradável e diminuirão a transparência da água. Alguns desses compostos são precursores de compostos halogenados, como os trihalometanos, potencialmente cancerígenos, que são produzidos quando a água sofre desinfecção por cloro em estações de tratamento; e
- a decomposição anaeróbia que ocorre no fundo do lago libera metano, gás sulfídrico, amônia, além de fósforo, ferro e manganês e outros compostos, alterando condições químicas como o pH, por exemplo.

2) Impactos sobre a utilização dos recursos hídricos:

- a utilização do corpo de água como manancial de abastecimento fica prejudicada porque o excesso de algas obstrui os filtros das estações de tratamento, dificulta a operação para controle do pH e da floculação e aumenta os custos para controle de odor e sabor, pois se torna necessário instalar filtros de carvão ativado e unidades para remoção do ferro e do manganês, e, após a cloração, pode haver a formação de trihalometanos;
- investigações epidemiológicas têm mostrado elevada correlação entre a presença de grandes concentrações de algas azuis e epidemias de distúrbios gastrintestinais;
- o uso recreacional do corpo de água fica prejudicado, impedindo atividades como a natação e dificultando até mesmo o acesso de barcos;
- o uso do corpo de água para irrigação também fica comprometido em virtude da obstrução nos sistemas de bombeamento e crescimento de macrófitas nos canais; e
- há perda de valor comercial das propriedades localizadas nas margens dos corpos de água que sofrem eutrofização.

Formas de controle da eutrofização

Quando o órgão gestor da bacia hidrográfica defronta-se com um problema de eutrofização, é sempre polêmica a discussão sobre as medidas a serem tomadas. As soluções possíveis podem ser divididas em duas categorias:

1) Medidas preventivas: visam reduzir a carga externa do nutriente limitante.

Fontes pontuais:

- retirada de nutrientes por meio de tratamento terciário do esgoto doméstico; e
- tratamento de efluentes industriais.

Fontes difusas:

- redução do uso de fertilizantes agrícolas;
- recomposição de matas ciliares; e
- controle da drenagem urbana.

2) Medidas corretivas: atuam sobre os processos de circulação de nutrientes no lago e sobre o ecossistema.

- aeração da camada inferior dos lagos para manter o fósforo na sua forma insolúvel;
- precipitação química do fósforo;
- redução da biomassa vegetal por meio da colheita de macrófitas, por exemplo; e
- remoção do sedimento do fundo.

8.5 Parâmetros indicadores da qualidade da água

Não existe água pura na natureza, a não ser as moléculas de água presentes na atmosfera na forma de vapor. Assim que ocorre a condensação, começam a ser dissolvidos na água, por exemplo, os gases atmosféricos. Isso ocorre porque a água é um ótimo solvente. Como conseqüência, são necessários indicadores físicos, químicos e biológicos para caracterizar a qualidade da água. Dependendo das substâncias presentes na atmosfera, da litologia do terreno, da vegetação e de outros fatores intervenientes, as principais variáveis que caracterizam a qualidade da água apresentarão valores diferentes. Por exemplo, é de se esperar que a água da chuva em locais próximos ao oceano apresente maior concentração de cloreto de sódio. Rios que atravessam regiões de floresta densa devem apresentar coloração mais escura do que rios que atravessam regiões desérticas, em razão do teor de matéria orgânica na água.

As variáveis físicas são medidas em escalas próprias, as variáveis químicas são usualmente dadas em concentração (mg/l ou ppm) e as variáveis biológicas, pela indicação da densidade populacional do organismo de interesse.

Para a caracterização da qualidade da água, são coletadas amostras para fins de exames e análises, devendo-se obedecer a cuidados e técnicas apropriados, com volume e número de amostras adequados. Os exames e as análises são feitos segundo métodos padronizados e por entidades especializadas.

Indicadores físicos

Nas características físicas, incluem-se a cor, a turbidez, o sabor e o odor.

Cor

A cor é uma característica derivada da existência de substâncias em solução, sendo essas, na grande maioria dos casos, de natureza orgânica.

Turbidez

A turbidez, propriedade de desviar raios luminosos, é decorrente da presença de materiais em suspensão na água, finamente divididos ou em estado coloidal, e de organismos microscópicos.

Sabor e odor

São associados à presença de poluentes industriais ou outras substâncias indesejáveis, tais como matéria orgânica em decomposição, algas etc.

Certas características físicas podem prejudicar alguns usos da água. A cor e a turbidez elevadas podem tornar a água imprópria ao consumo humano pelo aspecto estético ou por manchar roupas e aparelhos sanitários. A cor pode tornar o líquido inadequado para uso em indústrias de produção de bebidas e de outros alimentos, de fabricação de louças e papéis ou, ainda, para indústrias têxteis. Águas com sabor e odor acentuados são rejeitadas para consumo humano. A turbidez acentuada em águas naturais impede a penetração dos raios solares e, conseqüentemente, prejudica a fotossíntese, causando problemas ecológicos para o meio aquático.

Indicadores químicos

As características químicas da água ocorrem em função da presença de substâncias dissolvidas, geralmente mensuráveis apenas por meios analíticos. Entre as características químicas da água, merecem ser destacadas:

Salinidade

O conjunto de sais normalmente dissolvidos na água, formado pelos bicarbonatos, cloretos, sulfatos e, em menor quantidade, pelos demais sais, pode conferir à água sabor salino e características incrustantes. O teor de cloreto pode ser indicativo de poluição por esgotos domésticos.

Dureza

É a característica conferida à água pela presença de sais de metais alcalino-terrosos (cálcio, magnésio etc.) e alguns metais em menor intensidade.

A dureza é caracterizada pela extinção da espuma formada pelo sabão, índice visível de uma reação mais complexa, que dificulta o banho e a lavagem de utensílios domésticos e roupas, criando problemas higiênicos. As águas duras, por causa de condições desfavoráveis e equilíbrio químico, podem incrustar as tubulações de água quente, radiadores de automóveis, hidrômetros, caldeiras etc.

Alcalinidade

A alcalinidade ocorre em razão da presença de bicarbonatos, carbonatos e hidróxidos, quase sempre de metais alcalinos ou alcalino-terrosos (sódio, potássio, cálcio, magnésio etc.).

Exceto quanto à presença de hidróxidos (sempre adicionados, não naturais), a alcalinidade não constitui problema isolado, desde que a salinidade esteja dentro dos limites aceitáveis para o uso desejado da água. A alcalinidade influencia o tratamento da água para consumo doméstico.

Corrosividade

A tendência da água de corroer os metais pode ser devida à presença de ácidos minerais (casos raros) ou pela existência em solução de oxigênio, gás carbônico e gás sulfídrico. De um modo geral, o oxigênio é fator de corrosão dos produtos ferrosos; o gás sulfídrico, dos não-ferrosos; e o gás carbônico, dos materiais à base de cimento.

Ferro e manganês

O ferro, com certa freqüência associado ao manganês, confere à água sabor, ou melhor, sensação de adstringência e coloração avermelhada, decorrente de sua precipitação.

As águas ferruginosas mancham as roupas durante a lavagem, mancham os aparelhos sanitários e podem ficar depositadas nas tubulações. O manganês apresenta inconvenientes semelhantes aos do ferro, porém é menos comum e sua coloração característica é marrom.

Impurezas orgânicas, nitrogênio e cloretos

O termo *impurezas orgânicas* é aplicável a constituintes de origem animal ou vegetal que podem indicar poluição. Como exemplo, citamos a matéria orgânica em geral, o nitrogênio sob as diversas formas (orgânicos, amoniacal, nitritos e nitratos) e, de forma associada, os cloretos, quando de origem estranha à natureza do terreno.

O nitrogênio, por seguir um ciclo que o conduz à mineralização total sob a forma de nitritos, permite avaliar o grau e a distância de uma poluição pela quantidade e forma de apresentação dos derivados nitrogenados. Independentemente de sua origem, que também pode ser mineral, os nitratos presentes na água em quantidades maiores provocam em crianças o estado mórbido denominado cianose ou metemoglobinemia.

Os cloretos podem indicar mistura, recente ou remota, com águas residuárias.

Características benéficas

A dieta humana exige uma certa concentração mineral nas águas de consumo fisiológico. Por exemplo, são necessários 2 mg de cobre e 6 mg a 10 mg de ferro diariamente ao homem.

Os teores de iodo e de flúor também têm chamado a atenção, pois a deficiência de iodo das águas usadas para a alimentação em certas regiões tem sido responsabilizada pela maior incidência do bócio, e a presença de flúor tem-se mostrado fator de redução da cárie dentária. No entanto, em doses elevadas, o flúor pode causar problemas para o homem, provocando alterações ósseas ou ocasionando a fluorose dentária (aparecimento de manchas escuras nos dentes).

Compostos tóxicos

Alguns elementos ou compostos químicos, quando presentes na água, fazem com que ela fique tóxica. Como exemplo, podemos citar o cobre, o zinco, o chumbo, os cianetos, o cromo hexavalente, o cádmio, o arsênio, o selênio, a prata, o mercúrio, o bário. Essas impurezas podem alcançar a água a partir de efluentes industriais, drenagem de áreas agrícolas ou atividades de mineração.

Fenóis

Os fenóis e seus compostos existentes em resíduos industriais, além de serem tóxicos, causam problemas em sistemas de tratamento da água, pois combinam-se com o cloro para produzir odor e sabor desagradáveis.

Detergentes

Os detergentes, principalmente os que não são biodegradáveis, causam problemas quando incorporados à água: sabor desagradável, formação de espuma em águas agitadas, problemas em estações de tratamento de água e de tratamento de esgoto em virtude da espuma e da toxicidade, quando em teores mais elevados.

Agrotóxicos

São substâncias químicas usadas no combate às pragas, tais como inseticidas, raticidas, herbicidas, fungicidas e formicidas. Esses produtos são tóxicos ao homem, aos peixes e a outros animais quando em concentrações mais elevadas do que aquelas consideradas críticas. O uso desses produtos, cada dia mais intenso, tem causado a mortandade de peixes e prejuízo ao abastecimento público de água.

Radioatividade

O desenvolvimento da indústria nuclear traz problemas de aumento da radioatividade ambiente, sendo que as águas da chuva poderão carrear a contaminação, quando essa não ocorrer por lançamento direto.

Indicadores biológicos

Os microorganismos aquáticos desenvolvem, na água, suas atividades biológicas de nutrição, respiração, excreção etc., provocando modificações de caráter químico e ecológico no próprio ambiente aquático.

Os microorganismos de origem externa, como os patogênicos, por exemplo, introduzidos na água junto com matéria fecal, normalmente não se alimentam nem se reproduzem no meio aquático, tendo caráter transitório nesse ambiente. Entre os organismos que podem ser encontrados na água, destacam-se:

Algas

As algas, apesar de terem grande importância para o equilíbrio ecológico do meio aquático e de serem responsáveis por parte do oxigênio presente na água (produzido pelo processo da fotossíntese), podem acarretar também alguns problemas. Entre eles, podemos citar a formação de grande massa orgânica, levando à produção de quantidade excessiva de lodo e à liberação de vários compostos orgânicos, que podem ser tóxicos ou produzir sabor e odor desagradáveis, o desenvolvimento de camadas de algas nas superfícies de reservatórios, causando turbidez e dificultando a penetração da luz solar, com a conseqüente redução do oxigênio do meio, o entupimento de filtros de areia em estações de tratamento da água, o ataque às paredes de reservatórios de águas e piscinas e a corrosão de estruturas de ferro e de concreto.

Microorganismos patogênicos

São introduzidos na água junto com matéria fecal de esgotos sanitários. Podem ser de vários tipos: bactérias, vírus e protozoários. Esses microorganismos não são residentes naturais do meio aquático, tendo origem, principalmente, nos dejetos de pessoas doentes. Assim, eles têm sobrevivência limitada na água, podendo, no entanto, alcançar o ser humano por meio da ingestão ou contato com a água, causando-lhe doenças.

Por causa da grande variedade de microorganismos patogênicos que podem estar contidos na água, é difícil sua detecção individualizada. É mais fácil inferir sua existência a partir de indicadores da presença de matéria fecal no meio líquido.

As bactérias usadas como indicadores de poluição da água por matéria fecal são os coliformes fecais, que vivem normalmente no organismo humano e no dos demais animais de sangue quente, existindo em grande quantidade nas fezes. Embora não sejam patogênicas, a presença dessas bactérias na água indica que ela recebeu matéria fecal e pode, portanto, conter microorganismos patogênicos. Entre as bactérias do grupo coliforme, a mais usada como indicadora da poluição fecal é a *Escherichia coli*.

Os coliformes fecais foram escolhidos como indicadores da presença potencial de organismos patogênicos de origem fecal na água porque:

1) existem em grande número na matéria fecal e não existem em nenhum outro tipo de matéria orgânica poluente; por conseguinte, são indicadores específicos de matéria fecal;
2) algumas das bactérias pertencentes ao grupo (*Escherichia coli*, por exemplo) não se reproduzem na água ou no solo, mas exclusivamente no interior do intestino (ou em meios de cultura especiais a certa temperatura adequada); portanto, só são encontradas na água quando nela foi introduzida matéria fecal, e seu número é proporcional à concentração dessa matéria;
3) apresentam um grau de resistência ao meio (à luz, ao oxigênio, ao cloro e a outros agentes destruidores de bactérias) comparável ao que é apresentado pelos principais patogênicos intestinais que podem ser veiculados pela águas; dessa maneira, reduz-se a possibilidade de existirem patogênicos fecais quando já não se encontram coliformes; e
4) sua caracterização e quantificação são feitas por método relativamente simples. As bactérias do grupo coliforme são as únicas capazes de fermentar lactose, produzindo gás e resíduos na presença de bile (que é um componente normal do intestino). Desse modo, se a água a ser testada for submetida a várias diluições e essas forem 'semeadas' sucessivamente em tubos, a formação de gás caracterizará a presença de bactérias. Pelo valor das diluições máximas que apresentarem resultado positivo será possível avaliar, estatisticamente, o chamado *Número Mais Provável (NMP)* de bactérias do grupo coliforme, ou seja, sua concentração na amostra ensaiada.

É necessário ressaltar que os coliformes têm menor resistência ao meio aquático ou tratamento pelo cloro do que alguns vermes e vírus. Assim, cuidados especiais devem ser adotados no tratamento de águas que recebem esgotos de origem doméstica, com o objetivo de controlar esses microorganismos.

Índice de qualidade de água

Como já mencionamos anteriormente, existem vários parâmetros indicadores de qualidade da água relacionados a diferentes tipos de poluição. No item anterior, analisamos a dinâmica da concentração de DBO e OD, que são importantes parâmetros indicadores da qualidade das águas. Como o número de parâmetros é grande e suas características diferentes, surge o problema de como proceder para incorporar em um único índice uma informação consolidada dos problemas de poluição de água em um dado rio ou lago.

O Índice de Qualidade da Água (IQA) surge como uma alternativa para essa questão. O índice é uma média harmônica ponderada de um conjunto de indicadores específicos. O IQA é calculado da seguinte maneira:

8.12 $$IQA = \prod_{i=1}^{N} q_i^{w_i}$$

onde: N é o número de parâmetros utilizados no cálculo do índice, q_i é o valor do parâmetro i em uma escala de 0–100 e w_i é o peso atribuído ao parâmetro i. Na Figura 8.11 estão mostradas as curvas q_i para os nove parâmetros componentes do IQA utilizados pela Cetesb no Estado de São Paulo. A forma das curvas que relaciona o valor do parâmetro na sua unidade normal e o valor na escala 0–100 foi definida por um painel de especialistas em sucessivas reuniões, até que se chegou a um consenso.

FIGURA 8.11

Curvas individuais dos componentes do IQA (Cetesb, 1990).

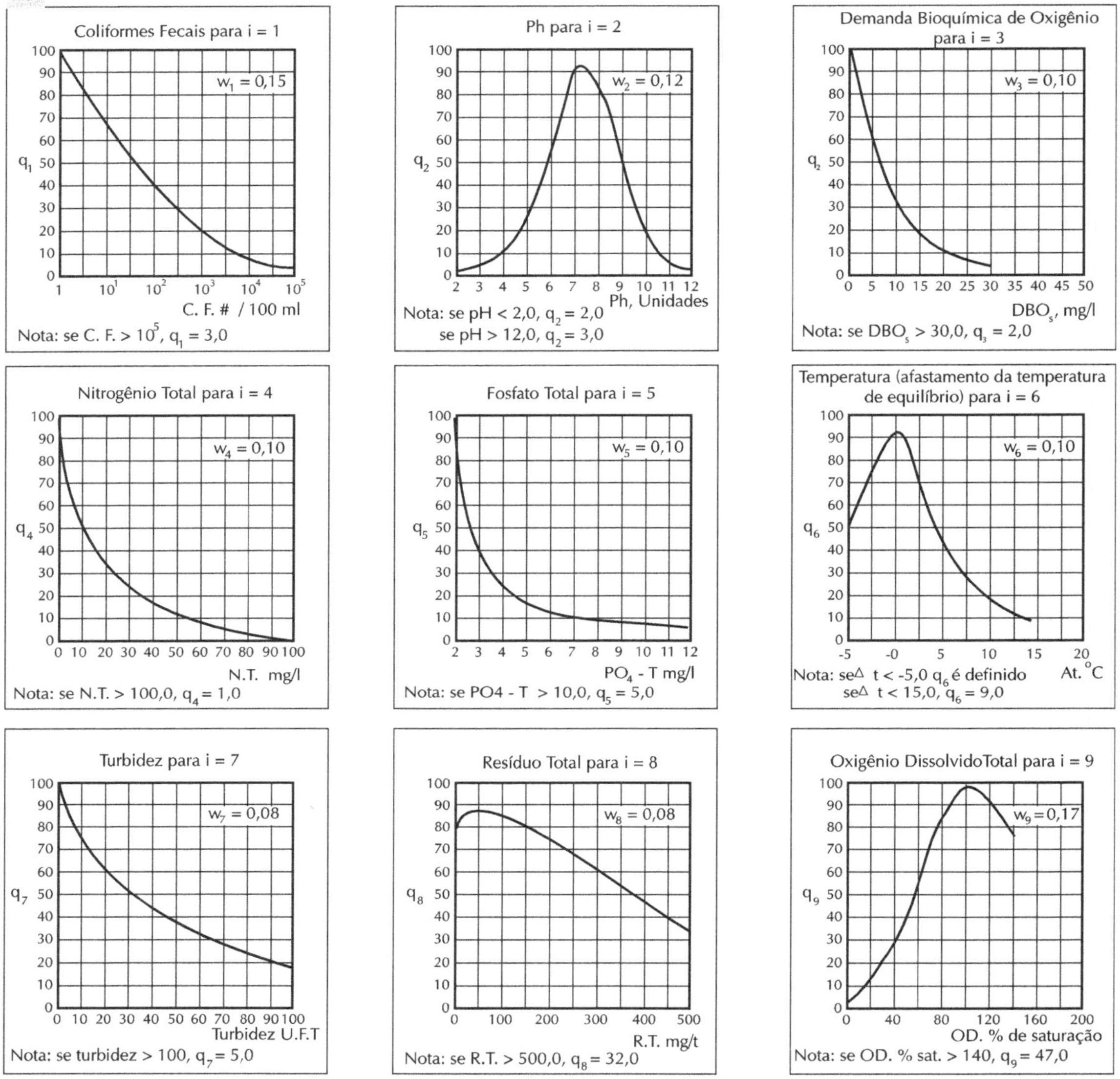

8.6 Abastecimento de água

O sistema de abastecimento de água para fins de consumo humano são constituídos de instalações e equipamentos destinados a fornecer água potável a uma comunidade. Os indicadores físicos, químicos e biológicos da água potável, isto é, aquela com qualidade adequada ao consumo humano, devem estar de acordo com o que estabelece o dispositivo legal em vigor no Brasil. Esse dispositivo é a Portaria nº 518/GM de 25.04.2004, do Ministério da Saúde, que estabelece os procedimentos e as responsabilidades, relativos ao controle e à vigilância da qualidade da água para consumo humano e seu padrão de potabilidade.

A portaria em vigor define o *Padrão de Potabilidade* como sendo o "conjunto de valores máximos permissíveis das características de qualidade da água destinada ao consumo humano". Nesse documento, são relacionadas às características físicas, organolépticas e químicas, seus Valores Máximos Permissíveis (VMP) e as características de qualidade microbiológicas e radioativas. O Padrão de Potabilidade define o limite máximo para cada elemento ou substância química, não estando ali considerados eventuais efeitos sinérgicos entre elementos ou substâncias.

É importante observar que, como o conceito de 'qualidade de água boa' para consumo humano é dinâmico, os parâmetros que o definem, assim como seus valores-limite, devem ser mantidos sob constante revisão. Isso tudo em função dos avanços que vão sendo alcançados no desenvolvimento de tecnologia de detecção de elementos tóxicos, bem como em função dos novos tóxicos que freqüentemente são lançados no meio ambiente e novos efeitos sinérgicos que podem ser descobertos. Na Tabela 8.3, são apresentados os principais parâmetros de qualidade da água para consumo humano.

TABELA 8.3

Padrões de Potabilidade de água, de acordo com a Portaria n° 518 do Ministério da Saúde.

Padrão Microbiológico	**VMP**[1]
Água para consumo humano[2]	
Escherichia coli ou coliformes termotolerantes[3]	Ausência em 100 mL
Água na saída do tratamento	
Coliformes totais	Ausência em 100 mL
Água tratada no sistema de distribuição (reservatórios e rede)	
Escherichia coli ou coliformes termotolerantes	Ausência em 100 mL
Coliformes totais	Ausência em 100 mL, em 95% das amostras analisadas[4] Apenas uma amostra com resultado positivo em 100 mL[5]
Padrão de turbidez para água pós-filtração ou pré-desinfecção	
Tratamento da água	
Desinfecção (água subterrânea)	1,0 UT[6] em 95% das amostras
Filtração rápida (tratamento completo ou filtração direta)	1,0 UT
Filtração lenta	2,0 UT em 95% das amostras
Padrão para substâncias químicas que apresentam risco à saúde	
Inorgânicas	
Antimônio	0,005 mg/L
Arsênio	0,1 mg/L
Bário	0,7 mg/L
Cádmio	0,005 mg/L
Cianeto	0,07 mg/L
Chumbo	0,01 mg/L
Cobre	2 mg/L
Cromo	0,05 mg/L
Fluoreto[7]	1,5 mg/L
Mercúrio	0,001 mg/L
Nitrato (como N)	10 mg/L

(continua)

(continuação)

Nitrito (como N)	1 mg/L
Selênio	0,01 mg/L
Orgânicas	
Acrilamida	0,5 mg/L
Benzeno	5 mg/L
Benzo[a]pireno	0,7 mg/L
Cloreto de Vinila	5 mg/L
1,2 Dicloroetano	10 mg/L
1,1 Dicloroeteno	30 mg/L
Diclorometano	20 mg/L
Estireno	20 mg/L
Tetracloreto de Carbono	2 mg/L
Tetracloroeteno	40 mg/L
Triclorobenzenos	20 mg/L
Tricloroeteno	70 mg/L
Agrotóxicos	
Alaclor	20 mg/L
Aldrin e Dieldrin	0,03 mg/L
Atrazina	2 mg/L
Bentazona	300 mg/L
Clordano (isômeros)	0,2 mg/L
2,4 D	30 mg/L
DDT (isômeros)	2 mg/L
Endossulfan	20 mg/L
Endrin	0,6 mg/L
Glifosato	500 mg/L
Heptacloro e Heptacloro epóxido	0,03 mg/L
Hexaclorobenzeno	1 mg/L
Lindano (BHC)	2 mg/L
Metolacloro	10 mg/L
Metoxicloro	20 mg/L
Molinato	6 mg/L
Pendimetalina	20 mg/L
Pentaclorofenol	9 mg/L
Permetrina	20 mg/L
Propanil	20 mg/L
Simazina	2 mg/L
Trifluralina	20 mg/L
Cianotoxinas	
Microcistinas[(8)]	1,0 mg/L
Desinfetantes e produtos secundários da desinfecção	
Bromato	0,025 mg/L
Clorito	0,2 mg/L

(continua)

(continuação)

Cloro livre[9]	5 mg/L
Monocloramina	3 mg/L
2,4,6 Triclorofenol	0,2 mg/L
Trihalometanos Total	0,1 mg/L
Padrão de radioatividade[10]	
Radioatividade alfa global	0,1 Bq/L
Radioatividade beta global	1,0 Bq/L
Padrão de aceitação para consumo humano	
Alumínio	0,2 mg/L
Amônia (como NH_3)	1,5 mg/L
Cloreto	250 mg/L
Cor Aparente	15 uH[11]
Dureza	500 mg/L
Etilbenzeno	0,2 mg/L
Ferro	0,3 mg/L
Manganês	0,1 mg/L
Monoclorobenzeno	0,12 mg/L
Odor	Não objetável[12]
Gosto	Não objetável[12]
Sódio	200 mg/L
Sólidos dissolvidos totais	1.000 mg/L
Sulfato	250 mg/L
Sulfeto de Hidrogênio	0,05 mg/L
Surfactantes	0,5 mg/L
Tolueno	0,17 mg/L
Turbidez	5 UT mg/L
Zinco	5 mg/L
Xileno	0,3 mg/L

(1) Valor máximo permitido.
(2) água para consumo humano em toda e qualquer situação, incluindo fontes individuais, como poços, minas e nascentes, dentre outras.
(3) A detecção de *Escherichia coli* deve ser preferencialmente adotada.
(4) Sistemas que analisam 40 ou mais amostras por mês.
(5) Sistemas que analisam menos de 40 amostras por mês.
(6) Unidade de Turbidez.
(7) Os valores recomendados para a concentração de íon fluoreto devem observar a legislação específica vigente relativa à fluoretação da água, em qualquer caso devendo ser respeitado o VMP dessa Tabela.
(8) É aceitável a concentração de até 10 µg/L de microcistinas em até 3 (três) amostras, consecutivas ou não, nas análises realizadas nos últimos 12 (doze) meses.
(9) Análise exigida de acordo com o desinfetante utilizado.
(10) Se os valores encontrados forem superiores aos VMP, deverá ser feita a identificação dos radionuclídeos presentes e a medida das concentrações respectivas. Nesses casos, deverão ser aplicados, para os radionuclídeos encontrados, os valores estabelecidos pela legislação pertinente da Comissão Nacional de Energia Nuclear (CNEN), para uma conclusão sobre a potabilidade da água.
(11) Unidade Hazen (mg Pt–Co/L).
(12) Critério de referência.

Fazem parte de um sistema de abastecimento de água:

- **Manancial**
  É a fonte de onde se tira o suprimento de água. A escolha do manancial deve ser condicionada tanto à disponibilidade (quantidade) como à qualidade da água.
- **Captação**
  É o conjunto de equipamentos e instalações utilizados para retirar a água do manancial.
- **Adução**
  É a parte do sistema constituída de tubulações sem derivações, que liga a captação ao tratamento ou o tratamento ao reservatório de distribuição. A adução pode ser por gravidade, recalque ou mista. Deve-se priorizar a adução por gravidade para se evitar gastos adicionais de energia.
- **Tratamento**
  O tratamento visa remover impurezas existentes na água, bem como eliminar microorganismos que causem mal à saúde, adequando a água existente no manancial ao Padrão de Potabilidade em vigor.
- **Reservatório de distribuição**
  O reservatório de distribuição é empregado para acumular água com o propósito de atender à variação do consumo horário, manter uma pressão mínima ou constante na rede e atender às demandas de emergência, como em casos de incêndio, ruptura da rede etc.
- **Rede de distribuição**
  A rede de distribuição leva a água do reservatório ou da adutora para pontos de consumo residenciais, escolas, hospitais, indústrias e demais locais a serem abastecidos na comunidade.

Para se obter água adequada em um sistema público de abastecimento é necessário que:

- as características de qualidade da água bruta, isto é, da água presente no manancial, sejam compatíveis com os processos de tratamento de água economicamente disponíveis;
- as características indicadoras da qualidade da água bruta mantenham-se suficientemente estáveis ao longo do tempo, o que implica o controle da poluição do manancial; e
- o sistema seja projetado, construído, operado e mantido para criar condições que possibilitarão obter água de forma adequada, regular, sem ocorrência de alterações sensíveis na qualidade.

A detecção dessas variações na qualidade da água no sistema de abastecimento é feita por meio de:

- inspeção sanitária periódica em todo o sistema (do manancial ao consumidor); e
- conhecimento da qualidade da água em qualquer fase do seu percurso (do manancial ao consumidor) por meio de análises da água.

Tratamento da água

Não é necessário que a água existente no manancial apresente, em estado bruto, o padrão de qualidade exigido para fins de abastecimento público. Há várias maneiras de alterar suas características para torná-la compatível com as exigências do consumidor e da saúde pública. Essa possibilidade de tratamento ou de condicionamento da água é praticamente ilimitada do ponto de vista técnico, mas imperativos de ordem econômica restringem muito sua execução.

O tratamento de água pode ser feito para atender a várias finalidades:

- *higiênicas:* remoção de bactérias, protozoários, vírus e outros microorganismos, de substâncias tóxicas ou nocivas, redução do excesso de impurezas e de teores elevados de compostos orgânicos;

- *estéticas:* correção de turbidez, cor, odor e sabor; e
- *econômicas:* redução de corrosividade, dureza, cor, turbidez, ferro, manganês etc.

A seguir, descrevemos os principais processos de tratamento de água. Eles quase nunca são utilizados isoladamente, sendo muito freqüente a associação de vários processos.

Sedimentação ou decantação

A sedimentação é eficiente na remoção da matéria em suspensão, dependendo do tamanho e da densidade das partículas existentes e do tempo disponível para o processo. Partículas grandes ou pesadas são removidas em um intervalo de tempo relativamente curto, enquanto mais tempo é exigido para materiais leves ou finamente divididos. Se a concentração dessas partículas não-sedimentáveis for excessiva, esse método sozinho não será eficiente e outros meios deverão ser empregados.

Coagulação /floculação

Essa é uma técnica de tratar a água com produtos químicos coagulantes, aplicados para agregar partículas dificilmente sedimentáveis em aglomerados que podem ser retirados mais facilmente. Os aglomerados de material sólido resultantes, chamados flocos, são removidos por sedimentação, por filtração ou por ambas as operações.

Filtração

A filtração da água pelo uso da areia, antracito, diatomita e outros materiais de granulometria fina é também capaz de remover impurezas muito leves ou finamente divididas para serem retiradas pela sedimentação.

Desinfecção

A desinfecção objetiva a destruição de organismos patogênicos e é feita usualmente pela aplicação de cloro ou compostos de cloro. A desinfecção é a única etapa do tratamento especificamente destinada ao controle da qualidade bacteriológica.

Remoção da dureza

A remoção dos elementos que conferem dureza à água, principalmente cálcio e magnésio, é chamada de *abrandamento.* Produtos químicos são adicionados para precipitação do cálcio como carbonato de cálcio e, se uma remoção maior for exigida, o magnésio é precipitado com hidróxido de magnésio. Usualmente, o processo reduz a quantidade total de sólidos dissolvidos na água. No processo de troca iônica, sais de cálcio e de magnésio são substituídos por sais de sódio, pouco alterando a quantidade total de sólidos dissolvidos.

Aeração

Esse processo pode ser utilizado para vários propósitos. Como ele remove substâncias voláteis, que podem ter influência sobre o sabor e odor da água, a aeração é algumas vezes empregada em conexão com o controle de sabor e odor. Dióxido de carbono (CO_2) em quantidade excessiva pode também ser removido dessa maneira, reduzindo-se assim o efeito corrosivo de algumas águas. Finalmente, por suprir oxigênio dissolvido, a aeração freqüentemente é útil na remoção de sais de ferro.

Remoção de ferro e manganês

Processos específicos para remoção de ferro e manganês são empregados somente em águas que contêm concentrações significativamente altas dessas substâncias, que podem causar problemas.

- *Remoção de sabor e odor*

Muitos dos processos de tratamento permitem reduzir o sabor e o odor da água. Processos especiais de controle só são necessários quando existem problemas excepcionais. Já mencionamos que alguns odores são efetivamente removidos por aeração. Outros podem requerer adsorção ou oxidação para um controle eficiente.

- *Controle de corrosão*

Esse controle é utilizado em alguns casos para remoção do excesso de dióxido de carbono (por exemplo, por aeração). Em outros casos, aumenta-se a alcalinidade da água pela aplicação de um produto químico alcalino, tal como a cal e o carbonato de sódio.

- *Fluoretação*

O objetivo desse processo é conseguir uma concentração de fluoreto na água que dê à população maior resistência a cáries dentárias.

Na Figura 8.12, mostramos o esquema de uma estação de tratamento de água convencional. Nessa estação, os coagulantes são adicionados e rapidamente dispersos na água, com o auxílio de misturadores hidráulicos ou mecânicos (mistura rápida). O sulfato de alumínio e os sais de ferro são geralmente empregados como coagulantes nas estações de tratamento.

Em águas com alcalinidade adequada, o sulfato de alumínio reage, formando o hidróxido de alumínio, que vem a constituir o floco. Quando essa alcalinidade não existe na água bruta ou se a existente é insuficiente, torna-se necessária a introdução de cal em suas diversas formas.

Após a fase de coagulação, com a aplicação de uma agitação mais branda, os coágulos dão origem a flocos de maiores dimensões. Esses flocos são constituídos basicamente dos sólidos em suspensão na água, agora coagulados, e substâncias húmicas, juntamente com os produtos da hidrólise do coagulante empregado. Os flocos separam-se da água assim clarificada por sedimentação e por filtração.

Nos decantadores ocorre a sedimentação dos flocos que contêm as partículas sólidas e os solutos de elevado peso molecular, ficando a água decantada isenta da maior parte desses materiais. Para que haja uma sedimentação eficiente, com remoção de grande porcentagem dos flocos, é necessário que haja, nos decantadores, um grande tempo de detenção (cerca de três a quatro horas nos tipos clássicos de decantador de fluxo horizontal). Durante esse processo, a velocidade de escoamento da água é baixa. O controle da quantidade, da distribuição e do tempo real de detenção da água são fatores essenciais para a eficiência da decantação.

Os flocos que não foram retirados na decantação devem ser retirados nos filtros. Os filtros são feitos de areia classificada de acordo com padrões específicos e recebem água sob vazão controlada. À medida que a água passa pelo leito filtrante, a deposição dos flocos provoca a colmatação da camada de areia, provocando um aumento da perda de carga e a necessidade de lavagem do filtro, que é feita por contrafluxo.

A desinfecção é feita pela aplicação de cloro ou de certos compostos do cloro. A quantidade de cloro necessária é aquela capaz de manter uma dosagem de cloro residual livre ou combinado ao longo do sistema de distribuição de água até as extremidades da rede.

8.7 Reúso da água

Necessidade atual de reúso

Nas regiões áridas e semi-áridas, a água tornou-se um fator limitante para o desenvolvimento urbano, industrial e agrícola. Planejadores e entidades gestoras de recursos hídricos procuram, continuamente, novas fontes de recursos para complementar a pequena disponibilidade hídrica ainda disponível.

No polígono das secas do Nordeste brasileiro, o problema é ressaltado por um anseio, que já existe há 75 anos, de transposição do Rio São Francisco, visando ao atendimento da demanda dos estados não-riparianos da região semi-árida, situados ao norte e a leste de sua bacia de drenagem. Diversos países do Oriente Médio, onde a precipitação média oscila entre 100 mm e 200 mm por ano, dependem de alguns poucos rios perenes e pequenos reservatórios de água subterrânea, geralmente localizados em regiões montanhosas, de difícil acesso. A água potável é obtida por sistemas de dessalinização da água do mar e, em razão da impossibilidade de manter uma agricultura irrigada, mais de 50% dos produtos alimentícios básicos são importados.

O fenômeno da escassez não é, entretanto, atributo exclusivo das regiões áridas e semi-áridas. Muitas regiões com recursos hídricos abundantes, mas insuficientes para atender a demandas excessivamente elevadas, também experimentam conflitos de usos e sofrem restrições de consumo que afetam o desenvolvimento econômico e a qualidade de vida. A Bacia do Alto Tietê, que abriga uma população superior a 15 milhões de habitantes e um dos maiores complexos industriais do mundo, dispõe, pela sua condição característica de manancial de cabeceira, de vazões insuficientes para a demanda da Região Metropolitana de São Paulo e municípios circunvizinhos. Essa condição tem levado à busca incessante de recursos hídricos complementares de bacias vizinhas, que trazem, como conseqüência direta, aumentos consideráveis de custo, além dos evidentes problemas legais e político-institucionais associados. Essa prática tende a se tornar cada vez menos freqüente diante da conscientização popular, arregimentação de entidades de classe e do desenvolvimento institucional dos comitês de bacias afetadas pela perda de recursos hídricos valiosos.

FIGURA 8.12

Esquema de uma estação de tratamento de água.

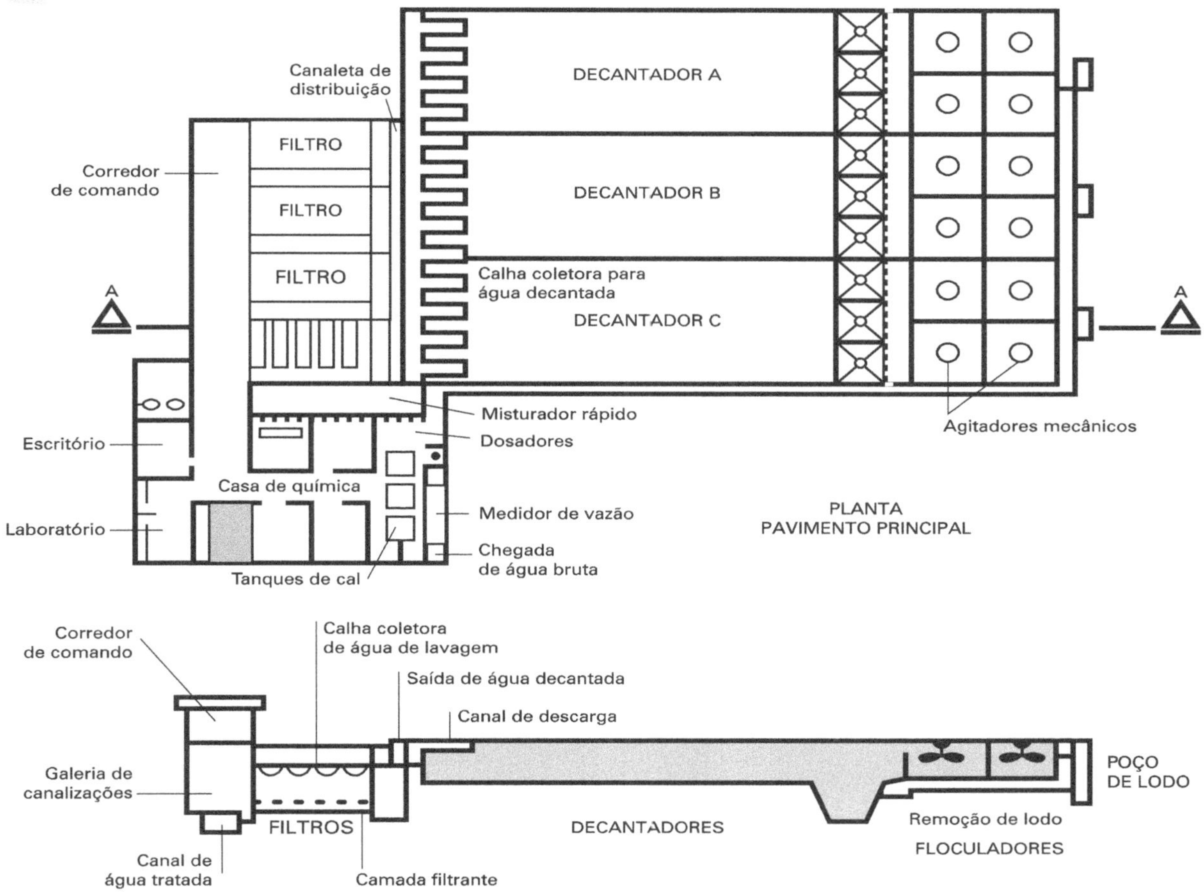

Nessas condições, o conceito de 'substituição de fontes' apresenta-se como a alternativa mais plausível para satisfazer demandas menos restritivas, liberando as águas de melhor qualidade para usos mais nobres, como o abastecimento doméstico. Em 1985, o Conselho Econômico e Social das Nações Unidas estabeleceu uma política de gestão para áreas carentes de recursos hídricos que adota o seguinte conceito: "a não ser que exista grande disponibilidade, nenhuma água de boa qualidade deve ser utilizada para usos que toleram águas de qualidade inferior".

As águas de qualidade inferior, tais como esgotos, particularmente os de origem doméstica, águas de drenagem agrícola e águas salobras, devem, sempre que possível, ser consideradas como fontes alternativas para usos menos restritivos. O uso de tecnologias apropriadas para o desenvolvimento dessas fontes é hoje, junto com a melhoria da eficiência do uso e o controle da demanda, a estratégia básica para a solução do problema da falta universal de água.

Embora a prática de reúso seja uma ferramenta bastante útil para minimizar os problemas de escassez de água, principalmente em regiões urbanas e industrializadas, a adoção dessa deve ser devidamente planejada de maneira a minimizar os riscos sobre a saúde humana e sobre o desempenho das atividades nas quais está sendo aplicado o reúso.

Formas potenciais de reúso

Graças ao ciclo hidrológico, a água é um recurso renovável. Quando reciclada por meio de sistemas naturais, é um recurso limpo e seguro que é, pela atividade antrópica, deteriorada a níveis diferentes de poluição. Entretanto, uma vez poluída, a água pode ser recuperada e reusada para fins benéficos diversos. A qualidade da água utilizada e o objeto específico do reúso estabelecerão os níveis de tratamento recomendados, os critérios de segurança a serem adotados e os custos de capital e de operação e manutenção. As possibilidades e maneiras de reúso dependem, evidentemente, de características, condições e fatores locais, tais como decisão política, esquemas institucionais, disponibilidade técnica e fatores econômicos, sociais e culturais.

A Figura 8.13 apresenta, esquematicamente, os tipos básicos de possíveis usos de esgotos tratados que podem ser implementados tanto em áreas urbanas como rurais.

FIGURA 8.13

Tipos de reúso.

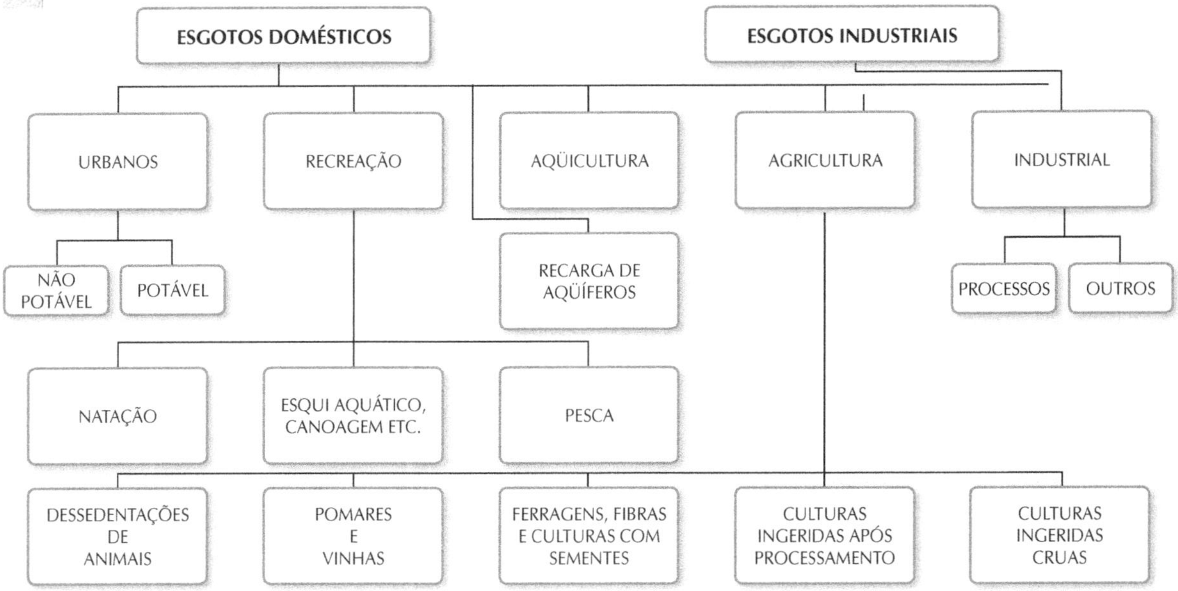

Usos urbanos

No setor urbano, o potencial de reúso de efluentes é muito amplo e diversificado. Entretanto, usos que demandam água com qualidade elevada requerem sistemas de tratamento e de controle avançados, podendo levar a custos incompatíveis com os benefícios correspondentes. De uma maneira geral, esgotos tratados podem, no contexto urbano, ser utilizados para fins potáveis e não potáveis.

Usos urbanos para fins potáveis

A presença de organismos patogênicos e de compostos orgânicos sintéticos na grande maioria dos efluentes disponíveis para reúso, principalmente naqueles oriundos de estações de tratamento de esgotos de grandes conurbações com pólos industriais expressivos, faz com que sua recuperação com o objetivo de obter água potável seja uma alternativa associada a riscos muito elevados e praticamente inaceitável. Além disso, os custos dos sistemas de tratamento avançados que seriam necessários levariam à inviabilidade econômico-financeira do abastecimento público, não havendo, ainda, diante das considerações anteriormente efetuadas, garantia de proteção adequada da saúde pública dos consumidores.

Entretanto, caso seja imprescindível implementar o reúso urbano para fins potáveis, devem ser obedecidos os seguintes critérios básicos:

Utilizar apenas sistemas de reúso indiretos

A Organização Mundial da Saúde não recomenda o reúso direto, ou seja, a conexão direta dos efluentes de uma estação de tratamento de esgotos a uma estação de tratamento de águas e, em seguida, ao sistema de distribuição.

O reúso indireto é a diluição dos esgotos, após tratamento, em um corpo hídrico (lago, reservatório ou aqüífero subterrâneo), no qual, após tempos de detenção relativamente longos, é efetuada a captação, seguida de tratamento adequado e posterior distribuição. O conceito de reúso indireto implica, evidentemente, que o corpo receptor intermediário seja um corpo hídrico não poluído, para, por meio de diluição adequada, reduzir a carga poluidora a níveis aceitáveis. A prática do reúso para fins potáveis, como vem se pretendendo efetuar em São Paulo, na qual água altamente poluída por efluentes, tanto domésticos como industriais, é revertida, sem nenhum tratamento, para outro manancial, também extensivamente poluído por esgotos domésticos e por elevadas concentrações de cobre, utilizados para controle de algas, não se classifica, portanto, como reúso indireto.

Uso exclusivo de esgotos domésticos

Em virtude da impossibilidade de identificar adequadamente a enorme quantidade de compostos de alto risco, particularmente micropoluentes orgânicos presentes em efluentes líquidos industriais, mananciais que recebem ou receberam durante períodos prolongados esses efluentes são, *a priori*, desqualificados para a prática de reúso para fins potáveis. O reúso, para fins potáveis, só pode ser praticado tendo como matéria-prima básica esgotos exclusivamente domésticos.

Na República da Namíbia, por exemplo, que vem tratando esgotos exclusivamente domésticos para fins potáveis, os esgotos industriais são coletados em rede separada e tratados independentemente. Além disso, um controle intensivo é efetuado pela municipalidade para evitar a descarga, mesmo acidental, de efluentes industriais ou compostos químicos de qualquer espécie no sistema de coleta de esgotos domésticos.

Emprego de barreiras múltiplas nos sistemas de tratamento

Os riscos elevados associados à utilização de esgotos, mesmo domésticos, para fins potáveis exigem cuidados extremos para assegurar proteção efetiva e permanente dos consumidores. Os sistemas de tratamento devem ter unidades suplementares, além daquelas teoricamente necessárias. É recomendável, quando possível, reter os esgotos já tratados em aqüíferos subterrâneos por períodos prolongados, antes de encaminhar a água para abastecimento público.

No caso da República da Namíbia, esgotos exclusivamente domésticos, coletados na cidade de Windhoek, são inicialmente tratados na estação *Gammams Sewage Treatment Works*, formada por grades, caixas de areia, decantadores primários e sistema de lodos ativados, seguidos de lagoas de maturação. O efluente da estação de Gammams é encaminhado à *Goreangab Reclamation Plant*, para a fase de potabilidade dos efluentes domésticos tratados. Essa estação trabalha com processos de pré-ozonização, coagulação-floculação em primeiro estágio, flotação com ar dissolvido, adsorção em carvão ativado em pó, coagulação-floculação em segundo estágio, sedimentação, filtros rápidos de areia, ozonização, de aeração e reciclagem de ozona, adsorção em carvão ativado granular, cloração ao *breakpoint*, correção de pH com cal e armazenamento da água potável em lençol freático por longos períodos de onde é, posteriormente, removida por meio de poços e introduzida no sistema de abastecimento público de Windhoek.

Esse sistema vem operando desde outubro de 1968, e os estudos epidemiológicos realizados até o momento demonstraram que as doenças transmissíveis prevalecentes no país (doenças diarréicas e Hepatite A) não são associadas à água reciclada que abastece a cidade.

• *Conquista da aceitação pública — responsabilização pelo empreendimento*

Os programas de reúso para fins potáveis devem ser, desde a fase de planejamento, motivo de ampla divulgação e discussão com todos os setores da sociedade, que deve dar o aval para sua implementação. Por outro lado, as responsabilidades técnica, financeira e moral que cabem às entidades encarregadas do planejamento, implementação e gestão do sistema de reúso devem ser explicitamente reconhecidas e assumidas.

Usos urbanos para fins não potáveis

Os usos urbanos não potáveis envolvem riscos menores e devem ser considerados como a primeira opção de reúso na área urbana. Entretanto, cuidados especiais devem ser tomados quando ocorre contato direto do público com a água reutilizada em gramados de parques, jardins, hotéis, áreas turísticas e campos de esporte. Os maiores potenciais desse processo são os que empregam esgotos tratados para:

- irrigação de parques e jardins públicos, centros esportivos, campos de futebol, quadras de golfe, jardins de escolas e universidades, gramados, árvores e arbustos em avenidas e rodovias;
- irrigação de áreas ajardinadas ao redor de edifícios públicos, residenciais e industriais;
- reserva de proteção contra incêndios;
- sistemas decorativos aquáticos, tais como fontes e chafarizes, espelhos e quedas-d'água;
- descarga sanitária em banheiros públicos e em edifícios comerciais e industriais; e
- lavagem de trens e ônibus públicos.

Os problemas associados ao reúso urbano para fins não potáveis são, principalmente, os custos elevados de sistemas duplos de distribuição, dificuldades operacionais e riscos potenciais de ocorrência de conexões cruzadas. Os custos, entretanto, devem ser considerados em relação aos benefícios de conservar água potável e de, eventualmente, adiar ou eliminar a necessidade de desenvolvimento de novos mananciais para abastecimento público.

Diversos países da Europa, assim como os países industrializados da Ásia localizados em regiões de escassez de água, exercem, extensivamente, a prática de reúso urbano não potável. Entre eles, o Japão vem utilizando efluentes secundários para diversas finalidades. Em Fukuoka, uma cidade com aproximadamente 1,2 milhão de habitantes, situada no sudoeste do país, diversos setores operam com rede dupla de distribuição de água, uma das quais com esgotos domésticos tratados em nível terciário (lodos ativados, desinfecção com cloro em primeiro estágio, filtração, ozonização, desinfecção com cloro em segundo estágio) para uso em descarga de banheiros em edifícios residenciais. Esse efluente tratado é também utilizado para outros fins, incluindo irrigação de árvores em áreas urbanas, para lavagem de gases e alguns usos industriais, tais como resfriamento e desodorização. Diversas outras cidades do Japão, entre elas Oita, Aomori e Tóquio, estão fazendo uso de esgotos tratados ou de outras águas de baixa qualidade para fins urbanos não potáveis, proporcionando uma economia significativa dos escassos recursos hídricos localmente disponíveis.

Usos industriais

Os custos elevados da água industrial associados às demandas crescentes têm levado as indústrias a avaliar as possibilidades internas de reúso e a considerar ofertas da companhia de saneamento para a compra de efluentes tratados a preços inferiores aos da água potável dos sistemas públicos de abastecimento. A água produzida pelo tratamento de efluentes secundários é, atualmente, um grande atrativo para abastecimento industrial a custos razoáveis. A proximidade de estações de tratamento de esgotos às áreas de grande concentração industrial contribui para a viabilização de programas de reúso industrial, uma vez que permite adutoras e custos unitários de tratamento menores.

Os usos industriais com maior potencial de aproveitamento do reúso em áreas de concentração industrial significativa são basicamente os seguintes:

- torres de resfriamento;
- caldeiras;
- construção civil, incluindo preparação e cura de concreto e para compactação do solo;
- irrigação de áreas verdes de instalações industriais, lavagens de pisos e alguns tipos de peças, principalmente na indústria mecânica; e
- processos industriais.

Dentro do critério de estabelecer prioridades para usos que já possuam demanda imediata e que não exijam níveis elevados de tratamento, é recomendável concentrar a fase inicial do programa de reúso industrial em torres de resfriamento.

Esgotos domésticos tratados têm sido amplamente utilizados como água de resfriamento em sistemas com e sem recirculação. Os esgotos apresentam uma pequena desvantagem em relação às águas naturais pelo fato de possuírem temperatura um pouco mais elevada. Em compensação, a oscilação de temperatura é muito menor nos esgotos domésticos do que em águas naturais.

Embora corresponda a apenas 17% da demanda de água não potável nas indústrias, o uso de efluentes secundários tratados, utilizados em sistemas de refrigeração, tem a vantagem de requerer qualidade independentemente do tipo de indústria e de atender, ainda, a outros usos menos restritivos, tais como lavagem de pisos e equipamentos e como água de utilidade em indústrias mecânicas e metalúrgicas.

Além disso, a qualidade de água adequada para refrigeração de sistemas semi-abertos é compatível com outros usos urbanos não potáveis, tais como irrigação de parques e jardins, lavagem de vias públicas, construção civil, formação de lagos para algumas modalidades de recreação e para efeitos paisagísticos. Os sistemas de tratamento para reúso em unidades de refrigeração semi-abertos, por exemplo, são relativamente simples e devem produzir efluentes capazes de evitar corrosão ou formação de depósitos, crescimento de microorganismos, formação excessiva de escuma e delignificação de torres de refrigeração construídas em madeira.

Outros usos que podem ser considerados nas fases posteriores da implementação de um programa metropolitano de reúso incluem água para produção de vapor, para lavagem de gases de chaminés e para processos industriais específicos, tais como manufatura de papel e papelão, indústria têxtil, de material plástico e produtos químicos, petroquímicas, curtumes, construção civil etc. Essas modalidades de reúso envolvem sistemas de tratamento avançados e demandam, conseqüentemente, níveis de investimento elevados.

Reúso e conservação devem, também, ser estimulados nas próprias indústrias por meio da adoção de processos industriais e de sistemas de lavagem com baixo consumo de água, assim como em estações de tratamento de água para abastecimento público, por meio da recuperação e do reúso das águas de lavagem de filtros e de decantadores.

Na região metropolitana de São Paulo existe um grande potencial para uso de efluentes das estações de tratamento de esgotos para fins industriais. A estação de tratamento de esgotos de Barueri poderia abastecer, com efluentes tratados, uma área industrial relativamente importante nas regiões de Barueri, Carapicuíba, Osasco e o setor industrial ao longo do Rio Cotia, nas imediações da rodovia Raposo Tavares.

Da mesma maneira, a estação de Suzano poderia abastecer indústrias concentradas nas regiões de Poá, Suzano e, eventualmente, de Itaquaquecetuba e Mogi das Cruzes.

Usos agrícolas

Diante das grandes vazões envolvidas (chegando a até 80% do uso consuntivo em alguns países), especial atenção deve ser atribuída ao reúso para fins agrícolas. A agricultura depende, atualmente, de suprimento de água de tal nível que a sustentabilidade da produção de alimentos não poderá ser mantida sem o desenvolvimento de novas fontes de suprimento e a gestão adequada dos recursos hídricos convencionais. Essa condição crítica é fundamentada no fato de que o aumento da produção não pode mais ser efetuado por mera expansão de terra cultivada.

Com poucas exceções, tais como áreas significativas do Nordeste brasileiro que vêm sendo recuperadas para uso agrícola, a terra arável, em nível mundial, aproxima-se muito rapidamente de seus limites de expansão. A Índia já explorou praticamente 100% de seus recursos de solo arável, enquanto Bangladesh dispõe de apenas 3% para expansão lateral. O Paquistão, as Filipinas e a Tailândia ainda têm um potencial de expansão de aproximadamente 20%. A taxa global de expansão de terra arável diminuiu de 0,4% durante a década 1970–79 para 0,2% durante o período 1980–1987. Nos países em vias de desenvolvimento e em estágio de industrialização acelerada, a taxa de crescimento também caiu de 0,7% para 0,4%.

Durante as duas últimas décadas, o uso de esgotos para irrigação de culturas aumentou significativamente em razão dos seguintes fatores:

- dificuldade crescente de identificar fontes alternativas de águas para irrigação;
- custo elevado de fertilizantes;
- a segurança de que os riscos de saúde pública e os impactos sobre o solo são mínimos, se as precauções adequadas forem efetivamente tomadas;
- os custos elevados dos sistemas de tratamento necessários para descarga de efluentes em corpos receptores;
- a aceitação sociocultural da prática do reúso agrícola; e
- o reconhecimento, pelos órgãos gestores de recursos hídricos, do valor intrínseco da prática.

Estima-se que, na região do Alto Tietê, a jusante do Reservatório de Ponte Nova até as imediações de Guarulhos, seria possível, com o atendimento da demanda agrícola por meio dos esgotos coletados dos municípios da região, dispor de aproximadamente 3 m^3 por segundo adicionais de água de boa qualidade para abastecimento público.

Na região da influência da ETE Suzano, por exemplo, existe uma grande área de uso agrícola irrigada com água de qualidade elevada. Essa área concentra-se em particular ao longo do Rio Taiaçupeba, distante, aproximadamente, oito quilômetros da ETE Suzano. É muito provável, entretanto, que a elevada concentração de efluentes industriais recebidos na ETE Suzano torne seus efluentes incompatíveis para o reúso agrícola.

A aplicação de esgotos no solo é uma forma efetiva de controle da poluição e uma alternativa viável para aumentar a disponibilidade hídrica em regiões áridas e semi-áridas. Os maiores benefícios dessa prática são os associados aos aspectos econômicos, ambientais e de saúde pública.

Benefícios econômicos do reúso agrícola

Os benefícios econômicos são auferidos graças ao aumento da área cultivada e da produtividade agrícola, que são mais significativos se o reúso for aplicado em áreas onde se depende apenas de irrigação natural proporcionada pelas águas das chuvas. Um exemplo notável de recuperação econômica associada à disponibilidade de esgotos para irrigação é o caso do Vale de Mesquital, no México, onde a renda agrícola aumentou de quase zero no início do século, quando os esgotos da Cidade do México foram postos à disposição da região, até aproximadamente 4 milhões de dólares americanos por hectare, em 1990.

Estudos efetuados em diversos países demonstraram que a produtividade agrícola aumenta significativamente em sistemas de irrigação com esgotos adequadamente administrados. A Tabela 8.4 mostra os resultados experimentais efetuados em Nagpur, Índia, pelo Instituto Nacional de Pesquisas de Engenharia Ambiental (Neeri), que investigou os efeitos da irrigação com esgotos sobre as culturas produzidas.

TABELA 8.4

Aumento da produtividade agrícola (ton/ha/ano) possibilitada pela irrigação com esgotos domésticos.

Irrigação efetuada com	Trigo 8 anos (*)	Feijão 5 anos (*)	Arroz 7 anos (*)	Batata 3 anos (*)	Algodão 3 anos (*)
Esgoto bruto	3,34	0,90	2,97	23,11	2,56
Efluente primário	3,45	0,87	2,94	20,78	2,30
Efluente de lagoa de estabilização	3,45	0,78	2,98	22,31	2,41
Água + NPK	2,70	0,72	2,03	17,16	1,70

(*) Número de anos para cálculo da produtividade média
Fonte: Instituto Nacional de Pesquisas de Engenharia Ambiental (Neeri)

Efluentes de sistemas convencionais de tratamento, tais como lodos ativados, têm uma concentração típica de 15 mg/litro de N total e 3 mg/litro de P total, proporcionando, portanto, às taxas usuais de irrigação em zonas semi-áridas (aproximadamente dois metros por ano) uma aplicação de N e P de 300 kg/ha/ano e 60 kg/ha/ano, respectivamente. Essa aplicação de nutrientes reduz substancialmente, ou mesmo elimina, a necessidade do emprego de fertilizantes comerciais. Além dos nutrientes (e dos micronutrientes não disponíveis em fertilizantes sintéticos), a aplicação de esgotos proporciona a adição de matéria orgânica, que age como um condicionador do solo, aumentando sua capacidade de reter água.

O aumento de produtividade não é, entretanto, o único benefício, uma vez que se torna possível ampliar a área irrigada e, quando as condições climáticas permitem, efetuar colheitas múltiplas praticamente durante todo o ano.

A prática de aqüicultura fertilizada com esgotos ou com excreta também representa uma fonte de receita substancial em diversos países, entre os quais Bangladesh, Índia, Indonésia e Peru. O sistema de lagoas, operando há muitas décadas em Calcutá, é o maior sistema existente atualmente, utilizando apenas esgotos como fonte de alimentos para a produção de peixes. Dados de 1987 indicam uma área total de lagoas com aproximadamente 3 mil hectares e uma produção anual entre 4 t/hectare a 9 t/hectare, que supre quase exclusivamente o mercado local. Outros dados sobre os benefícios econômicos da aqüicultura fertilizada com excreta ou com esgotos podem ser encontrados na literatura especializada.

Benefícios ambientais e à saúde pública

Sistemas de reúso planejados e administrados adequadamente trazem melhorias ambientais e de condições de saúde, entre as quais podemos citar:

- evita a descarga de esgotos em corpos de água;
- preserva recursos subterrâneos, principalmente em áreas onde a utilização excessiva de aqüíferos provoca intrusão de cunha salina ou subsidência de terrenos;
- permite a conservação do solo por meio da acumulação de 'húmus' e aumenta a resistência à erosão; e
- contribui, principalmente em países em desenvolvimento, para o aumento da produção de alimentos, elevando assim os níveis de saúde, a qualidade de vida e as condições sociais de populações associadas aos esquemas de reúso.

Apesar disso, alguns efeitos negativos podem ocorrer com o uso de esgotos na irrigação. Um efeito potencialmente negativo é a poluição, particularmente por nitratos, de aqüíferos subterrâneos, utilizados para abastecimento de água. Isso ocorre quando uma camada insaturada e altamente porosa situa-se sobre o aqüífero, permitindo a percolação de nitratos. Entretanto, se houver uma camada profunda e homogênea capaz de reter nitratos, a possibilidade de contaminação é bastante pequena. A assimilação de nitrogênio pelas culturas reduz a possibilidade de contaminação por nitrato, mas isso depende das taxas de assimilação pelas plantas e das taxas de aplicação de esgotos no solo.

O acúmulo de contaminantes químicos no solo é outro efeito negativo que pode ocorrer. Dependendo das características dos esgotos, a prática da irrigação por longos períodos pode levar à acumulação de compostos tóxicos, orgânicos e inorgânicos, e ao aumento significativo de salinidade em camadas insaturadas. Para evitar esse problema, a irrigação deve ser efetuada com esgotos de origem predominantemente doméstica. A necessidade de um sistema adequado de drenagem também deve ser considerada, visando minimizar o processo de salinização de solos irrigados com esgotos. Da mesma maneira, a aplicação de esgotos por períodos muito longos pode levar à criação de hábitats propícios à proliferação de vetores transmissores de doenças, tais como mosquitos e algumas espécies de caramujos. Nesse caso, devem ser empregadas técnicas integradas de controle de vetores para proteger os grupos de risco correspondentes.

Recarga de aqüíferos

Os aqüíferos subterrâneos são continuamente realimentados por zonas ou áreas de recarga ou diretamente por irrigação ou precipitações, o que, eventualmente, pode resultar em poluição de suas águas. A engenharia de recursos hídricos desenvolveu, com a finalidade de aumentar a disponibilidade de água e eventualmente de resolver problemas localizados, a tecnologia de recarga artificial, utilizando efluentes adequadamente tratados.

A recarga de aqüíferos com efluentes tratados tem os seguintes objetivos:

1) prevenir a intrusão de cunha salina em aqüíferos costeiros;
2) proporcionar tratamento adicional de efluentes para uso futuro;
3) aumentar a disponibilidade de água em aqüíferos potáveis ou não potáveis;
4) proporcionar reservatórios de água para uso futuro; e
5) prevenir subsidência do solo.

O bombeamento excessivo de água subterrânea de aqüíferos adjacentes a áreas costeiras pode provocar a intrusão de água salina, tornando-os inadequados como fontes de água potável ou para outros usos que não toleram salinidade elevada. Baterias de poços de injeção são construídas em áreas críticas, criando barreiras para evitar a intrusão salina. Efluentes tratados são injetados nos aqüíferos confinados, estabelecendo um gradiente hidráulico no sentido do mar, que previne a penetração de água salgada no aqüífero. Essa metodologia poderá ser aplicada no Brasil em áreas afetadas pela salinização de aqüíferos costeiros, como, por exemplo, em Recife, onde o bombeamento excessivo de água subterrânea para usos diversos provoca sua salinização.

Um projeto similar foi implantado no Sultanato de Omã, nas regiões de Mascate, no Golfo de Omã, e em Salalah, no Mar Arábico. Nesse caso, a excessiva extração de água dos aqüíferos subterrâneos provocou, além da penetração da cunha salina a distâncias superiores a dez quilômetros da costa, a subsidência de solos em grande parte da região costeira. Ambos os problemas foram resolvidos com a injeção de efluentes tratados em baterias de poços adequadamente localizados ao longo do litoral afetado.

A infiltração e a percolação de efluentes tratados beneficiam-se da capacidade natural de biodegradação e filtração dos solos, proporcionando um tratamento *in situ*, permitindo — em função do tipo de efluente considerado, dos métodos de recarga, de condições hidrogeológicas e dos usos previstos — eliminar a necessidade de sistemas de tratamento avançados. A recarga contribui para a perda de identidade entre efluentes tratados e a água subterrânea, reduzindo o impacto psicológico do reúso para fins benéficos diversos.

Além disso, os aqüíferos subterrâneos são reservatórios naturais e elementos de transporte de efluentes tratados. O uso de água para irrigação, que apresenta características sazonais, requer grandes reservatórios para armazenamento ou métodos alternativos de descargas nos períodos de baixa demanda. Esses reservatórios, além de necessitarem de grandes áreas de instalações e de serem inviáveis economicamente, estão associados a perdas por evaporação, *blooms* de algas e deterioração da qualidade das águas que armazenam. Os reservatórios subterrâneos operam como sistemas de distribuição naturais, eliminando os custos relativos às instalações de transporte de efluentes tratados.

O tratamento solo aqüífero – TSA

A recarga por meio de poços, além de ser dispendiosa, requer o tratamento avançado dos efluentes antes do processo de injeção em aqüíferos. Entretanto, nos locais em que as condições hidrogeológicas permitem, a recarga efetuada em instalações superficiais de infiltração permite obter níveis de tratamento consideráveis graças ao movimento dos efluentes pelo solo, zona insaturada e no próprio aqüífero. Os custos associados aos sistemas TSA são, em média, 40% inferiores aos custos de sistemas de tratamento convencionais equivalentes que operam na superfície.

8.8 Tratamento de esgotos

Esgoto é o termo usado para caracterizar os despejos provenientes dos diversos usos da água, como o doméstico, comercial, industrial, agrícola, em estabelecimentos públicos e outros.

Esgotos sanitários são os despejos líquidos constituídos de esgotos domésticos e industriais lançados na rede pública e águas de infiltração.

Resíduo líquido industrial é o esgoto resultante dos processos industriais. Dependendo do tipo de indústria, ele possui características muito específicas; daí a necessidade de se estudar, com o objetivo de tratamento e disposição, cada tipo de despejo isoladamente. Esgotos industriais lançados na rede pública são resíduos líquidos industriais devidamente condicionados de modo a respeitar os padrões de lançamento estabelecidos.

Os esgotos domésticos — a parcela mais significativa dos esgotos sanitários — provêm, principalmente, de residências e de edificações públicas e comerciais que concentram aparelhos sanitários, lavanderias e cozinhas. Apesar de variarem em função dos costumes e condições socioeconômicas das populações, os esgotos domésticos têm características bem definidas. Resultantes do uso da água pelo homem em função dos seus hábitos higiênicos e de suas necessidades fisiológicas, os esgotos domésticos compõem-se, basicamente, das águas de banho, urina, fezes, restos de comida, sabões, detergentes e águas de lavagem.

Partes constituintes dos sistemas de esgotos sanitários

Coletores

- Coletor predial: canalização que conduz os esgotos sanitários dos edifícios.
- Coletor de esgotos ou coletor secundário: canalização de pequeno diâmetro que recebe efluentes dos coletores prediais.
- Coletor tronco: canalização principal, de maior diâmetro, que recebe os efluentes de vários coletores de esgotos, conduzindo-os a um interceptor e emissário.

Interceptores

Canalizações de grande porte que interceptam o fluxo dos coletores com a finalidade de proteger cursos de água, lagos, praias etc., evitando descargas diretas.

- *Emissário:* conduto final de um sistema de esgotos sanitários, destinado ao afastamento dos efluentes da rede para o ponto de lançamento (descarga), sem receber contribuições no caminho.

- *Estações elevatórias:* instalações eletromecânicas para elevar os esgotos sanitários, com o objetivo de evitar o aprofundamento excessivo das canalizações, proporcionar a transposição de sub-bacias, a entrada nas estações de tratamento ou a descarga final no corpo de água receptor.
- *Sifões invertidos:* canalizações rebaixadas que funcionam sob pressão, destinadas à travessia de canais, obstáculos etc.
- *Órgãos complementares:* obras e instalações complementares dos sistemas de esgotos sanitários; compreendem poços de visita, tanques fluxíveis etc. Poços de visita são câmaras de inspeção que possibilitam o acesso de funcionários do serviço, bem como a introdução de equipamentos de limpeza. Eles também são utilizados como elementos para a junção de coletores, mudança de declividade etc.
- *Estações de tratamento de esgotos (ETEs):* têm por objetivo reduzir a carga poluidora dos esgotos sanitários antes de seu lançamento no corpo de água receptor.
- *Obras de lançamento final:* destinadas a descarregar de forma conveniente os esgotos sanitários no corpo de água receptor.

Os esgotos sanitários e o meio ambiente

É importante conhecer os esgotos sanitários, tanto no que diz respeito à sua composição quantitativa quanto à sua composição qualitativa.

A quantidade de esgoto sanitário produzido diariamente pode variar bastante não só de uma comunidade para outra, como também dentro de uma mesma comunidade em função de:

- hábitos e condições socioeconômicas da população;
- existência ou não de ligações clandestinas de águas pluviais na rede de esgoto;
- construção, estado de conservação e manutenção das redes de esgoto, que implicam uma maior ou menor infiltração;
- clima;
- custo e medição da água distribuída;
- pressão e qualidade da água distribuída na rede de água; e
- estado de conservação dos aparelhos sanitários e vazamentos de torneiras.

Além das variações quantitativas, as características dos esgotos sanitários variam qualitativamente em função da composição da água de abastecimento e dos diversos usos dessa água. De um modo geral, podemos dizer que, não ocorrendo grande contribuição de despejos industriais, os esgotos sanitários constituem-se, aproximadamente, de 99,9% de líquido e 0,1% de sólido, em peso.

O líquido em si nada mais é do que um meio de transporte de inúmeras substâncias orgânicas, inorgânicas e microorganismos eliminados pelo homem diariamente. Os sólidos são responsáveis pela deterioração da qualidade do corpo de água que recebe os esgotos e, portanto, seu conhecimento revela-se muito importante para o conhecimento de qualquer sistema de tratamento de esgotos.

É muito grande o número de substâncias que compõem os esgotos sanitários. Assim, para caracterização do esgoto, utilizam-se determinações físicas, químicas e biológicas, cujas grandezas (valores) permitem conhecer o seu grau de poluição e, conseqüentemente, dimensionar e medir a eficiência das estações de tratamento de esgotos.

Os esgotos sanitários contêm, ainda, inúmeros organismos vivos, tais como bactérias, vírus, vermes e protozoários que, em sua maioria, são liberados junto com os dejetos humanos. Alguns são de suma importância no tratamento de águas residuárias, pois decompõem a matéria orgânica complexa, transformando-a em compostos orgânicos mais simples e estáveis; outros, denominados organismos patogênicos, são causadores de doenças.

A disposição adequada dos esgotos é essencial para a proteção da saúde pública. Muitas infecções podem ser transmitidas de uma pessoa doente para outra sadia por diferentes caminhos, envolvendo as excreções humanas. Os esgotos podem contaminar a água, os alimentos, os utensílios domésticos, as mãos, o solo ou serem transportados por vetores, como moscas e baratas, provocando novas infecções.

Epidemias de febre tifóide, cólera, disenterias, hepatite infecciosa e inúmeros casos de verminoses — algumas das doenças que podem ser transmitidas pela disposição inadequada dos esgotos — são responsáveis por elevados índices de mortalidade em países em desenvolvimento. As crianças são suas vítimas mais freqüentes, uma vez que a associação dessas doenças à subnutrição é, geralmente, fatal. A redução do índice de mortalidade infantil, a elevação da expectativa de vida e a redução da ocorrência das verminoses que, via de regra, não são letais, mas desgastam o ser humano, somente podem ser alcançadas por meio da correta disposição dos esgotos.

Outra importante razão para tratar os esgotos é a preservação do meio ambiente. As substâncias presentes nos esgotos exercem ação deletéria nos corpos de água: a matéria orgânica pode ocasionar a exaustão do oxigênio dissolvido, causando morte de peixes e outros organismos aquáticos, escurecimento da água e aparecimento de maus odores; é possível que os detergentes presentes nos esgotos provoquem a formação de espumas em pontos de agitação da massa líquida; defensivos agrícolas determinam a morte de peixes e outros animais. Os nutrientes exercem uma forte 'adubação' da água, provocando o crescimento acelerado de vegetais microscópios que conferem odor e gosto desagradáveis.

Processos e grau de tratamento dos esgotos

Os processos de tratamentos podem ser classificados em função dos meios empregados na remoção ou transformação e de acordo com o grau de eficiência obtido por um ou mais dispositivos de tratamento. Essas duas classificações são detalhadas a seguir.

Processos de tratamento em função dos meios empregados na remoção ou transformação das características dos esgotos.

Remoção de sólidos grosseiros em suspensão

- crivos
- grades
- desintegradores

Remoção de sólidos grosseiros sedimentáveis

- caixa de areia
- centrifugadores

Remoção de óleos, graxa e substâncias flutuantes análogas

- tanques de retenção de gorduras
- tanques de flotação
- decantadores com removedores de escuma

Remoção de material miúdo em suspensão

- tanques de flotação
- tanques de precipitação química
- filtros de areia

Remoção de substâncias orgânicas dissolvidas, semidissolvidas e finamente divididas

- irrigação de grandes superfícies
- campo de nitrificação com finalidade agrícola
- campos de nitrificação sem finalidade agrícola
- filtros biológicos
- lagoas de estabilização
- tanques de lodos ativados
- tanques sépticos
- valos de oxidação ou sistemas de oxidação total

Remoção de odores e controle de doenças transmissíveis

- cloração
- reagentes químicos
- instalações biológicas

Processos de tratamento em função da eficiência das unidades

É comum classificar as instalações de tratamento em função do grau de redução dos sólidos em suspensão e da chamada demanda bioquímica de oxigênio proveniente da eficiência de uma ou mais unidades de tratamento.

Tratamento preliminar

- remoção de sólidos grosseiros
- remoção de gorduras
- remoção de areia

Tratamento primário

- decantação
- secagem do lodo
- flotação
- sistemas compactos (decantação e digestão)
- digestão do lodo

Tratamento secundário

- filtração biológica
- lagoas de estabilização (podem ser construídas em um tratamento 'unitário')
- processos de lodos ativados
- decantação intermediária ou final

Tratamento avançado

- remoção de nutrientes
- remoção de complexos orgânicos

A Figura 8.14 mostra um esquema de um sistema de tratamento de esgotos, incluindo o pré-tratamento, ou preliminar, tratamento primário e tratamento secundário por filtros biológicos e por lodos ativados.

FIGURA 8.14

Disposição esquemática de uma estação de tratamento de esgoto.

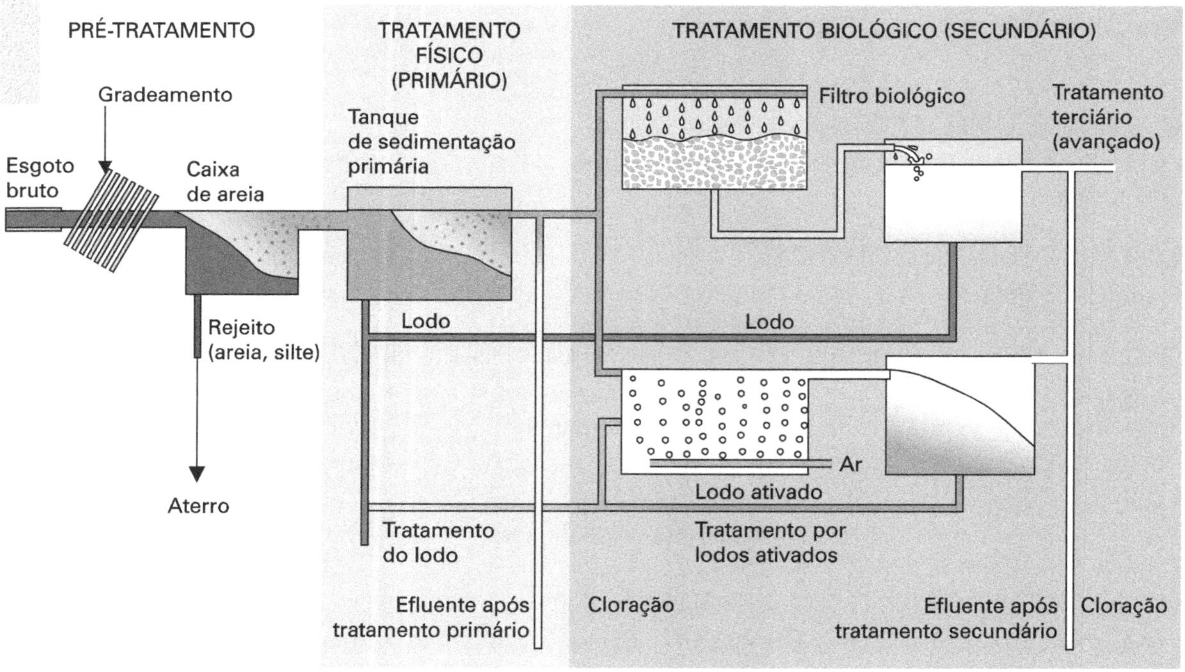

O tratamento avançado é específico para remoção de determinados poluentes. A Figura 8.15 mostra um esquema de tratamento avançado para retirada de certos poluentes.

FIGURA 8.15

Esquema para retirada de determinados poluentes por tratamento avançado.

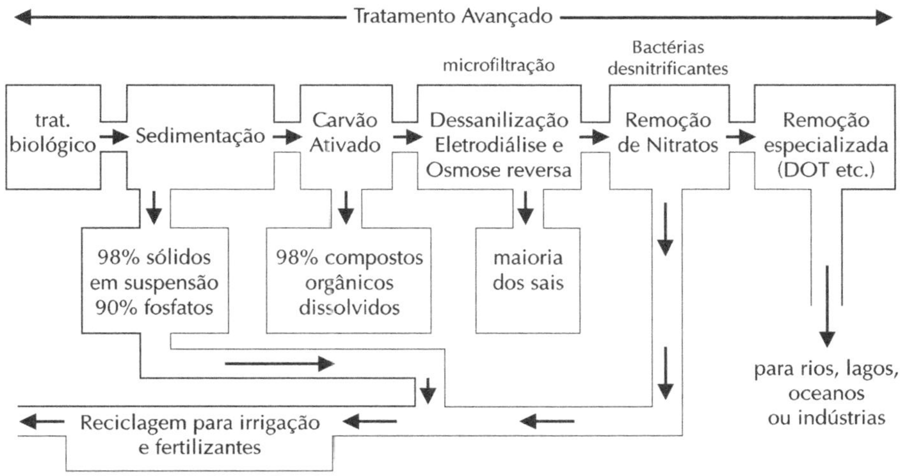

O grau necessário a ser alcançado em um determinado tratamento de esgotos sanitários varia de um lugar para outro e depende dos seguintes requisitos:

- usos preponderantes das águas receptoras a jusante do ponto de lançamento dos esgotos;
- capacidade do corpo de água em assimilar, por diluição e autodepuração, o líquido tratado;
- exigências legais estabelecidas pelos órgãos de controle de poluição para o corpo receptor; e
- usos específicos do efluente tratado (reúso industrial, agrícola, recarga de aqüíferos etc.).

8.9 A importância da manutenção da qualidade das águas naturais

Enquadramento dos cursos de água naturais

Os cursos de água são classificados de acordo com seus respectivos usos. Para cada um deles são estabelecidos limites máximos de características que a água pode apresentar chamados de *Padrões de Qualidade*. O dispositivo legal em vigor no Brasil é a Resolução nº 357 do Conselho Nacional do Meio Ambiente (Conama), de 17.03.2005, que revogou a Resolução nº 20, de 18.06.1986. A Resolução nº 357/2005 classifica as águas de acordo com seus usos preponderantes (Tabela 8.5), estabelecendo limites e/ou condições para os diferentes usos e atribui valores a aproximadamente 100 parâmetros para as cinco diferentes classes.

TABELA 8.5

Classificação das águas doces brasileiras, segundo seus usos preponderantes, de acordo com a Resolução Conama nº 357/2005.

Classe	Principais usos
	Águas doces
Classe especial	a) Consumo humano com desinfecção. b) Preservação do equilíbrio natural das comunidades aquáticas. c) Preservação dos ambientes aquáticos em unidades de conservação de proteção integral.
Classe 1	a) Consumo humano, após tratamento simplificado. b) Proteção das comunidades aquáticas. c) Recreação de contato primário (natação, esqui aquático e mergulho). d) Irrigação de hortaliças que são consumidas cruas e de frutas que se desenvolvem rentes ao solo e que sejam ingeridas cruas sem remoção de películas. e) Proteção de comunidades aquáticas em terras indígenas.

(continua)

(continuação)

Classe	Principais usos
	Águas doces
Classe 2	a) Consumo humano após tratamento convencional. b) Proteção das comunidades aquáticas. c) Recreação de contato primário. d) Irrigação de hortaliças e plantas frutíferas, de parques e jardins e campos de esporte e lazer, com os quais o público possa vir a ter contato direto. e) Aqüicultura e atividade de pesca.
Classe 3	a) Consumo humano após tratamento convencional ou avançado. b) Irrigação de culturas arbóreas, cerealíferas e forrageiras. c) Dessedentação de animais.
Classe 4	a) Navegação. b) Harmonia paisagística.
	Águas salinas
Classe especial	a) Preservação de ambientes aquáticos em unidades de conservação de proteção integral. b) Preservação do equilíbrio natural das comunidades aquáticas.
Classe 1	a) Recreação de contato primário. b) Proteção das comunidades aquáticas. c) Aqüicultura e atividade de pesca.
Classe 2	a) Pesca amadora. b) Recreação de contato secundário.
Classe 3	a) Navegação. b) Harmonia paisagística.
	Águas salobras
Classe especial	a) Preservação de ambientes aquáticos em unidades de conservação de proteção integral. b) Preservação do equilíbrio natural das comunidades aquáticas.
Classe 1	a) Recreação de contato primário. b) Proteção das comunidades aquáticas. c) Aqüicultura e atividade de pesca. d) Consumo humano, após tratamento convencional ou avançado. e) Irrigação de hortaliças que são consumidas cruas; de frutas que se desenvolvem rentes ao solo e que sejam ingeridas cruas sem remoção de películas e irrigação de parques e jardins, campos de esporte e lazer, com os quais o público possa vir a ter contato direto.
Classe 2	a) Pesca amadora. b) Recreação de contato secundário.
Classe 3	a) Navegação. b) Harmonia paisagística.

Essa Resolução estabelece, ainda, que não poderá haver qualquer lançamento de efluentes em águas classificadas na Classe Especial e dita alguns valores básicos dos indicadores de qualidade de água a serem obedecidos pelos lançamentos de efluentes em corpos de água das demais quatro classes para águas doces.

O controle do lançamento de efluentes deve ser feito de maneira que os cursos de água mantenham-se dentro das condições estabelecidas pelas respectivas classes. Esse é um instrumento de planejamento bastante interessante por permitir estabelecer a qualidade que cada curso de água deverá manter, de forma a atender seus usos específicos.

9 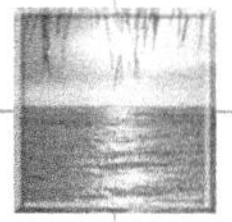 O meio terrestre

9.1 Introdução

O solo pode ser estudado por suas características físicas, químicas e biológicas, com o objetivo de conhecermos suas propriedades e utilizá-lo no atendimento das necessidades humanas sem degradar o ambiente.

Inicialmente, os homens nômades percebiam o solo apenas como um suporte para si, para seus deslocamentos e para a flora e a fauna de que eles desfrutavam. Com o passar do tempo, o solo passou a ser essencial para semear e obter a germinação e o desenvolvimento de alimento, surgindo, assim, a agricultura primitiva e itinerante. À melhoria advinda da capacidade de extrair seu sustento da terra cultivada somaram-se outras vantagens para a fixação do homem em um local.

O uso do solo cultivado pelo homem sedentário foi se expandindo com o crescimento populacional e o progressivo domínio da energia (fogo, queimada, utensílios para manejo do solo pelo homem e por animais domesticados), criando condições para romper equilíbrios ecológicos mais que milenares. Em conseqüência, a fertilidade e a produtividade naturais dos solos foram reduzindo-se. Enquanto a alternativa do deslocamento para outras terras foi possível, a sobrevivência foi assegurada. Entretanto, no caso de grandes civilizações que dependiam das facilidades e características locais (abrigo, edificações, vias, equipamentos públicos etc.) para viver e que eram de reprodução mais difícil ou impossível, essa perda de fertilidade e produtividade foi fatal. Em sua esteira, muitos povos e culturas sumiram sem deixar vestígios. Outros tantos deixaram apenas a memória de suas culturas e a certeza, cada vez mais evidente, de que seu desaparecimento retardou o progresso social, tecnológico e econômico da humanidade.

Desde então, a humanidade vem se preocupando em conhecer novas maneiras de preservar o solo como fonte de seu sustento, formando tanto a cultura oral e familiar como a que vem sendo consolidada e sistematizada de maneira científica por toda a sociedade. Mais recentemente, a explosão demográfica e produtiva que a Revolução Industrial deflagrou mudou a escala do problema. De um problema local, limitado àquelas áreas de solo em rápido processo de degradação, perda de fertilidade e subseqüente desertificação, transformou-se em problema de interesse de toda a humanidade, à medida que a interdependência econômica e social dos povos *tornou a fome uma calamidade que afeta a todos,* deixando claro que o bem-estar e a qualidade de vida da humanidade dependem da preservação do equilíbrio dos ecossistemas na Terra.

A rica Mesopotâmia de 6 mil anos atrás se transformou, em boa parte, em áreas desérticas em razão da exploração imprópria de seus solos e da irrigação tecnicamente deficiente, que levou à sua salinização. Estimativas das Nações Unidas indicam uma perda anual de 26 bilhões de dólares norte-americanos em decorrência da diminuição da produtividade agrícola por desertificação em nosso planeta.

É sob a perspectiva de componente de um ecossistema e de um problema de amplo interesse que devem ser entendidos os conceitos e as propriedades do solo aqui apresentados, muitos dos quais relatados em outras disciplinas de cursos técnicos e superiores, em atendimento a objetivos mais específicos e imediatos. É ainda sob esse enfoque ecológico que o meio terrestre deve ser compreendido em face do desafio ambiental.

9.2 Conceito, composição e formação dos solos

Conceito de solo

O conceito de solo pode ser diferente de acordo com o objetivo mais imediato de sua utilização. Para o agricultor e o agrônomo, esse conceito destacará suas características de suporte da produção agrícola. Para o engenheiro civil, o solo é importante por sua capacidade de suportar cargas ou de se transformar em material de construção. Para o engenheiro de minas, o solo é importante como jazida mineral ou como o material solto que cobre e dificulta a exploração dessa jazida. Para o economista, o solo é um fator de produção. Já o ecologista vê o solo como o componente da biosfera no qual se dão os processos de produção e decomposição que reciclam a matéria, mantendo o ecossistema em equilíbrio.

De um modo geral, o solo pode ser conceituado como um manto superficial formado por rocha desagregada e, eventualmente, cinzas vulcânicas, em mistura com matéria orgânica em decomposição, contendo, ainda, água e ar em proporções variáveis e organismos vivos.

Composição do solo

A proporção de cada um dos componentes pode variar de um solo para outro. Mesmo em um solo de determinado local, as proporções de água e ar variam sazonalmente, com os períodos de maior ou menor precipitação. Em termos médios de ordem de grandeza, os componentes podem ser encontrados na seguinte proporção:

- 45% de elementos minerais
- 25% de ar
- 25% de água
- 5% de matéria orgânica

A matéria sólida mineral é, preponderantemente, proveniente de rochas desagregadas no próprio local ou em locais distantes, trazidas pela água e pelo ar. A desagregação das rochas se dá por ações físicas, químicas e, em menor proporção, biológicas, as quais constituem o que se denomina de *intemperismo*. Em proporções relativamente pequenas na escala de tempo geológica, essa parte sólida pode provir de cinzas vulcânicas.

As principais ações físicas que provocam a desagregação do solo são a erosão pela água e pelo vento, variações bruscas de temperatura, com formação de tensões residuais nas rochas, e o congelamento de água em fissuras, com ação de cunha decorrente da sua dilatação entre 4°C e 0°C etc. As ações químicas mais comuns ocorrem sobre as rochas calcárias atacadas pelas águas que contenham gás carbônico dissolvido e, em situações específicas de poluição atmosférica, que contenham também outros íons ácidos (*chuvas ácidas*).

A parte líquida é fundamentalmente constituída por água proveniente de precipitações, tais como: chuvas, sereno, neblina, orvalho e degelo de neve e geleiras, que contenham em solução (destacando-se pela importância a coloidal) substâncias originalmente presentes nas fases sólida e gasosa. A parte gasosa é proveniente do ar existente na superfície e, em proporções variáveis, dos gases da biodegradação de matéria orgânica nos quais predomina o dióxido de carbono (biodegradação aeróbia) e outros como o metano (biodegradação anaeróbia). A parte orgânica é proveniente da queda de folhas, frutos, galhos e ramos, além de restos de animais, excrementos e outros resíduos, em diferentes estágios de decomposição, em fase sólida ou líquida. É da biodegradação dessa matéria orgânica que resulta o *húmus* do solo, responsável, em boa parte, pelas suas características agrícolas (produção primária) e várias de suas propriedades físicas.

Em termos de produção primária, porém, mais importante do que a proporção dos componentes é a maneira pela qual os elementos minerais e orgânicos apresentam-se diluídos na água. Por exemplo, a parcela que constitui as soluções coloidais tem, como destacaremos adiante, papel fundamental, tanto para a coesão e resistência à erosão quanto para a fertilidade do solo (retenção de nutrientes) e para outras propriedades relativas à produtividade dos solos.

A formação do solo — Horizontes de um solo

Como parte integrante de um ecossistema, é possível, em uma escala de tempo geológico, identificar em um solo o que se denomina de 'sucessão', ou seja, o conjunto de estágios de equilíbrio pelos quais passa esse ecossistema até atingir o 'clímax'.

A formação dos solos é resultante da ação combinada de cinco fatores: clima (pluviosidade, umidade, temperatura etc.), natureza dos organismos (vegetação, microorganismos decompositores, animais), material de origem, relevo e idade.

Na sua atuação, os quatro primeiros fatores imprimem, ao longo do tempo (idade), características que definem os estágios de *sucessão* por meio de sua profundidade, composição e propriedades e do que se denomina 'horizontes do solo'. A Figura 9.1 esquematiza a forma pela qual ocorre esse processo. Para determinadas condições de relevo, organismos presentes e material de origem, o intemperismo aumenta continuamente a profundidade do solo a velocidades crescentes com a pluviosidade, a umidade e a temperatura. No solo formado à superfície, começam a se estabelecer os vegetais e os microorganismos. A *lixiviação* (transporte por meio da água que infiltra e percola no solo) faz a translocação das frações mais finas do solo (argilas, especialmente) e a remoção de sais minerais. As frações mais grossas (arenosas) permanecem na parte superior. Em conseqüência, formam-se estratos com aparência diferente, constituindo os horizontes.

FIGURA 9.1

Formação de um solo e diferenciação de horizontes.

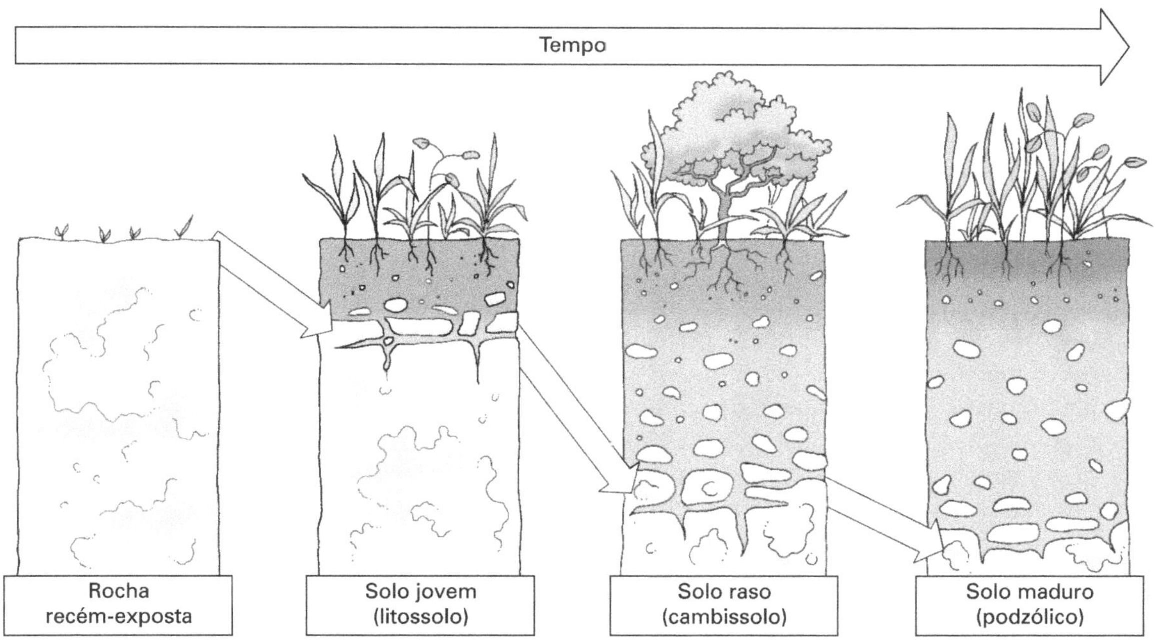

Esses horizontes podem ser identificados por letras, de acordo com suas características. Em um perfil hipotético, eles podem se apresentar como os da Figura 9.2. Na realidade, nem sempre todos estão presentes e são facilmente identificáveis. Quando o solo atinge seu clímax, é que esses horizontes se apresentam de forma mais evidente e são identificáveis em maior número.

O estágio de formação do solo tem implicações bastante diversas e marcantes, por exemplo, sobre o ciclo hidrológico e sobre o regime dos cursos de água em uma região.

Nas regiões áridas, em que o intemperismo é menos intenso, os solos tendem a ser menos profundos. Quando ocorre uma precipitação sobre um desses solos, os poros são rapidamente preenchidos por água (ele 'tem seus poros saturados de água') e o escoamento na superfície passa a ser o único caminho das águas precipitadas. Como o escoamento é rápido, as águas logo se acumulam em grandes volumes nos fundos dos vales, provocando as grandes enchentes (e/ou inundações). Cessada a chuva, o curso de água passa a ser alimentado apenas pela água acumulada nos poros do solo. Como o volume de poros é pequeno (solo pouco profundo), após algum tempo de estiagem, essa água se esgota e o rio deixa de correr, tornando-se intermitente.

FIGURA 9.2

Horizontes de um perfil hipotético de solo.

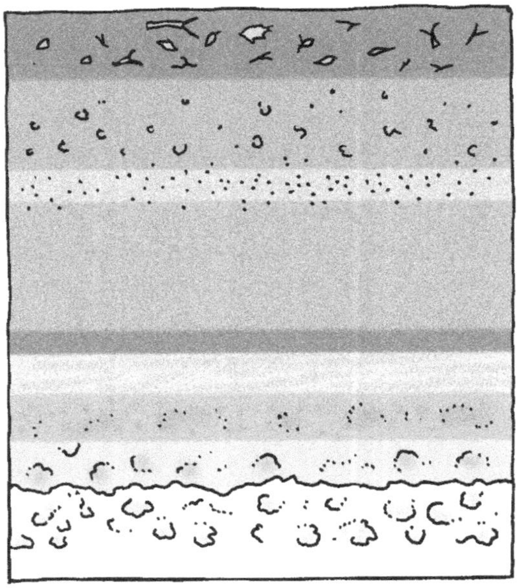

A mesma precipitação, caindo sobre um solo profundo, poderá não causar a enchente (e/ou inundações) e ser suficiente para manter a alimentação do curso de água durante todo o período de estiagem em razão do maior volume de água acumulado nos poros desse solo. Nesse caso, o curso de água é perene.

Observamos que os poros do solo são um grande reservatório de água doce, capazes de assegurar muitas vezes sua disponibilidade, mesmo durante longos períodos de estiagem. Por outro lado, a ausência desse reservatório nas regiões áridas de solos rasos agrava a escassez de água nas estiagens, sendo, ainda, uma das causas das grandes amplitudes do regime hídrico: grandes secas podem ser sucedidas por grandes enchentes e inundações.

Outra implicação importante das características dos horizontes do solo é de natureza agrícola. O manejo dos solos e, em particular, a aração devem levar os horizontes em conta sob pena de reduzir ou eliminar o potencial de produção primária. Na literatura técnica e de ficção são conhecidos e registrados muitos exemplos de solos que se tornaram estéreis por uma prática de manejo imprópria. Em as *Vinhas da Ira*, por exemplo, John Steinbeck relata o progressivo empobrecimento das populações de emigrantes da Europa Setentrional quando assentados no Meio-Oeste norte-americano. De suas regiões de origem, essas populações trouxeram a prática da aração profunda em solos de horizontes espessos. Trazida para os Estados Unidos, essa prática passou a acelerar a desertificação em virtude do revolvimento e do afloramento de horizontes de solo sem fertilidade e sem capacidade de resistir à erosão. O resultado foi o empobrecimento progressivo e o surgimento das cidades abandonadas, açoitadas pelas tempestades de areia provocadas pela erosão eólica atuante sobre um novo horizonte de solo sem coesão e sem fertilidade.

Outro exemplo é relatado por Monteiro Lobato em *Cidades Mortas*, em que a agricultura cafeeira em um solo frágil como o do Vale do Paraíba, desnudado de sua mata primitiva, permitiu a remoção, por erosão hídrica, dos horizontes superficiais que lhe asseguravam fertilidade e coesão equilibradas.

Mais recentemente, na exploração do território amazônico, foram os engenheiros civis rodoviários que tiveram de aprender com os insucessos. A terraplenagem profunda removia a única camada protetora do solo — a laterita —, abrindo caminho para uma erosão incontrolável das vias implantadas. Essa camada, criada pela natureza ao longo de milênios, obrigou os profissionais a repensar e a reformular métodos construtivos trazidos de regiões com solos de formação diferente do amazônico.

Por fim, é importante destacar alguns aspectos que diferenciam os solos de regiões climáticas distintas. Os climas equatoriais e tropicais, por causa da temperatura, umidade e pluviosidade que os caracterizam, favorecem não só o intemperismo acelerado (e os solos mais profundos e mais 'velhos'), mas também intensificam a fotossíntese. Em comparação com as áreas de maior latitude e clima temperado, as regiões equatoriais têm uma densidade total de matéria orgânica similar. A diferença reside na sua distribuição, pois, enquanto nas regiões equatoriais a vegetação luxuriante contém boa parte da matéria orgânica, nas temperadas, grande parte da matéria orgânica está no solo.

Conseqüentemente, é mais provável que os horizontes orgânicos (horizonte A) sejam mais espessos em climas temperados. É, portanto, diverso o impacto ecológico da remoção da cobertura vegetal nativa em uma região tropical e em uma região temperada. No caso da primeira, o empobrecimento decorrente da exportação da matéria orgânica na forma de vegetação é bem maior. Essa última conclusão obriga a repensar e a aculturar procedimentos agrícolas e extrativos vegetais de outras procedências para serem aplicados, por exemplo, nas novas fronteiras agrícolas equatoriais e tropicais úmidas que vêm se abrindo em nosso país.

9.3 Características ecologicamente importantes dos solos

Há certas características do solo que podem ser vistas a olho nu ou facilmente percebidas pelo tato que são freqüentemente utilizadas para a descrição de sua aparência no ambiente natural. Dentre as principais dessas características, estão cor, textura (ou granulometria), estrutura, consistência e espessura dos horizontes (essa última já referida anteriormente). Além delas são também importantes, do ponto de vista ecológico, o grau de acidez, a composição e a capacidade de troca de íons.

A *cor*, como característica mais prontamente perceptível, é, em muitos casos, utilizada popularmente e mesmo em classificações científicas, como veremos adiante, para denominar e identificar os solos, sendo a 'terra roxa' e a 'terra preta' os dois exemplos mais conhecidos. Em termos técnicos, a cor é descrita por comparação com escalas padronizadas.

Porém, mesmo sem recorrer a procedimentos padronizados, por simples inspeção é possível associar algumas propriedades do solo à sua coloração. Os solos escuros, tendendo para o marrom, por exemplo, quase sempre podem ser associados à presença de matéria orgânica em decomposição em teor elevado; a cor vermelha é indicativa da presença de óxidos de ferro e de solos bem drenados; as tonalidades acinzentadas, mais comumente encontradas junto às baixadas, são indício de solos freqüentemente encharcados.

A *textura ou granulometria* descreve a proporção de partículas de dimensões distintas componentes do solo. Um exame mais atento de um solo mostra que ele é constituído de partículas de tamanhos diversos, freqüentemente agrupadas na forma de torrões ou grumos.

Tecnicamente, podemos quantificar a granulometria, passando o solo por um conjunto padronizado de peneiras com malhas de diferentes dimensões e determinando o peso das parcelas retidas em cada uma delas. Esses pesos parciais, acumulados em porcentagens do total, são apresentados na forma de curvas granulométricas, como mostra a Figura 9.3. A textura ou granulometria é a base de classificação mais conhecida dos solos (areia, argila etc.), como veremos mais adiante, e explica, também, algumas das principais propriedades físicas e químicas dos solos. Assim, por exemplo, a drenabilidade, a permeabilidade e a aeração de um solo serão mais acentuadas se as dimensões das partículas que o formam forem maiores. Já os solos com partículas menores favorecem a resistência à erosão, a retenção de água e de nutrientes, pelas propriedades coloidais que lhes estão associadas.

A *estrutura* é o modo pelo qual as partículas do solo se arranjam em agregados ou torrões. Produtos da decomposição de matéria orgânica, juntamente com alguns componentes minerais, como o óxido de ferro e frações argilosas, promovem a agregação das partículas. A presença de umidade e ressecamento, com conseqüente inchamento e encolhimento, acaba por dar origem aos torrões do solo, com tamanho e forma variados e característicos, os quais podem ser granular (esféricos ou arredondados), angular (com faces planas e dimensões aproximadamente iguais), laminar (faces planas e dimensão horizontal bem maior) e prismático (faces planas e dimensão vertical bem maior). A estrutura de um solo explica, em boa parte, seu comportamento mecânico (capacidade de suporte de cargas, resistência ao cisalhamento ou escorregamento), conferindo-lhe o que se denomina *consistência*, ou seja, a capacidade de resistir a um esforço destinado a rompê-lo e que podemos avaliar a consistência pressionando os torrões entre os dedos.

FIGURA 9.3

Curvas granulométricas.

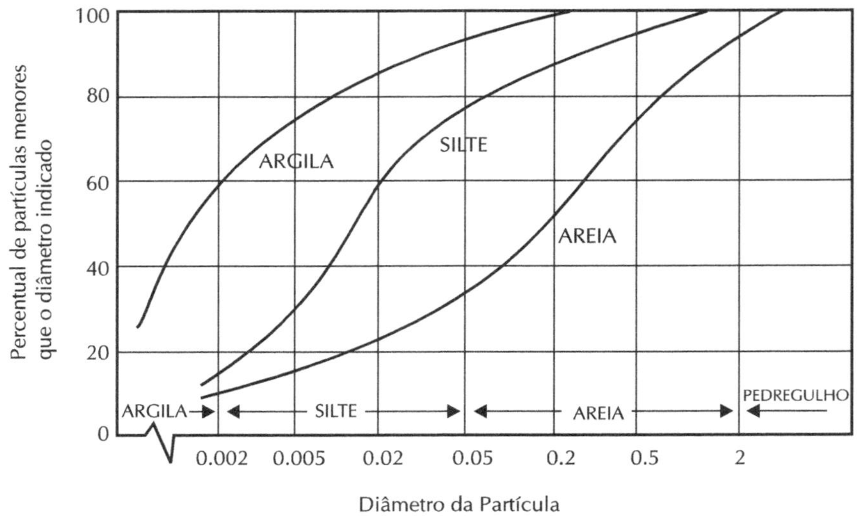

Os macroporos presentes em um solo determinam se ele será mais ou menos permeável, drenável e aerado.

A *composição* do solo, referida anteriormente em termos médios de ordem de grandeza das porcentagens, sendo bastante variável na sua composição mineral e extremamente variável na proporção água—ar, pode apresentar também teores variáveis de matéria orgânica.

A argila é considerada a parcela 'ativa' da fração mineral por sediar os fenômenos de troca de íons determinantes da fertilidade do solo (existência de nutrientes em quantidade adequada) e da boa nutrição vegetal (capacidade de ceder os nutrientes à planta). Por sua vez, as frações minerais mais grossas presentes no solo são também essenciais para assegurar a drenabilidade, a permeabilidade e a aeração indispensáveis para o equilíbrio água—ar exigido para a realização da fotossíntese (captação dos nutrientes em solução por meio de pressão osmótica nas raízes) e da respiração dos organismos existentes no solo.

A porção orgânica — e particularmente sua parcela em decomposição — é importante por dar origem ao húmus. Ao húmus cabe a função de agente granulador (formação de torrões) dos solos produtivos. A matéria orgânica tem a elevadíssima capacidade de reter nutrientes e água, muito superior, por exemplo, à existente na caulinita, a argila predominante em nossos solos. Pesquisas (Coelho e Verlengia, 1976) estimam que mais de 70% da capacidade de retenção de nutrientes dos solos do Estado de São Paulo seja devida à matéria orgânica. Além disso, a matéria orgânica pode ter um efeito atenuador da nocividade de alguns elementos minerais sobre as plantas, como o alumínio e o manganês, por vezes presentes em teores indesejáveis nos solos tropicais.

As partículas de menores dimensões presentes na fração argilosa dos solos, bem como a matéria orgânica e alguns óxidos, podem apresentar cargas elétricas. Essas cargas elétricas desempenham importante papel nas trocas químicas entre as partículas sólidas e a solução aquosa que as envolve, repelindo ou absorvendo íons e radicais, configurando o que se denomina *capacidade de troca iônica do solo*. Se houver excesso de cargas negativas, o solo é trocador de cátions, propriedade essa que pode ser medida (capacidade de troca catiônica (CTC)). Se o excesso for de cargas positivas, mede-se a sua capacidade de troca aniônica (CTA). Os solos com CTC mais elevada retêm nutrientes essenciais às plantas, tais como cálcio, potássio, magnésio etc.; não retêm, entretanto, ânions como os nitratos e cloretos, que podem passar livremente para as águas do lençol subterrâneo, contaminando-as (águas com mais de 10 mg/l de nitrato podem provocar a metemoglobinemia ou doença azul).

Solos de zonas de alta pluviosidade tendem a apresentar valores mais baixos do pH em conseqüência do processo de lixiviação das bases dos horizontes superiores, pela infiltração e percolação das águas. As condições climáticas predominantes em nosso país fazem com que quase a totalidade dos solos apresente Ph inferior a sete, como é o caso do Estado de São Paulo. Há, ainda, outras causas de acidez progressiva, como o cultivo intensivo com retirada, sem reposição de nutrientes essenciais, a erosão que remove as camadas superficiais que contêm maiores teores de bases e a adubação com compostos de amônio (sulfato e nitrato).

A acidez do solo atua sobre a produção primária de várias formas. Sobre os solos com pH inferior a 5,5, ela favorece a solubilização do alumínio, do manganês e do ferro, em detrimento do fósforo, que precipita, ficando reduzida a disponibilidade desse nutriente essencial para as plantas. Além disso, a acidez reduz a atividade de bactérias decompositoras da matéria orgânica, diminuindo a quantidade do nitrogênio, fósforo e enxofre contidos no solo. A deficiência desses nutrientes essenciais prejudica o desenvolvimento das plantas e pode aumentar sua sensibilidade à toxidez do alumínio e do manganês. Por fim, o pH baixo pode afetar a atividade microbiana de decomposição e produção de húmus ao reduzir a ação desse último na estruturação dos solos. Os valores de pH mais elevados (acima de 6,5) reduzem a disponibilidade de vários nutrientes (Zn, Cu, Fe, Mn, B), podendo provocar sua deficiência nas plantas.

De um modo geral, a faixa de pH em que ocorre maior disponibilidade de nutrientes situa-se entre 6,0 e 6,5. A título de ilustração, levantamento feito no Estado de São Paulo indica a seguinte distribuição de pH em áreas cultivadas: 4,8% com pH menor do que 5; 42,5% entre 5,0 e 5,5; 40% entre 5,5 e 6,0; e os restantes, cerca de 13%, com pH acima de 6,0. Esses números mostram por que é comum, entre nós, a prática da *calagem* (adição de calcário para elevar o pH a um valor adequado).

9.4 Classificação dos solos

Dentre as muitas classificações existentes para os solos, destacam-se aqui duas com base, respectivamente, na granulometria e na pedologia (origem e evolução).

Classificação granulométrica ou textural

A classificação granulométrica mais conhecida e internacionalmente aceita estabelece as frações para os componentes minerais dos solos, conforme mostra a Tabela 9.1.

TABELA 9.1

Classificação granulométrica.

Fração	Diâmetro (mm)
Pedra	Maior que 20
Cascalho	Entre 20 e 2
Areia	Entre 2 e 0,02
Silte (ou limo)	Entre 0,02 e 0,002

Raramente um solo ou um horizonte é constituído de uma só das frações anteriormente definidas, mas sim de uma combinação com diferentes proporções. Para facilitar a identificação de solos com propriedades próximas, é possível utilizar diagramas triangulares, como mostramos na Figura 9.4.

Definida a granulometria de um solo, ele pode ser classificado com base na Figura 9.4 em argiloso, quando possui mais do que 35% de argila; arenoso, quando possui mais do que 65% de areia e menos do que 15% de argila, siltoso (ou limoso), quando possui mais do que 60% de silte (limo) e menos do que 20% de argila; e barrento, quando não estiver enquadrado em nenhum dos anteriores, tendo, portanto, uma composição mais equilibrada.

FIGURA 9.4

Diagrama triangular simplificado para determinação da classe granulométrica do solo (Lepsch, 1977).

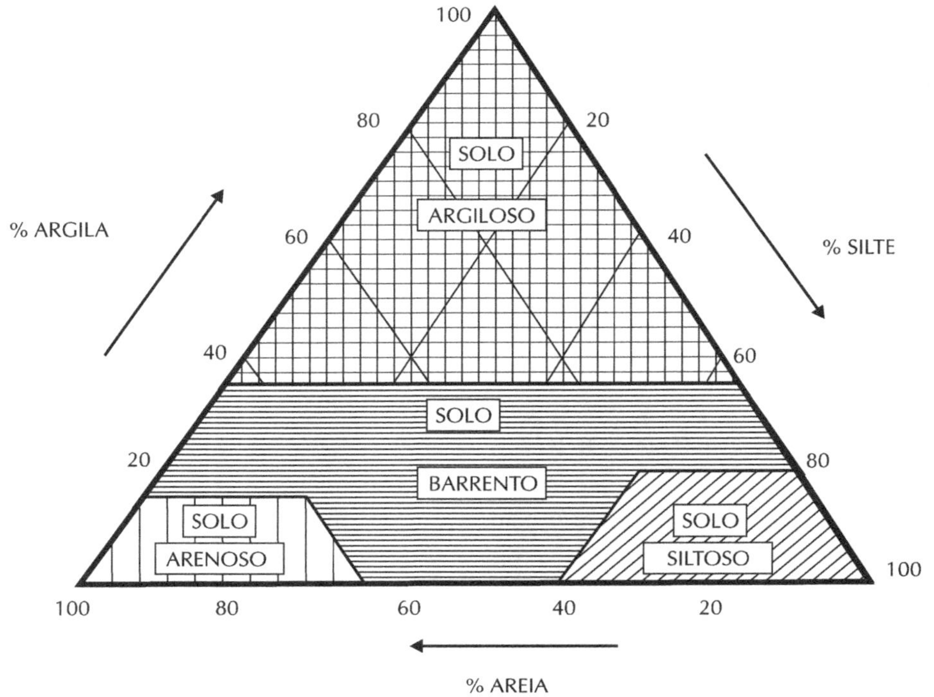

Na linguagem técnica corrente, é comum encontrarmos as referências 'solos finos ou pesados' para indicar solos argilosos; 'solos grosseiros' para solos arenosos; e 'solos médios' para os solos barrentos. Nas práticas de campo, esses solos, quando úmidos, podem ser reconhecidos pelo tato: são arenosos, quando ásperos e pouco pegajosos; são argilosos, quando a impressão é de suavidade e pegajosidade; são siltosos, quando se apresentam sedosos.

Classificação pedológica

Pedologia é a ciência que estuda os solos. O fato de ela ser uma ciência relativamente nova tem provocado a descoberta e a sistematização de um grande número de informações que se refletem, em nível mundial, em uma constante evolução das classificações do solo. Além disso, em contradição a outros ramos da ciência, ainda não há uma classificação universalmente aceita para o solo, apesar de existirem algumas, como a da Organização das Nações Unidas, para a Agricultura e a Alimentação (FAO), a qual, declaradamente, pretende ser internacional.

Outra peculiaridade faz com que, no caso brasileiro, sejam esperadas alterações da sistemática ainda por algum tempo até que se chegue à consolidação de uma classificação mais permanente. Essa peculiaridade diz respeito à localização dos países que vêm estudando a pedologia, já que seu desenvolvimento se deu, principalmente, em zonas de climas temperados, em que os solos estudados são preponderantemente típicos desse clima. Como a esmagadora maioria do território nacional está em zonas equatoriais e tropicais e grande parte delas, como a Amazônia, só recentemente vem sendo colonizada, conhecida e pesquisada quanto aos solos, o potencial de contribuição do nosso país para a sistematização da pedologia é grande.

Não obstante as considerações anteriores, é possível, a partir de uma das classificações existentes, apresentar um panorama dos principais solos existentes e de sua distribuição geográfica no mundo, no Brasil e no Estado de São Paulo, como se verá adiante.

Qualquer uma das classificações disponíveis descreve conjuntos de solos com características e propriedades pedologicamente homogêneas, constituídos, por sua vez, por subconjuntos de peculiaridade crescente, definidos à medida que se detalham essas características e propriedades para áreas geográficas de extensão mais reduzida. Assim, quando se passa da escala mundial para a nacional ou para a estadual ou local, o mapeamento permite a representação de subclasses cada vez mais específicas. Nesse detalhamento progressivo, a exemplo do que acontece nas Ciências Biológicas, em que podem ser distinguidos vários reinos, classes, subclasses, ordens, famílias, gêneros e espécies, também na pedologia são definidos conjuntos de abrangência decrescente e especificidade crescente como ordem, subordem, grandes grupos, família e série, para classificar um determinado solo. Porém, para atender aos objetivos dessa apresentação genérica do tema, não será necessário descrever mais detalhes do que os existentes nos grandes grupos.

Tomando como referência a classificação norte-americana, os solos, segundo a ordem, podem ser *zonais, intrazonais* e *azonais* — cada um deles comportando subordens ou grandes grupos, como os indicados na Tabela 9.2.

TABELA 9.2

Classificação pedológica dos solos.

Ordem	Subordem ou grande grupo
Zonal	• Latossolo (inclusive terra roxa legítima) • Terra roxa estruturada • Solos podzólicos • Podzol • Brunizem ou solo de pradaria e rubrozem • Bruno não-cálcico • Solo desértico • Solo tundra
Intrazonal	• Solo salino ou halomórfico • Solo hidromórfico • Grumossolo • Litossolo
Azonal	• Regossolo • Solo aluvial • Cambissolo

Os solos *zonais* têm características bem desenvolvidas e, dos vários fatores intervenientes (ver item 9.3), o clima e a vegetação foram os mais determinantes em suas formações. Esses solos de um modo geral são maduros, relativamente profundos e com horizontes A, B e C identificáveis. Ocorrem em terrenos onde os declives (suaves) e a drenagem (boa) têm pouca influência no processo de formação.

Os solos *intrazonais* têm características que refletem a influência predominante do relevo ou do material de origem. Alguns desses solos costumam estar presentes em áreas de solos zonais, como é o caso de solos salinos em áreas de bruno não-cálcico do semi-árido brasileiro.

Os solos *azonais* não têm características bem desenvolvidas, quer por serem recentes ou porque o clima e a vegetação das zonas em que ocorrem não chegaram a imprimir-lhes características típicas.

O sistema brasileiro mais recente de classificação dos solos destacou, por suas peculiaridades e larga ocorrência entre nós, dois tipos de solos zonais importantes, acrescentando à classificação norte-americana, respectivamente, a Terra Roxa Estruturada e a Terra Bruna Estruturada.

Utilizando essas classificações, é possível representar a ocorrência de solos em mapas, como os mostrados nas figuras 9.5, 9.6 e 9.7.

FIGURA 9.5

Ocorrência provável de solos zonais no mundo (Lepsch, 1977).

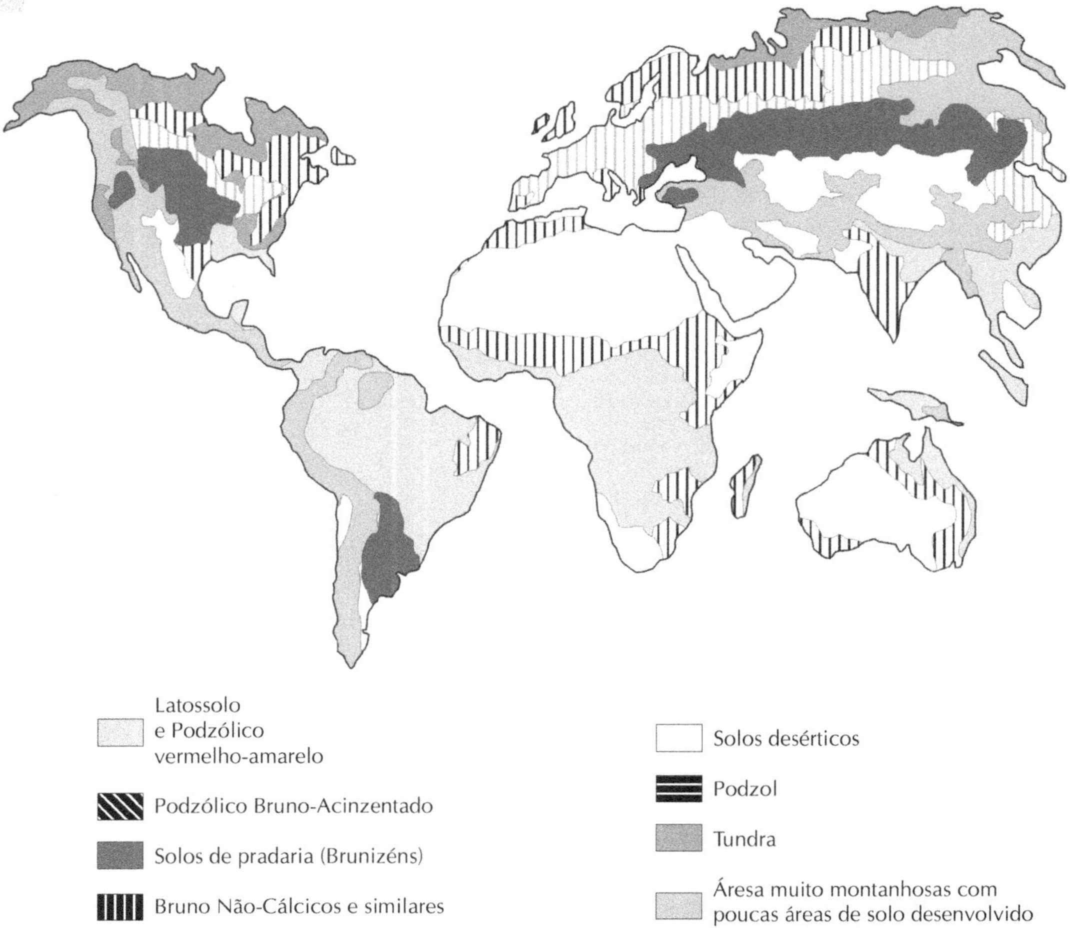

FIGURA 9.6

Solos zonais predominantes no Brasil (Lepsch, 1977).

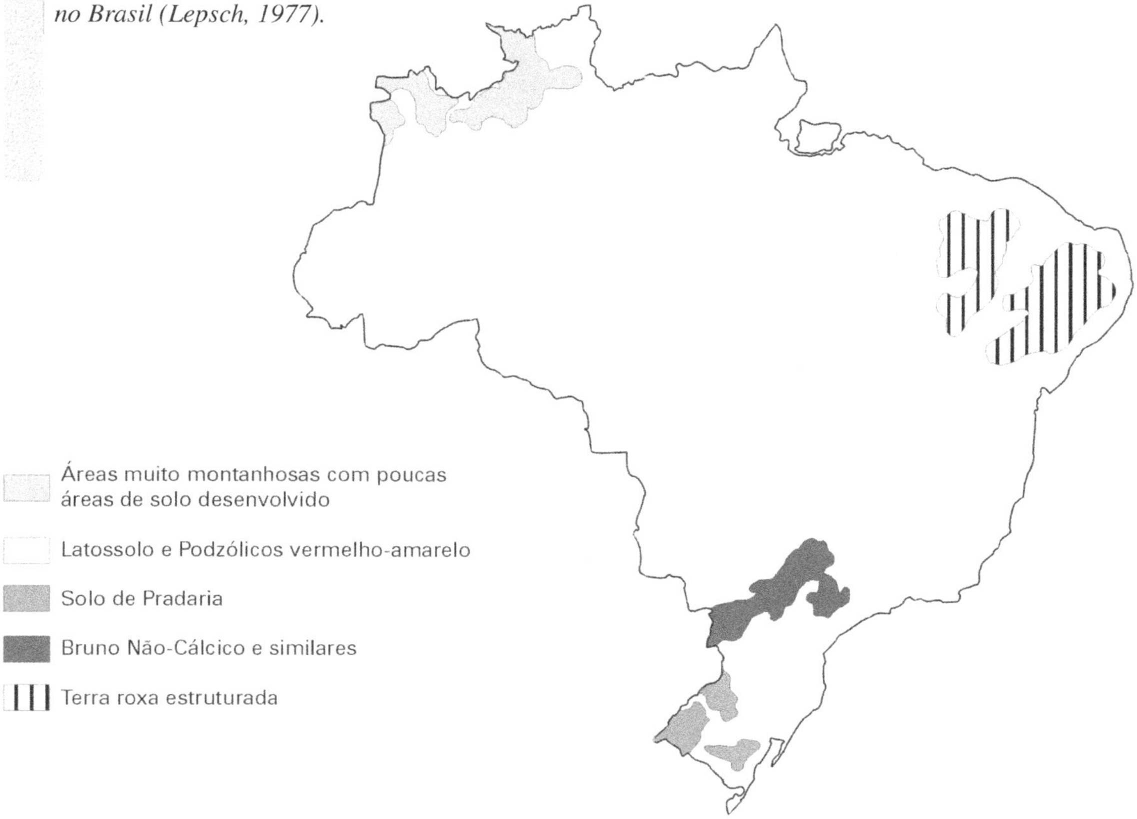

O mapeamento dos principais solos predominantes no Estado de São Paulo é mostrado de forma esquemática na Figura 9.7.

FIGURA 9.7

Principais solos predominantes no Estado de São Paulo (Lepsch, 1977).

As características principais dos solos zonais mais extensamente presentes no território brasileiro (Figura 9.6), de acordo com Lepsch (1976), são as seguintes:

- Terra roxa e Terra roxa estruturada — solos profundos com excelentes características físicas para a agricultura, fertilidade moderada a alta no primeiro e alta no segundo; potencial agrícola muito bom (zonal).
- Latossolos — coloração vermelha, amarela ou alaranjada, muito profundos, bastante porosos, elevados teores de óxido de ferro e alumínio, pequenas diferenças entre os horizontes que apresentam transição gradual ou difusa, à exceção do superficial, orgânico, típicos de clima tropical úmido, bastante envelhecidos e intemperizados; a fertilidade natural é baixa; podem suportar vegetação de floresta em razão de uma quantidade mínima de nutrientes periodicamente reciclada, ou vegetação de cerrado, nos quimicamente mais pobres; o cultivo extensivo é perfeitamente viável, pois possuem propriedades físicas boas e, na maior parte, estão situados em áreas de relevo suave, aptas à mecanização; dependem de correção da acidez e de adição de fertilizante; são ótima fonte de matéria-prima para aterros, estradas e barragens, além de facilitarem os trabalhos de engenharia que envolvem escavações (zonal).
- Podzólicos vermelho-amarelo — característicos de regiões florestais úmidas, têm perfil bem desenvolvido com horizonte B vermelho ou vermelho amarelado em que se acumula argila; moderadamente ou bem intemperizados, têm profundidade mediana (1,5 m); ocorrem em situações de relevo mais acidentado; a fertilidade natural é maior que a dos latossolos, sendo mais comumente moderada, mas podendo apresentar, também, fertilidade elevada (podzólicos eutróficos); prestam-se bem à agricultura, desde que praticada em áreas de pouco declive, pois são susceptíveis à erosão.
- Bruno não-cálcico — moderadamente rasos (0,5 m a 1 m), com horizonte superficial de coloração marrom (bruna) e horizonte B avermelhado; são típicos de área com chuvas escassas e mal distribuídas, característicos do semi-árido brasileiro onde são cobertos pela vegetação de caatinga; a pequena espessura do perfil e o excesso de pedras na superfície são limitantes à agricultura; a escassez de água pode ser contornada com a irrigação; são naturalmente ricos em nutrientes (zonal).
- Cambissolos e Litossolos — ambos são solos pouco desenvolvidos; os litossolos são delgados, assentes sobre rocha consolidada, em rampas bastante inclinadas, ao lado de afloramentos rochosos; os cambissolos com características semelhantes aos litossolos podem também ser considerados intermediários entre os pouco desenvolvidos e os bem desenvolvidos (azonal).
- Brunizem (ou solos de pradaria) — são relativamente rasos (aproximadamente 1 m), têm como característica marcante o horizonte A1 escuro e espesso (aproximadamente 0,30 m), rico em matéria orgânica e cálcio; são típicos de regiões subúmidas cobertas por vegetação de gramíneas (pradarias, campinas e estepes são denominações dadas em vários locais onde ocorrem); apresentam-se em áreas de colinas baixas a planícies extensas; são considerados como os melhores do mundo para agricultura, por causa da sua elevada fertilidade natural e da facilidade de cultivo que apresentam (zonal).
- Hidromórficos — desenvolvem-se sob a influência do lençol freático elevado em áreas de clima úmido e relevo plano, são adjacentes a rios, lagos e depressões fechadas; são acinzentados e têm fertilidade natural muito variada; em geral, prestam-se bem à agricultura, desde que drenados adequadamente; alguns, com grande quantidade de matéria orgânica e húmus, são escuros, quase negros, dando origem às turfas, e podem ser cortados e utilizados como combustíveis (ou podem alimentar incêndios no subsolo que à superfície estariam aparentemente debelados); outros, mais minerais, formam depósitos argilosos cinzentos denominados 'tabatinga' e são utilizados na indústria cerâmica (intrazonal).
- Aluvionais — provêm de sedimentos e são pouco desenvolvidos; geralmente propícios à agricultura de alimentos, o que explica o florescimento de civilizações antigas ao longo do Indo, do Eufrates, do Tigre, do Nilo etc.

- Salinos — ocorrem nos locais de relevo mais baixo, em regiões áridas e semi-áridas e nas próximas ao mar, apresentando elevadas concentrações de sais solúveis; pode haver salinização também em áreas irrigadas sem tecnologia apropriada; seu aproveitamento agrícola depende de grandes investimentos para reduzir o teor de sais (intrazonal).
- Grumossolos — de coloração cinza-escuro, com elevado teor de argila que se expande com o umedecimento e se contrai e endurece com o ressecamento; celebrado na canção *Paraíba*, de Luiz Gonzaga e Humberto Teixeira: "... quando a lama virou pedra"; conhecido também como vertissolo e, no Nordeste do Brasil, como massapé; seu aproveitamento agrícola só é viável se mantido o teor adequado de umidade; o fendilhamento dificulta a implantação de fundações de edificações, rodovias e estruturas em geral (intrazonal).

Solos pouco desenvolvidos de áreas muito montanhosas apresentam características de litossolos (azonal).

9.5 Erosão

Ocorrência

São várias as maneiras pelas quais pode ser classificada a erosão. Além da erosão *urbana* e *rural,* que se diferenciam tanto pelas causas como pelos efeitos, é comum distinguir-se a erosão *geológica* ou *lenta* da *acelerada.* A primeira processa-se de modo inexorável sob a ação dos agentes naturais; a segunda ocorre como uma conseqüência da ação do homem sobre o solo. As partículas do solo são carreadas pela água à proporção da pluviosidade e da declividade do terreno e à proporção do tempo de replantio ou rebrota, assim como a rarefação do cultivo de substituição implantado.

Além dessa perda de matéria orgânica e nutrientes, que dariam origem a substâncias coloidais capazes de garantir uma certa coesão do solo, as próprias substâncias coloidais já existentes também podem ser destruídas pelo fogo.

A *monocultura sem a reposição de nutrientes* esgota o solo, reduzindo sua produtividade primária e, conseqüentemente, a cobertura vegetal protetora, e modifica suas propriedades físicas de resistência à erosão (redução de húmus e demais frações com atividades coloidais e coesivas).

Em todos os casos, a conseqüência é a perda progressiva da fertilidade e da produtividade primária do solo, podendo-se chegar à sua total e rápida esterilização e eventual desertificação, caso não sejam tomadas precauções adequadas em tempo oportuno.

A história registra muitos episódios em que a erosão tem causado verdadeiras catástrofes, destruindo povos, civilizações e impérios, de modo a alterar situações de domínio e gerar desequilíbrios socioeconômicos que perduraram por séculos ou milênios. O fato novo, decorrente do conhecimento da inter-relação mundial dos mecanismos ecossistêmicos e da progressiva integração socioeconômica do planeta, já referido na introdução deste capítulo, mostra a dimensão internacional do interesse que o problema da erosão hoje desperta, mesmo quando os episódios agudos não estão perto de nós.

Por outro lado, a expansão das fronteiras agrícolas veio ocorrendo a velocidades crescentes, ocupando novos solos, quase sempre a partir dos mais aptos e menos frágeis até alcançar as áreas hoje cultivadas, perfazendo uma extensão total mais próxima da que é admitida como ideal para a produção primária intensiva. Dados do Instituto Internacional para o Ambiente e o Desenvolvimento, órgão da ONU, mostram que a área cultivada praticamente triplicou em pouco mais de um século, com a agravante de esse crescimento, entre 1950 e 1980, ter se dado, principalmente, em países em desenvolvimento, à custa do desmatamento de florestas tropicais, como mostra a Tabela 9.3.

TABELA 9.3

Evolução da área cultivada e da população mundial.

Ano	Área cultivada (10^6 ha)	População (10^9 ha)	Área cultivada (ha / habit.)
1850	538	1,2	0,45
1950	1.168	2,5	0,47
1980	1.500	4,4	0,34

Levantamentos feitos em vários países e regiões dão uma idéia do que essa expansão acompanhada de erosão tem custado em termos de solos produtivos.

Nos Estados Unidos, até 1956, por efeito da erosão, uma extensão pouco menor do que o território do Estado de São Paulo havia se tornado estéril e outra, de porte idêntico, já se encontrava totalmente degradada, alcançando o total de 120 milhões de hectares as terras atingidas pela erosão com graus mais ou menos sérios de comprometimento. Estima-se, em termos mundiais, uma perda de cerca de 28% das terras cultiváveis por efeitos da erosão.

Embora não existam estatísticas globais disponíveis para todo o território brasileiro, são conhecidos vários episódios de perdas progressivas e graves do potencial produtivo, inclusive com desertificação já visível em vários estados. Como exemplo, podemos citar o sul do Maranhão e do Pará e o norte do Estado de Tocantins, em áreas da Amazônia recentemente abertas à colonização com a Belém—Brasília (início da década de 1960) e com a Transamazônica e outras vias amazônicas (década de 1970); as áreas a oeste e sudoeste do Estado de São Paulo e a norte e nordeste do Estado do Paraná, formadas por solos podzólicos naturalmente férteis e bastante erodíveis, extensivamente utilizados para muitas monoculturas de algodão, soja, amendoim etc.; e parte dos pampas gaúchos outrora empregados na produção intensiva de gramíneas alimentícias e forrageiras.

Pesquisas efetuadas no Estado de São Paulo pelo Instituto Agronômico de Campinas dão uma medida das repercussões erosivas dos ciclos sucessivos de cultivo iniciado pelo café, com a derrubada da mata (que originalmente cobria mais de 80% do território paulista), seguida pela pastagem e diferentes cultivos (Tabela 9.4).

TABELA 9.4

Perdas de solo por erosão decorrente de diferentes coberturas vegetais (Bertoni, 1985).

Tipo de vegetação ou cultivo	Perdas de solo (t/ha ano)
Mata	0,004
Café	0,9 a 1,1
Pastagem	0,4 a 0,7
Mamona	41,5
Feijão	38,1
Mandioca	33,9
Amendoim	26,7
Arroz	25,1

(continua)

(continuação)

Algodão	24,5 a 33,0
Soja	20,1
Batata	18,4
Cana	12,4
Milho	12,0
Milho + Feijão	10,1

Coroando as tentativas de reunir em uma fórmula todos os fatores causadores da erosão hídrica, Wischmeyer e Smith, em 1960, criaram a Equação Universal de Perdas de Solos, útil para avaliações preliminares e para planejamento, mas que é aqui apresentada principalmente com o intuito de evidenciar os principais fatores intervenientes e sua importância relativa em diferentes situações. Como veremos em seguida, sua aplicação efetiva é trabalhosa e dependente de informações preexistentes, além de ela ter a pretensão de ser universal. A perda de solo anual, por unidade de área e tempo, é calculada pela expressão:

9.1 $$A = R \cdot K \cdot L \cdot S \cdot C \cdot P$$

onde:

A — perda anual de solo por unidade de área e tempo (t/ha ano)
R — fator de erosividade da chuva ou índice de erosão pela chuva
K — fator de erodibilidade ou capacidade de o solo erodir-se em face de uma determinada chuva
L — fator de comprimento do declive ou rampa
S — fator do grau do declive
C — fator de uso e manejo do solo
P — fator de prática conservacionista

A bibliografia específica apresenta a maneira de se estimar os valores de cada um dos fatores por meio de expressões empíricas, nomogramas, quadros e mapas (Salvador, 1989; Bertoni *et al*, 1985). Desses, apresentamos a seguir a Tabela 9.5 com o fator de erodibilidade K para o Estado de São Paulo, que permite comparar o comportamento de dois solos comuns no estado para condições semelhantes quanto aos demais fatores.

TABELA 9.5

Fator de erodibilidade K para diferentes solos do Estado de São Paulo (Bertoni et al., 1985).

Tipo de solo	Fator K horizonte superficial	Fator K horizonte subsuperficial
Podzolizado com cascalho	0,54	0,26
Latossolo vermelho-amarelo	0,11	0,04

O empobrecimento do solo e a perda de seu potencial produtivo traduzem o preço que a sociedade paga pela ocorrência da erosão na área rural. Nas áreas urbanas, o custo social da erosão pode ser medido pelos gastos privados e públicos para a restauração de cursos de água que recebem o material erodido e para calçar e refazer edificações e vias destruídas ou ameaçadas de desabamento.

No Brasil e em outros solos tropicais, há um outro problema que, algumas vezes, assume maior importância que a erosão, mas que, no entanto, é menos considerado: a *lixiviação*. Por esse processo, as porções de solo mais finas, onde estão os componentes que lhe dão fertilidade, são removidas e carregadas pela água em seu movimento descendente de infiltração. Em terrenos planos de solos muito profundos e permeáveis, como os sedimentos arenosos da Amazônia, o material fértil da superfície é solubilizado pelas chuvas e arrastado para regiões inacessíveis às raízes. A esterilização ocorre não por um transporte horizontal, mas sim vertical, dos nutrientes.

Prevenção, controle e correção

A aplicação de medidas corretivas visando à recuperação de solos degradados pela erosão continua sendo de viabilidade restrita a situações muito peculiares e localizadas. Quando a erosão restringe-se à laminar ou a pequenos sulcos, de tal modo que a camada de solo removido ainda é delgada, permanecendo à superfície os horizontes superiores, pode-se recorrer ao plantio de vegetação e à correção da drenagem que deu início à formação de sulcos para que o ecossistema alcance um novo equilíbrio, repondo a fertilidade e a produtividade primária do solo. Nos demais casos, principalmente quando se manifesta a erosão regressiva ('boçorocas' ou 'voçorocas'), os investimentos corretivos necessários só são financeiramente possíveis e economicamente justificáveis quando se destinam a recuperar terras produtivas altamente valorizadas e de pequena extensão ou a proteger áreas ameaçadas de ser destruídas pela erosão.

Os episódios mais graves registrados no país têm sido objeto de programas federais, estaduais e municipais visando à correção de boçorocas. Na região de solos podzólicos localizada entre os estados de São Paulo e do Paraná, por exemplo, o Departamento Nacional de Obras de Saneamento (DOS) vem aplicando, há quase duas décadas, vultosos investimentos para implantar obras de recuperação de solos atacados por voçorocas. O Departamento Estadual de Águas e Energia Elétrica do Estado de São Paulo vem desenvolvendo trabalhos similares no estado, seja na periferia ou nas próprias áreas centrais de núcleos urbanos ameaçados de destruição pela erosão regressiva.

De um modo geral, as intervenções são obras de engenharia hidráulica, de engenharia de solos e de engenharia agronômica, constituindo-se fundamentalmente de obras de interceptação e desvio das águas pluviais da voçoroca por meio de tubulações que as devolvem à rede de drenagem natural após prévia dissipação de sua energia erosiva em estruturas especiais; pequenos barramentos 'em escada', formando pequenas bacias de retenção e decantação de sedimentos, destinadas a transformar-se em terraços depois de ser assoreadas ou preenchidas com solo ou plantio de vegetação, visando fixar o solo e reduzir a velocidade das águas não interceptadas.

As *medidas preventivas*, muito mais eficazes e de custo social bem mais reduzido, existem em maior número. As limitações à sua aplicação decorrem não de restrições financeiras ou de complexidade técnica, mas das dificuldades próprias de as sociedades menos desenvolvidas política e socialmente manterem mecanismos legais, institucionais e administrativos capazes de ordenar a ocupação e o uso do solo, estimular a aplicação de técnicas ambientalmente adequadas e impedir aquelas que ponham em risco os recursos do patrimônio privado e público.

Nas áreas rurais, as medidas preventivas resumem-se à utilização de 'práticas conservacionistas'. Essas práticas, consolidadas a partir da experiência agrícola mundial e da experimentação na forma de procedimentos de manejo e plantio, permitem a exploração agrícola do solo sem depauperá-lo significativamente. As mais utilizadas são o preparo do solo para plantio em curvas de nível; terraceamento; estruturas para desvio que terminem em poços para infiltração das águas; controle das voçorocas; preservação da vegetação nativa nas áreas de grande declive e nas margens de cursos de água etc.

Essas práticas podem ser ainda de caráter edáfico (que dizem respeito ao solo como meio de cultivo) e 'mecânico e vegetativo' e destinam-se essencialmente a evitar a concentração da energia erosiva-hídrica e eólica sobre o solo. Por meio da redução das declividades e da criação dos obstáculos aos escoamentos sobre as linhas de maior declive, a água tem sua velocidade reduzida, o que facilita sua infiltração, com conseqüente enriquecimento do lençol freático e diminuição de sua concentração em correntes mais erosivas. Da mesma forma, os obstáculos ao curso livre do vento formam zonas de calmaria (esteiras do escoamento) onde a energia eólica é menos intensa.

As práticas vegetativas ocorrem com o aumento da cobertura vegetal do solo, tais como o reflorestamento, o cultivo em faixas e vegetação em nível, o plantio de gramas em taludes, o controle da capinagem (cortar sem arrancar), o acolchoamento ou cobertura do solo com palha e folhagem etc.

As práticas de caráter *edáfico* buscam preservar ou melhorar a fertilidade do solo e compreendem, basicamente, o cultivo ajustado à sua capacidade de uso tecnicamente avaliada; adição de fertilizantes e correção do pH; rotação de culturas e eliminação ou controle de queimadas.

9.6 Poluição do solo rural — Ocorrência e controle

O emprego de fertilizantes sintéticos e defensivos é um fato relativamente novo, cujo uso cresceu rapidamente e que se estende, hoje, por praticamente todas as terras cultiváveis, com alguns impactos ambientais imediatos e bem conhecidos e outros, especialmente os relacionados aos defensivos, que dependem de anos e décadas para se manifestar e ser avaliados em suas conseqüências totais.

Nos dois casos, a produção e o consumo vêm crescendo geometricamente a taxas que giram em torno de uma sextuplicação a aproximadamente cada duas décadas e que tendem a manter-se ou a crescer em curto prazo. Entretanto, a despeito dos riscos envolvidos, é forçoso reconhecer que o uso de fertilizantes sintéticos e defensivos é essencial para assegurar os níveis de produção primária, particularmente de alimentos, para o atendimento de uma população que continua a crescer em taxas elevadas, da qual cerca de dois terços têm graves problemas de desnutrição. Se não é possível abolir o uso desses fertilizantes em curto prazo, é urgente limitar seu uso ao estritamente indispensável, cortando os desperdícios geradores de resíduos poluidores, restringindo o emprego dos defensivos aos ambientalmente mais seguros e empregando técnicas de aplicação que reduzam os custos derivados de sua acumulação e propagação pela cadeia alimentar.

Fertilizantes sintéticos

Até o advento de sua industrialização, os fertilizantes disponíveis eram quase sempre provenientes da produção própria e local, obtida dos restos de vegetais decompostos e dos excrementos de animais (estrume). Em maior escala, eram adquiridos de produtores, na forma do conhecido Salitre do Chile, ou obtidos pelo beneficiamento, por exemplo, de imensos depósitos de 'guano' (excrementos depositados na costa do Chile e do Peru por aves aquáticas cuja alimentação provém das ricas águas da corrente de Humboldt e das várias ressurgências que aí ocorrem). Sendo todos produtos naturais, sua biodegradação e incorporação às cadeias alimentares dos ecossistemas associados ao solo eram imediatas e não havia criação de desequilíbrios ou danos maiores.

A partir da produção do adubo artificial, caiu a barreira física e econômica que limitava sua disponibilidade, fazendo crescer os riscos de sua acumulação ambiental até concentrações tóxicas, tanto de nutrientes essenciais quanto de outros elementos tidos como impurezas do processo de fabricação. A bibliografia cita casos de pesquisas efetuadas em vários países onde foram constatadas várias impurezas constituídas por substâncias altamente tóxicas. Pesquisas realizadas nos Estados Unidos desde 1970 indicam a presença de várias impurezas, algumas delas na forma de metais pesados, de reconhecida toxidez, mesmo em teores bastante reduzidos.

A adição de fertilizantes ao solo visa atender à demanda de nutrientes das culturas. Em ordem decrescente das quantidades exigidas pela planta, são cerca de dezesseis os elementos necessários assimilados pelo vegetal, principalmente a partir de suas formas minerais ou mineralizadas encontradas em solução nos solos. Os macronutrientes principais são o nitrogênio, o fósforo e o potássio. Em seguida, estão os macronutrientes secundários: cálcio, magnésio, enxofre. Por fim, os micronutrientes como o ferro, manganês, cobre, zinco, boro, molibdênio e cloro.

Como em qualquer processo físico, químico e biológico, mesmo quando o fertilizante é aplicado com a melhor técnica e de modo que seja mais facilmente assimilável pelo vegetal, a eficiência nunca é de 100%, provocando, em conseqüência, um excedente que passa a incorporar-se ao solo, fixando-se à sua porção sólida ou solubilizando-se e movimentando-se em conjunto com sua fração líquida.

A eficiência dessa aplicação, além de depender da técnica utilizada (modo e local da aplicação, momento da aplicação e ocorrência ou não de agentes que o carregam e lixiviam etc.), depende também das quantidades adotadas. Essa dependência é expressa pela conhecida lei econômica 'dos rendimentos decrescentes'. Por essa lei, à medida que as aplicações de fertilizante se intensificam a cada novo acréscimo de quantidade de fertilizante empregado, o acréscimo de produção primária é crescentemente menor. Em outras palavras, a eficiência cai e quantidades crescentes incorporam-se ao ambiente, e não à planta. Mesmo sem entrar em detalhes sobre o que acontece com os vários elementos não incorporados à planta, mas relembrando os ciclos biogeoquímicos vistos nos capítulos precedentes, é fácil intuir que alguns deles poderão vir a integrar-se a corpos de água e outros ficarão no solo, próximos à superfície em que ocorrem os cultivos. Os primeiros poderão elevar os teores com que naturalmente se apresentam nas águas, ocasionando diferentes formas de poluição. Uma delas, denominada *contaminação,* ocorre quando esses teores atingem níveis tóxicos à flora, à fauna e ao homem em particular. A outra, denominada *eutrofização,* corresponde à superfertilização das águas, que passam a produzir enormes quantidades de algas que, por competição, eliminam muitas espécies aquáticas e restringem severamente os benefícios que podem ser extraídos da água. A parcela que se fixou ao solo tende a acumular-se em concentrações crescentes que poderão torná-lo impróprio à agricultura.

Mesmo a parcela solubilizada assimilada pelas plantas, se o for em teores crescentes, poderá alterar a composição do tecido celular. Essas plantas, ao serem utilizadas como alimento pelo homem ou pelo gado, incorporam-se à cadeia alimentar que passa pelo homem, introduzindo um fato novo, cujas conseqüências só serão conhecidas, talvez, após um prazo de algumas gerações.

Dados de origem norte-americana mostram que, nas práticas agrícolas normais, não mais do que 50% e 30%, respectivamente, do nitrogênio e do fósforo aplicados por meio de fertilizantes são incorporados às plantas (Spyridakis, 1976). Os 50% e 70% complementares que, por causa das práticas agrícolas menos desenvolvidas entre nós devem ser maiores, vão se transformar na fonte potencial dos problemas anteriormente referidos.

Estudos sobre a incorporação de nutrientes no tecido vegetal evidenciaram um grande aumento de concentração de nitratos em vegetais plantados em solos com adição de fertilizantes. No caso da alface, o teor de nitrogênio, medido em percentual de massa seca, foi de 0,6 em terreno adubado com 600 kg de nitrogênio por hectare, enquanto, na cultivada em terreno normal, esse teor é de 0,1 (Commoner, 1970).

Podemos inferir que o comportamento qualitativo relativo aos demais nutrientes seja similar. Em termos ecológicos globais e em longo prazo, a fertilização e especialmente a superfertilização com eficiência decrescente tendem a modificar a distribuição da ocorrência dos nutrientes na biosfera, provocando sua concentração em alguns dos seus segmentos (solos agrícolas e corpos de água) e na cadeia alimentar em que está o homem.

Defensivos agrícolas

Os defensivos agrícolas são classificados em grupos, de acordo com o tipo de praga que combatem: inseticidas, fungicidas, herbicidas, rodenticidas (contra roedores) etc.

Os defensivos que inauguraram o ciclo que ainda hoje caracteriza a tecnologia predominante de combate às pragas agrícolas têm cerca de 50 anos. Eles foram sintetizados na busca de um efeito mais duradouro de sua aplicação. Surgiu, então, o DDT, em 1939, como o primeiro inseticida organoclorado de elevada resistência à decomposição no ambiente (meia vida da ordem de decênios). Desde então, um grande número deles vem sendo sintetizado, partindo-se do mesmo objetivo inicial, mas com a preocupação crescente de torná-los mais específicos quanto aos organismos afetados e menos duradouros. É forçoso reconhecer que esses dois últimos objetivos ou não têm sido alcançados ou o sucesso da sua concretização tem esbarrado em uma conseqüente perda de eficiência.

O atributo que foi o grande motor da expansão dos defensivos — seu efeito residual — transforma-se cada vez mais na pior de suas características. A resistência em decompor-se no ambiente, de modo a impedir o desenvolvimento de organismos indesejados, justificou o sucesso do DDT em programas de saúde pública (pelo combate a malária, tifo exantemático e várias outras doenças transmitidas por insetos) e na contribuição para o aumento da produtividade agrícola. Entretanto, essa permanência no ambiente ampliava a oportunidade de sua disseminação pela biosfera, seja por meio de fenômenos físicos (como a movimentação das águas e a circulação atmosférica), seja pelas cadeias alimentares dos ecossistemas presentes no local de sua aplicação original.

De repente, os resultados de pesquisas e expedições científicas começaram a registrar a presença de defensivos como o DDT nas calotas polares e em tecido celular de animais e aves com hábitat bastante afastado dos locais de sua aplicação costumeira, e, o que é pior, em teores elevadíssimos. Enquanto a circulação das águas e da atmosfera juntamente com os deslocamentos dos organismos integrados às cadeias alimentares explicavam a disseminação dos defensivos em escala mundial, as concentrações elevadas são conseqüência do que se denomina *biomagnificação* ou *amplificação biológica*.

A biomagnificação ocorre quando substâncias persistentes ou cumulativas, como os compostos organoclorados, migram do mecanismo da nutrição de um organismo para os seguintes da cadeia alimentar. Essa migração pode ser iniciada pela concentração da substância no organismo fotossintetizante e chegar até os últimos elos da cadeia alimentar.

Um exemplo bastante estudado, o do bacalhau das águas do Mar do Norte, ajuda a ilustrar o que vem a ser biomagnificação. Sabemos que a produção de um quilograma de tecido celular no bacalhau corresponde a cerca de 100 mil quilogramas de vegetais aquáticos consumidos pelo primeiro consumidor da cadeia alimentar do bacalhau. Se, em uma hipótese simplificadora, existisse uma substância conservativa não biodegradável e não eliminável que fosse se transmitindo ao longo de toda a cadeia alimentar, sua concentração no bacalhau estaria aumentada 100 mil vezes em relação à do vegetal fotossintetizado.

Outros estudos mostram que os defensivos presentes no solo transferem-se, parcialmente, para o tecido celular da planta, com relações de concentrações que dependem, entre outros fatores, da concentração existente no solo e do tipo de planta. Ramade (1974) apresenta os efeitos da contaminação do solo por heptacloro em vários cultivos, transcritos parcialmente na Tabela 9.6.

Os efeitos ambientais ou indiretos podem ser resumidos em:

- mortandade inespecífica: mesmo quando sintetizada na tentativa de se combater especificamente uma certa praga por meio da propagação pela cadeia alimentar, essa mortandade pode tornar-se inespecífica;
- redução da natalidade e da fecundidade de espécies: mesmo naquelas espécies que só longinquamente e apenas por meio da cadeia alimentar ligam-se à praga combatida.

Esses efeitos, válidos para os defensivos sintéticos em geral, têm incidência diferente, dependendo do agente ativo do qual derivem, como pode ser observado na lista de defensivos apresentada a seguir, que sumariza as características dos principais grupos de defensivos existentes atualmente. A severidade dos efeitos indiretos depende também da quantidade aplicada e do modo pelo qual essa aplicação é feita.

TABELA 9.6

Concentrações de heptacloro em vegetais cultivados em solo contaminado (Ramade, 1974).

Espécies	Concentração no solo (ppm)	Concentração no vegetal (ppm)
Cenoura	0,19	0,140
Batata	0,19	0,050
Milho	1,00	0,005
Soja	1,00	0,110

Muitas pragas, hoje em dia, podem ser controladas por meios biológicos no lugar de pesticidas. Nesse caso, as espécies nocivas são mantidas em níveis aceitáveis pela introdução de um predador natural ou microorganismo que lhe cause doença. Por exemplo, os insetos que infestam a cana-de-açúcar podem ser controlados por uma espécie de joaninha.

O *manejo integrado de pragas* visa controlar as pragas de modo a minimizar as perdas econômicas por meio de sua redução populacional sem que seja preciso eliminá-las por completo.

Dificilmente a adoção de um único método soluciona os diversos problemas envolvidos na redução populacional da praga. São utilizados o controle biológico, as mudanças no padrão de plantio, as plantas geneticamente modificadas para que se tornem mais resistentes e o uso cuidadoso e seletivo de agrotóxicos para manter o nível de produção agrícola e a saúde humana (The Global Tomorrow Coalition, 1990).

É importante frisar que o manejo integrado de pragas exige um planejamento anterior ao plantio das safras agrícolas, principalmente se forem utilizados métodos como rotação de culturas, plantio em faixas, variedades resistentes e outros. Tais métodos devem envolver também os grupos de agricultores de uma região, visto que as pragas não respeitam divisas entre propriedades.

Por todos esses motivos, podemos pensar em um manejo integrado da agricultura que harmonize todas as técnicas de produção agrícola dentro do contexto de um único ecossistema ou agroecossistema.

As razões apresentadas anteriormente justificam as duas grandes linhas em que se apóiam os esforços de controle dos efeitos dos inseticidas. A primeira delas, de mais longo prazo, mais radical e de viabilidade que depende de verificação, propõe a busca de soluções alternativas de combate às pragas agrícolas como, por exemplo, as de base biológica ou física, que se baseiam na criação e disseminação de obstáculos e restrições à sobrevivência do organismo por meio de predadores, armadilhas etc. A segunda apóia-se no estabelecimento de uma estrutura legal e institucional que impeça a produção e a comercialização dos defensivos de efeitos negativos maiores e o controle da intensidade e do modo de sua aplicação pelo agricultor.

A abrangência e a complexidade elevadas dos efeitos dos defensivos na biosfera não permitiram que, até agora, pudessem ser vislumbradas medidas corretivas. Por outro lado, persistem várias incógnitas sobre a natureza e a extensão de algumas das conseqüências em longo prazo. Considerando-se, ainda, a atual inexistência de soluções alternativas em escala compatível com a necessária, conclui-se ser esse um dos maiores desafios ambientais desse início do século.

A seguir, relacionamos os principais grupos de defensivos agrícolas sintéticos.

Inseticidas:

- Organoclorados: DDT, Aldrin, Dieldrin, Heptacloro etc. De um modo geral, eles são extremamente persistentes. Alguns deles, como o DDT, permanecem em percentuais de mais de 40% decorridos cerca de 15 anos após sua aplicação. O heptacloro, um dos menos persistentes, após os mesmos 15 anos apresenta percentual em torno de 15%. Sua produção e consumo vêm sendo proibidos progressivamente em um número cada vez maior de países.
- Organofosforados: Parathion, Malathion, Phosdrin etc. Apresentam uma certa seletividade em sua toxidez para os insetos. Em sua maioria, degradam-se bem mais rapidamente que os organoclorados.
- Carbamatos: São específicos em sua toxidez para os insetos e de baixa toxidez para os vertebrados de sangue quente.

Fungicidas:

- Sais de cobre: os de uso mais antigo.
- Organomercuriais: de uso restrito às sementes.

Herbicidas:

- Derivados do arsênico: de uso decrescente e limitado.
- Derivados do ácido fenoxiacetico: 2,4D; 2,4,5T; Pichloram. Os dois primeiros foram utilizados no Vietnã em dosagens dezenas de vezes superiores às máximas recomendadas na agricultura e provocaram efeitos catastróficos sobre a fauna, a flora e as populações ('agente laranja').

De modo alternativo, iniciou-se recentemente a utilização de manipulação genética para conseguir plantas mais resistentes. A técnica normalmente utilizada para melhorar as características das culturas agrícolas e aumentar a produtividade tornou-se conhecida como 'melhoramento tradicional'. Essa técnica consiste em cruzar uma planta com outra qualquer para obter características desejáveis à nova variedade.

Nesse processo natural, transferem-se, além do gene desejado, centenas de outros não necessariamente benéficos, ou seja, o DNA da planta doadora mistura-se ao DNA da planta receptora, e vários genes são combinados de uma só vez, sem que haja controle total sobre essa combinação.

A biotecnologia, ou engenharia genética, aplica uma técnica modificada do melhoramento tradicional com uma diferença significativa: permite a inserção de um ou alguns genes específicos, cujas características são conhecidas com antecedência, sem que o restante da cadeia de DNA seja alterado. Há, portanto, maior segurança sobre o produto resultante do que quando se utiliza o melhoramento tradicional.

Um produto transgênico, portanto, pode ser definido como o que recebeu, por meio da engenharia genética, um ou mais genes de outro organismo com objetivos específicos, como, por exemplo, o de tornar a planta resistente a um determinado inseto ou a um determinado herbicida.

Genes do *Bacillus Thuringiensis* (Bt), uma bactéria do solo que é aplicada tradicionalmente como pesticida, inclusive nas culturas orgânicas, foram transferidos para sementes de algodão, milho e soja para repelir a broca do milho, diversos tipos de lagartas e outras pragas. A soja transgênica, denominada Roundup Ready, desenvolvida pela empresa Monsanto, é o primeiro produto geneticamente modificado a solicitar pedido de registro no Brasil e possui genes de Bt em sua cadeia de DNA.

No Brasil, o plantio e a comercialização de soja transgênica têm sido autorizados por meio de medidas provisórias editadas pela União. Por exemplo, para a safra de 2004/2005 foi aprovada a Medida Provisória nº 223/2004, que foi convertida na Lei nº 11.092, de 12/01/2005. Cabe ressaltar que a questão sobre os produtos transgênicos não está completamente definida e continua sendo avaliada pela Comissão Técnica Nacional de Biossegurança (CNTBIO).

Os defensores dos produtos transgênicos argumentam que eles proporcionam um aumento real de produtividade e de redução de custos operacionais, fator básico para equilibrar a crescente demanda de alimentos dos países do Terceiro Mundo.

As desvantagens associam-se aos seguintes tipos de problemas:

1) grandes mercados, como, por exemplo, o europeu e o japonês, resistem ao consumo de produtos transgênicos, o que pode ser um fator negativo para a exportação de produtos geneticamente modificados;
2) a Lei de Patentes impede o uso das sementes transgênicas, fazendo com que o agricultor permaneça na dependência das empresas produtoras de plantas geneticamente modificadas; e
3) não há pesquisas de efeitos crônicos (ou seja, de longo prazo) sobre o meio ambiente e sobre a saúde pública dos consumidores que permitam estabelecer os riscos associados aos produtos geneticamente modificados.

Salinização — Ocorrência e prevenção

A salinização é uma forma particular de poluição do solo. Como mencionamos anteriormente, ela ocorre com mais freqüência em solos naturalmente susceptíveis, seja pela natureza do material de origem, seja pela maior aridez do clima ou pelas condições do relevo local. Há, porém, uma salinização que pode ocorrer pela ação do homem quando a exploração agrícola é feita com o auxílio de irrigação. A Figura 9.8 esquematiza o que ocorre quando a franja capilar formada pela ação da tensão superficial, atuando em um lençol freático, eleva a água com sais em solução até o nível do terreno. A evaporação que se sucede deixa aí os resíduos sólidos salinos.

Em zonas de maior pluviosidade, além de a solução aquosa do solo apresentar menor teor de sais, as precipitações freqüentes lixiviam esse sal, devolvendo-o, por infiltração, para o lençol freático. Em zonas áridas, o teor de sais na solução aquosa é mais elevado, e a freqüência das lixiviações pelas chuvas é bem menor. Além disso, a exploração agrícola, muitas vezes, só é possível mediante irrigação.

A conseqüência imediata da irrigação é uma elevação do lençol freático. Quando ele é, naturalmente, pouco profundo, a franja capilar imposta pelo novo nível pode atingir a superfície do terreno, acumulando sais. A prevenção desse problema deve ser feita já na fase do projeto de engenharia, mediante a previsão de um sistema de drenos que rebaixe a superfície do lençol freático. Uma outra medida, que pode ser utilizada em paralelo, consiste em sobreirrigar, aplicando quantidades de água superiores às requeridas pela planta, para obter o efeito de lixiviação normalmente resultante das chuvas. As duas medidas encarecem os custos de investimento e de operação. Outras vezes nem sequer é detectada previamente sua necessidade. O resultado que tem sido freqüente em grandes programas de irrigação é a salinização e a perda de enormes extensões de solos agricultáveis, a exemplo do que ocorreu muitas vezes na Antigüidade, contemporaneamente na Califórnia e, mais recentemente, no semi-árido brasileiro.

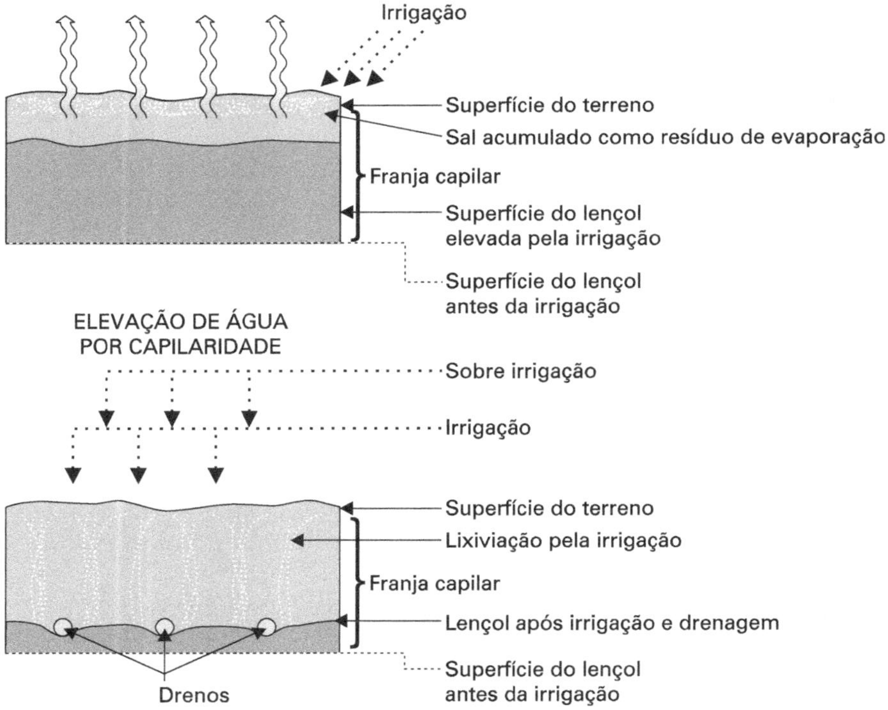

FIGURA 9.8

Salinização por irrigação e formas de controle.

9.7 Poluição do solo urbano — Ocorrência e controle

A poluição do solo urbano é proveniente dos resíduos gerados pelas atividades econômicas que são típicas das cidades, como a indústria, o comércio e os serviços, além dos resíduos provenientes do grande número de residências presentes em áreas relativamente restritas. Difere da poluição rural por um outro aspecto importante do ponto de vista ecológico e de equilíbrio dos ecossistemas. A maior parte dos resíduos urbanos é proveniente de áreas externas ao seu território. Ao serem lançados ou dispostos adequadamente nos limites do território urbano, eles não só acentuam os problemas de poluição (especialmente quando ela é entendida pelo seu conceito de 'indigestão' em um segmento da biosfera), como causam o empobrecimento nas áreas de onde provêm a matéria e a energia que, após a utilização no meio urbano, transformam-se em resíduos.

Embora a poluição do solo possa ser provocada por resíduos nas fases sólida, líquida e gasosa, é, sem dúvida, sob a primeira forma que ela se manifesta mais intensamente por duas razões principais: as quantidades geradas são grandes e as características de imobilidade — ou pelo menos de muito menor mobilidade dos sólidos — impõem grandes dificuldades ao seu transporte no meio ambiente.

É exatamente a grande mobilidade dos gases propiciada pela circulação atmosférica com freqüentes trocas de massa e a redução das concentrações de poluentes relativamente rápida (em relação aos líquidos e em especial aos sólidos) que tornam de menor significado o efeito poluidor direto dos resíduos gasosos sobre o solo. Indiretamente, porém, a parte que precipita nas áreas urbanas pode chegar ao solo na forma de poluentes em solução, trazidos pelas chuvas conhecidas como 'chuvas ácidas', por exemplo.

Além desses, há os resíduos líquidos que atingem o solo urbano e que são provenientes dos efluentes líquidos de processos industriais e, principalmente, dos esgotos sanitários que não são lançados nas redes públicas de esgotos. Tanto uns como outros podem chegar ao solo como parte de um procedimento técnico de tratamento de resíduos líquidos por aplicação ao solo ou, como conseqüência de descuido e descaso, serem aí simplesmente lançados.

Alguns efluentes industriais e os esgotos sanitários (oriundos do afastamento por via líquida dos dejetos humanos e dos resíduos provenientes do preparo de alimentos, higiene pessoal, da residência e do local de trabalho) podem, em pequenas comunidades ou em sistemas isolados, ser adequadamente tratados por meio de técnicas que prevêem sua aplicação aos solos sem criar problemas de poluição. Essas técnicas podem resumir-se à simples infiltração dos efluentes de uma fossa séptica no solo ou constituírem-se de processos mais elaborados e mais modernos.

Os esgotos sanitários e eventualmente os de processos industriais são, às vezes, lastimavelmente lançados sobre o terreno superficial, vias públicas, sarjetas etc., gerando problemas graves não só provenientes da poluição que agride o olfato e a visão, mas, também, podendo gerar episódios de saúde pública endêmicos e epidêmicos quando esses lançamentos estão contaminados por substâncias patogênicas e tóxicas.

Dentre todos, porém, a poluição do solo urbano por resíduos sólidos é o problema maior e mais comum para o qual convém dar atenção especial.

Resíduos sólidos urbanos

Os resíduos sólidos de uma área urbana são constituídos por desde aquilo que vulgarmente se denomina 'lixo' (mistura de resíduos produzidos nas residências, comércio e serviços e nas atividades públicas, na preparação de alimentos, no desempenho de funções profissionais e na varrição de logradouros) até resíduos especiais, e quase sempre mais problemáticos e perigosos, provenientes de processos industriais e de atividades médico-hospitalares.

De maneira mais específica e prática, a norma brasileira NBR 10.004 caracteriza como resíduos sólidos todos os "... resíduos, nos estados sólido e semi-sólido, que resultam de atividades da comunidade de origem: industrial, doméstica, hospitalar, comercial, agrícola, de serviços e de varrição. Ficam incluídos, nessa definição, os lodos provenientes de sistemas de tratamento de água, aqueles gerados em equipamentos e instalações de controle de poluição, bem como determinados líquidos cujas particularidades tornem inviável o seu lançamento na rede pública de esgotos ou corpos de água ou exijam, para isso, soluções técnica e economicamente inviáveis, em face da melhor tecnologia disponível".

O denominado 'lixo', em função de sua proveniência variada, apresenta também constituintes bastante diversos, e o volume de sua produção varia de acordo com sua procedência, com o nível econômico da população e com a própria natureza das atividades econômicas na área onde é gerado. Não é por acaso que os estudos arqueológicos valorizam tanto os resíduos como fonte de conhecimento dos costumes e da civilização de povos mais antigos. Por exemplo, as proporções de papel, de substâncias inertes, de matéria orgânica mais prontamente biodegradável, como restos de alimentos, variam bastante conforme a predominância da ocupação urbana mais típica da área da qual eles provêm.

Entretanto, no conjunto dos resíduos coletados nos aglomerados urbanos maiores, com atividades diversificadas, há um certo grau de similaridade em sua composição.

Considerando aspectos práticos e de natureza técnica ligados principalmente às possibilidades de tratamento e disposição dos resíduos em condições satisfatórias dos pontos de vista ecológico, sanitário e econômico, a norma brasileira anteriormente referida (NBR 10.004) distingue-os em três classes:

- *Resíduos Classe I ou Perigosos*: constituídos por aqueles que, isoladamente ou por mistura, em função de suas características de toxicidade, inflamabilidade, corrosividade, reatividade, radioatividade e patogenicidade em geral, podem apresentar riscos à saúde pública (com aumento de mortalidade ou de morbidade) ou efeitos adversos ao meio ambiente, se manuseados ou dispostos sem os devidos cuidados.
- *Resíduos Classe III ou Inertes*: são aqueles que não se solubilizam ou que não têm nenhum de seus componentes solubilizados em concentrações superiores aos padrões de potabilidade de água, quando submetidos a um teste-padrão de solubilização (conforme NBR 10.006 — Solubilização de Resíduos).
- *Resíduos Classe II ou Não Inertes*: são aqueles que não se enquadram em nenhuma das classes anteriores.

As mesmas razões que levaram a definir essas classes têm aconselhado a organizar os serviços públicos e a orientar e educar a população para manusear, acondicionar, coletar, transportar e dispor, de maneira diferenciada, os resíduos sólidos conforme a classe em que se enquadram.

As dificuldades dessa implantação diferenciada provêm do tempo, recursos financeiros, administrativos e educacionais necessários para viabilizar esse novo sistema, superando hábitos e costumes tradicionais.

A Tabela 9.7 a seguir apresenta a composição do lixo no município de São Paulo. Observa-se como essa composição se altera no tempo em razão de uma série de fatores, como crise econômica, avanços tecnológicos e reciclagem de materiais, entre outros.

TABELA 9.7

Composição (%) do lixo no município de São Paulo (LIMPURB, 2003)

Material	1927	1957	1969	1976	1991	1996	1998	2000	2003
Matéria orgânica	82,5	76,0	52,2	62,7	60,6	55,7	49,5	48,2	57,5
Papel, papelão e jornal	13,4	16,7	29,2	21,4	13,9	16,6	18,8	16,4	11,1
Embalagem longa-vida	--	--	--	--	--	--	--	0,9	1,3
Plásticos	--	--	1,9	5,0	11,5	14,3	22,9	16,8	16,8
Metais ferrosos	1,7	2,2	7,8	3,9	2,8	2,1	2,0	2,6	1,5
Metais não-ferrosos (alumínio)	--	--	--	0,1	0,7	0,7	0,9	0,7	0,7
Trapos, panos, couro e borracha	1,5	2,7	3,8	2,9	4,4	5,7	3,0	*	4,1
Pilhas e baterias	--	--	--	--	--	--	--	0,1	0,1
Vidros	0,9	1,4	2,6	1,7	1,7	2,3	1,5	1,3	1,8
Terra e pedra	--	--	--	0,7	0,8	--	0,2	1,6	0,7
Madeira	--	--	2,4	1,6	0,7	--	1,3	2,0	1,6
Diversos	--	0,1	--	--	1,7	2,6	--	9,3	1,0

** Incluídos em materiais diversos.*
-- Indica que o material ainda não era utilizado ou não foi feita análise.

Da composição e, principalmente, do maior ou menor teor de matéria orgânica biodegradável depende a maior ou menor eficiência na utilização de processos biológicos naturais ou intensificados para o tratamento do lixo — os mais empregados habitualmente, por serem os mais simples e viáveis.

A quantidade de lixo gerada decorre da população servida. Em termos médios, cada pessoa produz diariamente cerca de 0,4 kg a 0,7 kg, valor que pode ultrapassar 1 kg em países desenvolvidos.

Lançado em qualquer lugar ou inadequadamente tratado e disposto, o lixo é uma fonte dificilmente igualável de proliferação de insetos e roedores, com os conseqüentes riscos para a saúde pública que daí derivam, além de ser causa também de incômodos estéticos e de mau cheiro.

As soluções individuais de disposição e tratamento do lixo mais empregadas nas áreas rurais até por sua utilidade (adubação do solo ou alimentação de animais) são dificilmente viáveis em áreas urbanas, em decorrência da escassez de área e pela proximidade de pessoas. Nas cidades é indispensável um sistema público ou comunitário que se incumba da limpeza de logradouros, da coleta, disposição e tratamento do lixo que extinga os riscos de saúde pública e elimine ou reduza a níveis aceitáveis os demais impactos sobre o ambiente associados ao lixo.

Normalmente, um sistema desses compreende as seguintes atividades principais:

- varrição de vias, praças e demais logradouros públicos;

- coleta domiciliar e nas demais edificações destinadas ao comércio e à indústria — sempre que possível, essa coleta deve ser seletiva, exigindo-se, para tanto, que os usuários acondicionem previamente seus resíduos de acordo, no mínimo, com as classes já referidas da NBR 10.004 ou como é comum quando se deseja facilitar a reciclagem, separando dos inertes vidros, latas, papéis etc.
- transporte até centros de transbordo ou de triagem ou diretamente até os locais de disposição e tratamento; e
- disposição e/ou tratamento do lixo, com eventual aproveitamento do produto desse tratamento.

A freqüência e o modo pelo qual cada uma das duas primeiras atividades é exercida devem ser definidos por critérios técnicos (de saúde pública) e balizados por parâmetros de otimização dos custos envolvidos (mão-de-obra, transporte etc.).

Transporte e triagem

O transporte só é direto até os locais de disposição e/ou tratamento quando as distâncias percorridas são pequenas e o lixo é mais homogêneo e predominantemente biodegradável. Nesses casos, os veículos devem ser especiais, ágeis e de um tamanho que possibilite acesso a todo o sistema viário, devendo ser, ainda, dotados de algum mecanismo que compacte o lixo, otimizando o uso da capacidade volumétrica do transporte, e vedados de modo a reduzir os riscos de perda de materiais, vazamentos de líquidos e maus odores.

O transbordo e a triagem, quando necessários, são feitos em estações o mais isoladas possível de áreas urbanizadas e habitadas e dotadas de equipamentos que reduzam o risco de proliferação de insetos, roedores e mau cheiro. No ponto de transbordo, o lixo é removido para veículos de maior porte, visando reduzir o custo do metro cúbico a ser transportado a maiores distâncias, até sua disposição e/ou tratamento. As estações de triagem, comumente situadas no próprio transbordo ou junto à área de disposição e tratamento, são necessárias para tornar o lixo mais homogeneamente biodegradável, além de possibilitarem alguma recuperação e reciclagem de materiais aproveitáveis coletados junto com o lixo.

Disposição e tratamento

A disposição e o tratamento do lixo podem ser feitos de várias maneiras.
Uma delas, lamentavelmente ainda comum em muitas cidades, consiste em simplesmente lançar e amontoar o lixo em algum terreno baldio, dando origem aos 'lixões' ou 'monturos'. Além dos já referidos problemas estéticos e de saúde pública, essa prática estimula a catação, com todos os enormes problemas sociais correlatos, e propicia episódios de poluição hídrica e atmosférica (a matéria orgânica em biodegradação atinge temperaturas de combustão espontânea, liberando grossos rolos de fumaça que chegam a sombrear e fustigar enormes áreas). Outras vezes, essa prática atinge o paroxismo, quando, apesar de todos os inconvenientes anteriores, é utilizada para recompor encostas e aterrar áreas íngremes, com riscos de provocar futuros deslizamentos de taludes, que destroem edificações e vidas. As alternativas tecnicamente adequadas mais comuns para a disposição e o tratamento do lixo são o aterro sanitário ou energético, a compostagem e a incineração.

No aterro sanitário (Figura 9.9), o lixo é lançado sobre o terreno e recoberto com solo do local, de forma a isolá-lo do ambiente, formando 'câmaras'. Pela própria movimentação das máquinas de terraplenagem na execução dessas 'câmaras', o lixo é compactado e seu volume, substancialmente reduzido. Nessas 'câmaras', cessada a biodegradação aeróbia com o esgotamento do pouco oxigênio existente, processa-se a biodegradação anaeróbia, com liberação de gás e de uma substância líquida escura, constituída pelos resíduos orgânicos apenas parcialmente biodegradados, denominada *chorume*.

A fração gasosa é predominantemente formada por gás metano e tende a se acumular nas porções superiores das câmaras, devendo ser drenada para queima ou beneficiamento e utilização. O chorume acumula-se no fundo e tende a infiltrar-se no solo, podendo alcançar o lençol freático, contaminando-o, no caso de ele não estar separado por uma camada de solo ou de um revestimento suficientemente espesso ou de baixa permeabilidade, de modo a garantir a preservação do solo.

As normas de aterro sanitário requerem captação e tratamento dos gases e do chorume. O projeto do aterro deve seguir as normas ABNT (NBR 8.419). Aterros controlados podem, em certos casos, ser construídos sem o tratamento do chorume, seguindo normas específicas (NBR 8.849).

O aterro sanitário-energético é uma evolução do aterro sanitário, no qual o chorume drenado é reaplicado (por meio de bombeamento) nas câmaras do aterro, visando aumentar o grau de biodegradação da matéria orgânica e de produção de gás. O gás drenado pode ser utilizado como combustível diretamente ou após prévia 'lavagem' das impurezas (o poder calorífico do 'gás de lixo' alcança cerca de 5.800 Kcal/kg m^3).

Os aterros, uma vez esgotados em sua capacidade de receber lixo, podem ser úteis como elementos de recuperação de áreas de baixos degradados, incorporando-as ao tecido urbano, na forma de áreas verdes e parques. Além das vantagens do aterro sanitário, de baixo custo de manutenção e de execução, o aterro energético-sanitário ainda pode reduzir os riscos de contaminação do lençol e promover a reciclagem do gás de lixo.

FIGURA 9.9

Representação de um aterro sanitário em várias fases (IPT, 1995).

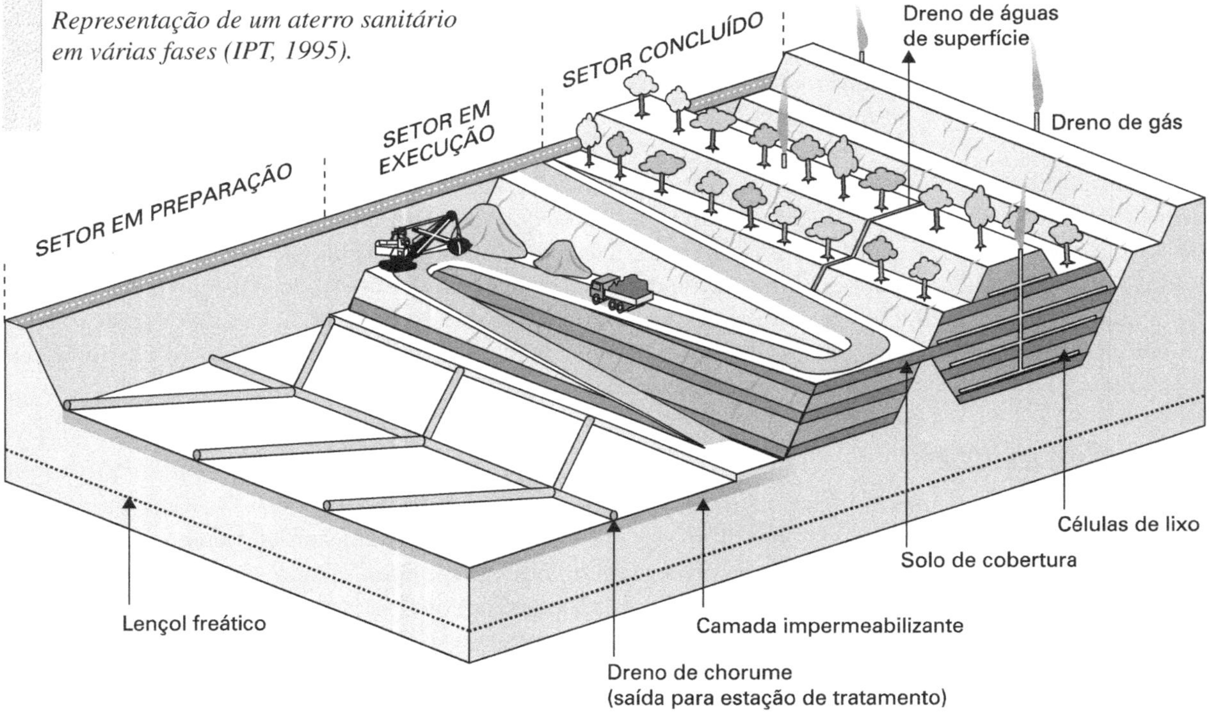

Entre as desvantagens do aterro está a exigência de extensões de terreno relativamente amplas. Além disso, exige-se que ele seja instalado em locais em que o entorno não seja prejudicado por inconvenientes ambientais e paisagísticos que sua operação pode trazer (mau cheiro, tráfego de caminhões de lixo e mau aspecto etc.).

O processo de compostagem de lixo é uma adaptação do processo que o agricultor utiliza, desde a remota Antigüidade, para produzir composto de restos agrícolas e utilizá-lo no campo como condicionador de solo.

Dá-se o nome de composto ao produto de decomposição de matéria orgânica, em condições aeróbias e de maneira controlada, de modo a obter-se um material estabilizado, não mais sujeito às reações de putrefação que ocorrem com restos orgânicos deixados no ambiente. O processo consiste basicamente em duas fases: no início, há uma fase termófila, que dura de duas a quatro semanas, em que a temperatura sobe, podendo chegar até 70ºC. Em seguida, a temperatura cai para cerca de 30ºC, tendo início uma fase mesófila, que dura de dois a quatro meses, até que haja a estabilização e a temperatura caia até a ambiente.

Como dissemos, a compostagem de lixo é um aperfeiçoamento das técnicas utilizadas pelos agricultores, desde a Antigüidade, para a produção de composto. Geralmente, ela é processada em instalações denominadas Usinas de Triagem e Compostagem de Lixo, onde, inicialmente, há a separação de materiais que podem prejudicar o processo, como trapos, madeiras e pneus, e de recicláveis, como latas, vidros e plásticos, que têm valor comercial. O grau de sofisticação da tecnologia empregada depende, principalmente, da quantidade de lixo processada, que é função da população atendida, podendo-se dividir em dois tipos de processo: a compostagem natural, ou acelerada, sendo que, na primeira, o processo todo se dá em pilhas aeradas reviradas periodicamente, e a fase termófila, que é acelerada por dispositivos de insuflação de ar e de revolvimento mecanizado.

Segundo o IPT (1985), cidades com até 60 mil habitantes fazem a descarga dos caminhões de lixo diretamente em uma moega de alimentação de uma esteira de catação, de onde se separam os materiais recicláveis. A seguir, a fração orgânica remanescente sofre compostagem natural em um pátio. Ao final, o material é peneirado, separando-se rejeitos e o composto. Para populações entre 50 mil e 100 mil habitantes, a principal modificação dá-se na recepção do lixo, que fica mais mecanizado. Nas cidades com mais de 300 mil habitantes, recomenda-se o processo de compostagem acelerada, em que a fase termófila é realizada em tambores rotativos ou por meio da aeração das leiras com ar insuflado. Naquelas que possuem entre 100 mil e 300 mil habitantes, deve-se realizar um estudo de viabilidade tecno-econômica para determinar o processo mais adequado. Ainda segundo o IPT, a fração orgânica deve ter as seguintes características para uma boa compostagem: pH próximo da neutralidade; relação carbono/nitrogênio da ordem de 30/1; granulometria — evitar excesso de finos; umidade — entre 40% e 60%.

Na Figura 9.10, apresentamos um esquema de usinas para compostagem para regiões com até 60 mil habitantes onde se utiliza a compostagem normal, somente com reviramento de leiras. Qualquer que seja o processo, devemos ressaltar as vantagens da compostagem em relação ao aterro, que são: diminuição da área de aterros, disposição em aterros de materiais não agressivos ao meio ambiente, reciclagem de materiais e geração de empregos formais, substituindo os catadores, que se sujeitam a condições de trabalho insalubres, por empregos formais com condições e regime de trabalho adequados.

FIGURA 9.10

Usina de compostagem de lixo para cidades de até 60 mil habitantes (IPT, 1995).

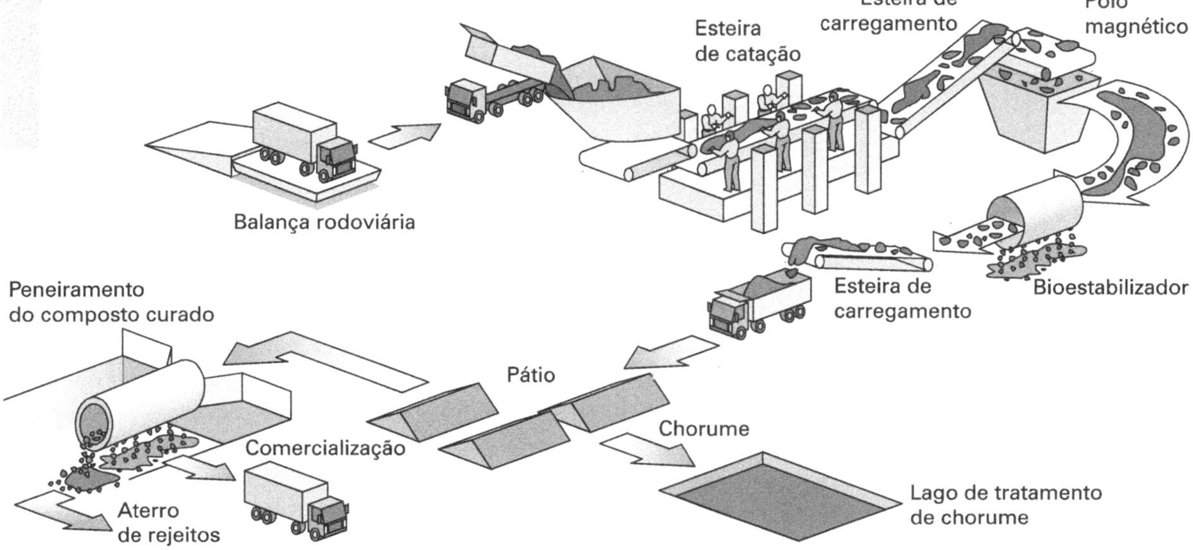

A vantagem da compostagem é a menor exigência de área necessária para sua instalação e a reciclagem que propicia. Entretanto, essas vantagens só se efetivam quando há demanda continuada para o composto. Quando a demanda é intermitente, será necessária a previsão de áreas para sua estocagem enquanto os interessados em utilizar o composto não o retiram da usina.

A incineração do lixo (Figura 9.11) é feita em usinas de incineração, nas quais o lixo é reduzido a cinzas e gases decorrentes de sua combustão. Por meio de instrumentação e controle, a combustão pode ser otimizada, de modo a diminuir a quantidade de matéria apenas parcialmente oxidada, reduzindo os inconvenientes da disposição dos resíduos sólidos restantes (cinzas) e das emissões gasosas e de fuligem. As cinzas assim obtidas, em volume bastante reduzido e mineralizadas, podem ser dispostas, sem inconvenientes, em áreas de dimensões reduzidas.

FIGURA 9.11

Incinerador de lixo (Cetesb, 1990).

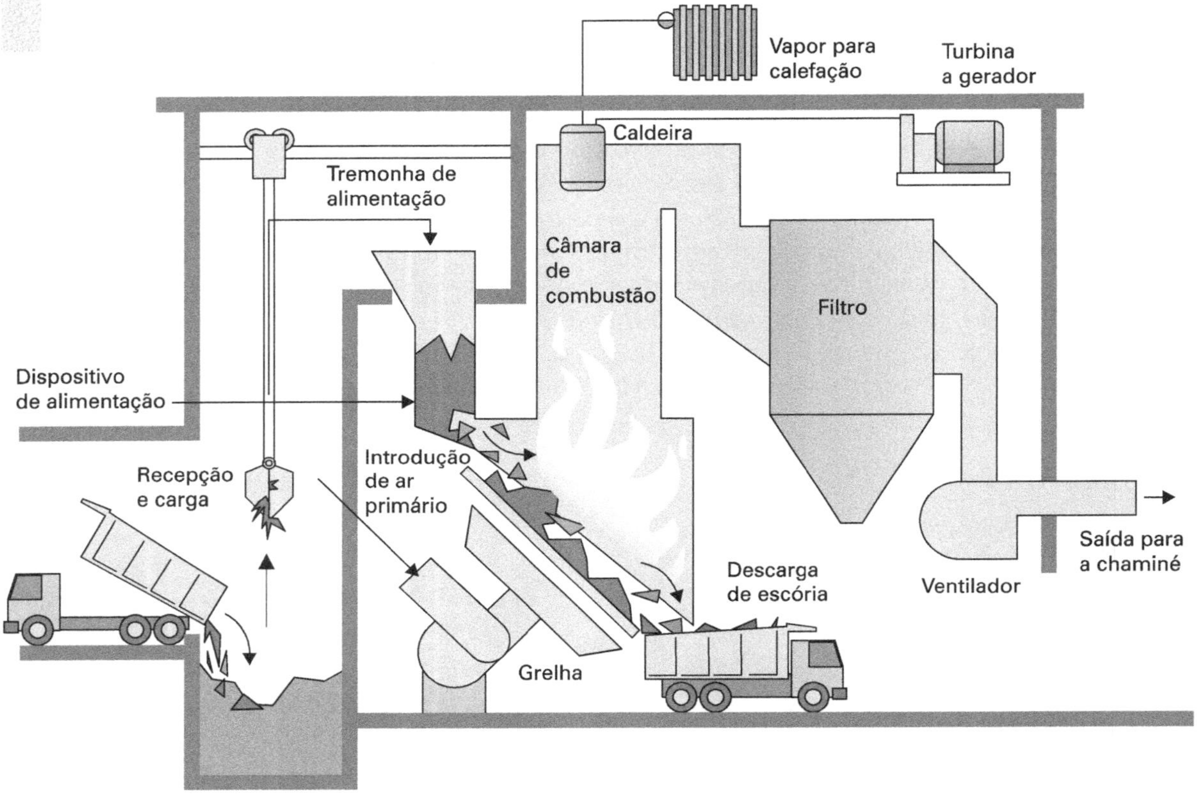

As emissões gasosas podem, também, ser lançadas à atmosfera sem maiores inconvenientes ambientais (de contaminação, poluição por partículas ou poluição visual), desde que se utilizem equipamentos de combate à poluição. É importante saber a composição da carga alimentada ao incinerador, pois suas características podem determinar as condições de operação ou mesmo inviabilizá-la. Assim, materiais excessivamente úmidos acarretarão um gasto excessivo de energia em razão da necessidade de secagem da carga. Por outro lado, a presença de materiais que contêm cloro, como plásticos do tipo PVC, pode, dependendo das condições de queima, provocar a formação de furanos e dioxinas, compostos altamente tóxicos e cancerígenos. Para evitar esse problema, deve-se, entre outros cuidados, processar a queima em temperaturas acima de 900 °C.

As principais vantagens da incineração são a minimização de áreas para aterro e para as instalações e a possibilidade de sua utilização para alguns tipos de resíduos perigosos, como os hospitalares. As desvantagens são, principalmente, os altos custos de investimento, operação e manutenção e a exigência de pessoal qualificado para a operação.

Escolha da alternativa

A determinação da alternativa mais viável para cada local deve ser feita levando-se em conta não só os custos envolvidos, mas também as características socioeconômicas da região, além de, principalmente, o custo ambiental. Para grandes comunidades, dificilmente uma solução única será suficiente, devendo-se realizar um estudo para otimizar a localização das várias unidades, de modo a minimizar os custos e os impactos envolvidos.

9.8 Os resíduos perigosos

Resíduos perigosos são aqueles que podem ser nocivos, no presente e no futuro, à saúde dos seres humanos, de outros organismos e ao meio ambiente. A definição de resíduo perigoso utilizada pela Agência de Proteção Ambiental norte-americana é:

> "O termo resíduo perigoso caracteriza um resíduo sólido ou uma combinação de resíduos sólidos os quais — em decorrência da quantidade, concentração ou características físicas, químicas ou infecciosas — podem:
>
> • causar ou contribuir significativamente para o aumento da mortalidade ou para o aumento de doenças sérias irreversíveis ou reversíveis incapacitantes; e
>
> • significar um perigo presente ou potencial para a saúde humana ou meio ambiente quando tratado, armazenado, transportado, disposto ou usado de maneira imprópria."

Diferentes países adotam práticas distintas para a identificação de resíduos perigosos, dependendo do resíduo em si, do modo pelo qual é utilizado e de como foi e é disposto no ambiente. Geralmente, tais resíduos perigosos são apresentados na forma de listas de substâncias ou de processos de indústrias que os geram. Alguns países dispõem de normas ou regulamentações que estabelecem as concentrações máximas admissíveis para resíduos específicos. Devemos, entretanto, observar que tais valores podem variar ao longo do tempo, à medida que as formas de ocorrência de determinadas substâncias e seus efeitos nos seres humanos e no meio ambiente são avaliadas de modo mais abrangente e preciso.

No Brasil, a preocupação com o tema fica evidenciada não só pela NBR 10004, como também pela atuação de órgãos de controle ambiental desde há aproximadamente dez anos. Em vários estados — e particularmente no Estado de São Paulo —, essa preocupação concretizou-se por meio da atuação da Cetesb em Cubatão (desde 1983), na Região Metropolitana de São Paulo (desde 1989) e em outras áreas industrializadas do estado.

A quantidade de resíduos perigosos presentes no meio ambiente atualmente é bastante grande, o que torna complexa a apresentação de uma classificação universalmente aceita. Além disso, novas substâncias têm sido dispostas no meio ambiente pelo homem a uma taxa elevada, o que torna tal classificação mais difícil. Os problemas quanto à classificação e quanto ao estabelecimento de valores de concentrações admissíveis prejudicam o estabelecimento de mecanismos legais sobre o assunto.

A Tabela 9.8 apresenta alguns exemplos da ocorrência e geração de resíduos perigosos.

TABELA 9.8

Exemplos ilustrativos de geração de resíduos perigosos

Setor	Fonte	Resíduos perigosos
Serviços, Comércio e Agricultura	• Veículos • Aeroportos • Lavagem a seco	• Resíduos oleosos • Óleos, fluidos hidráulicos etc. • Solventes halogenados

(continua)

(continuação)

Setor	Fonte	Resíduos perigosos
	• Transformadores • Hospitais • Fazendas, parques municipais etc.	• Bifenilas policloradas (PBS) • Resíduos patogênicos • Resíduos de pesticidas, embalagens contaminadas
Indústrias de pequeno e médio porte	• Tratamento de Metais (galvanização, eletrodeposição etc.) • Fabricação de tintas • Curtumes	• Lodos contendo metais pesados • Solventes, borras, tintas • Lodos contendo cromo
Indústrias de grande porte	• Processo de extração de bauxita: fabricação de alumínio • Refinaria de petróleo • Produção de cloro • Química	• Resíduos de desmonte de cubas de redução • Catalisadores, resíduos oleosos • Lodos contendo mercúrio • Resíduos de fundo de coluna de destilação

Um levantamento efetuado pela Cetesb sobre a geração e destinação de resíduos no Estado de São Paulo, cujos resultados foram apresentados em 1997 (Cetesb, 1997), revelou que a quantidade anual de resíduos gerados nas principais áreas industriais do estado era de, aproximadamente, 27 milhões de toneladas, das quais 540 mil toneladas eram de resíduos perigosos. Na Tabela 9.9, são apresentados os dados relacionados à geração de resíduos, de acordo com a classificação da ABNT, enquanto a Figura 9.12 mostra a distribuição da destinação final desses resíduos.

TABELA 9.9

Resíduos industriais gerados nas principais áreas industriais do Estado de São Paulo (toneladas/ano) — (Cetesb, 1997).

Regional	Tipo de resíduo			Total
	Classe 1 (perigosos)	Classe 2 (não inertes)	Classe 3 (inertes)	
Bacia do Alto Paranapanema – Litoral Sul	47.420,2	4.205.907,5	461.314,1	4.714.641,8
Bacia do Paraíba do Sul – Litoral Norte	99.063,7	355.537,7	99.505,3	554.106,7
Bacia da Baixada Santista	50.948,0	9.731.748,7	419.840,6	10.202.537,3
Bacia do Alto Tietê (Região Metropolitana)	176.670,7	1.668.597,4	18.731,3	1.863.999,4
Bacia do Baixo Tietê	25.401,8	536.148,4	20,0	561.570,2
Bacia do Rio Grande	46.189,3	6.690.417,7	38.565,4	6.775.172,4
Bacia do Rio Paraná	33.931,4	134.744,2	513,0	169.188,6
Bacia do Rio Piracicaba	55.990,0	1.715.066,1	7.406,0	1.778.462,1
Total Geral	**535.615,1**	**25.038.167,7**	**1.045.895,7**	**26.619.678,5**

Nota: Os dados apresentados não consideram os resíduos de rocha fosfática, bagaço de cana e restilo.

FIGURA 9.12

Destinação final dos resíduos industriais no Estado de São Paulo (Cetesb, 1997).

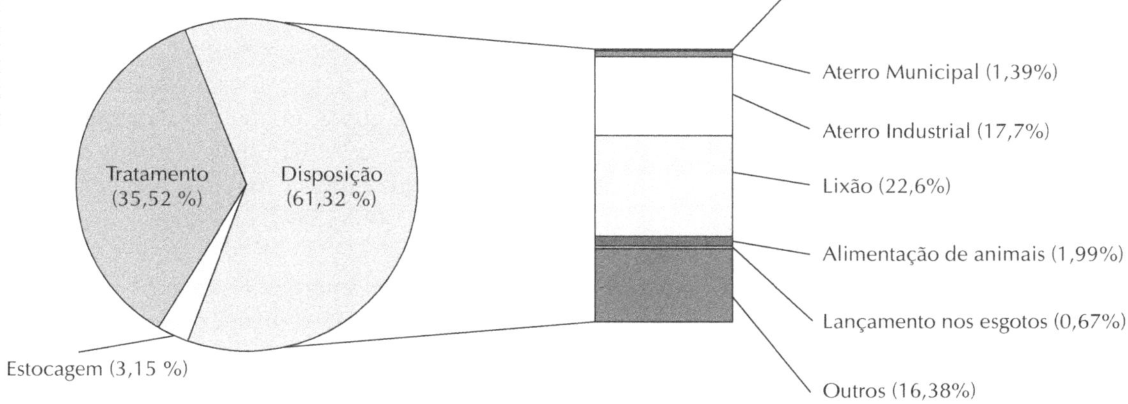

Pelos dados apresentados, verifica-se que a maior parte dos resíduos industriais gerados é disposta no meio ambiente, o que gera grande preocupação, em razão da interação que existe entre o solo e os demais sistemas ambientais.

Classificação dos resíduos perigosos

Resíduos biomédicos

Resíduos de hospitais, clínicas, laboratórios de pesquisa e companhias farmacêuticas apresentam comumente características patológicas e infecciosas. Como exemplos, podemos citar:

- resíduos cirúrgicos e patológicos;
- animais usados para experiências e cadáveres;
- embalagens e resíduos químicos e de drogas;
- bandagens, panos e tecidos empregados em práticas médicas;
- utensílios usados tais como agulhas, seringas etc.; e
- equipamentos, alimentos e outros resíduos contaminados.

Resíduos químicos e quimioterápicos, resíduos orgânicos (solventes) e resíduos radioativos não são, normalmente, considerados como resíduos biomédicos, embora possam ter sido gerados em atividades relacionadas. Isso decorre da especificidade desses resíduos com relação ao manuseio e de normas e legislação pertinentes.

Resíduos hospitalares são, ou devem ser, incinerados no próprio local. As cinzas resultantes desse processo são dispostas em aterro sanitário. Caso essa incineração não seja efetuada, a disposição de tais resíduos é efetuada em aterros, sofrendo um processo de tratamento anterior à disposição final. Deve-se cuidar para evitar a disposição desses resíduos de forma inadequada na rede pública de esgotos sanitários, evitando, assim, que possam atingir os corpos de água utilizados, de alguma maneira, pela população.

Resíduos químicos

Situa-se nessa categoria uma grande quantidade de substâncias produzidas pela atividade industrial e utilizadas, de modo direto ou indireto, por grande parcela da sociedade atual. A preocupação com relação a esses resíduos é relativamente recente, de maneira que a diminuição dos impactos resultantes do emprego dessas substâncias ainda não é feita, em geral, de modo satisfatório. Teme-se que muitos dos problemas que têm sido detectados com relação a esse tipo de poluição representem apenas uma pequena parte de todos os problemas gerados no passado pelo mau uso e disposição de resíduos químicos tóxicos no meio ambiente. Do ponto de vista tecnológico, o tratamento necessário para diminuir o impacto do uso dessas substâncias varia de caso para caso, de acordo com sua natureza. Existe, aparentemente, uma tendência de se tentar amenizar o problema, mas os custos envolvidos nesses tratamentos podem ser excessivos para alguns agentes poluidores.

Não existe, presentemente, um modo seguro de avaliar o impacto produzido por muitas dessas substâncias na saúde das pessoas e no meio ambiente. Em primeiro lugar, tais substâncias podem penetrar no ambiente de várias maneiras e propagar-se em uma velocidade que é função das características próprias e do meio. Posteriormente, podem sofrer transformações que as tornem mais ou menos perigosas. Além disso, em muitos casos, ainda não se conhece uma relação quantitativa entre sua presença e os efeitos por elas produzidos. Segundo Paracelsus (físico e alquimista, 1490-1541), qualquer substância pode ser alimento ou veneno, só depende da dose.

Os resíduos químicos perigosos podem ser orgânicos ou inorgânicos. Os resíduos orgânicos persistentes (ou de lenta degradação) são uma fonte de grande preocupação e objeto de estudos, principalmente aqueles que podem sofrer bioacumulação. Bifenilas policloradas e alguns pesticidas são exemplos típicos, cuja presença pode causar efeitos tóxicos agudos ou de longo prazo por serem carcinogênicos e mutagênicos. Muitos poluentes persistentes são formados pela queima de compostos clorados ou como subprodutos de fabricação ou degradação de determinadas substâncias. Por exemplo, as dioxinas são um grupo de substâncias que resultam como subprodutos da fabricação ou queima de clorofenóis. Uma forma específica de dioxina, o TCDD (2,3,7,8-tetraclorodibenzo-p-dioxina), é considerada como sendo provavelmente o composto químico mais tóxico existente (Davis e Cornwell,1991).

Muitos resíduos químicos inorgânicos — como alguns compostos de mercúrio, chumbo, cádmio e arsênio — são tóxicos, mesmo em baixas concentrações. Tais compostos também podem ser bioacumulados nas cadeias alimentares e atingir concentrações nocivas para os seres humanos e outros organismos. Esses metais tóxicos são lançados na atmosfera pela queima de determinadas substâncias e também podem ser lançados no meio aquático, direta ou indiretamente, ou no solo. A existência de chuva ácida e o aumento da concentração de gás carbônico na atmosfera diminuem o pH do meio aquático. Assim, tais compostos tornam-se mais solúveis e, portanto, são transportados mais facilmente no meio ambiente.

É evidente que tais fatos acabam por enfatizar a existência de rotas poluentes que passam pelos meios atmosférico, aquático e terrestre. É bastante comum, por exemplo, que tais resíduos sejam dispostos no solo, mas, também, que uma disposição inadequada acabe poluindo o meio aquático subterrâneo e superficial. Conseqüentemente, a disposição de resíduos perigosos no solo por períodos relativamente longos tem produzido efeitos deletérios nos aqüíferos. Muitos aqüíferos, necessários para o abastecimento de populações ao redor do mundo, têm sido inutilizados dessa maneira.

Gestão de resíduos perigosos

Como medida ideal, deve-se procurar efetuar a reutilização e/ou a reciclagem de resíduos perigosos. Certos resíduos, criados como subprodutos em determinados processos industriais, podem ser usados como matéria-prima em outros processos industriais. Quando não for possível implantar alguma das alternativas anteriores, seja por razões tecnológicas ou econômicas, esses resíduos devem ser dispostos de maneira adequada, de modo a não causarem danos ao meio ambiente e aos organismos que dele dependem. A disposição a ser escolhida depende, entre outros fatores, da natureza do resíduo, das características do meio receptor, das leis vigentes e da aceitação da sociedade.

É essencial que sejam conhecidas as quantidades de resíduos produzidas em determinados locais, bem como suas disposições espaciais e temporais, para que possam ser tomadas medidas adequadas para a minimização de seus efeitos. Assim, o monitoramento das quantidades e características dos resíduos manuseados é fundamental para avaliar os riscos envolvidos em seu uso, transporte, armazenamento e disposição, além de, também, a eficiência esperada de atitudes a serem tomadas para minimizar os danos que os resíduos possam causar.

A questão dos resíduos perigosos e dos danos que podem causar em qualquer uma das fases de sua existência tem causado grande discussão internacionalmente. Da mesma maneira que os resíduos perigosos, substâncias geradas pela tecnologia e que não são classificadas como resíduos podem, por si só, gerar grandes danos ambientais e à saúde dos seres humanos. Vários acidentes industriais, como os ocorridos em Seveso (Itália) e Cubatão, têm mostrado a gravidade desse problema ao longo do tempo.

Acidentes com tais resíduos podem envolver mais de um país como receptor, constituindo uma forma da chamada 'poluição transfonteiriça'. O transporte, por qualquer via, de substâncias perigosas, pode originar acidentes de grandes proporções e, muitas vezes, em locais distantes dos centros produtores e consumidores das substâncias transportadas. Em outros casos, a disposição desses resíduos é tão mal aceita pelos habitantes de certos países que se institui a prática de exportar tais resíduos para outros países que os aceitam em troca de alguma forma de pagamento. Aparentemente, embora todas as comunidades não queiram sofrer os danos causados pelo uso dessas substâncias, nem sempre as pessoas se mostram dispostas a deixar de consumir bens que utilizam esses compostos. Isso ocorre, freqüentemente, por falta de conscientização adequada de produtores e usuários.

Algumas medidas sobre a gestão dos resíduos perigosos propostas pelo Comitê Preparatório da Conferência das Nações Unidas sobre Meio Ambiente e Desenvolvimento, ocorrida no Rio de Janeiro em 1992, são:

- promover a prevenção ou a minimização da produção de resíduos por meio de métodos de produção mais 'limpos', evitando o emprego de substâncias perigosas; sempre que for possível substituí-las por outras ou pela reciclagem, reutilização, recuperação ou usos alternativos dessas substâncias;
- aprimorar o conhecimento e a informação sobre os aspectos econômicos envolvidos na gestão desses resíduos e sobre os efeitos produzidos por essas substâncias sobre a saúde dos organismos e sobre o meio ambiente;
- promover e fortalecer a capacitação institucional para prevenir e/ou minimizar danos para gerir o problema; e
- promover e fortalecer a cooperação internacional relativa à gestão de deslocamentos transfronteiriços de resíduos perigosos, incluindo monitoramento e controle, de modo consistente com os instrumentos legais regionais e internacionais.

Tratamento e disposição de resíduos químicos perigosos

Uma das maneiras mais comuns de abordar a questão dos resíduos perigosos é pelo tratamento e/ou disposição adequada. Todavia, a experiência tem demonstrado que nem sempre tal abordagem é satisfatória, ocorrendo o retorno dessas substâncias de modo indesejado e não controlado ao meio ambiente por causa da ineficiência das medidas tomadas para evitar esse retorno.

Os métodos mais comumente empregados para a disposição de resíduos perigosos estão apresentados de forma resumida a seguir (Miller, 1985):

Disposição de resíduos perigosos no solo

Entre as formas mais comuns de disposição no solo, encontram-se os aterros de armazenamento, as lagoas superficiais, o armazenamento em formações geológicas subterrâneas e as injeções em poços. O objetivo básico dessas alternativas é evitar a circulação dos resíduos perigosos no meio ambiente, embora nem sempre isso seja conseguido com sucesso.

Para todas as alternativas anteriormente citadas é evidente a possibilidade de poluição de aqüíferos e de corpos de água superficiais em função de falhas nos sistemas de armazenamento. Assim, um dos requisitos fundamentais a ser observado no projeto, construção e manutenção de tais instalações é a impermeabilização adequada do meio. Obviamente, tal observação não é válida para o caso de injeção de poços, que polui os aqüíferos diretamente. Tal prática, usada extensivamente no passado, resultou em grandes danos aos usuários dos recursos hídricos subterrâneos, pois como a água subterrânea, entre outros aspectos, move-se de modo bastante lento, esses mananciais podem permanecer poluídos por vários anos ou décadas depois de ser interrompido o despejo de poluentes em seu interior.

Algumas substâncias são dispostas em tambores, os quais são posteriormente aterrados como alternativa de disposição. Infelizmente, a experiência tem mostrado que esses tambores sofrem comumente um processo de deterioração, permitindo a liberação de resíduos perigosos no meio ambiente. Tais aterros devem ser considerados obras de engenharia, pois devem apresentar projeto, construção e acompanhamento posterior adequados para se minimizar possíveis danos decorrentes de seu mau funcionamento.

Essas formas de disposição nem sempre diminuem a periculosidade das substâncias envolvidas, por isso elas não são normalmente recomendadas, a não ser como último recurso se outras formas de disposição descritas adiante não forem adotadas.

Tratamento dos resíduos

Tal tratamento consiste em transformar, de algum modo, esses resíduos em materiais menos perigosos. De acordo com a transformação empregada, os tratamentos podem ser classificados como físicos, químicos ou biológicos. Evidentemente, podem existir processos de tratamento que utilizam mais de uma forma de transformação, assim como alguns processos de tratamento de esgotos domésticos.

Tratamento biológico: Os compostos químicos gerados pela tecnologia são relativamente persistentes no meio ambiente. Aparentemente, isso pode ocorrer porque os organismos existentes nem sempre produzem as enzimas necessárias para processar essas substâncias. Todavia, um grande número dessas substâncias pode ser degradado por microorganismos (Davis e Cornwell, 1991). Além disso, novos microorganismos gerados pela Engenharia Genética parecem constituir uma alternativa promissora para esse fim.

Metodologias comumente empregadas para o tratamento biológico de esgotos domésticos, como lodos ativados e filtros biológicos, têm sido utilizadas, com sucesso, para o tratamento de certos resíduos perigosos. Tais metodologias têm sido estudadas e adaptadas para cada situação em particular. De acordo com Henry e Heinke (1989), alguns materiais tóxicos como fenóis, óleos e resíduos de refino de petróleo têm sido tratados biologicamente com sucesso. Por outro lado, o sucesso relativo do tratamento biológico de resíduos que contêm metais pesados parece ser mais modesto, embora seja possível, em alguns casos, alcançar taxas de remoção acima de 60%.

Tratamento físico-químico: O tratamento físico-químico de resíduos perigosos consiste, basicamente, em separá-los da solução aquosa que os contém. Os resíduos continuam tóxicos após a separação, mas esse tratamento permite que eles sejam recuperados ou concentrados para tratamento posterior.

Entre os processos de tratamento físico-químico podem ser citados: a adsorção por carvão ativado, a destilação, a troca iônica, a eletrodiálise, a osmose reversa e a recuperação de solventes. Cada um desses processos é mais adequado para um determinado resíduo perigoso, devendo-se realizar, para cada caso, um estudo específico que determine a melhor alternativa.

Tratamento químico: O tratamento químico tem como base as reações químicas como, por exemplo, a neutralização de ácidos e bases, a oxidação e redução dos compostos, a remoção de metais pesados por meio de precipitação etc.

Em alguns casos, a incineração desses resíduos pode ser uma alternativa viável, desde que as cinzas da combustão sejam dispostas de maneira adequada. A incineração nem sempre é bem aceita pela população, por isso, em alguns países, foi implantada a alternativa de efetuá-la em embarcações oceânicas em pontos distantes da costa (Miller, 1985). Todavia, existe oposição contra essa medida, principalmente em função da possível ocorrência de acidentes envolvendo tais embarcações.

Na Região Metropolitana de São Paulo, conforme estudos da Cetesb apresentados em um Encontro Técnico realizado em julho de 1990, os resíduos perigosos industriais têm a seguinte destinação: pouco menos de 10% são estocados, aproximadamente 45% são tratados e os cerca de 45% restantes são dispostos no solo. Esse estudo não informa sobre a adequação dos tratamentos, mas afirma que a totalidade dos resíduos dispostos no solo ocorre de modo impróprio (por simples descarga em lixões ou em aterros sanitários municipais não preparados para esses tipos de resíduos) e que, na grande maioria dos casos de estocagem, há contaminação do solo e das águas subterrâneas nas áreas do entorno.

A razão principal apontada como causa dessa situação é que os sistemas de fiscalização e controle são relativamente novos e não têm ainda a extensão e a eficiência de atuação suficientes para intimidar e punir os poluidores infratores e para sensibilizar e formar, na sociedade e na opinião pública, os grupos de pressão necessários. Para o poluidor industrial, os custos derivados de degradação da imagem da empresa que se refletem nos resultados financeiros da produção são menores, em muitos casos, do que os custos alternativos nos quais ele teria de incorrer caso implantasse tratamento, disposição ou estocagem adequados.

Remediação de aqüíferos

Embora a disposição inadequada de resíduos perigosos possa afetar qualquer corpo de água, grande ênfase tem sido dada à questão da água subterrânea. Conforme dito anteriormente, o tempo de trânsito característico de poluentes em aqüíferos é, em geral, bastante lento quando comparado com os tempos de trânsito característicos observados em corpos de água superficiais. Conseqüentemente, cada vez mais nos deparamos com danos iniciados em passado relativamente distante que provocaram a inutilização de certos aqüíferos para uso presente e futuro. Infelizmente, tais práticas de despejo continuam acontecendo hoje em dia, em escala alarmante, em muitas regiões do mundo.

A remediação de aqüíferos visa à melhoria da qualidade daqueles que estão contaminados e consiste de dois aspectos principais (Fetter, 1993). Em primeiro lugar, busca o controle da fonte poluidora, a qual, inúmeras vezes, é formada por resíduos perigosos. A segunda parte da remediação é o tratamento da água poluída e/ou do solo adjacente, de modo a retirar os poluentes ou, então, diminuir significativamente suas concentrações.

Normalmente, quando um aqüífero foi poluído há bastante tempo, uma grande região foi afetada pela presença de resíduos. Portanto, a remediação costuma ser uma abordagem bastante cara e demorada, sendo adotada quando não existe no local um manancial alternativo de recursos hídricos, ou, então, quando os danos ambientais causados por esses resíduos são considerados inadmissíveis.

9.9 Resíduos radioativos

Radiações

A luz solar que recebemos é energia radiante, resultado de reações nucleares no interior do Sol. Ela chega até a Terra por meio de várias espécies de radiações: na forma de luz, ladeada pelos raios infravermelho e ultravioleta e na forma de ondas eletromagnéticas, como ondas de rádio e raios, como o raio X, os raios g, os raios cósmicos etc. Foi essa energia, ao proporcionar reações como a fotossíntese e outras, que provavelmente originou a vida na Terra e permitiu todo seu desenvolvimento. É claro que, paralelamente aos seus efeitos benéficos, existem também os efeitos indesejáveis, resultantes das exposições descontroladas a essas radiações. A própria natureza vai procurando se defender desses efeitos nocivos, criando condições de defesa como, por exemplo, a camada de ozônio.

Os minerais radioativos emitem essas radiações em quantidades variáveis, que podem ser ativadas a partir de processos artificiais de excitação. O núcleo do átomo é formado de um conjunto de prótons (carga positiva) mais nêutrons (sem carga), os quais lhe dão o 'número de massa' e tem em órbita, à sua volta, uma série de elétrons (carga negativa). Uma pergunta que normalmente um leigo faz é: "Como é possível que esse núcleo não se desintegre em razão das cargas elétricas que o compõem, uma vez que a força nuclear entre dois prótons contínuos é cerca de um milhão de vezes maior que a repulsão elétrica? ".

A resposta consiste na admissão de forças nucleares, sempre atrativas, que mantêm os prótons unidos e que devem ser muito grandes. Verificou-se, ao longo do tempo, que existe no átomo uma série de partículas diferentes que participam do processo de equilíbrio energético e que explicam a ação dessas forças nucleares. Quando a relação de energia entre prótons e elétrons não é estável, aparecem fenômenos nucleares que tendem a promover a estabilização. Daí resultarem as radiações, que podem ser detectadas seja por chapas fotográficas, seja por equipamentos especiais: câmaras de ionização, contadores Geiger, contadores de cintilação ou cintiladores etc.

As radiações funcionam como uma espécie de válvula de escape do núcleo e apresentam-se principalmente na forma de:

- *Radiações alfa* (α)*:* partículas emitidas geralmente por núcleos mais pesados, compostas por dois prótons e dois nêutrons. Têm carga positiva (+2) e massa (4) semelhante ao núcleo do hélio; possuem alto poder de irradiação, mas pequeno poder de penetração. Podem ser bloqueadas pela pele ou por uma folha de papel. Possuem um alcance da ordem de um centímetro no ar. Quando um átomo emite uma partícula α, ele tem seu número atômico reduzido de duas unidades e seu número de massa diminuído de quatro unidades, passando a ser outro elemento químico.
- *Radiações beta* (β)*:* são partículas emitidas pelo núcleo, dotadas de carga negativa unitária e identificadas como elétrons. Têm baixo poder de ionização e um bom poder de penetração; podem atravessar a pele, mas são bloqueadas por uma chapa de metal. Quando um átomo emite uma partícula β, seu número atômico aumenta de uma unidade e mantém o número de massa.
- *Radiações gama* (γ)*:* são ondas de origem eletromagnética, semelhantes ao raio X, que se movem à velocidade da luz. Com grande poder de penetração, têm, porém, baixo poder de ionização. Na emissão de radiações γ não há variações dos números atômicos ou de massa. Seu alto poder de penetração possibilita sua utilização em vários campos das necessidades humanas, mas é preciso que elas sejam muito bem controladas por causa do perigo que representam, dependendo do grau de exposição. Podem ser bloqueadas por chumbo, concreto e, em casos especiais, por grandes massas de água.
- *Raios cósmicos:* feixes de prótons de alta energia; são a maior fonte de energia do Universo, mas representam um enorme perigo para as viagens do homem no espaço interplanetário. Sua existência foi descoberta por V. Hess, em 1911. O Sol é o maior emissor desses raios e existe, circundando a Terra, um cinturão de raios cósmicos — Cinturão de Van Allen —, cuja altitude varia com a longitude, podendo ir de 400 km a 1.300 km. Esses raios cósmicos são os responsáveis pela formação de carbono 14 (C 14).

Desintegração

Estudando as radiações, verificamos que, com a perda dessas partículas e energias, os átomos vão se desintegrando paulatinamente. A probabilidade de ocorrência de uma desintegração, a cada segundo, de um átomo radioativo é dada por uma constante (p). Embora essa desintegração possa ser postergada por longos períodos de tempo, o valor de p mantém-se constante. Quando se estuda um único átomo radioativo, é muito difícil avaliar essa constante de desintegração, mas, quando se tem uma quantidade muito grande de átomos, essa probabilidade pode ser avaliada medindo-se a quantidade de átomos que se desintegram com relação ao número inicial.

Meia-vida

A probabilidade p de desintegração de cada átomo não muda e, com o tempo, existirão menos átomos radioativos e, portanto, menos desintegrações por segundo. Convencionou-se considerar, para efeito de controle e planejamento de ação, o tempo no qual a amostra tem a metade dos seus átomos desintegrados como uma variável, dando-lhe o nome de 'meia-vida'.

Logicamente, como a probabilidade p não muda e apenas o número N de átomos é diferente, a desintegração da nova metade dessa amostra deve levar o mesmo intervalo de tempo.

O modelo aqui utilizado é o da reação de primeira ordem, à semelhança do que se utilizou no caso do estudo da variação da DBO em um curso de água (Capítulo 8).

$$N_t = N_0 e^{-kt}$$

9.2 $$\frac{N_t}{N_0} = \frac{1}{2} = e^{-kt_{1/2}}$$

$$t_{1/2} = \frac{0{,}693}{k}$$

onde N_0 é o número de átomos no instante zero; N_t é o número de átomos no instante *t*; *k* é a constante de desintegração e *t* é o tempo.

No cálculo da 'meia-vida' de uma amostra, é feita a contagem de átomos radioativos ao longo de vários intervalos de tempo, e esses resultados são apresentados em um gráfico monologarítmico, que deverá representar o decaimento da amostra como uma reta, da qual se deduz sua 'meia-vida'. Na 'meia-vida', o número de átomos passa de N para N/2.

Exemplo: em uma amostra de U 238 (urânio 238) com mil átomos, após 4.51 x 10^9 anos, 500 átomos se transformarão em tório 234. Os 500 átomos restantes passarão a atuar como um todo e, após 4.53 x 10^9 anos, 250 átomos desse novo conjunto de urânio 238 serão transformados em tório 234.

Medida das radiações ionizantes

A unidade de medida de radiação é o Curie. Uma quantidade de material radioativo, na qual ocorram 3,7 x 10^{10} desintegrações por segundo, é igual a 1 Curie (Ci). A quantidade real de material que produz 1 Ci é variável em função do tipo de material. Um grama de rádio é igual a 1 Ci, enquanto somente 10^{-7} g de um recém-formado isótopo radioativo de sódio produzem o mesmo número de desintegrações por segundo. Em geral, 1 Ci é uma quantidade muito grande de radiação e seus submúltiplos são freqüentemente utilizados: mCi (milicurie), µCi (microcurie), nCi (nanocurie) e o pCi (picocurie).

A dose de radiação recebida por um indivíduo pode ser avaliada por meio das seguintes grandezas:

- *exposição* é a medida da capacidade dos raios γ ou x de produzir a ionização do ar. Um Roentgen (R) é a quantidade capaz de produzir 2,58 x 10^{-4} Coulombs de carga elétrica em um quilograma de ar seco à temperatura e pressão normais;
- *dose absorvida* é a quantidade de energia depositada pela radiação ionizante em um determinado volume conhecido. É mais abrangente que a 'exposição', pois é válida para todas as radiações (x, α, β ε γ) e para qualquer material absorvente. A unidade antiga é o *rad* e a nova, o *Gray* (Gy); e
- *dose equivalente* completa a definição da quantidade de energia absorvida e considera fatores como o tipo de radiação ionizante, a energia recebida e a distribuição da radiação no tecido para que se possa avaliar os possíveis danos biológicos. Praticamente é a 'dose absorvida' multiplicada pelo fator de qualidade *Q* e o fator *N*. O fator de qualidade *Q* (Tabela 9.10) relaciona o efeito dos diferentes tipos de radiação em termos de dano. O fator *N* permite avaliar a influência do radionuclídeo depositado internamente. A unidade antiga é o Roetgen Equivalent Man (REM) e a unidade nova é o Sievert (Sv).

As diferentes unidades de medida relacionadas com a radioatividade estão resumidas na Tabela 9.10

TABELA 9.10

Valores de Q para diferentes tipos de radiações ionizantes (CNEN, 1988).

Tipo de radiação	Fator de qualidade (Q)
Raios X, gama e elétrons	1
Prótons e partículas com uma (1) unidade de carga* e com massa de repouso maior que a unidade de massa atômica e de energia desconhecida	10
Nêutrons com energia desconhecida	20
Partículas alfa e demais partículas com carga superior a uma (1) unidade de carga*	20

*Unidade de carga é a carga de um elétron.

TABELA 9.11

Medidas de radiações ionizantes.

Grandeza	Unidade	Símbolo	Valor
Exposição	antiga: Roentgen nova: Coulomb/kg	R Q/kg	2,58 x 10^{-4} C/kg 3,88 x 10^{3} R
Dose absorvida	antiga: rad nova: gray	rad Gy	10^{-2} J/kg 100 rad
Dose equivalente	antiga: REM nova: Sievert	REM Sv	10^{-2} J/kg.Q.N 100 REM

Geração de resíduos radioativos

A partir do instante que o ser humano aprendeu a dominar o átomo, o que ocorreu no início da década de 1940[1], a nossa sociedade tem se confrontado com os resíduos, ou rejeitos, radioativos. A maior parte dos rejeitos radioativos é proveniente da produção de armas nucleares, produção de combustíveis para usinas núcleo-elétricas e sistemas de propulsão, operação das usinas núcleo-elétricas, atividades de pesquisa e aplicações médicas, entre outras.

Os rejeitos radioativos podem se apresentar nas formas sólida, líquida ou gasosa. E, como não é possível destruir a radioatividade, a estratégia utilizada para o gerenciamento dos rejeitos é o seu confinamento em local seguro. Para os rejeitos radioativos líquidos e gasosos, é possível adotar dois procedimentos: retenção para redução do nível de atividade, com posterior lançamento para o meio ambiente, ou separação dos contaminantes radioativos por métodos adequados, de maneira que eles possam ser gerenciados como rejeitos sólidos.

No intuito de preservar a saúde e garantir a segurança contra os efeitos da radiação, foi desenvolvida uma regulamentação específica para o gerenciamento dos rejeitos radioativos. A classificação brasileira baseia-se nas normas da Agência Internacional de Energia Atômica (AIEA). De acordo com a norma CNEN-NE-6.05, que trata da Gerência de Rejeitos Radioativos em Instalações Radioativas, (CNEN, 1985), os rejeitos são classificados com base no seu estado físico, natureza da radiação, concentração e taxa de exposição.

Existem basicamente três classificações para os rejeitos radioativos, que é função de atividade específica ou da taxa de exposição, conforme apresentado na Tabela 9.12.

TABELA 9.12

Classificação dos rejeitos radioativos (CNEN, 1985)

Classificação	Emissores beta e gama (alfa < $3{,}7\times10^{8}$ Bq/m^3)			Emissores Alfa (alfa > $3{,}7\times10^{8}$ Bq/m^3)	
	Líquido	Gasoso	Sólido	Líquido	Sólido
	Atividade Específica (Bq/m^3)		Exposição na superfície (μC/kg.h)	Atividade Específica (Bq/m^3)	
Baixo nível	$C \leq 3{,}7\times10^{10}$	$C \leq 3{,}7$	$X \leq 50$	$3{,}7\times10^{8} < C \leq 3{,}7\times10^{10}$	$3{,}7\times10^{8} < C \leq 3{,}7\times10^{11}$
Médio nível	$3{,}7\times10^{10} < C \leq 3{,}7\times10^{13}$	$3{,}7 < C \leq 3{,}7 \times 10^{4}$	$50 < X \leq 500$	$3{,}7\times10^{10} < C \leq 3{,}7\times10^{13}$	$3{,}7\times10^{11} < C \leq 3{,}7\times10^{13}$
Alto nível	$C > 3{,}7\times10^{13}$	$C > 3{,}7 \times 10^{4}$	$X > 500$	$C > 3{,}7\times10^{13}$	$C > 3{,}7\times10^{13}$

1 A primeira reação em cadeia auto-sustentável ocorreu em 2 de dezembro de 1942 (CNEN, 2004a).

Para um melhor gerenciamento, os rejeitos radioativos devem ser segregados, separados, no ponto de geração, de acordo com as seguintes características:

1) sólido, líquido e gasoso;
2) meia-vida (curta ou longa);
3) compactáveis ou não compactáveis;
4) orgânicos ou inorgânicos;
5) putrescíveis ou patogênicos, se for o caso;
6) combustíveis ou não combustíveis; e
7) outras características.

Após a segregação e o acondicionamento adequado, os rejeitos são identificados e encaminhados para tratamento ou disposição final.

Os rejeitos radioativos podem ser constituídos de diversos materiais, como lamas, borras, líquidos, metais, madeiras, tecidos, papel, plástico e vidro, entre outros. Um exemplo da composição de rejeitos radioativos sólidos gerados em reatores nucleares a água pressurizada é apresentado na Tabela 9.13.

TABELA 9.13

Composição dos rejeitos radioativos sólidos gerados em reatores nucleares (EPRI, 1991).

Compactáveis		Não compactáveis	
Material	**(%)**	**Material**	**(%)**
Plásticos	51	Madeira	18
Papel	17	Eletrodutos	12
Roupas	10	Tubos e válvulas	34
Material absorvente	4	Filtros	4
Borracha	6	Material compactável	4
Madeira	3	Estruturas de filtros	2
Material não compactável	1	Concreto	2
Metal	3	Ferramentas	4
Filtros	2	Detritos	1
Vidro	< 1	Vidro	< 1
Outros	4	Outros	19

O que distingue os rejeitos radioativos apresentados na Tabela 9.13 dos resíduos gerados nas demais atividades humanas é que os mesmos se apresentam contaminados por elementos radioativos, resultantes da fissão do urânio e da ativação de elementos naturais, que foram irradiados nas proximidades do núcleo do reator. A Figura 9.13 mostra a distribuição isotópica nos rejeitos compactáveis.

FIGURA 9.13

Composição isotópica dos rejeitos radioativos sólidos, compactáveis (EPRI, 1991).

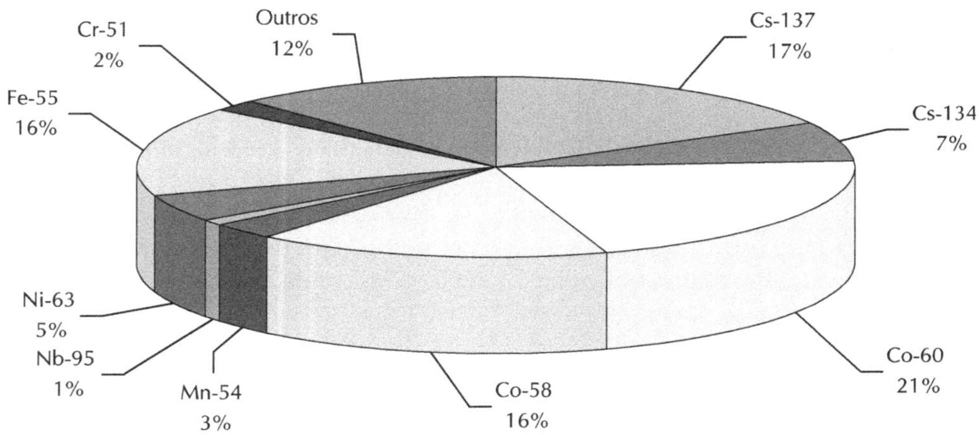

Em uma usina nuclear também são gerados outros tipos de rejeitos, como gases de exaustão da contenção do reator e demais edificações onde há manipulação de materiais radioativos, água radioativa do circuito de resfriamento do reator e do circuito de geração de vapor, rejeitos líquidos resultantes dos processos de decontaminação, os quais são coletados e encaminhados para tratamento.

Para o tratamento e gerenciamento dos rejeitos gerados em reatores nucleares, pode-se lançar mão dos seguintes procedimentos:

- armazenagem para decaimento radioativo e lançamento para o meio ambiente (geralmente utilizado para gases, mas também pode ser utilizado para sólidos e líquidos com baixo nível de atividade, contendo radionuclídeos de meia-vida curta);
- adsorção em carvão ativado (gases);
- adsorção em material absorvente (líquidos orgânicos);
- tratamento por troca iônica (rejeitos líquidos com baixo nível de atividade);
- tratamento por evaporação (rejeitos líquidos de média atividade);
- imobilização em matriz de cimento, polimérica ou betume (concentrados, resinas de troca iônica e rejeitos não compactáveis, entre outros);
- compactação (rejeitos sólidos compactáveis);
- incineração (rejeitos sólidos e líquidos, combustíveis); e
- vitrificação (concentrados, lamas e cinzas com médio e alto níveis de atividade).

Após o seu processamento, os rejeitos remanescentes, geralmente na forma sólida, são acondicionados em embalagens adequadas e encaminhados para um local de armazenagem, cujo projeto é desenvolvido visando ao confinamento seguro dos mesmos em seu interior.

Ainda com relação aos rejeitos gerados em usinas nucleares, deve-se dar atenção especial aos combustíveis nucleares irradiados. Esse tipo de material, em decorrência do alto nível de atividade, deve ter um programa de gerenciamento específico, sendo que, após a sua remoção do núcleo do reator, ele permanece em uma piscina de estocagem, por pelo menos cinco anos antes de poder ser transferido para outro local. A razão para isso é que a água fornece uma efetiva barreira contra a radiação, além de promover a remoção do calor residual gerado no processo de decaimento radioativo. Decorrido o período necessário para o decaimento, os elementos combustíveis podem ser acondicionados em recipientes adequados para posterior disposição em um repositório ou podem ser processados para recuperação de elementos de interesse.

Os rejeitos resultantes das demais atividades humanas também são classificados e gerenciados utilizando-se os mesmos procedimentos que aqueles utilizados em instalações nucleares — resguardadas as peculiaridades encontradas em cada situação.

Efeito biológico das radiações

O organismo é uma estrutura cuja menor unidade é a célula, a qual é formada por moléculas e átomos. Os principais efeitos biológicos produzidos pela interação das radiações ionizantes com esses átomos e moléculas são:

- o primeiro fenômeno é físico, com a ionização e a excitação dos átomos;
- o seguinte é químico, no qual ocorrem rupturas de ligações químicas;
- por fim, aparecem os fenômenos bioquímicos e fisiológicos, cujos mecanismos são ainda desconhecidos; e
- após um certo intervalo de tempo, aparecem lesões.

Os efeitos causados pelas radiações podem ser *reversíveis*, se houver a possibilidade de restauração da célula, *parcialmente reversíveis* ou mesmos *irreversíveis*, no caso do câncer e da necrose.

O tempo que decorre entre a contaminação e o aparecimento do dano é importante para que se possa tomar providências de segurança. No caso de doses elevadas de radiação, esse tempo é mais curto, e, no caso de exposições crônicas, esse período pode ser muito longo.

Para que os efeitos biológicos se manifestem, a radiação deve ser superior a um certo valor mínimo, chamado 'Limiar', mas isso não significa que, para doses menores, não ocorram contaminações.

Efeitos biológicos não aparecem por restauração da célula ou por sua substituição por células jovens. Nem todas as células respondem igualmente à mesma dose de radiação; elas têm diferentes sensibilidades, que são diretamente proporcionais à sua capacidade de reprodução. Na Tabela 9.14 são apresentados os efeitos, em um adulto, da exposição aguda à radiação.

TABELA 9.14

Efeitos da exposição aguda à radiação em um adulto (CNEN, 2004 b).

Atuação ou Forma	Dose absorvida	Sintomas
Infraclínica	< 1 Gy	Ausência de sintomas.
Reações gerais leves	1 a 2 Gy	Astenia, náuseas e vômitos (3h a 6h após a exposição e sedação após 24h).
Hematopoiética leve	2 a 4 Gy	Função medular atingida (linfopenia; leucopenia; trombopenia; anemia). Recuperação em 6 meses.
Hematopoiética grave	4 a 6 Gy	Função medular gravemente atingida.
DL_{50}	4 a 4,5	Morte de 50% dos indivíduos expostos.
Gastrintestinal	6 a 7 Gy	Diarréia, vômitos e hemorragias. Morte em 5 ou 6 dias.
Pulmonar	8 a 9 Gy	Insuficiência respiratória aguda, coma e morte entre 14h e 36h.
Cerebral	> 10 Gy	Morte em poucas horas por colapso.

A dose absorvida para esterilização temporária do homem e da mulher equivale a 0,3 Gy e 3 Gy respectivamente, enquanto a esterilização definitiva ocorre com doses absorvidas de 5 Gy para homens e 6 Gy a 8 Gy para mulheres.

Para o caso de mulheres em fase fértil, a dose máxima admissível no abdômen é de 10 mSv em qualquer trimestre consecutivo; e a dose acumulada no feto, durante o período de gestação, não deve ultrapassar 1 mSv (CNEN, 1988).

Normalmente, as alterações causadas nas células não são transmitidas para outras células, a menos que sejam atingidos os órgãos que provoquem efeitos hereditários (óvulo ou espermatozóide). Os efeitos das radiações dependerão do(a):

1) tipo de radiação ionizante;
2) profundidade de penetração, que é função da energia de radiação;
3) meia-vida biológica (se ingerido);
4) área ou volume do corpo exposto à radiação;
5) dose absorvida;
6) atividade da fonte de radiação; e
7) meia-vida do elemento.

Com vistas à proteção do ser humano contra os efeitos da radiação são estabelecidos, na norma de Diretrizes Básicas de Radioproteção, os limites primários anuais de dose equivalente (Tabela 9.15), às quais se pode ficar exposto sem sofrer dano à saúde.

TABELA 9.15

Limites primários anuais de dose equivalente (CNEN, 1988).

Dose equivalente	Trabalhador	Indivíduo do público
Dose equivalente efetiva	50 mSv	1 mSv
Dose equivalente para órgão ou tecido	500 mSv	1 mSv/w_T
Dose equivalente para a pele	500 mSv	50 mSv
Dose equivalente para o cristalino	150 mSv	50 mSv
Dose equivalente para extremidades (mãos, antebraços, pés e tornozelos)	500 mSv	50 mSv

w_T – fator de ponderação para órgão ou tecido.

Exposição às radiações ionizantes

Mesmo que não ocorra o desenvolvimento de atividades relacionadas ao uso da energia nuclear, o ser humano está exposto às fontes naturais de radiação, como raios cósmicos e ondas eletromagnéticas provenientes do espaço e decaimento de isótopos radioativos naturais, entre outras fontes. Além das fontes naturais, atualmente o ser humano está exposto a novas fontes de radiação, muitas das quais foram desenvolvidas para propiciar a melhoria da nossa qualidade de vida, enquanto outras foram desenvolvidas para a destruição da vida humana. A Figura 9.14 mostra as principais fontes de radiação às quais estamos expostos.

FIGURA 9.14

Fontes de radiação às quais o homem está exposto (média mundial) (www.who.int/ionizing_radiation/en/).

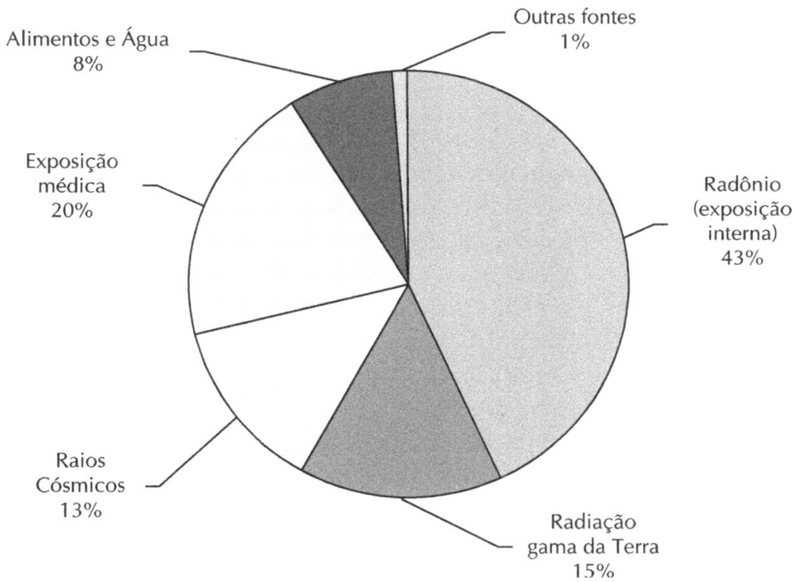

Nas nossas atividades diárias, o risco de exposição a níveis elevados de radiação é muito pequeno, a menos para aquelas pessoas cuja atividade está diretamente relacionada com o uso ou manipulação de materiais radioativos ou fontes de radiação, ou, então, quando da realização de exames laboratoriais com traçadores radioativos ou exames radiológicos. Outra condição que pode resultar na exposição a níveis elevados de radiação são os acidentes em instalações nucleares ou radioativas ou, ainda, com fontes de radiação.

Nos casos em que a exposição à radiação é feita de maneira controlada, os riscos são mínimos — uma vez que todos os procedimentos utilizados são desenvolvidos por meio de procedimentos devidamente planejados e controlados. Nessas condições, os benefícios resultantes do uso da radioatividade superam os riscos que poderão resultar dessa exposição.

Já em condições de acidente, os níveis de radiação podem ser muito superiores aos limites considerados seguros, tendo como agravante que, além da exposição externa, pode ocorrer a exposição interna, quando há ingestão, inalação ou absorção de materiais radioativos.

A severidade do dano causado pela exposição à radiação depende da fonte de radiação, do tempo de exposição e da distância entre a fonte de radiação e o receptor.

Com relação à exposição externa, a severidade do dano dependerá do poder de penetração da radiação e da atividade da fonte, além da distância entre a fonte e o receptor. Para a exposição interna, o fator mais importante é a energia associada à radiação.

O controle da exposição às fontes de radiação deve ser feito por meio de medidas administrativas e estruturais. As medidas administrativas consistem em limitar o acesso à fonte de radiação, por meio de classificação de área, restrição de acesso e outras medidas que impeçam ou limitem o acesso das pessoas às fontes de radiação; já as medidas estruturais consistem na utilização de barreiras físicas para confinar a fonte de radiação e reduzir a níveis aceitáveis a taxa de dose nas áreas em que há circulação de pessoas ou ocupação.

10 O meio atmosférico

10.1 Atmosfera, características e composição

A atmosfera da Terra, na sua composição atual, é fruto de processos físico-químicos e biológicos iniciados há milhões de anos. Várias são as teorias que procuram explicar sua origem e evolução. Uma das hipóteses aceita hoje é de que a Terra, ainda sem atmosfera, formou-se a partir da acumulação de partículas sólidas e relativamente frias dos mais diversos tamanhos, procedentes da nuvem de gás e poeira que originou o Sistema Solar. As reações térmicas que se seguiram, tanto por processos radioativos quanto pela sedimentação de elementos mais densos (por efeito gravitacional) em direção ao centro da Terra, provocaram o aumento da temperatura terrestre. Essas mudanças desencadearam reações nas camadas superficiais da Terra, dando origem à atmosfera. Em uma primeira fase, a atmosfera era formada basicamente por gás carbônico (CO_2) e vapor de água, com ausência de oxigênio livre.

Com o surgimento dos oceanos, em virtude do resfriamento da Terra, a partir de um processo evolutivo, foi originada a primeira planta capaz de realizar fotossíntese, responsável pela formação do oxigênio livre. Após um longo período de evolução, a concentração do oxigênio na atmosfera foi aumentando, até atingir os níveis atuais.

Além do oxigênio, a atmosfera terrestre contém outros gases, sendo os principais apresentados na Tabela 10.1.

TABELA 10.1

Distribuição percentual média de gases da atmosfera terrestre.

Gases	(%)
Nitrogênio (N_2)	78,11
Oxigênio (O_2)	20,95
Argônio (Ar)	0,934
Gás Carbônico (CO_2)	0,033

Em porcentagens menores, também estão presentes na atmosfera: neônio, hélio, criptônio, xenônio, hidrogênio, metano, ozônio e dióxido de nitrogênio (NO_2), entre outros. Além desses gases, a atmosfera também apresenta os seguintes constituintes: vapor de água e material particulado orgânico (pólens e microorganismos) e inorgânico (partículas de areia e fuligem). A porcentagem de vapor de água na atmosfera pode variar de 1% a 4% em volume da mistura total, o que depende da temperatura e da pressão atmosféricas, além de outros fatores (Botkin; Keler, 2000). A presença das partículas sólidas em suspensão no ar tem fundamental importância no ciclo hidrológico, uma vez que elas produzem núcleos de condensação, acelerando o processo de formação de nuvens e, conseqüentemente, a ocorrência da precipitação. É o chamado fenômeno da *coalescência*.

Existem diversas formas de descrever a estrutura da atmosfera. A classificação feita de acordo com o perfil de variação de temperatura com a altitude é a mais adequada do ponto de vista ambiental. A Figura 10.1 apresenta a estrutura da atmosfera tendo por base o gradiente térmico em função da altitude. O ar atmosférico, na composição apresentada na Tabela 10.1, encontra-se na sua maioria (90%) em uma camada relativamente fina. Essa camada, chamada de *troposfera*, estende-se até uma altitude variando entre 10 km e 12 km. A *troposfera* varia em espessura conforme a latitude e o tempo. No Equador, sua altitude alcança algo em torno de 16,5 km; nos pólos, ela possui 8,5 km; e, em latitudes de 45°C, alcança aproximadamente 10,5 km.

Do ponto de vista climático, a *troposfera* possui importância fundamental, pois essa camada é a responsável pela ocorrência das condições climáticas da Terra. O decréscimo da temperatura na *troposfera*, com a altitude, é de aproximadamente 6,5°C por quilômetro, sendo esse conhecido por *gradiente vertical normal ou padrão.*

Acima da *troposfera* encontra-se a *estratosfera*, cuja linha de transição é a *tropopausa*, que é caracterizada pela mudança na tendência de variação da temperatura com a altitude.

A *estratosfera* é uma camada muito importante do ponto de vista ambiental, pois é nela que se encontra a camada mais espessa de ozônio, com uma concentração da ordem de 200 mg/L (Botkin; Keler, 2000). Essa camada, rica em ozônio (O_3), protege a Terra das radiações ultravioleta provenientes do Sol. Os fenômenos que atualmente ocorrem nessa camada e que estão provocando sua destruição serão discutidos em item específico. Acima da estratosfera encontra-se a *mesosfera*, **tendo como** ponto de transição a *estratopausa*. A mesosfera possui um forte decréscimo de temperatura, registrando-se nela a temperatura mais baixa da atmosfera. A camada acima da *mesosfera* é chamada de *termosfera*, e entre a termosfera e a mesosfera situa-se a *mesopausa*. A *termosfera* é muito importante para as telecomunicações, e ela também é conhecida por *ionosfera*, alcançando uma altitude próxima de 190 km.

Na atmosfera, do ponto de vista ambiental, destacam-se duas camadas: a *troposfera* e a *estratosfera*. Na troposfera, desenvolvem-se todos os processos climáticos que regem a vida na Terra. Além disso, é nessa região que ocorre a maioria dos fenômenos relacionados com a poluição do ar. Na estratosfera, ocorrem as reações importantes para o desenvolvimento das espécies vivas em nosso planeta, em razão da presença do ozônio. Esse assunto será discutido posteriormente.

O perfil de temperatura que caracteriza a atmosfera é resultado da estratificação dos gases que se encontram presentes em cada camada, da incidência de radiação solar no nosso planeta e da dispersão dessa radiação de volta para o espaço.

10.2 Histórico da poluição do ar

Os problemas de poluição do ar não são recentes. A história antiga registra que, em Roma, há 2 mil anos, surgiram as primeiras reclamações a respeito do assunto. No século XIII (1273), o Rei Eduardo da Inglaterra assinou as primeiras leis de qualidade do ar, proibindo o uso de carvão com alto teor de enxofre. Além disso, ele proibiu a queima de carvão em Londres durante as sessões do Parlamento, por causa da fumaça e do odor produzidos. Em 1300, o Rei Ricardo III fixou taxas para permitir o uso do carvão. Em razão da intensa queima de madeira, as florestas inglesas reduziram-se rapidamente. A despeito dos esforços do reinado, o consumo de carvão aumentou.

Nos séculos XVII e XVIII, surgiram os primeiros planos para transferir as indústrias de Londres. Os problemas continuaram crescendo até que, em 1911, ocorreu o primeiro grande desastre decorrente de poluição atmosférica em Londres: 1.150 mortes em decorrência da fumaça produzida pelo carvão. Nesse ano, o Dr. Harold Des Voeux propôs o uso da palavra *'smog'* para designar a composição de *'smoke'* e *'fog'* (fumaça e neblina). *Smog* é hoje uma palavra que designa episódios críticos de poluição do ar.

Em 1952, ocorreu o evento mais crítico de que se tem notícia: cerca de 4 mil pessoas morreram em Londres por causa da poluição do ar. Merecem ainda destaque outros eventos. Em 1956, 1957 e 1962, morreram aproximadamente 2.500 pessoas, em Londres. Nos Estados Unidos, um dos eventos mais críticos ocorreu em 1948, na cidade de Donora, Pensilvânia, matando 30 pessoas e deixando cerca de 6 mil internadas com problemas respiratórios. Em 1963, na cidade de Nova York, 300 pessoas morreram e milhares tiveram problemas diversos causados pela poluição do ar. Em certas cidades, como Los Angeles, São Paulo e Cidade do México, são conhecidos os eventos críticos de poluição do ar provocados pelos gases emitidos por veículos.

FIGURA 10.1

Perfil de temperatura da atmosfera.

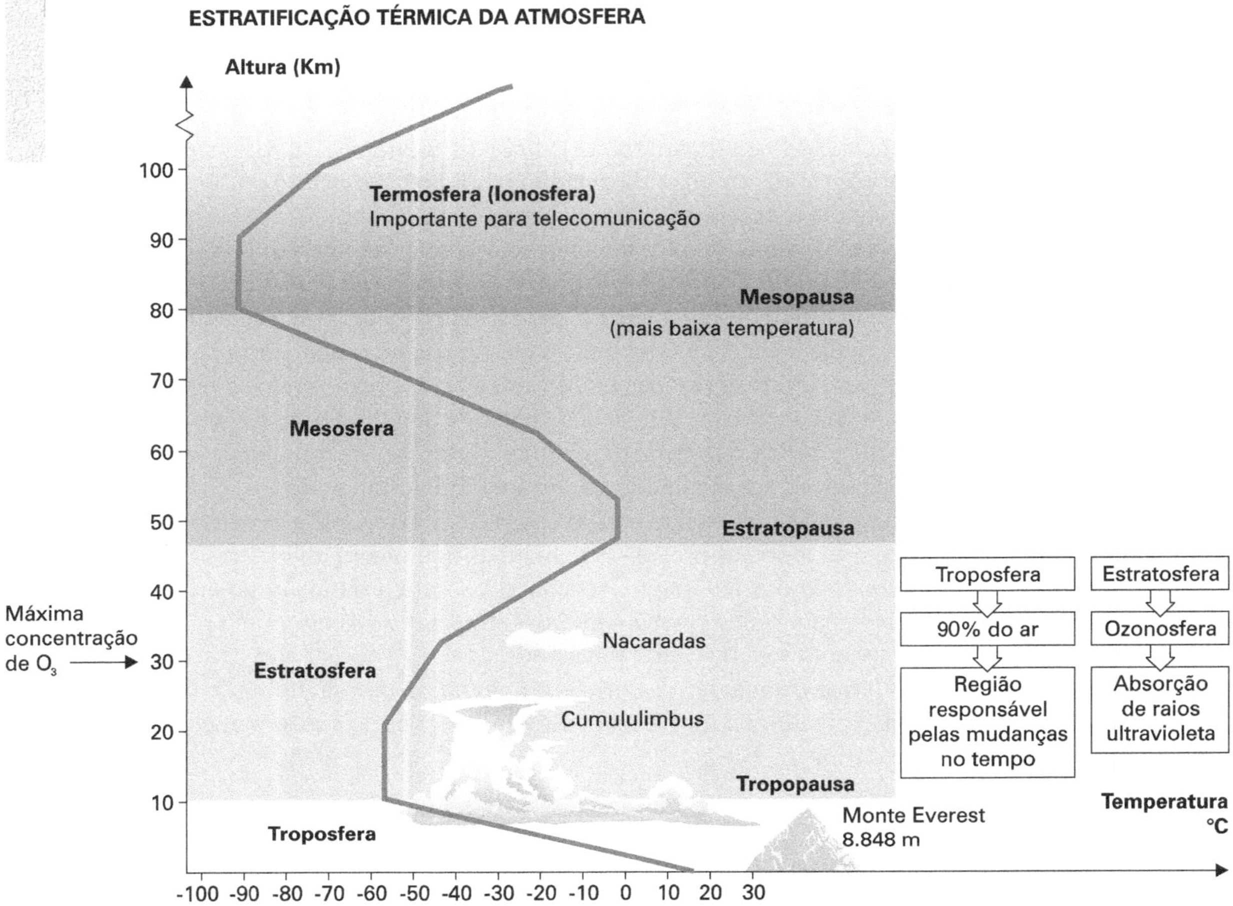

10.3 Principais poluentes atmosféricos

Podemos dizer que existe poluição do ar quando ele contém uma ou mais substâncias químicas em concentrações suficientes para causar danos em seres humanos, em animais, em vegetais ou em materiais. Esses danos podem advir também de parâmetros físicos, como, por exemplo, o calor e o som.

Essas concentrações dependem do clima, da topografia, da densidade populacional, do nível e do tipo das atividades industriais locais. Neste capítulo, serão esclarecidas as relações entre esses parâmetros e a poluição do ar.

Os poluentes são classificados em primários e secundários. Os *primários* são aqueles lançados diretamente no ar. São exemplos desse tipo de poluente o dióxido de enxofre (SO_2), os óxidos de nitrogênio (NO_x), o monóxido de carbono (CO) e alguns particulados, como a poeira. Os *secundários* formam-se na atmosfera por meio de reações que ocorrem em razão da presença de certas substâncias químicas e de determinadas condições físicas. Por exemplo, o SO_3 (formado pelo SO_2 e O_2 no ar) reage com o vapor de água para produzir o ácido sulfídrico (H_2SO4), que precipita originando a chamada 'chuva ácida'.

A seguir, apresentamos os principais poluentes do ar e as suas fontes, devendo-se observar que a maioria dos poluentes tem origem nos processos de combustão.

- *Monóxido de Carbono (CO)*
  Composto gerado nos processos de combustão incompleta de combustíveis fósseis e outros materiais que contenham carbono em sua composição.

- *Dióxido de Carbono (CO_2)*
  O dióxido de carbono é o principal composto resultante da combustão completa de combustíveis fósseis e de outros materiais combustíveis que contenham carbono, além de ser gerado no processo de respiração aeróbia dos seres vivos, que utilizam o oxigênio para poder liberar a energia presente nos alimentos que são ingeridos.
- *Óxidos de Enxofre (SO_2 e SO_3)*
  Os óxidos de enxofre são produzidos pela queima de combustíveis que contenham enxofre em sua composição, além de serem gerados em processos biogênicos naturais, tanto no solo quanto na água.
- *Óxidos de Nitrogênio (NO_x)*
  Considerando-se que a maior parte dos processos de combustão ocorre na presença de oxigênio, o mais comum é utilizar o oxigênio presente no ar para realizar esses processos e, já que no ar o composto mais abundante é o nitrogênio, então, verifica-se que a principal fonte dos óxidos de nitrogênio são os processos de combustão, além de ele poder ser gerado por processos de descargas elétricas na atmosfera.
- *Hidrocarbonetos*
  Os hidrocarbonetos são resultantes da queima incompleta dos combustíveis, bem como da evaporação desses combustíveis e de outros materiais como, por exemplo, os solventes orgânicos.
- *Oxidantes fotoquímicos*
  Os oxidantes fotoquímicos são compostos gerados a partir de outros poluentes (hidrocarbonetos e óxidos de nitrogênio), que foram lançados à atmosfera por meio da reação química entre esses compostos, catalisada pela radiação solar. Dentre os principais oxidantes fotoquímicos destacam-se o ozônio e o peróxi-acetil nitrato (PAN).
- *Material Particulado (MP)*
  No caso de poluição atmosférica, entende-se por material particulado as partículas de material sólido e líquido capazes de permanecer em suspensão, como é o caso da poeira, da fuligem e das partículas de óleo, além do pólen. Esses contaminantes podem ter origem nos processos de combustão (fuligem e partículas de óleo) ou, então, ocorrem em conseqüência dos fenômenos naturais, como é o caso da dispersão do pólen ou da suspensão de material particulado em razão da ação do vento.
- *Asbestos (amianto)*
  É um tipo de material particulado, que discutiremos em item específico, que produz graves problemas de saúde associados à sua presença na atmosfera, sendo principalmente gerado durante a etapa de mineração do amianto ou, então, nos processos de beneficiamento desse material.
- *Metais*
  Os metais também são um tipo de material particulado, associados aos processos de mineração, combustão de carvão e processos siderúrgicos.
- *Gás fluorídrico (HF)*
  Composto gerado nos processos de produção de alumínio e fertilizantes, bem como em refinarias de petróleo. Normalmente são gerados em processos que operam a altas temperaturas e nos quais são utilizadas matérias-primas que contenham flúor na sua composição.
- *Amônia (NH_3)*
  As principais fontes de geração de amônia são as indústrias químicas e de fertilizantes, principalmente aquelas à base de nitrogênio, além dos processos biogênicos naturais que ocorrem na água ou no solo.
- *Gás sulfídrico (H_2S)*
  O gás sulfídrico é um subproduto gerado nos processos desenvolvidos em refinarias de petróleo, indústria química e indústria de celulose e papel, em virtude da presença de enxofre na matéria-prima processada ou, então, nos compostos utilizados durante esse processamento. O gás sulfídrico também é produzido por processos biogênicos naturais.

- *Pesticidas e herbicidas*
  São compostos químicos (organoclorados, organofosforados e carbamatos) utilizados principalmente na agricultura para o controle de plantas daninhas e de pragas. As principais fontes desses tipos de contaminantes atmosféricos são as indústrias que os produzem, bem como os agricultores que fazem uso deles, pelos processos de pulverização nas plantações e no solo.
- *Substâncias radioativas*
  As substâncias radioativas são materiais que possuem alguns elementos capazes de emitir radiação, ou seja, eles emitem energia na forma de partículas alfa, partículas beta e radiação gama. Em muitos casos, a energia emitida por essas substâncias é suficiente para causar danos aos seres vivos e aos materiais, em razão, principalmente, do rompimento de ligações químicas das moléculas que constituem o tecido vivo e a estrutura dos materiais. As principais fontes de substâncias radioativas para a atmosfera são os depósitos naturais, as usinas nucleares, os testes de armamento nuclear e a queima de carvão.
- *Calor*
  O calor é uma forma de poluição atmosférica por energia que ocorre principalmente por causa da emissão de gases a alta temperatura para o meio ambiente, gases esses que são liberados, em sua maioria, nos processos de combustão.
- *Som*
  A poluição sonora também se caracteriza pela emissão de energia para o meio ambiente, só que na forma de ondas de som, com intensidade capaz de prejudicar os seres humanos e outros seres vivos. O problema de poluição sonora está diretamente associado ao nosso estilo de vida industrial.

10.4 Poluição do ar em diferentes escalas espaciais

Do ponto de vista espacial, as fontes de poluição podem ser classificadas em *móveis* e *estacionárias*. Exemplo de fonte estacionária é a chaminé de indústria que emite poluentes. Veículos são fontes móveis, pois emitem os poluentes de modo disperso. As fontes estacionárias produzem cargas pontuais de poluentes; as fontes móveis, por outro lado, produzem as cargas difusas. Com relação ao controle da poluição, essa distinção é fundamental, uma vez que o enfoque de tratamento do problema é diferente em cada caso. Quanto à dimensão da área atingida pelos problemas de poluição do ar, podemos classificá-los em problemas *globais* e em problemas *locais*. Os locais dizem respeito a problemas de poluição em uma região relativamente pequena, como uma cidade. Os globais envolvem toda a ecosfera, exigindo, portanto, o esforço mundial para enfrentá-los e controlá-los. A seguir, discutimos alguns dos problemas globais e, em seguida, os problemas locais.

Poluição global

Discutiremos aqui alguns dos principais problemas globais de poluição do ar, que são: o efeito estufa, a destruição da camada de ozônio na estratosfera e a chuva ácida.

O efeito estufa e a destruição da camada de ozônio são dois problemas ambientais que estão correlacionados com a distribuição da energia solar na ecosfera. O efeito estufa está relacionado com a energia degradada, calor, que resulta das transformações de energia que ocorrem na ecosfera. Já a destruição da camada de ozônio está ligada ao aumento na incidência de radiação ultravioleta que atinge a superfície terrestre.

O efeito estufa

O chamado *efeito estufa,* que também é responsável por manter a temperatura média do planeta próximo dos 15°C, recentemente se tornou um dos assuntos preferidos da comunidade técnica internacional, principalmente pelos efeitos catastróficos previstos para a ecosfera — caso não sejam tomadas medidas urgentes para evitar sua intensificação. As previsões são as mais variadas, e muitas delas são bastante questionáveis, pois persistem muitas polêmicas científicas; além disso, muitos fenômenos não foram ainda totalmente compreendidos.

A emissão dos chamados *gases estufa* (CO_2, metano, óxido nitroso e clorofluorcarbono CFCs) aumenta a quantidade de energia que é mantida na atmosfera em decorrência da absorção do calor refletido ou emitido pela superfície do planeta, o que provoca a elevação da temperatura da atmosfera. Admite-se que, além de provocar modificações climáticas, o aquecimento da Terra possa causar a elevação do nível dos oceanos, ter impactos na agricultura e na silvicultura, afetando todas as formas de vida do planeta.

A Figura 10.2 apresenta o aumento observado na concentração de CO_2 na atmosfera nos últimos anos e a variação na temperatura da atmosfera, ou anomalia, em relação à média do período entre 1951 e 1980. De 1959 a 2003, a concentração de CO_2 aumentou de 316 ppmv (partes por milhão em volume) para 376 ppmv. Estima-se que o aumento absoluto de CO_2, desde a Revolução Industrial até o presente momento, seja de aproximadamente 25%. Foi constatado que esse acréscimo de CO_2 é superior no hemisfério norte, por causa da maior queima de combustíveis fósseis nessa região.

FIGURA 10.2

Curva obtida em Mauna Loa (Havaí), que mostra o crescimento da concentração CO_2 na atmosfera (http://cdiac.esd.ornl.gov/ftp/trends/co2/maunaloa.co2 e http://www.giss.nasa.gov/data/update/gistemp/graphs/Fig.A.txt).

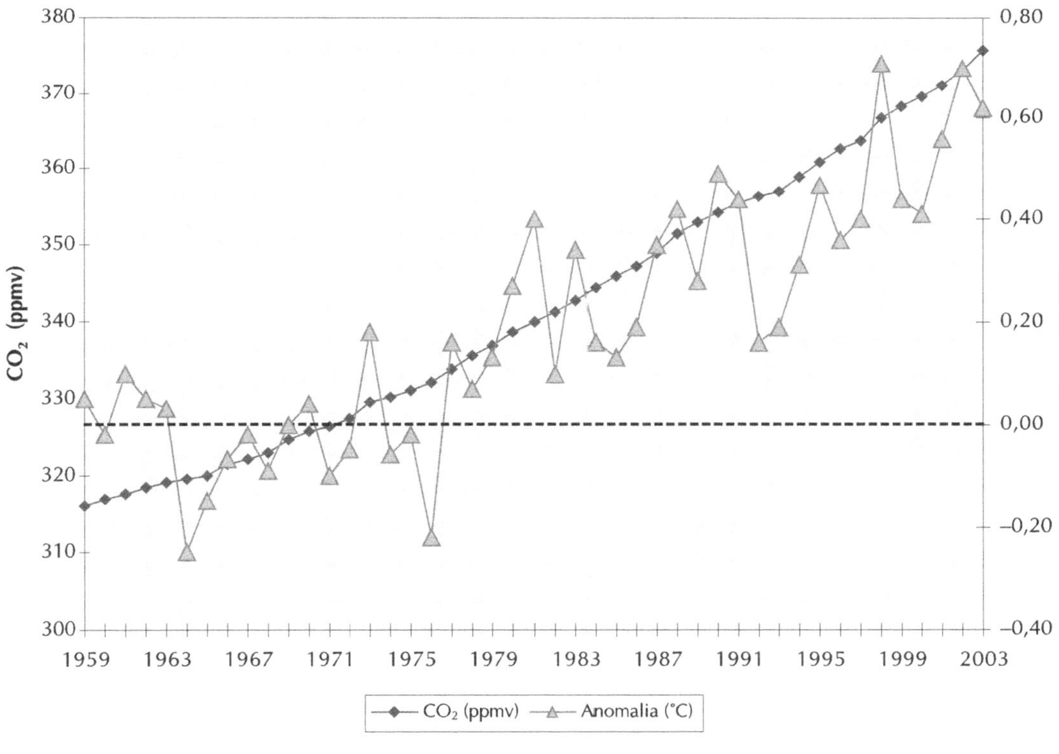

Esses resultados são ainda bastante duvidosos e geram algumas questões interessantes. Por exemplo, como explicar a diminuição da temperatura média global ocorrida entre 1940 e 1965? Muitos pesquisadores acreditam que esses fenômenos estão associados a processos oscilatórios de grande período, o que significa que os períodos de observação são extremamente curtos para conclusões definitivas. Esses problemas poderão ser esclarecidos a partir das pesquisas que estão sendo realizadas na Antártica, na estação Vostok. Nesse local estão sendo feitas perfurações no gelo para coletas de amostras a 2 mil metros de profundidade. Essas amostras armazenam informações da composição da atmosfera há milênios. Dados já analisados indicam flutuações na composição dos gases na atmosfera nos últimos 160 mil anos. Outra conclusão significativa desses dados é que, quanto maior a temperatura da Terra, maior é a concentração de CO_2.

Todavia, as mudanças de temperatura são de cinco a quatorze vezes maiores do que seria esperado com base no teor de dióxido de carbono. Esse resultado faz supor que o efeito de aquecimento pode estar associado a outros fatores, como a presença do gás metano, as nuvens e o vapor de água na atmosfera, entre outros compostos. Outro dado interessante é que o metano mantém a mesma relação de aumento da concentração com a temperatura; ele é vinte vezes mais efetivo que o CO_2 na absorção de calor. Segundo o modelo de Hansen (1987) para análise de mudanças climáticas, a concentração de metano na atmosfera contribuiu 25% a mais do que a concentração de gás carbônico para as alterações de temperatura na Terra entre os anos 8.000 a.C. e 10.000 a.C.

A queima de combustíveis fósseis é responsável pela maior parcela do dióxido de carbono emitido para a atmosfera. Na Tabela 10.2, são apresentadas as quantidades anuais de CO_2 emitidas pelos continentes do planeta e pelo Brasil.

TABELA 10.2

Quantidade de CO_2 emitida para a atmosfera no ano de 1999 (WRI, 2003).

Região	Quantidade anual (10^3 toneladas)	Participação no total das emissões (%)	Emissões por setor econômico (10^6 toneladas)			
			Indústria	Residencial	Transporte	Geração de energia
Norte da África e Oriente Médio	1.339.200	5,8	299,5	118,5	233,7	395,5
África (exceto Norte e Oriente Médio) e Oceania	1.755.800	7,6	189,3	26,8	166,4	427,5
Europa	5.892.300	25,4	1.010,0	714,9	988,8	1.816,4
América do Norte	6.074.000	26,2	645,6	392,2	1.528,2	2.124,2
América Central	464.300	2,0	90,6	26,5	122,8	127,7
América do Sul	744.900	3,2	183,2	52,2	235,8	86,2
Ásia	6.901.700	29,8	1.915,4	471,0	789,0	2.446,9
Mundo	23.172.200	100	4.333,6	1.802,1	4.064,7	7.424,4
Brasil	305.600	1,3	87,2	17,0	109,9	17,5

De acordo com a World Meteorological Organization (WMO), temperaturas de inverno, em altas e médias latitudes, poderão crescer mais que duas vezes a média mundial, enquanto as temperaturas de verão não irão se alterar muito. Esse aumento de temperatura pode, segundo alguns especialistas, induzir a uma elevação dos níveis dos mares em uma faixa que varia de 20 cm a 165 cm, trazendo problemas de erosão litorânea, inundação, danificação de portos e estruturas costeiras, enchentes, destruição de charcos, elevação de lençóis de água e intrusão salina em aqüíferos de abastecimento. Locais como as Ilhas Maldivas poderão desaparecer. Além disso, 70% das costas marítimas do mundo estarão sofrendo processos de erosão. Em contraste com esses desastres, o aumento do teor de CO_2 poderá aumentar o rendimento de determinadas culturas, como o milho, o sorgo e a cana-de-açúcar (10%), arroz, trigo, soja e batata (da ordem de 50%). Por outro lado, as mudanças climáticas serão intensas, alterando regimes de chuvas e secas; essas mudanças poderão influenciar muitos processos biológicos, como pragas de insetos, multiplicação de organismos patogênicos etc.

A Tabela 10.3 mostra a relação entre a concentração de CO_2 e a temperatura da Terra para diferentes modelos matemáticos.

TABELA 10.3

Alteração da temperatura média da Terra supondo concentração de CO_2 igual ao dobro da atual — resultados de diferentes modelos (UNEP, 1988).

Estudo	Projeção futura para concentração de CO_2 fóssil (10^9 t carbono/ano)	Alteração de consumo de combustível prevista (ppmv)	Alteração de temperatura (°C)
WCP (1981)	13,6 em 2025	450 em 2025	1,5–3,50
CDAC (1983)	10,0 em 2025	428 em 2025	1,5–4,50
EPA (1983)	10,0 em 2025	440 em 2025	1,5–4,50
Clark (1982)	2% até 2030	371–657 em 2030	2,0–3,00
Julich (1983)	1–16 em 2030	400 em 2030	1,0–3,00
UNEP (1985)	2–20 em 2050	380–470 em 2025	1,5–5,50

WCP — World Climate Programme
CDAC — Carbon Dioxide Assessment Committee
EPA — US Environmental Protection Agency
UNEP — United Nations Environmental Program

O controle do efeito estufa passa, necessariamente, pelo controle da emissão de CO_2. Portanto, a solução é diminuir a emissão resultante da queima de combustível, por exemplo, utilizando-se fontes alternativas de energia e melhorando o sistema de transporte coletivo e as medidas em menor escala, como o controle do desmatamento mundial.

Durante a terceira conferência dos países signatários da Convenção Internacional sobre Melhoria Climática (elaborada durante a ECO–92, Rio de Janeiro, junho de 1992), que teve lugar em Quioto, em 1997, foi desenvolvido o chamado Clean Development Mechanism (CDM), ou Mecanismo de Desenvolvimento Limpo (MDL), visando a uma nova abordagem para reduzir a concentração de gases causadores do efeito estufa, principalmente o CO_2. Essa nova proposta leva em conta o elevado nível de emissão de gases dos países industrializados e a capacidade dos países em desenvolvimento de absorvê-los por meio de processos naturais. Por outro lado, foram estabelecidos novos prazos, especificando que os países industrializados devem estabilizar suas emissões em níveis correspondentes aos de 1990 somente entre 2008 e 2012. O MDL consiste basicamente no seguinte:

1) os países industrializados, por meio de compensação financeira a países específicos em vias de desenvolvimento, ganham créditos para ultrapassar suas cotas de emissão previamente estabelecidas;
2) os recursos recebidos pelos países em desenvolvimento devem ser, obrigatoriamente, aplicados em projetos que promovam o 'seqüestro' de carbono da atmosfera com a promoção de reflorestamentos e de plantio em áreas degradadas. A madeira produzida não poderá ser utilizada como lenha nem em qualquer outra forma de combustão, para, assim, evitar o retorno do carbono seqüestrado à atmosfera.

Os países em desenvolvimento participantes (tais como o Brasil e a Índia, por possuírem grandes áreas que podem ser florestadas) deverão emitir os 'Certificados de Redução de Emissão de Carbono' para serem negociados com os países industrializados. O preço de cada tonelada de carbono seqüestrado varia, de acordo com as projeções que estão sendo efetuadas, entre US$ 10 a US$ 100.

O projeto não inclui as florestas primárias existentes. Entretanto, pode-se avaliar qual é a quantidade de carbono que elas poderiam seqüestrar. O Instituto Nacional de Pesquisas Espaciais (INPE) estima que a Floresta Amazônica remove da atmosfera aproximadamente 36 kg de carbono por hectare por dia, ou seja, um total de 850 milhões de toneladas de carbono por ano.

O mecanismo poderá apresentar resultados efetivos na redução do aquecimento global, mas evidencia características éticas e morais bastante críticas, pois, além de propor soluções principalmente econômicas para um problema que é ambiental, estimula os grandes poluidores a pagar em vez de reduzir as suas emissões.

Destruição da camada de ozônio

Outro problema ambiental extremamente sério e bastante discutido na comunidade científica é a destruição da camada de ozônio. Situada na estratosfera, entre 15 km e 50 km de altitude, essa camada tem a capacidade de bloquear as radiações solares, principalmente a radiação ultravioleta, impedindo que níveis excessivos atinjam a superfície.

A radiação ultravioleta pode ser dividida em três grupos em função do seu comprimento de onda, que está associado à intensidade de energia da radiação, conforme apresentado na Tabela 10.4. Os efeitos adversos causados pela radiação ultravioleta podem aumentar a incidência de câncer de pele, reduzir as safras agrícolas, destruir e inibir o crescimento de espécies vegetais, afetando todo o ecossistema terrestre, além de causar danos aos materiais plásticos.

TABELA 10.4

Tipos de radiação ultravioleta em função do comprimento de onda (l).

Tipo de radiação ultravioleta	Comprimento de onda característico (nm)	Observações
UVA	320 – 400	Radiação com comprimento de onda muito próximo da luz visível (violeta), não é absorvida pela camada de ozônio.
UVB	280 – 320	Apresenta vários efeitos prejudiciais, particularmente efetivos para causar danos ao DNA, sendo a causa do melanoma e de outros tipos de câncer de pele, além de ser apontada como um dos fatores responsáveis por danos em materiais e em plantações. A camada de ozônio protege a Terra da maior parte da radiação UVB.
UVC	< 280	É extremamente prejudicial, mas é completamente absorvida pela camada de ozônio e pelo oxigênio presente na atmosfera.

O ozônio presente na estratosfera funciona como um atenuador da radiação ultravioleta, utilizando a energia desse tipo de radiação nas reações químicas associadas aos processos de formação e destruição dele mesmo. A seguir, de forma simplificada, descrevemos as reações químicas que ocorrem na estratosfera, mostrando como se dá a atenuação dos níveis de radiação ultravioleta.

Processo de formação do ozônio

Os raios ultravioleta provocam a separação de dois átomos de oxigênio, produzindo o oxigênio atômico (O):

10.1 $$O_2 + h \Leftrightarrow 2O$$

onde h é a energia correspondente à radiação ultravioleta que está associada às ondas eletromagnéticas com comprimento de onda menor que 200 nm.

Esse oxigênio atômico reage com o O_2, sempre com a presença de um parceiro, geralmente o nitrogênio. Tal reação é necessária para manter o balanço energético. O resultado é a produção de O_3 (ozônio):

10.2 $$O + O_2 + M \Leftrightarrow O_3 + M$$

onde M é a molécula de um gás associado ao ozônio (geralmente gases nitrogenados).

Processo de destruição do ozônio

Dependendo da intensidade de energia associada à radiação ultravioleta, as moléculas de ozônio formadas podem ser decompostas de acordo com as seguintes equações:

10.3 $$O_3 + h \Leftrightarrow O_2 + O$$

10.4 $$O_3 + O \Leftrightarrow 2O_2$$

onde h é a energia correspondente à radiação ultravioleta que está associada às ondas eletromagnéticas com comprimento de onda compreendido entre 200 nm a 300 nm.

Essas reações estão em equilíbrio na estratosfera, mantendo, teoricamente estável, a camada de O_3.

Molina e Sherwood Rowland (1974) verificaram que uma família de gases muito utilizados nas indústrias de aparelhos de ar-condicionado e de refrigeração, de propelentes (aerossóis), de equipamentos eletrônicos e de plásticos, chamados clorofluorcarbonos (*CFCs)*, é extremamente estável na atmosfera, ou seja, uma vez lançados, as propriedades desses gases permanecem no ar por períodos da ordem de 100 anos. Na atmosfera, os CFCs reagem com o O_3, destruindo-o. Uma molécula de cloro pode destruir até 10 mil moléculas de ozônio. Em termos simplificados, ocorrem na estratosfera as seguintes reações:

10.5 $$\begin{array}{l} Cl + O_3 \Leftrightarrow ClO + O_2 \quad + \\ ClO + O \Leftrightarrow Cl + O_2 \\ \hline O + O_3 \Leftrightarrow 2O_2 \end{array}$$

Estudos posteriores estimaram que a camada de O_3 poderá perder entre 7% e 13% de sua massa total nos próximos 100 anos. As preocupações cresceram quando, em 1977, verificou-se o aparecimento de buracos na camada de O_3 sobre a Antártica; em 1983, essas pesquisas registraram uma redução da ordem 50% do O_3. Tal fato repetiu-se em 1985. Não se sabe ao certo o porquê desses 'buracos'. Alguns cientistas acreditam que tal fenômeno é cíclico e deve-se à circulação do ar na região. A massa de ar estacionária no inverno (julho) acumula poluentes nitrogenados e clorados.

Durante o início da primavera, eles reagem com o O_3 produzindo os 'buracos'. Com a mudança de estação (novembro) e com a entrada de ar renovado, a camada recompõe-se. É, portanto, um problema que exige muita pesquisa e amplo monitoramento para levantamento de dados. A posição dos cientistas é de muita cautela, recomendando o fim das emissões de gases CFCs.

- Os países desenvolvidos já estão se mobilizando no sentido de diminuir o uso de CFCs. O principal evento foi o 'Montreal Protocol on Substances that Deplete the Ozone Layer' (UNEP, 1987). Esse documento foi assinado por vários países e estabeleceu um cronograma para diminuir o uso de CFC no mundo.

O Protocolo de Montreal foi ratificado por 188 países e sofreu cinco emendas: Londres (1990), Copenhague (1992), Viena (1995), Montreal (1997) e Beijing (1999). Assim, foi estabelecido o cronograma para o congelamento do consumo e banimento definitivo das substâncias responsáveis pela depleção da camada de ozônio, como mostra a Tabela 10.5.

TABELA 10.5

Cronograma para congelamento do consumo e banimento das substâncias responsáveis pela depleção da camada de ozônio.

Substância	Países desenvolvidos		Países em desenvolvimento	
	Congelamento do consumo	Banimento	Congelamento do consumo	Banimento
Clorofluorcarbonos (CFC)	01/07/1989	01/01/1996	01/07/1999	01/01/2010
Hálons	—	01/01/1994	01/01/2002	01/01/2010
Outros CFCs completamente halogenados	—	01/01/1996	—	01/01/2010
Tetracloreto de carbono	—	01/01/1996	—	01/01/2010
Metil clorofórmio	01/01/1993	01/01/1996	01/01/2003	01/01/2015
Hidroclorofluorcarbonos (HCFCs)	01/01/1996	01/01/2030	01/01/2016	01/01/2040
Brometo de metila	01/01/1995	01/01/2005	01/01/2002	01/01/2015

Fonte: http://www.undp.org/seed/eap/montreal/montreal.htm

Dados disponíveis sobre a produção, a importação e a exportação das substâncias responsáveis pela depleção da camada de ozônio indicam que as metas propostas pelo Protocolo de Montreal estão sendo atingidas pela maioria dos países signatários, conforme pode ser verificado com os dados apresentados na Tabela 10.6.

TABELA 10.6

Produção, importação e exportação de substâncias responsáveis pela depleção da camada de ozônio em 128 países.

Substância	Produção			Importação			Exportação		
	2002	Ano de referência	Variação (%)	2002	Ano de referência	Variação (%)	2002	Ano de referência	Variação (%)
Clorofluor-carbonos (CFC)	50.555,40	462.037,50	-89	43.288,90	135.136,60	-68	37.967,00	162.425,10	-77
Hálons	7.404,20	120.377,00	-94	3.689,20	28.854,20	-87	2.542,90	48.613,70	-95
Outros CFCs completamente halogenados	29,00	2.406,70	-99	8,40	205,60	-96	0,2	159,5	-100
Tetracloreto de carbono	6.120,30	146.245,40	-96	16.313,90	121.949,90	-87	22.042,90	53.301,70	-59
Metil clorofórmio	1.370,30	30.901,20	-96	754,90	5.865,00	-87	3.810,40	8.648,70	-56
Hidrocloro-fluorcarbonos (HCFCs)	11.838,40	15.076,50	-21	2.785,00	569,30	389	8.091,.40	1.897,30	326
Brometo de metila	11.091,50	23.499,40	-53	11.653,80	19.049,00	-39	10.798,50	15.708,20	-31
Total	88.409,10	800.543,70	-89	78.494,10	311.629,60	-75	85.253,30	290.754,20	-71

Fonte: Informações obtidas do Protocolo de Montreal sobre substâncias responsáveis pela depleção da camada de ozônio. United Nations Environment Programme. UNEP/OzL.Pro/15/4. 14 out. 2003.

Chuva ácida

Outro problema que atinge a ecosfera é a chamada 'chuva ácida'. Os gases nitrogenados e sulfonados produzidos por uma série de atividades da sociedade moderna reagem com o vapor de água na atmosfera produzindo ácidos (nítrico e sulfúrico). Esses, por sua vez, precipitam-se nos solos pela ação da chuva. Outro mecanismo é a deposição de sais dissolvidos (deposição de ácidos). Considera-se ácida a chuva que apresenta pH inferior a 5,6. As chuvas em regiões industriais da Europa e dos Estados Unidos chegam a apresentar pH da ordem de 3. Na América do Sul, os menores valores para a água da chuva são próximos de 4,7. É interessante destacar que, na região amazônica, já se verificaram chuvas com pH dessa ordem, em razão provavelmente da formação de ácido sulfídrico proveniente da oxidação do H_2S (gás sulfídrico) produzido nos alagados da região ou da formação de ácidos orgânicos (fórmico e acético) na queima de biomassa.

São enormes as perdas de produtividade na agricultura provenientes da acidificação de solos. Por exemplo, a lixiviação dos nutrientes e a eliminação de organismos que contribuem para o desenvolvimento do solo são algumas das conseqüências. Outro grande impacto danoso é a acidificação da água, principalmente em lagos de reservatórios voltados para abastecimento e produção de energia elétrica. Em decorrência da acidificação, o desgaste causado pela água no concreto, nas tubulações, na turbinas e nas bombas é enorme. Além disso, a acidez pode matar uma grande variedade de peixes. Outro problema sério relacionado à chuva ácida é a destruição da vegetação.

Um exemplo que merece destaque no Brasil é o problema da cidade de Cubatão. Esse importante pólo industrial está ameaçado pelos constantes escorregamentos observados nas encostas da Serra do Mar. Os escorregamentos são provenientes do desmatamento intenso ocorrido na região, principalmente pela ação dos poluentes emitidos no próprio centro industrial. O Governo do Estado de São Paulo precisou investir recursos em uma série de obras para conter as ondas de lama produzidas durante as chuvas. Foi necessário instalar um sistema de alerta, que consiste em monitoramento e previsão de escorregamentos em tempo real, para prevenir eventuais situações críticas para, desse modo, pôr em prática medidas de proteção da população e do parque industrial. Paralelamente, implantou-se também um extenso programa para melhorar a qualidade do ar na região e outro para recompor a vegetação destruída nas encostas. Desse modo, as indústrias locais estão implantando sistemas de coleta e tratamento de efluentes gasosos, e o Estado está reflorestando a região que circunda a cidade.

Outro dano extremamente sério provocado pela 'chuva ácida' é a destruição de obras civis e monumentos. Em cidades históricas, como, por exemplo, Atenas e Roma, o problema chega a ser catastrófico.

Nesses últimos anos, os principais monumentos históricos sofreram agressões irreparáveis provocadas pelos ácidos. Um exemplo conhecido são as ruínas de Atenas, que se deterioraram nos últimos 40 anos o equivalente ao observado nos 2 mil anos anteriores. Podemos citar inúmeros exemplos de destruição de obras de arte e de deterioração precoce de estruturas civis (pontes, edifícios etc.). Outro problema advindo da presença de H_2SO_4 na atmosfera é a formação de partículas de sulfato de amônia ($(NH4)_2SO_4$). Essas partículas depositam-se no solo ou são dissolvidas pela chuva. Embora esse sal não seja danoso ao homem e sirva como nutriente para os vegetais, o ácido sulfúrico que permanece fixado nessas partículas pode ser inalado, causando sérios problemas respiratórios como, por exemplo, o câncer pulmonar. Em geral, essas partículas são removidas pela chuva em poucos dias ou semanas; todavia, em períodos secos e/ou de inversão térmica, podem ocorrer altas concentrações desses elementos na atmosfera.

O controle da chuva ácida passa pelas medidas tomadas para controle da emissão de óxidos de nitrogênio e de dióxido de enxofre, o que discutiremos em item a seguir. Entretanto, cabe ressaltar que o problema deixa de ser local para ser global, pois as emissões de uma determinada região podem gerar deposições ácidas em outras. Quando essas regiões localizam-se em países diferentes, podem ocorrer casos de conflitos internacionais. É o caso do continente europeu, onde se discute amplamente esses assuntos em foros internacionais. Por exemplo, as florestas da Escandinávia estão sendo destruídas pela poluição gerada na Inglaterra e na Alemanha. Outro exemplo vem dos Estados Unidos e do Canadá. Estima-se que 50% da chuva ácida do Canadá provem dos Estados Unidos. É, portanto, uma questão extremamente complexa de ser solucionada em curto prazo.

Poluição local

Neste item serão abordados os problemas locais de poluição do ar. Esses problemas são formados por episódios críticos de poluição em cidades e dependem dos poluentes que são gerados e das condições climáticas existentes para sua dispersão. Costuma-se classificar essas situações críticas em dois tipos principais: o *smog industrial e o smog fotoquímico.* Muito embora seja feita essa distinção, os dois *smogs* podem ocorrer simultânea ou separadamente, em diferentes estações do ano, em uma mesma região.

Smog industrial

Esse tipo de *smog* é típico de regiões frias e úmidas. Os picos de concentração ocorrem exatamente no inverno, em condições climáticas adversas para a dispersão dos poluentes. Um fenômeno meteorológico que agrava o *smog industrial* é a inversão térmica, quando os picos de concentração de poluentes ocorrem geralmente nas primeiras horas da manhã.

Os principais elementos componentes desse tipo de *smog* provêm da queima de carvão e de óleo combustível. Esse *smog* predomina em regiões industriais e em regiões onde é intensa a queima de óleo para aquecimento doméstico ou para geração de energia elétrica (usinas termoelétricas). Seus principais componentes são o dióxido de enxofre (SO_2) e o material particulado (MP). Esses dois compostos podem provocar sérias lesões respiratórias, principalmente pelo sinergismo negativo existente.

Muitos dos danos provocados pelo SO_2 na atmosfera já foram apresentados quando descrevemos os problemas da 'chuva ácida'. Quanto ao MP, existem diferentes tipos de partículas e de gotas formadas por um grande número de substâncias químicas. Os efeitos adversos ao homem e ao meio ambiente podem ser enormes. As grandes partículas, com diâmetro superior a 10 micrometros, tendem a se depositar rapidamente no solo, não provocando sérios danos ao homem. A maioria das emissões naturais, como poeira e material dos vulcões, consiste de grandes partículas. As partículas de tamanho médio, com diâmetro entre 1 micrometro e 10 micrometros, permanecem em suspensão no ar por longo tempo. Muitas das partículas geradas pela queima de carvão em indústrias, em termoelétricas etc. possuem esse tamanho. O maior problema ambiental refere-se às partículas finas, com diâmetros inferiores a 1 micrometro. Muitas delas permanecem no ar, percorrendo diversas regiões da Terra e causando sérios problemas respiratórios.

Além disso, a essas partículas estão associados problemas de visibilidade e de mudanças climáticas causadas pelo aumento do albedo.

Exemplos de cidades sujeitas a esse tipo de *smog* são Londres e Chicago, cidades de inverno rigoroso e com intensa queima de óleo e carvão. Uma característica desse tipo de *smog* é a formação de uma espécie de névoa acinzentada que recobre as regiões onde ocorre.

Outros poluentes do ar — como compostos de flúor, compostos de mercúrio e asbestos, lançados na atmosfera principalmente em áreas industriais — podem ser um grave risco para a saúde humana e para o meio ambiente. Os compostos de flúor, liberados por fundições de ferro ou alumínio e no processamento da rocha fosfatada em fábricas de fertilizantes, prejudicam o crescimento dos vegetais e causam danos à saúde humana e dos animais. O fluoreto é um oxidante bastante reativo que impossibilita a ação de algumas enzimas. Excessos de flúor provocam processos de descalcificação, afetando ossos e dentes. Compostos de mercúrio, usualmente associados à mineração de ouro, podem ser também liberados para o ar em fábricas de papel, tinta e de pesticidas e têm efeito sobre a cadeia alimentar e sobre a saúde humana. O asbesto utilizado em material de construção, revestimentos à prova de fogo e freios de automóvel é uma substância de potencial cancerígeno significativo, e os trabalhadores dessa indústria apresentam incidência de câncer de pulmão em número mais elevado do que a média da população.

A liberação de gases tóxicos para a atmosfera a partir de certos processos industriais ou por acidente provoca efeitos locais bastante significativos da poluição do ar. O acidente de Bhopal, Índia, em 1984, em uma unidade da Union Carbide, que liberou uma nuvem de gás tóxico que matou e feriu milhares de pessoas que moravam nas cercanias da fábrica, é um exemplo do potencial perigo dos inúmeros tóxicos que hoje são produzidos e manipulados (Kupchella e Hyland, 1989).

Smog fotoquímico

Esse tipo de *smog* é típico de cidades ensolaradas, quentes, de clima seco. Os picos de poluição ocorrem em dias quentes, com muito sol. O principal agente poluidor, nesse caso, são os veículos, que geram uma série de poluentes, principalmente óxidos de nitrogênio, monóxido de carbono e hidrocarbonetos. Esses gases sofrem várias reações na atmosfera por efeito da radiação solar, gerando novos poluentes. Daí o nome 'fotoquímico'. Esse *smog* é um verdadeiro 'coquetel de poluição'. Destacam-se como principais poluentes os óxidos de nitrogênio, os radicais orgânicos PAN (Peroxi Acetil Nitrato — $CH3.COO.ONO_2$), o ozônio e alguns aldeídos.

A característica principal do *smog* fotoquímico é sua cor marrom avermelhada, e seu pico de concentração ocorre por volta das 10h ou 12h. A Figura 10.3 apresenta um gráfico típico da distribuição diária da concentração dos poluentes fotoquímicos. Podemos perceber que o pico de oxidantes totais ocorre quando a temperatura da superfície é mais alta.

FIGURA 10.3

Variação típica da concentração de poluentes constituintes do smog *fotoquímico durante um período de 24 horas (Benn e McAuliffe, 1975).*

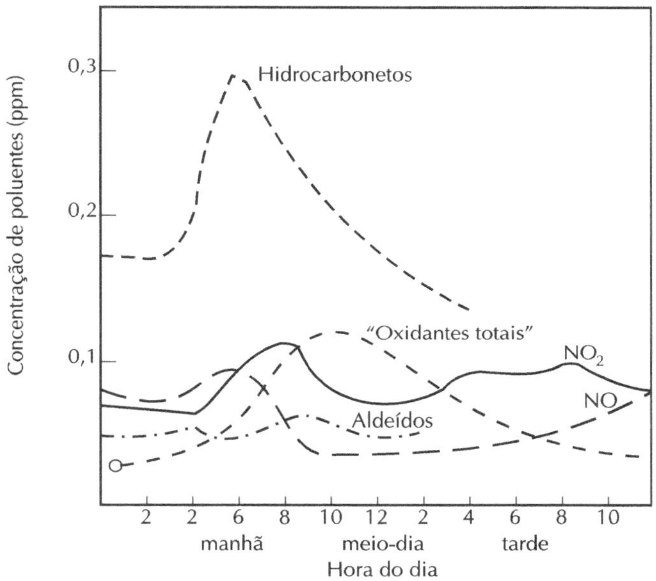

A relação entre os produtos químicos desse tipo de *smog* é apresentada na Figura 10.4.

FIGURA 10.4

As reações químicas no smog *fotoquímico (Perkins, 1974).*

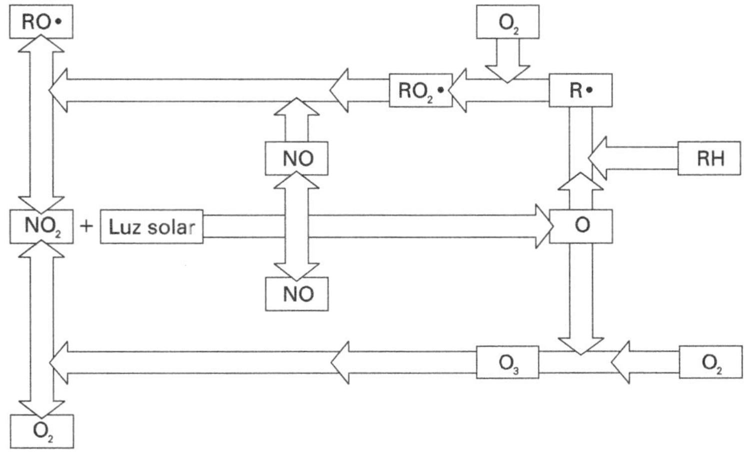

Reações no smog fotoquímico

A Figura 10.5 apresenta o resultado de um experimento no qual as emissões de um veículo foram expostas à radiação ultravioleta (UV). Podemos perceber nitidamente a relação entre os poluentes componentes do *smog* fotoquímico e a radiação UV.

FIGURA 10.5

Produtos resultantes do efeito da radiação UV sobre emissões de veículos (Benn e McAuliffe, 1975).

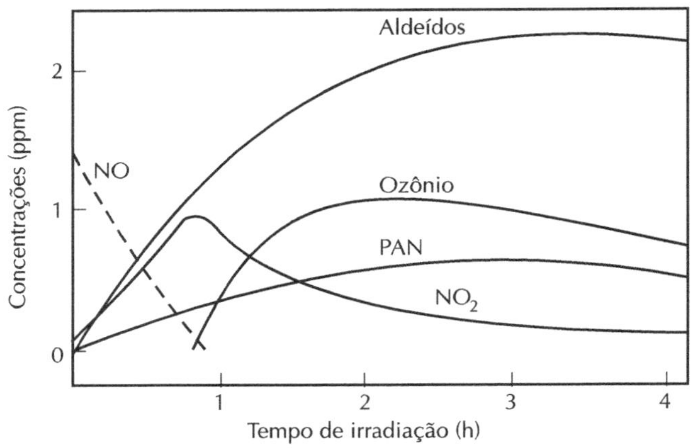

Alguns exemplos de cidades sujeitas a esse tipo de *smog* são Los Angeles, Sydney, Cidade do México e São Paulo.

Conforme ressaltamos no início deste item, o *smog* industrial e o *smog* fotoquímico podem ocorrer simultânea ou separadamente em determinadas estações do ano; é o caso de São Paulo, onde é difícil distinguir a predominância de um determinado tipo de *smog*. Esse fato pode ser verificado observando-se os dados levantados nessa região.

O controle do *smog* fotoquímico passa pelo controle da emissão de poluentes produzidos pelos meios de transporte, o que discutiremos a seguir.

10.5 Meteorologia e dispersão de poluentes na atmosfera

O perfil térmico da atmosfera tem relação direta com a capacidade de dispersão de poluentes por mistura vertical. Podemos, usando um exemplo muito simples, explicar a maior ou menor capacidade da atmosfera em dispersar poluentes. Suponhamos que um balão cheio de ar possa subir e descer na atmosfera. Esse balão não troca calor com o meio externo. Se elevarmos o balão, ele irá se expandir por causa do decréscimo da pressão externa. À medida que o gás do balão se expande, sua temperatura diminui. O decréscimo da temperatura com a altitude, nesse caso (sem troca de calor), é chamado de *gradiente de temperatura adiabático seco*. Esse valor corresponde a aproximadamente –0,65°C para cada 100 metros de acréscimo de altitude. Quando a temperatura da atmosfera diminui mais rápido que a adiabática, a atmosfera é dita *superadiabática*. Nessa situação, se o balão for colocado em uma certa altitude, a tendência é que ele passe para uma outra altitude, afastando-se da posição inicial. Isso pode ser demonstrado se compararmos o empuxo que o balão sofre com seu peso próprio. Do ponto de vista de poluição do ar, essa condição é desejada por dispersar rapidamente os poluentes na atmosfera. Portanto, a atmosfera em condição superadiabática é instável, o que permite maior dispersão dos poluentes.

Se a temperatura da atmosfera diminuir mais lentamente do que a adiabática, a atmosfera é dita *subadiabática*, e, nesse caso, o balão tende a permanecer estável. Se o balão for colocado em uma determinada altitude, a tendência é ele permanecer nessa condição. O estado subadiabático não proporciona a mistura vertical, dada a estabilidade do ar. Em situações críticas de poluição do ar, essa estabilidade diminui o potencial de dispersão da atmosfera e, conseqüentemente, propicia o surgimento de episódios críticos de poluição em razão da alta concentração de poluentes. O caso extremo ocorre quando a temperatura aumenta com a altitude; é a chamada *inversão térmica*. Nessa situação, o ar é consideravelmente estável e os índices de poluição tendem a se elevar, dependendo também, é óbvio, da carga de poluentes. A Figura 10.6 apresenta todas as situações aqui discuticas.

FIGURA 10.6

O gradiente de temperatura adiabático seco serve como fronteira entre o ar estável e o ar instável.

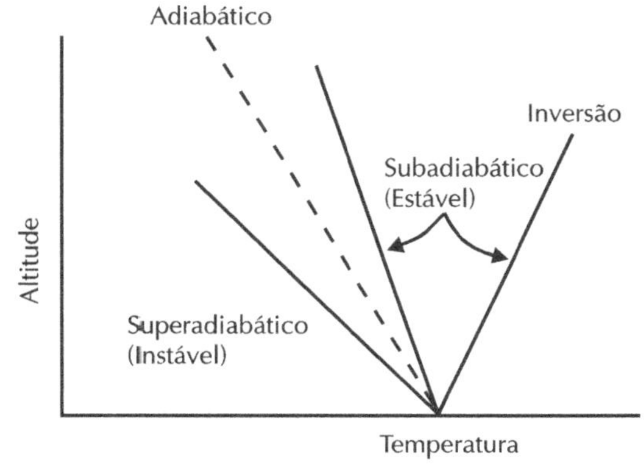

A inversão térmica pode ocorrer de diversas formas. A Figura 10.7 ilustra as possibilidades de formação desse fenômeno.

FIGURA 10.7

Inversão de temperatura: (a) por radiação, (b) por subsidência e (c) por combinação dos dois casos.

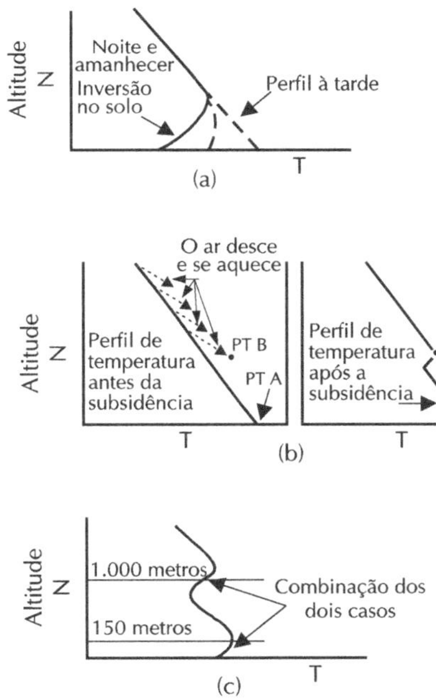

As inversões térmicas ocorrem na sua maioria por dois mecanismos: por radiação e por subsidência.

A inversão por radiação (Figura 10.7.a) ocorre, na maioria das vezes, no inverno. Em um dia frio e sem nuvens, o aquecimento solar pode resultar em temperaturas relativamente altas ao nível do solo durante o final da manhã e à tarde. Entretanto, à noite, quando geralmente é bem mais frio, a superfície do solo sofre um resfriamento intenso, de tal forma que as camadas superiores de ar permanecem mais quentes, gerando uma camada de inversão em altitudes da ordem de 100 metros. No decorrer do dia, esse perfil volta a se inverter, principalmente pelo aquecimento do solo. Esse tipo de inversão não acontece em dias nublados; sua formação pode ser reduzida pelo vento e, em áreas desérticas, ocorre em aproximadamente 90% das manhãs.

A inversão térmica por subsidência (Figura 10.7.b) ocorre em altitudes maiores e dura alguns dias. Esse tipo de inversão deve-se ao fenômeno da subsidência do ar (correntes de ar descendentes), formado pela diferença de pressão existente entre grandes massas de ar que se deslocam na atmosfera.

Observando as direções preferenciais das massas de ar na atmosfera, tanto no Hemisfério Sul como no Hemisfério Norte, percebemos que existem zonas propícias à formação de subsidências ou zonas de correntes verticais descendentes. As regiões preferenciais para a formação dessas correntes localizam-se nas proximidades das latitudes 30 °N e 30 °S. Nessas condições, o ar desce a taxas de 1.000 m/dia. À medida que o ar desce para altitudes mais baixas e de maiores pressões, ele sofre um processo de compressão que aumenta sua temperatura. Esse tipo de inversão ocorre geralmente em grandes altitudes, ou seja, em mais de mil metros. Em uma situação extremamente crítica podem ocorrer simultaneamente os dois tipos de inversão, conforme mostra a Figura 10.7.c.

Existem outros tipos de inversão térmica. Por exemplo, em regiões costeiras, a brisa do mar pode resfriar o solo durante a noite a ponto de formar massas de temperatura mais alta em altitudes superiores nas primeiras horas da manhã. Esse tipo de inversão desaparece no decorrer do dia, com o aquecimento da região costeira.

Processo de dispersão

Suponhamos que um meio atmosférico esteja sendo poluído por uma chaminé. Essa fonte está lançando poluentes continuamente, e eles irão se dispersar no ar, resultando na formação de uma *pluma*. O mesmo fenômeno ocorre em um rio quando se descarregam poluentes.

Estudar o comportamento da pluma significa estudar como o meio atmosférico transporta e dispersa os poluentes nele lançados. A teoria de Fenômenos de Transporte, tratada pela Mecânica dos Fluidos, possibilita estudar esse fenômeno.

A forma da pluma de poluentes emitidos por uma chaminé pode ser classificada de acordo com o perfil de temperatura da atmosfera. A Figura 10.8 ilustra todas as possibilidades de desenvolvimento de plumas em função do gradiente térmico da atmosfera, desprezando-se os seguintes efeitos:

- diferenças de densidade entre os poluentes e o ar;
- velocidade de saída dos poluentes da chaminé; e
- sedimentação dos poluentes (exemplo: MP) etc.

A pluma tipo *'looping'* ocorre em uma situação em que o perfil térmico é superadiabático. Nesse caso, existe muita turbulência na atmosfera. Esse tipo de pluma acontece durante dias de céu claro com poucas nuvens e muita insolação; a turbulência de origem térmica provoca grandes turbilhões (*'eddies'*) que dispersam rapidamente a nuvem de poluição. Em locais próximos à fonte, junto ao solo, podem ocorrer altos índices de poluição pela própria turbulência que leva a nuvem ao nível do solo.

A pluma *'coning'* ocorre quando o perfil é do tipo subadiabático. Essa pluma tem forma cônica e sua dispersão é menor que a da pluma em *looping*. Comparativamente a essa, a pluma *coning* provoca o aumento da concentração de poluentes nas proximidades do solo, em locais bem distantes da fonte. A *coning* ocorre em dias nublados, com ventos moderados.

A pluma *'fanning'* ocorre quando toda a massa de poluentes está contida em uma camada de inversão; a mistura vertical quase inexiste em decorrência da estabilidade do ar. A mistura horizontal é também muito baixa por causa da falta de ventos. Embora não provoque grandes concentrações em baixas altitudes, esse tipo de pluma geralmente precede uma situação mais crítica, que é a pluma do tipo *'fumigation'*. À medida que o sol aquece a superfície do solo, a inversão desaparece e ocorre mistura na região de gradiente negativo. Quando o ar instável atinge a pluma, aumenta a mistura vertical e, conseqüentemente, as concentrações no nível do solo. A pluma do tipo *fumigation*, causada pela quebra da inversão por radiação, dura muito pouco tempo, de 30 minutos a 60 minutos. Em uma situação de brisa marítima, esse tipo de mistura pode durar várias horas.

FIGURA 10.8

Principais tipos de plumas de poluentes atmosféricos.

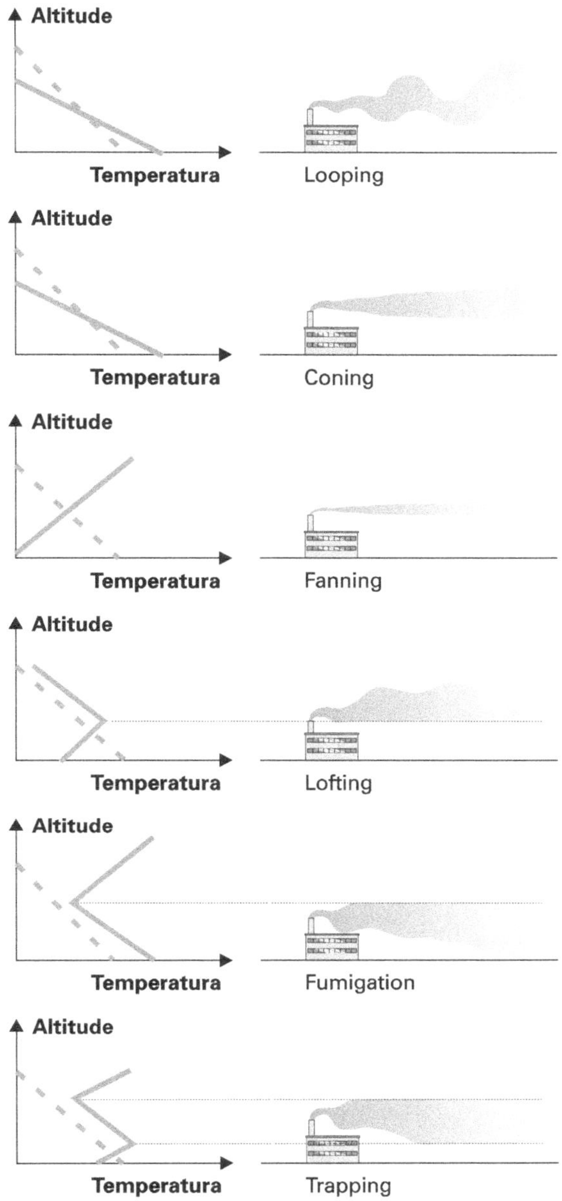

A pluma do tipo *lofting* ocorre quando o lançamento dos efluentes é feito acima da camada de inversão. Esse tipo de pluma ocorre ao anoitecer, quando a inversão por radiação se inicia. Se a coluna permanecer acima da camada de inversão, esse tipo de comportamento pode persistir; caso a camada de inversão suplante a fonte, a pluma passa a ter um comportamento do tipo *fanning*. Uma situação interessante é quando a pluma fica retida entre duas camadas de inversão: é a pluma do tipo '*trapping*'.

O comportamento da pluma depende principalmente do clima da região. Chaminés localizadas em locais de clima quente e seco irão exibir comportamento em *looping* ao entardecer e, dependendo da sua altura, *lofting* ou *fanning* nas primeiras horas da manhã. Em regiões de clima úmido, um dia nublado pode gerar condições para o aparecimento de plumas do tipo *coning*. A ocorrência de inversões térmicas é minimizada em dias nublados.

Além desses processos de mistura em função da turbulência, ocorre o transporte horizontal, que depende do movimento dos ventos (advecção). O movimento dos ventos, por sua vez, depende de forças de pressão, da força de Coriolis e de forças de atrito. As forças de pressão são causadas diretamente pela existência de regiões de alta e baixa pressão.

No Hemisfério Sul, os centros de baixa pressão têm movimento giratório no sentido horário (depressões-ciclones), formando o anticiclone. Os anticiclones são centros de alta pressão e são geralmente fontes de inversão térmica. Os mapas de tempo indicam esses dados, apresentando as isóbaras e os vetores indicativos da direção dos ventos. Os meteorologistas costumam apresentar os dados de direção e velocidade dos ventos por meio da 'rosa-dos-ventos', uma distribuição percentual dos ventos em uma dada região, geralmente mensal. As forças de atrito alteram a velocidade e a direção do vento com a altitude.

A Figura 10.9 ilustra bem alguns perfis de velocidades do vento. A mudança da velocidade com a altitude é função da ocupação do solo e do período do dia.

FIGURA 10.9

Efeito da rugosidade terrestre no perfil de velocidades do vento. Com o decréscimo da rugosidade, o perfil torna-se mais uniforme.

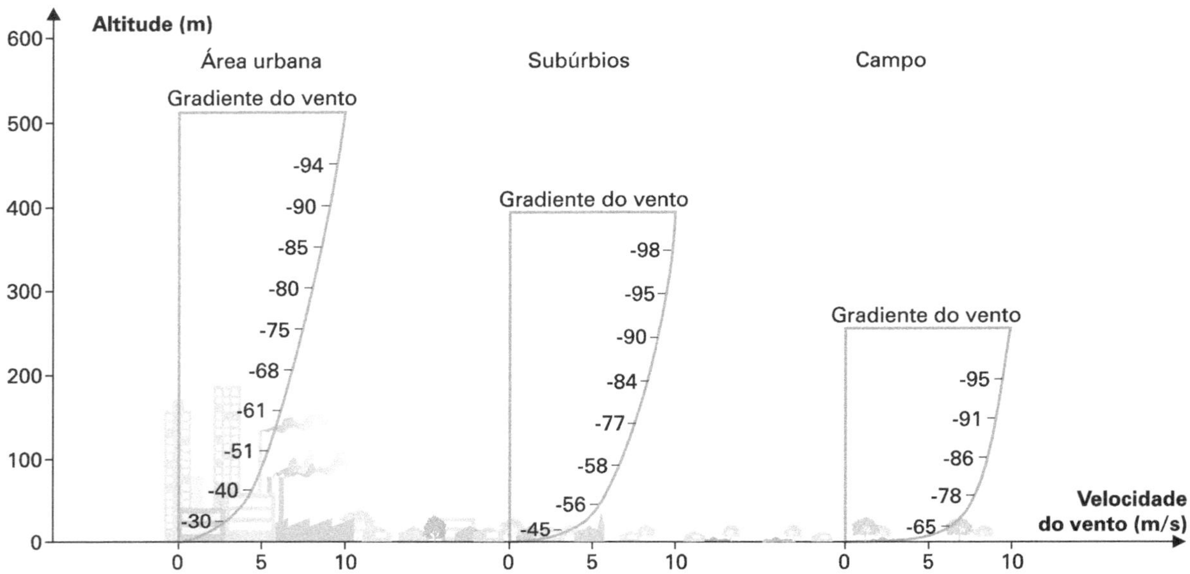

O equacionamento do processo de mistura de poluentes na atmosfera pode ser feito a partir da Teoria da Turbulência. Durante o dia, o aquecimento solar intensifica a turbulência. Nesse caso, a mistura vertical entre camadas horizontais aumenta e o perfil do vento torna-se uniforme quando comparado com o da noite. Outro mecanismo que atua no processo é a turbulência em razão do atrito gerado pela presença do solo. Durante períodos de ventos fortes, a mistura ocorre basicamente por efeito desse tipo de turbulência. Portanto, a 'pluma' de poluentes dispersa-se em função da turbulência, tanto na direção horizontal como na direção vertical.

A topografia exerce efeitos locais nos ventos. Por exemplo, em regiões litorâneas, a brisa marítima pode provocar ventos que ajudam na dispersão dos poluentes. Outro tipo de efeito é devido aos ventos de vale. Nesse caso, o vento tende a descer as encostas durante a noite e a caminhar na direção do fundo do vale. Durante o dia, o ar fica aprisionado no vale em um certo período de tempo, criando condições impróprias para a dispersão de poluentes. Outro problema de dispersão está relacionado com a superfície do solo e sua ocupação (por edifícios, chaminés etc.), que servem como anteparos ao fluxo de poluentes na atmosfera. Nessa situação, podem aparecer os chamados 'efeitos de separação ou de descolamento'. Nesse caso surgem, em determinados locais, vórtices com altas concentrações de poluentes. Esse efeito deve ser analisado pelo projetista quando do dimensionamento das chaminés.

10.6 Modelagem matemática do transporte de poluentes atmosféricos

Existe grande interesse em modelar matematicamente o transporte de poluentes na atmosfera para que se possa avaliar impactos ao meio ambiente e à saúde pública decorrentes da operação normal e acidental de fontes poluidoras. Será possível, desse modo, planejar e gerir de maneira mais racional as fontes poluidoras.

A modelagem matemática do transporte dos poluentes, também referida como da dispersão dos poluentes, baseia-se conceitualmente em um simples exercício de contabilidade. Nesse exercício, avaliam-se as quantidades que entram e que saem de uma determinada região fixa no espaço, considerando-se também aquelas quantidades que são geradas ou destruídas por processos físicos, químicos e biológicos no interior da região. Fazendo com que o tamanho dessa região adquira dimensões infinitesimais, teremos como resultado uma equação diferencial parcial, denominada *equação de transporte*, que relaciona a concentração de um dado poluente com as coordenadas espaciais, com o tempo e com as concentrações de outros poluentes que possam afetar a concentração do poluente em análise.

Do ponto de vista físico não existem dúvidas de que um fenômeno de fundamental importância para o transporte de poluentes na atmosfera é a movimentação do ar, a qual se manifesta na forma de advecção e de difusão turbulenta. A advecção resulta do movimento médio do ar carregando os poluentes junto com o vento médio, enquanto a difusão turbulenta espalha os poluentes no espaço de maneira tridimensional. Portanto, um insumo básico para a modelagem do transporte de poluentes na atmosfera é a descrição da circulação da atmosfera dentro da região de interesse.

Os dados correspondentes de vento e de coeficientes de difusão turbulenta podem ser medidos no local, obtidos por modelos de circulação atmosférica ou, então, estimados de modo simplificado por meio de procedimentos aproximados aceitos pela comunidade científica. De qualquer maneira, é importante enfatizar que tais variáveis meteorológicas podem ser extremamente influenciadas por fatores locais como a presença de edificações e de relevo, os quais podem gerar caminhos preferenciais para o escoamento do ar, caminhos esses que conduzem os poluentes liberados. Assim, a topografia exerce efeitos locais nos ventos. Por exemplo, em regiões litorâneas, a brisa marítima pode provocar ventos que ajudam na dispersão dos poluentes.

Com relação à difusão turbulenta, esse texto já mostrou de modo qualitativo como determinadas situações de distribuição vertical de temperaturas podem inibir ou intensificar o movimento vertical de massas de ar, cujas conseqüências na capacidade do transporte de poluentes atmosféricos podem ser de primeira grandeza. Durante o dia, o aquecimento solar intensifica a turbulência. Nesse caso, a mistura vertical entre camadas horizontais aumenta, e o perfil dos ventos torna-se mais plano (uniforme), quando comparado com o da noite. Outro mecanismo que atua no processo é a chamada turbulência mecânica, em razão da fricção ao atrito gerado pela ocupação do solo. Durante períodos de ventos fortes, a mistura ocorre basicamente por efeito desse tipo de turbulência. Portanto, a 'pluma' de poluentes dispersa-se em função da turbulência, tanto na direção horizontal como na vertical.

Além das influências descritas anteriormente, a concentração de poluentes também depende de como eles são emitidos no meio, ou seja, se de maneira constante ou variável no tempo, e também da posição espacial que esse despejo ocupa. A taxa de emissão também afeta tais concentrações, fazendo com que um aumento na primeira cause um aumento proporcional dessas últimas.

É importante observar que tais variáveis meteorológicas variam constantemente no tempo e no espaço, sendo que raramente há dados adequados para considerá-las. Assim, é comum adotarem-se valores médios dentro de certas escalas de tempo e de espaço e efetuar-se a integração da equação de transporte para determinadas situações nas quais tal integração é conhecida. Provavelmente, um dos exemplos de integração mais conhecidos refere-se à denominada 'pluma gaussiana', que foi assim denominada em função da semelhança de sua forma com a de uma curva de densidade de probabilidades normal (ou gaussiana).

Essa 'pluma gaussiana' resulta da integração analítica da equação de transporte, quando são adotadas as seguintes hipóteses simplificadoras: o vento tem intensidade, direção e sentido constantes, o terreno é totalmente plano, a carga poluidora é pontual e constante, a difusão turbulenta na direção do vento é desprezada em função da maior importância da advecção nessa direção, os coeficientes de difusão turbulenta nas outras direções também são constantes e não existe perda de material poluidor por qualquer mecanismo físico, químico e biológico.

A solução obtida para esse problema, de acordo com Boubel *et al* (1994), é dada por:

10.6

$$C(x,y,z) = \frac{Q}{2\pi U \sigma_y \sigma_z} \exp\left(-\frac{y^2}{2\sigma_y^2}\right)\left\{\exp\left[-\frac{1}{2}\left(\frac{H-z}{\sigma_z}\right)^2\right] + \exp\left[-\frac{1}{2}\left(\frac{H-z}{\sigma_z}\right)^2\right]\right\}$$

onde *x* é a coordenada horizontal com origem na coordenada do ponto de despejo [L]; *y* é a coordenada horizontal transversal [L]; *z* é a coordenada vertical com origem no solo e orientada para cima [L]; *C* é a concentração do poluente [M/L_3]; *Q* é a taxa de emissão de poluente [M/T]; *U* é a velocidade do vento [L/T]; *H* é a coordenada *z* do ponto de emissão [L]; s_y é o desvio-padrão da distribuição espacial da pluma ao longo da direção horizontal *y* [L]; e s_z é o desvio-padrão da distribuição espacial da pluma ao longo da direção vertical *z* [L]. A Figura 10.10 ilustra algumas dessas variáveis.

FIGURA 10.10

Ilustração do sistema de coordenadas utilizado na descrição da pluma gaussiana.

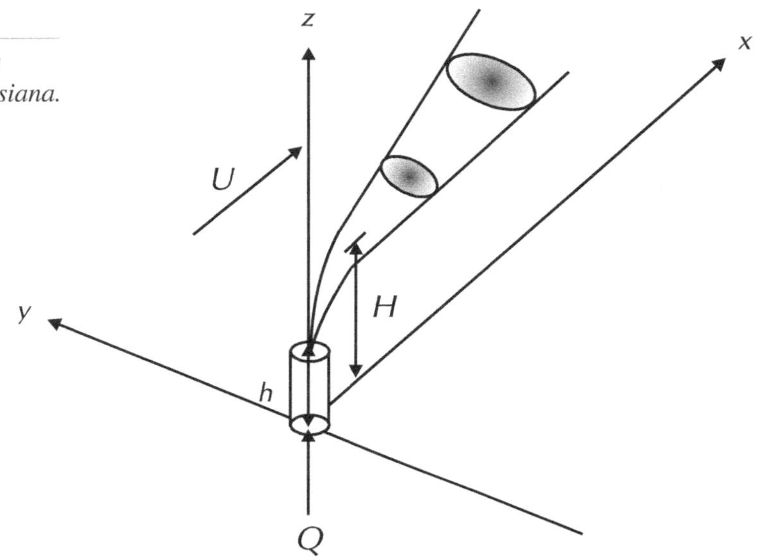

É importante observar que o valor de *H* não é igual ao valor da altura da chaminé *h*, pois, por causa da quantidade de movimento do fluxo emitido pela chaminé, juntamente com o empuxo causado pela diferença de densidade entre o gás emitido e o ar, existe uma ascensão inicial da pluma poluidora que não se comporta de forma gaussiana. Somente a partir do momento em que esses efeitos iniciais são dissipados é que se adota o modelo de pluma gaussiana. Assim, deve-se estimar o valor de *H*, o que pode ser feito por meio de equações apropriadas.

Os valores de s_y e s_z são avaliados para cada ponto de interesse a partir da distância *x* contada do ponto de emissão. Pela Teoria da Turbulência, é possível provar que os valores de s_y e s_z são relacionados aos coeficientes de difusão turbulenta nas direções correspondentes. Esses valores dependem também da situação de estabilidade atmosférica, tendendo a diminuir para situações mais estáveis.

É importante observar que, segundo a equação anterior, a concentração é diretamente proporcional à taxa de emissão e inversamente proporcional à velocidade do vento. A velocidade do vento, em particular, é extremamente importante na diminuição das concentrações, pois situações de calmaria podem elevar dramaticamente as concentrações de poluente.

O comportamento gaussiano dessa solução pode ser observado pela maneira pela qual a concentração distribui-se espacialmente em relação aos eixos *y* e *z*, pelo menos enquanto as concentrações não são significativamente afetadas pela presença do solo em $z = 0$. Daquela equação, pode-se observar também que as maiores concentrações ocorrem ao longo do eixo da pluma definida por $y = 0$.

Ainda é digno de nota o fato de que esse modelo admite o transporte de poluentes dentro de uma região vertical semi-infinita, ou seja, do nível do solo para cima. Em situações de ocorrência de inversão térmica, termos adicionais devem ser incorporados à equação apresentada para caracterizar o fato de que o espaço disponível para a dispersão de poluentes está verticalmente restrito entre os níveis do solo e da base da camada de inversão térmica.

A 'pluma gaussiana' é um modelo bastante simplificado da realidade e passível de uma série de críticas segundo os pontos de vista teórico e de aplicação prática. Todavia, tal modelo tem sido aceito como uma 'ferramenta de trabalho' em estudos de avaliação de impacto ambiental, pois serve para ilustrar comparativamente diferentes cenários de emissão de poluentes. Além disso, não existe um ganho significativo de informação gerado pela aplicação de modelos mais sofisticados se não existirem dados adequados para o uso de tais modelos. Portanto, a aplicação do modelo de pluma gaussiana deve ser considerada em função dos objetivos da análise em questão, dos recursos disponíveis e das condições locais existentes.

10.7 Padrões de qualidade do ar

A legislação brasileira de qualidade do ar segue muito de perto as leis norte-americanas. Nos Estados Unidos, o órgão responsável pela fixação de índices é a Environmental Protection Agency (EPA), que estabelece o National Ambient Air Quality Standards (NAAQS). Essa lei especifica o nível máximo permitido para diversos poluentes atmosféricos, sendo que a máxima concentração de um poluente é especificada em função de um período médio de tempo. Os limites máximos (padrões) estão divididos em dois níveis: primário e secundário. O *primário* inclui uma margem de segurança adequada para proteger indivíduos mais sensíveis, como crianças, idosos e pessoas com problemas respiratórios.

O *secundário* é fixado sem considerar explicitamente problemas com a saúde humana, mas levando em conta outros elementos, como danos à agricultura, a materiais e edifícios e à vida animal, mudanças de clima, problemas de visibilidade e conforto pessoal.

A Tabela 10.7 apresenta o NAAQS da EPA norte-americana.

Para manter o público informado sobre a qualidade do ar e atuar em situações críticas quando algum índice do NAAQS é atingido, a EPA fixa o índice Pollution Standard Index (PSI). No Brasil, esse índice é chamado de Índice de Qualidade do Ar (IQA). A relação IQA *versus* qualidade do ar é dada pela Tabela 10.8.

TABELA 10.7

Padrões de qualidade do ar nos Estados Unidos (Internet, EPA 2).

Poluente	Amostragem	Padrões	
		Primário	Secundário
Monóxido de Carbono (CO)	Média de 8 h	9 ppm (10 mg/m^3)	
	Média de 1 h	35 ppm (40 mg/m^3)	
Dióxido de Nitrogênio (NO_2)	Média Aritmética Anual	0,053 ppm (100 $\mu g/m^3$)	0,053 ppm (100 $\mu g/m^3$)
Ozônio (O_3)	Média de 1 h	0,12 ppm (235 $\mu g/m^3$)	0,12 ppm (235 $\mu g/m^{33}$)
	Média de 8 h	0,08 ppm (157 $\mu g/m^3$)	0,08 ppm (157 $\mu g/m^{33}$)
Chumbo	Média Trimestral	1,5 $\mu g/m^3$	1,5 $\mu g/m^3$
Material Particulado < 10 mm	Média Aritmética Anual	50 $\mu g/m^3$	50 $\mu g/m^3$
	Média de 24 h	150 $\mu g/m^{33}$	150 $\mu g/m^3$
Material Particulado < 2,5 µm	Média Aritmética Anual	15 $\mu g/m^3$	15 $\mu g/m^3$
	Média de 24 h	65 $\mu g/m^3$	65 $\mu g/m^3$
Dióxido de Enxofre (SO_2)	Média Aritmética Anual	0,03 ppm (80 $\mu g/m^3$	
	Média de 24 h	0,14 ppm (365 $\mu g/m^3$)	
	Média de 3 h		0,50 ppm (1300 $\mu g/m^3$)

TABELA 10.8

Relação do IQA com a qualidade do ar (Cetesb, 1996).

IQA	Qualidade do ar
0–50	Boa
51–100	Aceitável
101–199	Inadequada
200–299	Má
300–399	Péssima
Maior que 400	Crítica

O IQA é obtido dividindo-se a concentração de um determinado poluente pelo seu padrão primário de qualidade e multiplicando-se o resultado dessa divisão por 100, para que seja obtido um valor percentual. Esse cálculo é feito para todos os poluentes monitorados pela Cetesb (CO, MP, SO_2, O_3 e o produto SO_2 x MP), sendo apresentado o Índice de Qualidade do Ar para aquele poluente que apresentou o maior resultado. A Figura 10.11 apresenta um exemplo dessa função para o CO (monóxido de carbono):

FIGURA 10.11

Diagrama para cálculo do índice de qualidade do ar devido ao CO (fonte: Cetesb, 1996).

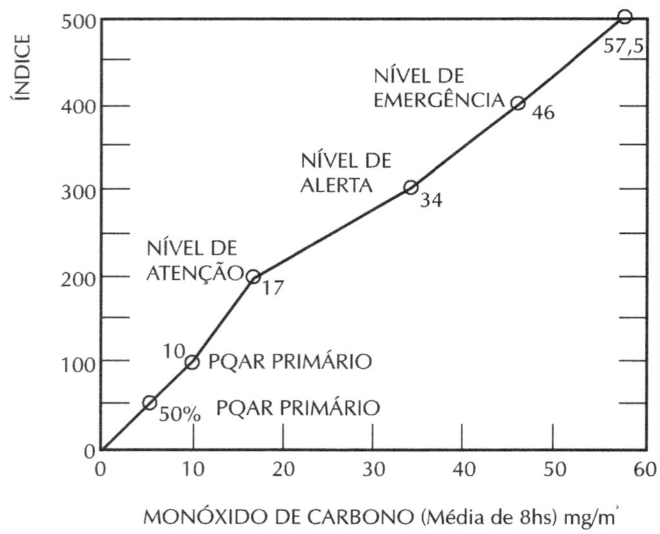

A legislação brasileira, no que se refere à qualidade do ar, estabelece índices para sete substâncias, conforme mostrado na Tabela 10.9.

TABELA 10.9

Padrões de qualidade do ar no Brasil (Conama, 1990).

Poluente	Tempo médio	Padrões	
		Primário	Secundário
MP	24 h (*)	240 $\mu g/m_3$	150 $\mu g/m_3$
	MG anual	80 $\mu g/m_3$	60 $\mu g/m_3$
SO_2	24 h (*)	365 $\mu g/m_3$	100 $\mu g/m_3$
	MA anual	80 $\mu g/m_3$	40 $\mu g/m_3$
CO	1 h (*)	40 000 $\mu g/m_3$	40 000 $\mu g/m_3$
	8 h (*)	10 000 $\mu g/m_3$	10 000 $\mu g/m_3$
O_3	1 h (*)	160 $\mu g/m_3$	160 $\mu g/m_3$
Fumaça	24 h	150 $\mu g/m_3$	100 $\mu g/m_3$
	MA anual	60 $\mu g/m_3$	40 $\mu g/m_3$
Partículas inaláveis	24 h	150 $\mu g/m_3$	150 $\mu g/m_3$
(< 10 μm)	MA anual	50 $\mu g/m_3$	50 $\mu g/m_3$
NO_2	1 h (*)	320 $\mu g/m_3$	190 $\mu g/m_3$
	MA anual	100 $\mu g/m_3$	100 $\mu g/m_3$

(*) Não pode ser excedido mais que uma vez ao ano
MG – média geométrica; MA – média aritmética

No Estado de São Paulo, a Cetesb implanta de 1º de maio a 31 de agosto a chamada 'Operação Inverno'. Nessa ocasião, em função da qualidade do ar e das condições meteorológicas de dispersão dos poluentes, são tomadas diversas precauções para não comprometer a saúde da população. Durante esse período, os maiores consumidores de óleo combustível instalados em regiões críticas de poluição do ar devem usar óleo com baixo teor de enxofre (BTE). Além disso, a Cetesb aumenta a vigilância sobre as indústrias. Quando o sistema de monitoramento da qualidade do ar mostra altas concentrações de poluentes, a Cetesb coloca em ação um plano de redução da produção nas indústrias, objetivando diminuir principalmente a emissão de poluentes por fornos industriais, e fixa níveis de qualidade do ar em função da concentração dos poluentes medidos nas diversas estações espalhadas pela cidade.

A Tabela 10.10 apresenta a relação entre as concentrações de poluentes e o estado de qualidade do ar. Em função desses estudos, são fixadas atividades de campo e de informações à população, com o objetivo de minimizar os efeitos adversos dos episódios críticos de poluição (Conama, 28 jun. 1990).

TABELA 10.10

Padrões para fixação de critérios em episódios de poluição do ar (Conama, 1990).

Parâmetro	Atenção	Níveis Alerta	Emergência
SO_2 ($\mu g/m_3$) – 24 h	800	1 600	2 100
MP ($\mu g/m_3$) – 24 h	375	625	875
SO_2 x MP ($\mu g/m_3$) – 24 h	65 000	261 000	393 000
CO (ppm) – 8 h	15 (17 000 $\mu g/m_3$)	30 (34 000 $\mu g/m_3$)	40 (46 000 $\mu g/m_3$)
O_3 ($\mu g/m_3$) – 1 h	400	800	1 000
inalantes ($\mu g/m_3$) – 24 h	250	420	500
Fumaça ($\mu g/m_3$) – 24 h	250	420	500
NO_2 ($\mu g/m_3$) – 1 h	1 130	2 260	3 000

Decretado um determinado nível, os efeitos sobre a saúde e as precauções a serem tomadas são as seguintes:

Nível de atenção:

- Descrição dos efeitos sobre a saúde: decréscimo da resistência física e significativo agravamento dos sintomas em pessoas com enfermidades cardiorrespiratórias; sintomas gerais na população sadia.
- Precauções: pessoas idosas ou com doenças cardiorrespiratórias devem reduzir as atividades físicas e permanecer em casa.

Nível de alerta:

- Saúde: aparecimento prematuro de certas doenças, além de significativo agravamento de sintomas. Decréscimos da resistência física em pessoas saudáveis.
- Precauções: idosos e pessoas com enfermidades devem permanecer em casa e evitar esforço físico. A população em geral deve evitar atividades exteriores.

Nível de emergência:

- Saúde: morte prematura de idosos e pessoas doentes. Pessoas saudáveis podem acusar sintomas adversos que afetam sua atividade normal.
- Precauções: todas as pessoas devem permanecer em casa, mantendo as portas e as janelas fechadas. Todas as pessoas devem minimizar as atividades físicas e evitar o tráfego.

Finalmente, é importante considerar que esses padrões de qualidade de ar não são definitivos. Eles devem ser revistos constantemente, tendo em vista, principalmente, a entrada de novos poluentes no ar, que podem alterar seus efeitos adversos.

A fixação de padrões de qualidade do ar é um processo extremamente complexo, o qual envolve diversos tipos de problemas e requer um longo período de trabalho e de observação. A principal dificuldade é estabelecer o nível crítico de concentração de determinada substância, ou seja, avaliar quando um poluente pode causar danos à saúde humana, principalmente levando-se em conta as inúmeras doenças que têm origem na poluição do ar.

Podemos destacar as seguintes causas que justificam a dificuldade em fixar limites máximos de concentração de poluentes danosos à saúde humana (Miller, 1985):

- Existe um grande número de poluentes atmosféricos, sendo difícil estabelecer o efeito separado de cada um. Além disso, a cada dia, novos elementos são lançados na atmosfera sem que se tenha informação, pelo menos em um curto intervalo de tempo, dos seus efeitos.
- É muito difícil detectar poluentes com concentração muito baixa e que causam danos à saúde humana.
- Na atmosfera é comum ocorrer o chamado *efeito sinergético*, ou seja, duas ou mais substâncias, que separadamente podem não ser danosas, têm seus efeitos potencializados quando atuam juntas. Esses efeitos são superiores àqueles que seriam obtidos somando-se os danos provocados por cada poluente em separado.
- É difícil isolar um fator danoso quando toda a população está exposta a diversas substâncias químicas tóxicas há muitos anos.
- Normalmente é difícil obter registros de doenças e mortes causadas por fatores associados aos poluentes atmosféricos.
- Doenças comuns decorrentes da poluição atmosférica (enfisema, bronquite, câncer etc.) possuem múltiplas causas e longo tempo de incubação, tornando difícil correlacioná-las com episódios críticos de poluição do ar.
- Muitas vezes é questionável extrapolar testes de laboratório feitos com cobaias para o homem.

10.8 Controle da poluição do ar

Neste item serão apresentados alguns meios de controle utilizados para diminuir ou evitar a emissão de poluentes para a atmosfera. Apresentaremos esses métodos de controle separando os poluentes em dois grupos básicos: os poluentes do *smog industrial* e os poluentes do *smog fotoquímico.*

Poluentes do smog industrial

De acordo com o que foi apresentado anteriormente, o *smog* industrial é formado basicamente pela emissão de dois elementos: o dióxido de enxofre (SO_2) e o material particulado (MP). É a chamada 'nuvem cinza' que cobre as cidades industrializadas. Seus picos de poluição ocorrem no inverno, principalmente em dias de inversão térmica. Outros problemas associados a esse tipo de *smog,* como a chuva ácida, já foram descritos anteriormente.

O controle da emissão do SO_2 pode ser feito de diversas maneiras, variando desde métodos gerais, que envolvem a conservação de energia, até soluções técnicas particulares para cada situação.

Os principais meios de controle são:

- reduzir o desperdício de energia, ou seja, diminuir a demanda de energia e desenvolver meios para a conservação;
- substituir os combustíveis fósseis por outras fontes de energia, tais como nuclear, solar, hidrelétrica e geotérmica;
- transformar o carvão sólido em combustível gasoso ou líquido, podendo-se remover muitas das impurezas, como o enxofre; e
- reduzir a emissão de dióxido de enxofre proveniente da queima de carvão.

Algumas formas de controle do enxofre são:

- Substituir o carvão comum pelo carvão de baixo teor de enxofre.
- Remover o enxofre do combustível antes da queima. Os processos físico-químicos existentes podem remover de 20% a 40% do enxofre antes da queima, mas podem aumentar o custo do combustível de 25% a 50%, dependendo do método usado e da quantidade de enxofre removido.
- Remover o SO_2 por lavadores de gases (durante a combustão ou dos gases emitidos pelas chaminés) — essa técnica remove aproximadamente 90% do SO_2 da fumaça emitida pela chaminé. Os gases passam por uma câmara onde existe uma mistura de água e calcário e essa mistura absorve o SO_2, formando sulfato de cálcio. Existe um processo alternativo no qual o calcário é lançado diretamente no forno, antes da produção do SO_2. Esse processo, apesar de mais barato, é menos efetivo, pois remove de 50% a 60% do enxofre.
- Emitir fumaças por chaminés altas o suficiente para suplantar a camada de inversão térmica. Esse método, apesar de mais barato, pode não agravar a concentração de poluentes no local da emissão, mas o vento leva os poluentes para outras regiões, podendo gerar, por exemplo, a 'chuva ácida'.
- Emissão intermitente de poluentes. Em função das condições atmosféricas, as entidades responsáveis pela qualidade do ar podem interromper a emissão de poluentes pelas chaminés, principalmente em dias de inversão térmica. Esse método também não evita a poluição e pode agravar a situação em outros locais, não necessariamente na região onde foi produzida a pluma.
- Taxar a fonte de emissão por unidade de SO_2 produzido, induzindo o produtor a investir em métodos de controle; e
- Lançar cal ou calcário no solo para correção da acidez produzida pela chuva ácida.

O controle da emissão do material particulado (MP) pode ser feito de diversas maneiras. Algumas propostas são:

- melhorar a eficiência dos sistemas de combustão, tanto nas indústrias quanto nos automóveis;

- substituir o combustível fóssil por outras fontes de energia, tais como nuclear, solar, vento e geotérmica, para produzir energia elétrica;
- queimar carvão liqüefeito ou gaseificado em vez do carvão sólido;
- desestimular o uso do automóvel particular e incentivar o uso do transporte público;
- implementar dispositivos nos veículos de transporte a fim de diminuir a emissão de material particulado; e
- remover o MP da fumaça emitida pelas chaminés — esse é o método usual em indústrias e termoelétricas.

Alguns dispositivos comumente utilizados na remoção de MP são:

- *Precipitadores eletrostáticos* (Figura 10.12.a): esse equipamento remove até 99,5% da massa total de particulado. O precipitador cria um campo eletrostático que carrega as partículas que estão presentes nos gases, as quais são posteriormente atraídas por placas eletrizadas, ficando presas a elas (eletrodos). Em seguida, as partículas são retiradas das placas para deposição no solo.
- *Filtros de manga ou de tecido* (Figura 10.12.b): esse equipamento remove até 99,9% das partículas, incluindo as partículas finas. Nesse caso, os gases passam por filtros (sacos) de tecidos localizados em um grande edifício. Periodicamente, os filtros são trocados para que o sistema não perca o rendimento necessário para a coleta do MP.
- *Separador tipo ciclone* (Figura 10.12.c): esse equipamento remove de 50% a 90% das partículas grandes, mas muito pouco do material médio e fino. Nesse caso, a fumaça é forçada a passar por um duto na forma de parafuso, e a perda de carga gerada permite a deposição do material, que é recolhido na base do equipamento (força centrífuga).
- *Lavadores de gás* (Figura 10.12.d): esse equipamento remove até 90% das partículas com diâmetro de até 1 micrometro, caso sejam utilizadas anteparas internas. Além disso, ele remove de 80% a 95% do SO_2 e outros gases ácidos.

Podemos observar que, com exceção dos filtros de tecido, os demais equipamentos não conseguem evitar a emissão das partículas finas, as quais, em termos da saúde humana, são as que provocam maiores danos. Com exceção do separador tipo ciclone, os demais equipamentos são bastante caros.

FIGURA 10.12

Sistemas de tratamento de efluentes gasosos (Miller, 1985).

a) Precipitador eletrostático

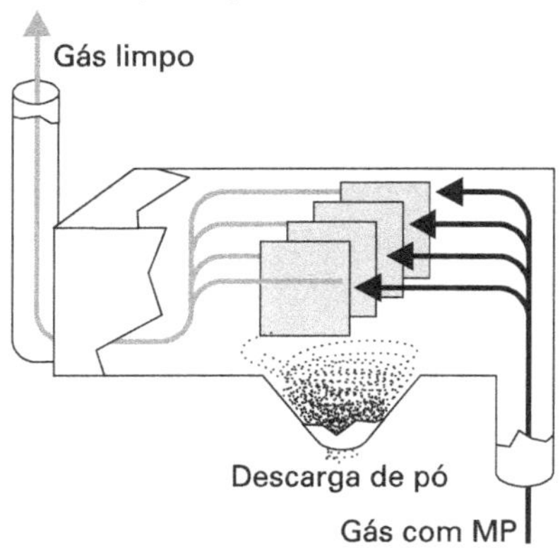

b) Filtro de manga

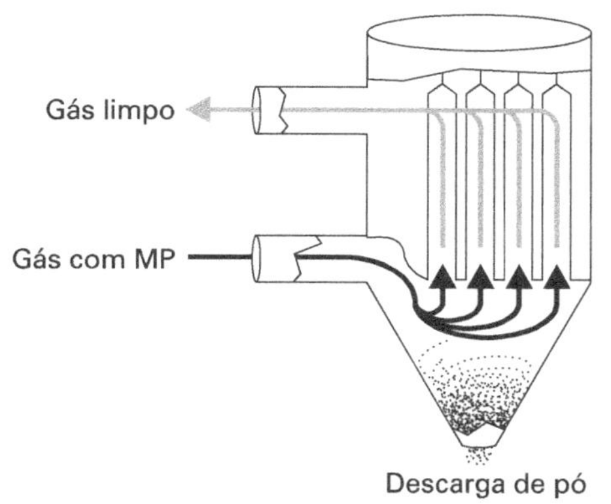

c) Separador ciclônico

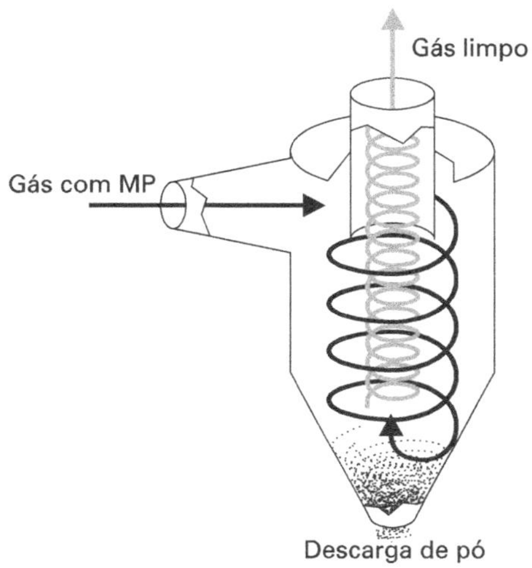

d) Lavador de gás

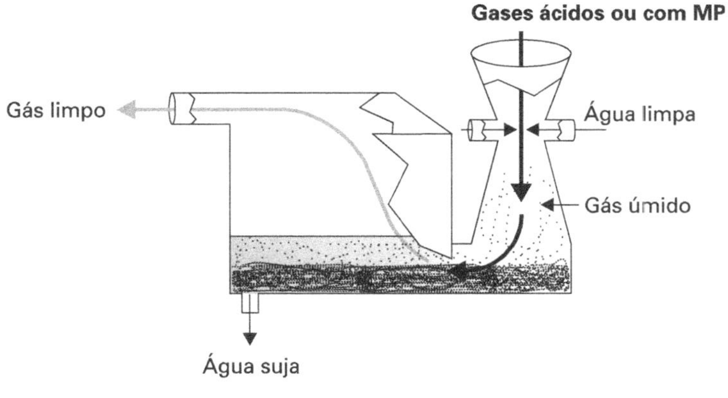

Poluentes do *smog fotoquímico*

Como foi visto anteriormente, os principais agentes de poluição no *smog fotoquímico* são os veículos. Portanto, o controle desse tipo de poluição passa obrigatoriamente por mudanças nos meios de transporte. As principais alternativas de controle podem ser assim apresentadas:

- Reduzir o uso do automóvel. Isso pode ser feito por taxações no uso de combustível, taxações em função da potência do motor e do peso do carro e restrições ao uso do carro nos centros urbanos.
- Modificar o estilo de vida e promover projetos de novas cidades nas quais o uso do automóvel seja bastante restrito.
- Desenvolver, preferencialmente, sistemas de transporte de massa.
- Desenvolver motores menos poluentes e mais eficientes do ponto de vista de consumo de energia. Isso implica, por exemplo, o uso do carro elétrico e do veículo a gás.
- Empregar combustíveis de queima mais limpa, por exemplo, gás natural e hidrogênio líquido.
- Aumentar a eficiência do combustível, reduzindo o tamanho, o peso, a resistência ao vento e a potência dos carros. Além disso, aumentar a eficiência energética da transmissão, do ar-condicionado e de outros acessórios do veículo.
- Modificar o motor de combustão interna para baixas emissões e diminuição do consumo.
- Controlar a emissão de poluentes pelo escapamento, por meio de conversores catalíticos.

Em particular, o problema da poluição do ar provocada por veículos automotores é extremamente crítico em São Paulo. Um dos principais poluentes atmosféricos (monóxido de carbono) é lançado a uma taxa de 4.800 t/dia na Região Metropolitana de São Paulo. A fiscalização estadual é feita pela Companhia de Tecnologia de Saneamento Ambiental (Cetesb). Em nível federal, o problema foi tratado pelo chamado Programa Nacional de Controle de Poluição por Veículos Automotores (Proconve).

Esse programa iniciou-se em 1986 e, basicamente, limita a emissão dos seguintes poluentes: monóxido de carbono, hidrocarbonetos, óxidos de nitrogênio e porcentagem de CO nos gases do escapamento com o veículo em marcha lenta. As normas aplicam-se tanto a veículos leves como a veículos pesados. O programa foi sendo implantado gradativamente para permitir que as indústrias de veículos pudessem se preparar para as mudanças necessárias nas linhas de produção. O Plano está hoje totalmente implantado.

Em 1990, os índices máximos permitidos para emissão em todos os veículos novos eram: CO: 24 g/km; HC: 2,1 g/km; NO_x: 2 g/km. É interessante notar que esses índices foram adotados nos Estados Unidos em 1974. Outro dado comparativo interessante é que a frota de veículos com idade média de 10 anos expele algo em torno de 50 g/km de CO. Esses novos índices requerem mudanças substantivas nos veículos novos. A diminuição da emissão do CO foi tentada por meio de melhorias no sistema de combustão dos carros. Além disso, todos os tanques de combustível vêm com um novo dispositivo que absorve os vapores gerados; é o chamado '*cannister*'.

No ano de 1992, a quantidade de emissão de CO foi de 12 g/km. Nesse caso, os veículos foram equipados com conversores catalíticos, um tipo de 'colméia cerâmica' recoberta por sais de metais nobres que favorecem reações e alterações nos gases emitidos pelo escapamento. Outra alternativa foi instalar a injeção eletrônica, que garante a regulagem automática.

Hoje, os carros produzidos emitem os índices finais previstos pelo Plano: CO: 12 g/km; HC: 0,3 g/km; NO_x: 0,6 g/km.

10.9 A poluição do ar nas grandes cidades brasileiras

A Região Metropolitana de São Paulo

A cidade de São Paulo forma um dos maiores conglomerados humanos do mundo, com uma população aproximada de 10 milhões de habitantes. Se considerarmos os municípios que a circundam (Região Metropolitana de São Paulo (RMSP)), chegamos a uma população de quase 17 milhões de habitantes. Tal núcleo urbano enfrenta diversos problemas ambientais e sociais que, por suas dimensões, exige grandes investimentos governamentais para minimizá-los. Dentre esses problemas, destaca-se o da poluição do ar. São Paulo possui uma das maiores zonas industriais da América do Sul, com siderúrgicas e aciarias, fábricas de cimento, de ácido sulfídrico, fertilizantes, refinarias, indústrias petroquímicas, químicas etc. Além disso, a cidade possui uma das maiores frotas de veículos do Brasil. Com tal quadro pode-se imaginar a gravidade da questão de qualidade do ar em São Paulo.

A cidade ocupa uma área de 8.050 km^2, tem área urbanizada de 1.900 km^2, gera 6 milhões de empregos e é responsável por 20% do PIB nacional. São inúmeros os problemas ambientais da cidade. Um dos mais sérios, com impactos elevados, é a poluição do ar provocada pelos sistemas de transporte. Circulam diariamente em São Paulo milhares de pessoas. Em 1967, o transporte individual respondia por 32% do total de viagens motorizadas na RMSP, passando a 45% em 1995. Em contrapartida, o transporte coletivo que, em 1967, representava 68% das viagens realizadas, em 1995, respondeu por 55%.

O clima em São Paulo é seco no inverno e úmido no verão. De setembro a abril, predomina na região um vento úmido do sul, com a ocorrência freqüente de sistemas frontais com pouca radiação solar. As formações de alta pressão que ocorrem no Oceano Atlântico durante o inverno dirigem-se para o norte, produzindo ventos fracos provenientes da costa, forte inversão térmica por subsidência e céu claro. Nesse período, quase não ocorrem chuvas, o que agrava a poluição do ar. As temperaturas variam em média entre 8ºC no inverno e 30ºC no verão.

A entidade que gerencia a qualidade do ar em São Paulo é a Cetesb. Um inventário feito em 1996 indicou as principais fontes de poluição e sua contribuição para cada tipo de poluente analisado. A Tabela 10.9 apresenta esses resultados. Com base na tabela, podemos concluir que a indústria é responsável pela maior porcentagem de emissão de MP, e os veículos produzem a maior quantidade de CO, HC, SO_X e NO_X. O controle da poluição produzida pelos automóveis já está sendo feito pela implantação do Proconve. Em relação às indústrias, encontra-se em andamento um grande programa, coordenado pela Cetesb, para exigir a instalação de dispositivos de tratamento de efluentes gasosos.

TABELA 10.11

Porcentagem de poluentes em função da fonte de emissão na Região Metropolitana de São Paulo, em 2003 (Cetesb, 2004).

Fonte de emissão		Poluentes (%)				
		CO	HC	NO_x	SO_x	MP_{10}
Tubo de Escapamento	Gasolina	45,6	20,3	11,4	21,4	8,0
	Álcool	12,1	5,7	3,2	–	–
	Diesel	25,4	17,9	81,5	30,8	30,8
	Táxis	0,1	0,1	0,2	0,8	0,1
	Motocicletas e similares	14,6	8,3	0,3	1,3	1,1
Cárter e evaporativa	Gasolina	–	33,3	–	–	–
	Álcool	–	4,1	–	–	–
	Motocicletas e similares	–	4,5	–	–	–
Transferência de combustível	Gasolina	–	2,8	–	–	–
	Álcool	–	0,1	–	–	–
Operação de processo industrial (1990)		2,2	2,9	3,4	45,7	10,0
Ressuspensão de partículas		–	–	–	–	25,0
Aerossóis secundários		–	–	–	–	25,0

A Tabela 10.12 apresenta as estimativas da Cetesb para a produção de poluentes na RMSP, tanto de fontes estacionárias (indústrias) como de fontes móveis (veículos).

Outro fato importante é o ingresso no mercado do álcool como combustível. Mesmo depois do declínio do número de carros movidos a álcool, que ingressaram no mercado em 1981, mas tiveram seu número bastante reduzido na última década, a adição de etanol à gasolina em 22% contribuiu bastante para diminuir a concentração de CO. Esse fato, no entanto, não alterou a concentração de HC e NO_x.

TABELA 10.12

Estimativas de emissão de poluentes na Região Metropolitana de São Paulo em 2003 (1.000 t/ano) (Cetesb, 2004).

Fonte de emissão			Poluentes				
			CO	HC	NO_x	SO_x	MP_{10}
Móveis	Tubo de Escapamento	Gasolina	818,6	84,1	46,7	8,0	5,3
		Álcool	217,9	23,6	13,1	–	–
		Diesel	456,3	74,3	333,2	11,5	20,3
		Táxis	2,4	0,5	0,6	0,3	0,1
		Motocicletas e similares	262,3	34,6	1,3	0,5	0,7
	Cárter e evaporativa	Gasolina	–	138,3	–	–	–
		Álcool	–	16,9	–	–	–
		Motocicletas e similares	–	18,6	–	–	–
	Pneus	Todos os tipos	–	–	–	–	8,6
	Transferência de combustível	Gasolina	–	11,6	–	–	–
		Álcool	–	0,5	–	–	–
Fixas	Operação de processo industrial (1990)		38,6	12,0	14,0	17,1	31,6
	(Número de indústrias inventariadas)		(750)	(800)	(740)	(245)	(308)
Total			**1.796,1**	**415,0**	**408,9**	**37,4**	**66,6**

Em Cubatão, a contribuição de fontes móveis é bastante inferior quando comparada com as fontes fixas (indústrias). A Tabela 10.13 apresenta o total de emissão anual de 21 indústrias de Cubatão:

TABELA 10.13

Estimativas de emissão de poluentes em Cubatão (1.000 t/ano) em 2003 (Cetesb, 2004).

Poluente	Emissão (1,000 t/ano)
Monóxido de carbono (CO)	22,67
Hidrocarbonetos (HC)	3,19
Óxidos de nitrogênio (NO_x)	20,46
Óxidos de enxofre (SO_x)	26,18
Material particulado (MP)	4,37
Amônia (NH_3)	0,01
Fluoreto (F^-)	0,20
Cloreto (Cl^-)	0,00
Ácido clorídrico (HCl)	0,02 +

A Cetesb opera uma rede automática e outra manual para monitoramento do ar. A rede automática é composta por 29 postos fixos (23 em São Paulo, 2 em Cubatão e 1 em Paulínia, 1 em Campinas, 1 em Sorocaba e 1 em São José dos Campos) e dois laboratórios móveis. Todas as estações medem o MP e o SO_2 e, além disso, dependendo do local, são medidos o NO_x, CO, HC, incluindo metano, O_3, umidade relativa do ar, temperatura, velocidade, direção do vento, pressão atmosférica e radiação (total e ultravioleta). Existe também uma rede manual com estações e amostradores passivos distribuídos na RMSP, litoral e interior do Estado, para monitoração de fumaça, dióxido de enxofre e partículas totais em suspensão.

As figuras a seguir, fornecidas pela Cetesb, apresentam um quadro da situação recente na RMSP e em Cubatão. As figuras 10.13 e 10.14 apresentam o número de dias em que o padrão de partículas inaláveis não foi atendido em 2003.

FIGURA 10.13

Número de dias em que o padrão diário de partículas inaláveis foi ultrapassado na RMSP, em 2003 (Cetesb, 2004).

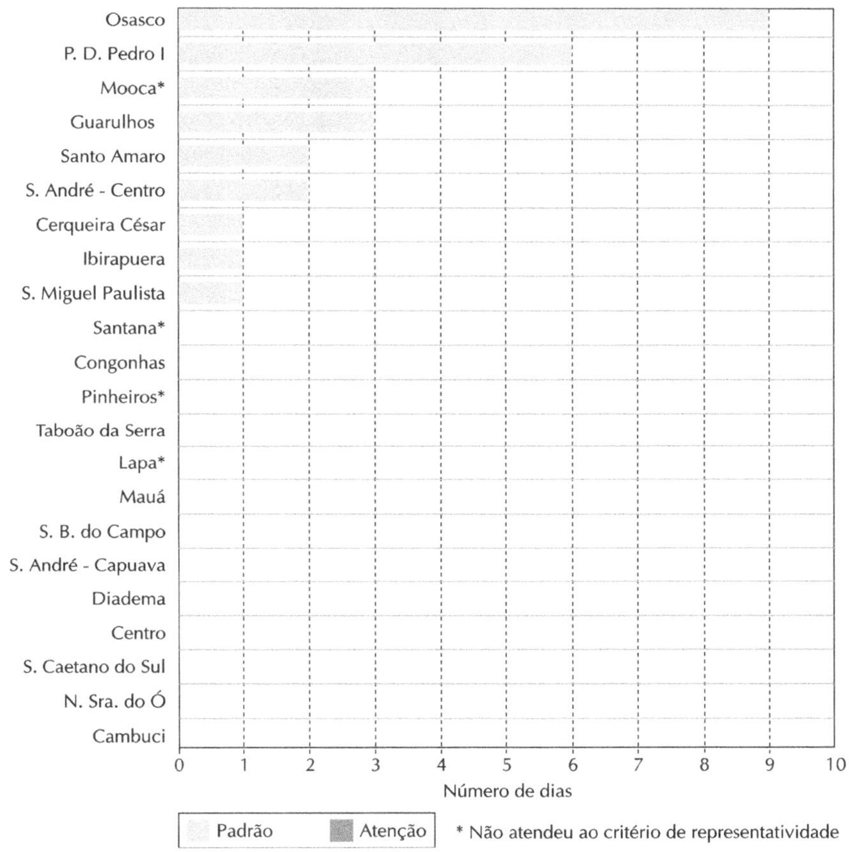

FIGURA 10.14

Número de dia em que o padrão diário de partículas inaláveis foi ultrapassado no interior de São Paulo e em Cubatão, em 2003 (Cetesb, 2004).

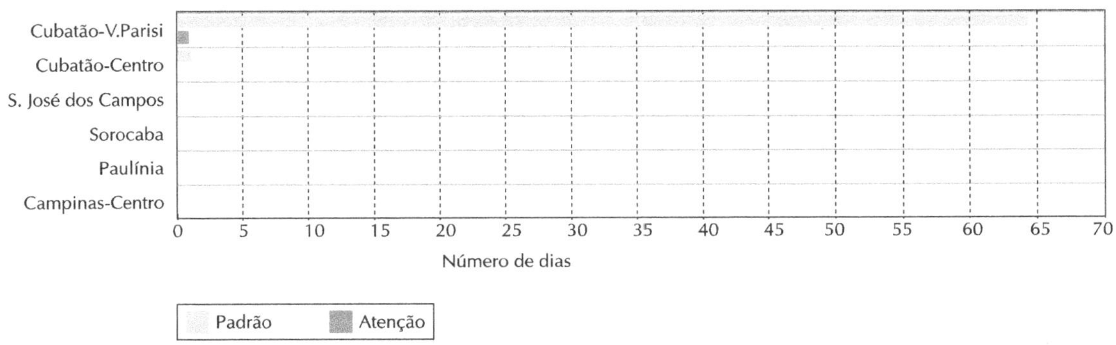

Analisando-se as figuras, verifica-se que, para a RMSP, não houve condição alguma que resultasse na ultrapassagem do nível de atenção, enquanto, em Vila Parisi, Cubatão, embora o número de dias em que o padrão de qualidade para material particulado foi bem maior que na RMSP, houve apenas um episódio no qual o nível de atenção foi ultrapassado.

A Figura 10.15 apresenta o número de dias em que o padrão de O_3 foi excedido e que o nível de atenção foi ultrapassado na RMSP.

FIGURA 10.15

Número de dias em que o padrão de qualidade e o nível de atenção para o O_3 (média de 1 hora) foram excedidos na RMSP em 2003 (Cetesb, 2004).

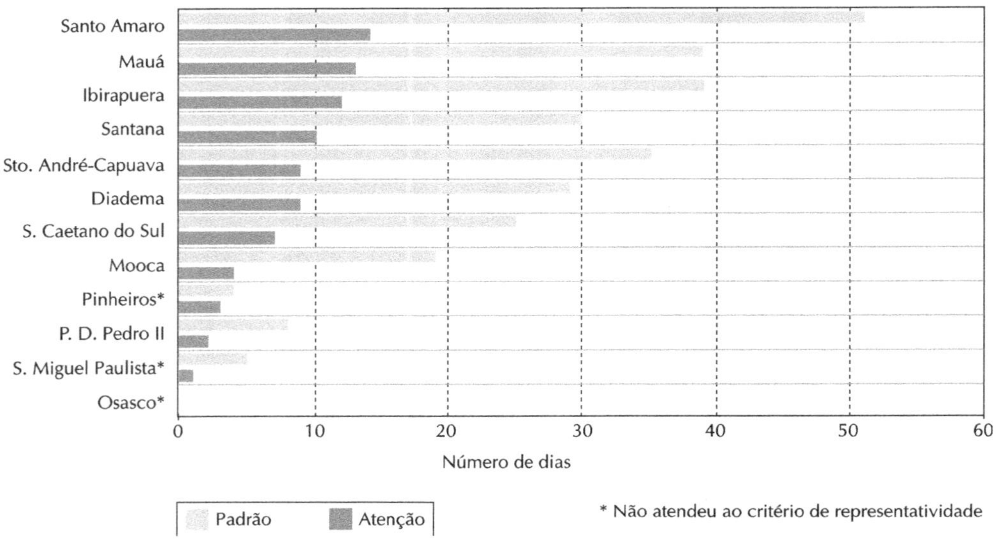

Por essa figura, é possível avaliar o impacto causado pelas fontes móveis de poluição na RMSP, já que o ozônio é resultante da reação dos gases emitidos por veículos automotores pela ação da radiação solar.

Na Figura 10.16, pode ser verificado que, no período de maio a julho, há uma redução do número de ultrapassagens do padrão de ozônio, o que pode ser explicado pela menor incidência de radiação solar, em comparação com os demais meses do ano.

FIGURA 10.16

Número de ultrapassagens do padrão de O_3 na Região Metropolitana de São Paulo de 1997 a 2003 (Cetesb, 2004).

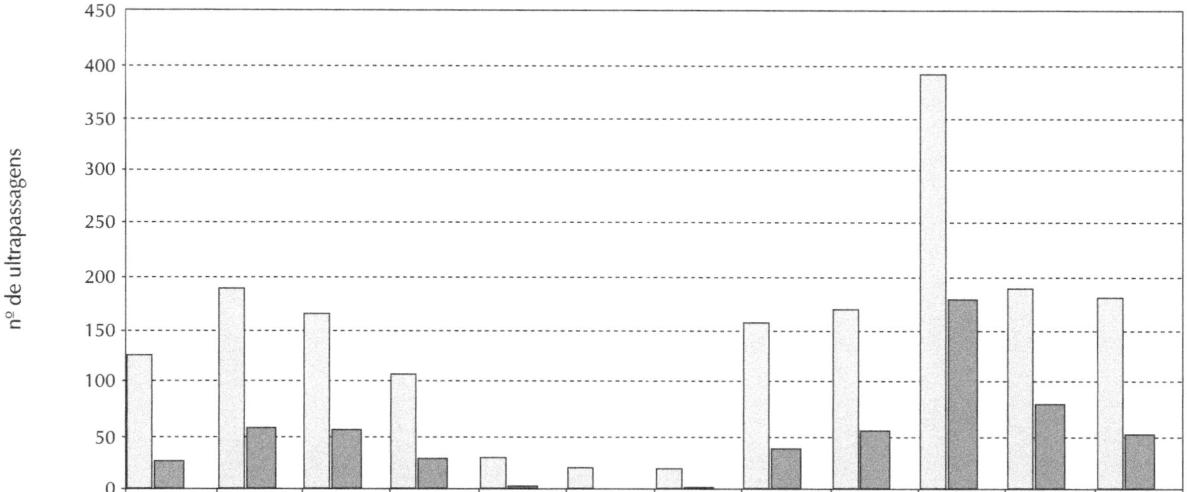

	J	F	M	A	M	J	J	A	S	O	N	D
Padrão	123	186	166	109	30	23	22	159	171	394	192	183
Atenção	28	57	57	30	5	1	5	41	56	179	81	54

Base: todas as estações que monitoram este poluente na RMSP

A Figura 10.17 apresenta o quadro para o monóxido de carbono, no qual pode ser constatado que os padrões de qualidade do ar para esse poluente foram violados apenas em algumas regiões, sendo que em nenhum desses dias foi atingido o nível de atenção — condição que se repete por vários anos.

FIGURA 10.17

Número de dias em que o padrão para CO foi excedido em 2003 (média de 8 horas) na RMSP e interior (Cetesb, 2004).

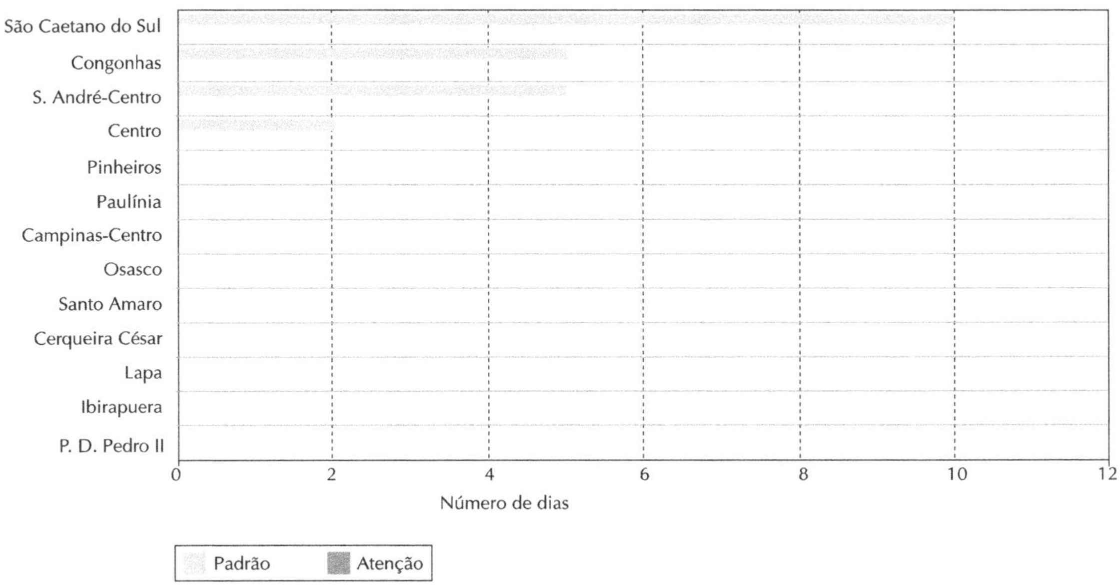

Os dados relativos à emissão de SO_2 indicam que esse poluente está sob controle em todas as regiões monitoradas pela Cetesb, apresentando concentrações médias abaixo do padrão secundário de qualidade do ar, que é de 40 microgramas por metro cúbico, conforme pode ser constatado na Figura 10.18.

FIGURA 10.18

Evolução das concentrações médias de SO_2 ao longo dos anos na RMSP e Cubatão (Cetesb, 2004).

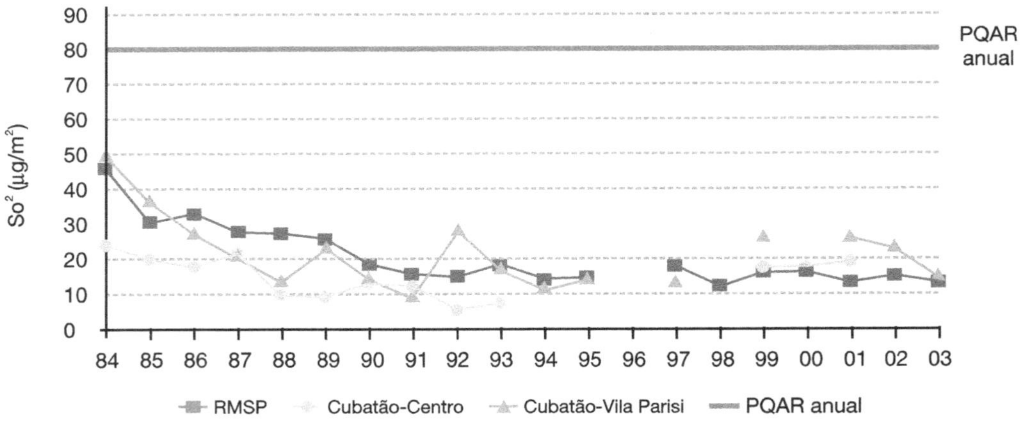

Pelos dados apresentados, constata-se a forte influência dos veículos automotores sobre os processos de poluição nos grandes centros urbanos, os quais tendem a se agravar. Pesquisas recentes indicam que a América do Sul será a região do planeta com maior acréscimo da produção de veículos no próximo século. Só o Brasil tem potencial para crescer sua frota em mais de 60% nos próximos anos.

Para ilustrar melhor esse problema no Brasil, o crescimento da frota de veículos entre 1990 e 2003 foi de 50%, o que representa uma média de 5,5% ao ano (www.denatran.gov.br/frot.htm).

A frota cresce hoje algo em torno de 7% ao ano. Dos 1,6 milhão de veículos produzidos no Brasil em 2000, 87,7% eram movidos a gasolina; 0,6%, a álcool; e 11,7%, a diesel (Geipot, 2001), com notável queda da produção de veículos a álcool, que, em 1986, já chegaram a representar 76% da produção nacional.

O Estado de São Paulo possui 34,4% de frota de veículos; no ano de 2003, foram vendidos 2,17 milhões de veículos no país, sendo 624.900 só em São Paulo.

Na Tabela 10.14 são apresentados os dados relativos ao consumo de combustíveis pela frota brasileira de veículos automotores.

TABELA 10.14

Consumo de combustíveis pela frota de veículos automotores em 2000 (www.geipot.gov.br).

Região	Consumo (m³)		
	Gasolina	*Óleo Diesel*	*Álcool (1999)*
Norte	955.555	3041.826	93.316
Nordeste	3.057.910	5.133.876	438.517
Sudeste	11.864.570	15.520.767	2.744.520
Sul	4.520.620	7.083.081	803.567
Centro-Oeste	1.884.898	4.200.423	466.395
Brasil	**22.283.553**	**34.979.973**	**4.546.315**

O transporte coletivo em São Paulo é feito por metrô, trem metropolitano, ônibus a diesel e trólebus. A participação dos sistemas eletrificados oscila ao redor de 30%. Atualmente, a RMSP enfrenta aumento na utilização de veículos motorizados, com o agravamento substancial do congestionamento do sistema viário, além, é claro, da poluição do ar. Hoje o ingresso aproximado é de mil veículos por dia. A Tabela 10.15 apresenta a frota atual de veículos no Estado de São Paulo.

TABELA 10.15

Frota de veículos no Estado de São Paulo (http://www.detran.sp.gov.br/estatisticas/frota/cont_frota.html, 2004).

Combustível	Número de veículos	(%)
Gasolina	10.626.103	77,03
Álcool	2.150.621	15,59
Diesel	1.012.350	7,34
Gás metano	6.540	0,05
Total	13.795.614	100

Segundo a Companhia de Engenharia de Tráfego (CET), só na cidade de São Paulo saem todos os dias às ruas entre 2,5 milhões a 2,8 milhões de veículos, esgotando a capacidade viária. Metade dessa frota é de veículos com mais de 10 anos de idade, fora, portanto, dos critérios finais do Proconve. Além disso, 92,6% são veículos a gasolina e álcool e o restante, a diesel.

O Brasil, em 2000, apresentava uma razão de 5,03 habitantes por veículo, enquanto, no Estado de São Paulo, a razão era de 2,92 e, na cidade de São Paulo, era de 2,07 (Geipot, 2001). A Tabela 10.16 fornece uma idéia dos deslocamentos na RMSP.

TABELA 10.16

Distribuição dos deslocamentos motorizados na Região Metropolitana de São Paulo em 2002.

Modo utilizado	Número de viagens (milhões/dia)	(%)
Individual	12,96	53
Coletivo	11,51	47
Total	**24,47**	**100**

Fonte: http://portal.prefeitura.sp.gov.br/secretarias/planejamento/sp_em_numeros/

Outro dado importante é o tempo médio gasto entre viagens, ocorrendo uma desproporção muito grande entre o transporte individual e o coletivo.

A Tabela 10.17 apresenta o tempo médio de viagem na RMSP. As viagens de ônibus são longas, levam o dobro de tempo das viagens individuais. O sistema de trens também é extremamente precário. Esses dados são básicos e correspondem a uma falta de incentivo ao transporte coletivo. Na Tabela 10.18, é apresentada a distribuição percentual das viagens em função do tempo gasto.

TABELA 10.17

Tempo de viagem por modo de transporte motorizado na RMSP em 2002.

Tipo de Transporte	Tempo de viagem (minutos)
Coletivo	61
Individual	27
Média	44

Fonte: http://portal.prefeitura.sp.gov.br/secretarias/planejamento/sp_em_numeros/

TABELA 10.18

Tempo de viagem no transporte público na RMSP em 1997.

Tipo de Transporte	Tempo de viagem (minutos)
Coletivo	61
Individual	27
Média	44

Fonte: http://www.antp.org.br/telas/congresso_transito_transporte9.htm

Outro problema do transporte coletivo é o elevado tempo de acesso, ilustrado pela Tabela 10.19.

TABELA 10.19

Tempo de acesso (andando) aos meios de transporte na RMSP em 1997.

Meio de Transporte	Tempo de acesso (minutos)
Automóvel	1,0
Táxi	2,0
Ônibus	6,0
Metro	7,0
Trem	11,0

Fonte: http://www.antp.org.br/telas/congresso_transito_transporte9.htm

A contribuição relativa da frota nacional de veículos para a poluição do ar é significativa, conforme demonstrado para o caso da RMSP.

É óbvio que um programa de controle da poluição do ar, principalmente nos grandes centros urbanos do país, passa obrigatoriamente pelo aumento do investimento em transporte coletivo, cuja situação atual é extremamente crítica, como já comentado.

Outro problema que decorre dessa imensa frota é o congestionamento. A média de tráfego da cidade de São Paulo, entre 1997 e 2002, excetuando-se os meses de férias escolares, atingiu picos matinais de 71 km de extensão e de 111 km à tarde. Os congestionamentos, em qualquer lugar que venham a ocorrer, trazem várias conseqüências indesejáveis, como gasto excessivo de combustível, aumento da poluição, perda de tempo, além do desgaste emocional das pessoas que são afetadas. Na Tabela 10.20 são apresentadas algumas das conseqüências resultantes dos congestionamentos em dez cidades brasileiras.

TABELA 10.20

Conseqüências resultantes de congestionamentos severos em dez cidades brasileiras em 1998.

Conseqüência	Automóveis	Ônibus
Aumento no tempo de viagem (horas)	250 milhões	256 milhões
Consumo de combustível (litros)	251 milhões	7 milhões
Emissão de monóxido de carbono (toneladas)	122 mil	0,7 mil
Emissão de hidrocarbonetos (toneladas)	11 mil	0,3 mil

Fonte: http://www.antp.org.br/telas/congresso_transito_transporte9.htm

Nos Estados Unidos, o prejuízo ambiental do trânsito está estimado entre US$ 50 bilhões e US$ 256 bilhões por ano, com o combustível entre US$ 0,38 e US$ 1,97 por galão (entre US$ 0,10 e US$ 0,51 por litro).

Segundo o Ministério do Trabalho, no Brasil, cada 10 minutos adicionais gastos no trajeto entre a casa e o trabalho representam uma redução de 4% na produtividade do funcionário. Estudos mostram que o custo *per capita* dos problemas de saúde associados à poluição do ar varia entre US$ 21 e US$ 161. A transposição desses valores para São Paulo leva a números grandes, entre US$ 220 milhões e US$ 1,6 bilhão para toda a população.

O controle da poluição veicular passa por uma série de medidas, devendo-se destacar a iniciativa do Proconve, que estabeleceu programa para a redução da emissão de poluentes já na fabricação dos veículos, exigindo que a indústria investisse em novas tecnologias de controle. O Proconve é operacionalizado pela Cetesb para todo o Brasil. Pode-se afirmar que o Proconve, a partir de 1997, situou o país no mesmo estágio tecnológico dos programas desenvolvidos nos Estados Unidos e Japão para veículos do Ciclo Otto.

Ou seja, é um programa avançado e tem servido como referência para estabelecimento das normas do Mercosul.

Quanto aos veículos a diesel, o Proconve espelha-se na experiência européia, com uma defasagem de cerca de 3 anos em relação a ela. Os ganhos com o Proconve são expressivos. De 1989 a 1997, houve uma redução média da ordem de 90% na emissão de poluentes dos veículos leves que saíram das fábricas. Para veículos pesados, essa redução é de 50%.

Infelizmente, os ganhos se perdem com o crescimento da frota e com a manutenção inadequada.

Na linha de combustíveis, a Cetesb tem trabalhado com a Petrobras, Anfavea, Ibama, Departamento Nacional de Combustíveis (DNC), Comgás e Produtores de Álcool para emprego de combustíveis mais limpos.

Em 1991, foi retirado o chumbo da gasolina. Outras medidas importantes são a introdução da mistura metanol-etanol-gasolina, a redução do teor de enxofre no óleo diesel de 1,3% para 0,5% (na RMSP, o teor é 0,3%), a aditivação dos combustíveis e a melhoria de suas especificações técnicas (essas medidas geraram a redução de 80% nas concentrações de chumbo), a obrigatoriedade do uso de catalisadores que diminuem em cerca de 90% as emissões de poluentes e a manutenção das concentrações ambientais de óxidos de enxofre abaixo dos limites legais. Entretanto, na RMSP essas medidas não são suficientes.

Uma medida que foi utilizada para tentar melhorar a qualidade do ar na RMSP, evitando condições críticas de poluição do ar, foi a Operação Rodízio, que vigorou de 1995 a 1998, sendo suspensa em 1999. Outra operação que a Cetesb vem executando é a chamada Operação Inverno, principalmente na região de Cubatão.

Operação Rodízio

O rodízio ocorria em São Paulo, durante os meses de inverno (maio a setembro), quando as condições atmosféricas de dispersão de poluentes não eram favoráveis, principalmente nos dias em que ocorriam inversões térmicas. O objetivo básico do rodízio era minimizar os efeitos negativos provocados pela elevada concentração de poluentes no ar. Essa operação consistiu na restrição diária da circulação de 20% da frota de veículos de toda a RMSP, sendo essa restrição escalonada de acordo com o final da placa dos veículos, de acordo com a Tabela 10.21, e era válida de segunda a sexta-feira, no período das 7h às 20h.

TABELA 10.21

Escalonamento para restrição da circulação de veículos durante a Operação Rodízio (SMA, 1997).

Dia da semana	Final da placa do veículo impedido de circular
Segunda-feira	1 e 2
Terça-feira	3 e 4
Quarta-feira	5 e 6
Quinta-feira	7 e 8
Sexta-feira	9 e 0

Em 1995, aconteceu a primeira experiência, que foi de caráter voluntário, no período de 28 de agosto a 1º de setembro, com uma baixa adesão por parte da população (38%). As condições meteorológicas no período foram as piores de 1995, mas, apesar desse fato, que influencia significativamente o aumento da concentração de poluentes, os índices de CO mantiveram-se dentro dos padrões desejáveis.

A operação de 1996 foi obrigatória (com imposição de multa aos infratores), sendo realizada de 5 a 30 de agosto. O nível de adesão foi de 95,2%, tendo sido estimada uma redução média, para a atmosfera, de 6.592 toneladas de monóxido de carbono, o principal poluente-alvo do rodízio, e 1.171 toneladas de outros poluentes. Dos 20 dias de rodízio, 8 apresentaram condições meteorológicas extremamente desfavoráveis à dispersão de poluentes, mas, mesmo assim, o rodízio foi considerado um sucesso.

Ao comparar os dados de CO em 1996 com a série histórica de 1991 a 1995, verificamos que a porcentagem de dias com classificação boa ou regular foi de 84% entre 1991 e 1995 e de 97% em 1996. Entre 1991 e 1995, 14% dos dias foram considerados inadequados, e, em 1996, esse número foi de 3%. Para má condição, observou-se, entre 1991 e 1995, 2% de freqüência, e, em 1996, 0%. Essa melhoria pode ter sido reflexo do rodízio. A Tabela 10.22 mostra alguns dos seus principais benefícios.

TABELA 10.22

Benefícios mensuráveis da Operação Rodízio 1996 (Cestesb, 1996).

Aumento da velocidade média de veículos leves	20,6%
Aumento da velocidade média de ônibus e caminhões	18,2%
Aumento da velocidade média de ônibus urbanos na RMSP	de 16 para 20 km/h
Aumento do número de viagens realizadas por ônibus urbanos em São Paulo sem aumento de frota	2% ou 48 000
Redução média de congestionamentos	39%
Total de combustível economizado (em milhões de litros)	40

(continua)

(continuação)

Total de combustível economizado (milhões de reais)	24,5
Redução do tempo de viagem (milhões de horas)	automóvel – 14 ônibus – 14,3
Redução do tempo de viagem (em milhões de reais)	automóvel – 35 ônibus – 11,8
Redução do número de acidentes sem vítimas	17%
Redução do número de veículos quebrados nas vias de São Paulo	28%

Esses números são expressivos e demonstram que o rodízio em São Paulo, no ano de 1996, trouxe benefícios concretos aos cidadãos.

Em 1997 e 1998, o período de vigência da Operação Rodízio foi ampliado, vigorando nos meses de maio a setembro. Em 1997, a Cetesb também apontou para uma melhoria nos padrões de qualidade do ar, conforme mostrado na Tabela 10.23.

TABELA 10.23

Monóxido de carbono — Índice de Qualidade do Ar — julho a setembro 1997 (Cerqueira César e Centro) (Cetesb, 1996).

Índice de Qualidade	Freqüência (%)
Mais de 2 horas	45,5
Má	0,0
Inadequada	3,9
Regular	38,3
Boa	57,8

Na Tabela 10.24, são apresentados os resultados obtidos na Operação Rodízio de 1998, de acordo com os dados da Secretaria do Meio Ambiente (SMA).

TABELA 10.24

Resultados da Operação Rodízio de 1998, segundo a SMA (Internet, Ambiente).

Número de veículos que deixaram de circular diariamente	483 599 automóveis e 27 618 caminhões
Combustível economizado	196 098 000 litros (equivalentes a R$ 113 876 000,00)
Número de pessoas afetadas diariamente	967 213
Número de pessoas envolvidas na fiscalização	1 886 pessoas
Número de autuações lavradas	994 200 autuações
Número total de multas	não computado

Em 1999, a Secretaria do Meio Ambiente suspendeu a Operação Rodízio, que só é acionada nos dias em que as condições meteorológicas estiverem desfavoráveis à dispersão de poluentes. A justificativa para a suspensão baseia-se na manutenção da qualidade dos combustíveis utilizados (mistura adequada de álcool à gasolina, ausência de chumbo na gasolina e redução dos teores de enxofre no óleo diesel) e na melhoria tecnológica da frota de veículos com menos de quatro anos de uso (sistema de injeção eletrônica e uso de catalisadores). O sistema que passou a vigorar desde então restringe a circulação apenas na área central da cidade de São Paulo nos horários de pico, pela manhã e à tarde, e é fruto de uma decisão baseada apenas no controle de tráfego pela Prefeitura Municipal de São Paulo.

Operação Inverno

Foi criada em 1976 e tem como base um conjunto de ações preventivas que visam proteger a saúde da comunidade contra os agravos causados por episódios de poluição do ar. Essa operação ocorre de 1º de maio a 31 de agosto. Ela abrange indústrias, veículos automotores e fontes não convencionais (queima de resíduos ao ar livre, obras civis, áreas de solo exposto etc.). Durante esse período, a Cetesb cobra das indústrias medidas complementares de controle de poluição, que vão desde o uso de óleos combustíveis com teores reduzidos de enxofre até a redução de atividade produtiva em caso de condições críticas de poluição atmosférica.

Em Cubatão, a Cetesb determina a redução ou até a paralisação da atividade das indústrias. Até meados da década de 1980, a Operação Inverno enfatizou as ações de controle do combustível e o rigor na fiscalização das indústrias. A partir de 1987, a poluição causada pelos veículos automotores passou a receber maior atenção, principalmente o controle dos veículos a diesel. A partir de 1996, o teor de enxofre, no diesel metropolitano, caiu de 0,5% para 0,3%. Como pode ser constatado pelos dados apresentados anteriormente, os problemas de poluição do ar em São Paulo são extremamente graves, exigindo das autoridades competentes uma ação mais efetiva para minimizar os impactos gerados. Nesse sentido, o Governo de São Paulo criou, em 1997, o chamado Controle Integrado da Poluição no Sistema de Transporte no Estado de São Paulo. Esse sistema fixou uma série de medidas para redução da poluição. São programas e ações que deverão ser discutidos no âmbito da comunidade e executados pelas autoridades e entidades competentes. As ações propostas são:

- articulação do planejamento de uso e ocupação do solo e melhoria do sistema viário;
- melhoria do sistema de transporte coletivo;
- redução das emissões de veículos automotores;
- melhorias dos sistemas de circulação e fiscalização do tráfego;
- melhoria da qualidade dos combustíveis e alternativas energéticas de baixo potencial poluidor;
- instrumentos econômicos e fiscais;
- desenvolvimento social; e
- avaliação e acompanhamento das ações.

10.10 Poluição sonora

Conceito de som

O conceito de som (ou ruído) vem da física acústica: é o resultado da vibração acústica capaz de produzir sensação auditiva. O som, como poluição, está associado ao 'ruído estridente' ou ao 'som não desejado'. Podemos então concluir que, embora o conceito de som esteja perfeitamente definido pela física, o conceito de 'som não desejado' (como poluição) é muito relativo. Por exemplo, para muitos, um show de rock não passa de uma fonte extraordinária de poluição auditiva; para outros, é a pura expressão da arte musical contemporânea.

Para fins práticos, o som é medido pela pressão que ele exerce no sistema auditivo humano. Na medida em que essa pressão provoca danos à saúde humana, comportamentais ou físicos, ela deve ser tratada como poluição.

A medida da intensidade do som é feita em decibéis (dB), unidade proposta por Graham Bell.

É interessante recordar alguns dos principais elementos da física relativos ao som:

- o homem possui a capacidade de ouvir o som em uma faixa auditiva que vai de 20 Hertz a 20.000 Hertz (vibrações por segundo). Abaixo de 20 Hz tem-se o infra-som; acima de 20.000 Hz, o ultra-som;
- o som propaga-se a diferentes velocidades em função do meio — no ar, ele se propaga a 345 m/s (23°C com CNP e Densidade); na água, a 1.430 m/s; e, no vácuo, não há propagação, pois o som é uma onda mecânica; e
- o som possui três qualidades essenciais: a *intensidade*, a *altura* e o *timbre*.

A *intensidade* depende da amplitude do movimento vibratório, da superfície da fonte sonora, da distância entre o ouvido e a fonte e da natureza do meio entre a fonte e o receptor. Tudo isso condiciona dizer se o som é forte ou fraco. A *altura*, ou freqüência do som, é a qualidade que corresponde à sensação de som mais ou menos 'agudo' ou 'grave'. Finalmente, dois sons de mesma intensidade e mesma altura podem proporcionar sensações diferentes, ou seja, eles se distinguem pelo *timbre*. É o que se sente quando se ouve um violino e um piano, por exemplo.

O som possui ainda as seguintes propriedades:

- reflete-se em paredes e anteparos;
- é absorvido pelos materiais e pelo ar;
- sofre difração quando passa por fendas; e
- sofre refração quando se transmite por materiais.

O ruído

O ruído pode ser classificado em:

- contínuo: som que se mantém no tempo;
- intermitente: som não contínuo, em que nos intervalos há dissipação da pressão;
- impulsivo: som proveniente de explosões, escape de gás etc., e
- impacto: som proveniente de certas máquinas, como prensa gráfica, por exemplo.

A medida do nível de ruído é feita pelo decibelímetro/dosímetro, e a unidade de medida do som é o decibel.

O decibel é definido como sendo igual a 10 vezes o logaritmo decimal da razão entre a pressão sonora e uma pressão de referência.

10.7

$$N_p = 10 \log \left(\frac{P_{ef}^2}{P_0^2} \right) = 20 \log \left(\frac{P_{ef}}{P_0} \right)$$

onde:

N_p é o nível de pressão ou intensidade sonora em dB;
p_{ef} é a pressão sonora efetiva; e
p_0 é a pressão sonora de referência: 2×10^{-5} Pa (20 micropascal), sendo esse o valor mínimo audível.

A p_{ef} é estimada pela média geométrica de pressões p_i determinadas instantaneamente pelo medidor de nível sonoro. A Tabela 10.23, a seguir, apresenta o nível sonoro de diversas atividades humanas:

TABELA 10.25

Nível sonoro das atividades humanas.

Atividade	Nível (dB)
Limiar auditivo	0
Estúdio de gravação	20
Biblioteca forrada	30
Sala de descanso	40
Escritório	50
Conversação	60
Datilografia	70
Tráfego	80
Serra circular	90
Prensas excêntricas	100
Marteletes	110
Aeronaves	130
Limiar da dor	140

No meio urbano, o nível sonoro varia de 30 dB a 120 dB.

Um ambiente que possui diversas fontes de som deverá ter seu som total avaliado pelas seguintes expressões:

- fontes de mesmo nível sonoro:

10.8 $$N_n = N_0 + 10 \log n$$

onde:
N_0 é a fonte comum; e
n é o número de fontes.

- fontes de níveis diferentes:

10.9 $$N_n = 10\log\left(\sum_{i=1}^{n} 10^{\frac{N_i}{10}}\right)$$

A investigação do potencial de risco de uma área é feita pelo levantamento do espectro sonoro do local. O espectro sonoro é uma curva que fornece a variação do nível sonoro com a freqüência (análise de freqüência).

Outro elemento importante na determinação do ruído em um ambiente fechado ou não é a absorção sonora. Os ruídos de um ambiente provêm de fontes diretas (dependente da fonte natural propriamente dita) e de fontes indiretas (retorno e permanência do som). As fontes indiretas dependem da absorção. Esse parâmetro é avaliado pela chamada *constante de sala,* tabelada para cada material componente do ambiente. O isolamento do ambiente, por outro lado, determina a perda de transmissão. Essa perda é determinada geralmente em laboratórios acústicos.

Outra variável importante é a reverberação, que designa o grau de reflexões sonoras em um determinado recinto fechado. Ela é medida pelo tempo de reverberação, definido como o tempo necessário para queda de 60 dB no nível sonoro depois de cessada a fonte. A medida do tempo de reverberação é importante para projetos de ambientes fechados como, por exemplo, salas de aula.

Medição sonora

Um medidor de nível sonoro, ou decibelímetro, é composto basicamente por um microfone acoplado a um circuito de amplificação e quantificação que indica o nível de pressão sonora no microfone. Os medidores diferenciam-se por uma série de elementos, principalmente pelos tipos de microfones. Porém, a norma exige que os medidores forneçam idêntica leitura quando expostos a uma mesma pressão sonora. Existem quatro tipos de medidores: tipo 0, para laboratório; tipo 1, medidor de precisão; tipo 2, medidor de uso geral; e, tipo 3, medidor para amostragem.

A medição sonora depende das características do ruído e da informação desejada. Os ruídos contínuos são os mais fáceis de serem medidos. Esse tipo de medição requer um medidor de nível sonoro e um filtro de oitava para levantamento do espectro. Os ruídos impulsivos ou de impactos requerem medidores com resposta para impulsos, registradores e osciloscópios.

A medição exige uma série de preparos para que fatores externos não mascarem os resultados, como, por exemplo, a influência do ambiente (umidade, alta temperatura etc.) no equipamento de medida e a interferência de outros fatores físicos, como vento, vibrações, campos eletromagnéticos, poeiras, vapores etc. Para assegurar a obtenção de dados confiáveis, o instrumento deve ser calibrado no local.

O ruído e a saúde humana

Para compreender melhor os impactos do ruído na saúde humana, é importante uma pequena descrição do sistema auditivo.

O ouvido é constituído por três partes:

- *Ouvido externo*, que compreende o pavilhão e o conduto auditivo externo.
- *Ouvido médio*, chamado de 'caixa do tímpano'. É formado pela base externa (tímpano) e pela base interna. As duas bases estão unidas por uma cadeia de ossículos: martelo, bigorna e estribo. O ouvido médio comunica-se com a faringe pela trompa de Eustáquio. Essa trompa fica normalmente fechada, mas, durante a deglutição, a mastigação e o bocejo, ela se abre, mantendo equilibrada a pressão do ar em ambos os lados do tímpano.
- *Ouvido interno*, que é constituído por uma série de cavidades ósseas (labirinto), compreendendo o vestíbulo, o utrículo e o sáculo, e por uma cavidade central que se comunica com os canais semicirculares e com a caixa do tímpano por meio da janela oval. É no labirinto que se encontra o caracol (cóclea).

O ouvido converte a energia das ondas sonoras em impulsos nervosos, que são interpretados no cérebro, resultando na sensação do som. No organismo humano, o som captado chega até o tímpano, e a membrana timpânica se move, funcionando como um ressoador, que produz as vibrações da fonte sonora. Esses movimentos são transmitidos aos três ossículos do ouvido médio, que funcionam como um sistema de alavancas, convertendo mecanicamente as vibrações. Essas vibrações passam para o ouvido interno pela janela oval e daí para as células que produzem impulsos nervosos, enviados para o cérebro (região do córtex auditivo), produzindo sensação de som.

O campo auditivo, ou a zona de sensibilidade do ouvido, está restrito ao limite de audição e ao limite da dor.

Uma série de pesquisas mostra os efeitos dos sons excessivos na saúde humana. Como exemplo, citamos o levantamento feito nas proximidades do aeroporto de Los Angeles. Nas 200 mil mortes ocorridas em 8 anos, constatou-se um alto número de mortes por ataques cardíacos (acima do valor esperado), suicídios e assassinatos.

Os principais efeitos danosos do ruído à saúde humana são:

- *Perda auditiva (temporária ou permanente):* temporária, quando se está exposto a ruídos excessivos; permanente, quando ocorre uma perda neurossensorial de audição, que é irreversível, causada geralmente pela exposição prolongada ao ruído e pelos sons de alta freqüência (em torno de 4 mil Hz, faixa de maior sensibilidade). A taxa e a extensão da perda dependem da intensidade e da duração da exposição ao ruído. Diversos profissionais estão sujeitos a esses danos permanentes: operadores de caldeiras, de tratores, de prensas, de bate-estacas e outras máquinas com nível de ruído alto, motoristas de ônibus e táxis, mecânicos, empregados de bares e restaurantes etc.

- *Interferência na fala*: a fala é afetada pela perda auditiva e pela presença de sons que competem pela atenção do ouvinte (mascaramento).
- *Perturbações do sono:* a perturbação do sono ocorre em ambientes com ruídos acima de 35 dB. Esse limite é recomendado para preservar o sono.
- *Estresse e hipertensão*: ruídos instantâneos, de alta freqüência, podem constringir artérias, dilatar pupilas, tencionar músculos e aumentar o batimento cardíaco e a pressão arterial, causando tremedeira, parada respiratória e espasmos estomacais. Paralelamente, podem ocorrer dores de cabeça, úlceras e alterações neurológicas.

Outros problemas associados ao ruído são desconforto, perturbações no trabalho e perda de rendimento, além, é claro, do incômodo que é causado por níveis excessivos de ruído.

Avaliação de nível de ruído

A avaliação do nível de ruído em ambientes é feita segundo dois critérios básicos: *conforto acústico* e *ocupacional.*

O controle do ruído para conforto acústico é regulamentado pela resolução Conama 01, de 08 de março de 1990, na qual é estabelecido que os níveis de ruído prejudiciais à saúde e ao sossego público são os estabelecidos na norma NBR 10.152, de dezembro de 1987.

O critério ocupacional trata dos efeitos auditivos causados pelo ruído (Portaria nº 3.214 R 15, de 08.06.78, do Ministério do Trabalho). Para ruídos contínuos, a legislação estabelece os limites fixados na Tabela 10.26, a seguir.

TABELA 10.26

Relação Tempo x Decibéis para critério ocupacional.

Tempo	Decibéis
8 horas	85
4 horas	90
2 horas	94
1 hora	100
30 minutos	105
15 minutos	110
07 minutos	115

Controle de ruídos

O controle dos ruídos pode ser feito na fonte, no percurso ou no receptor. O controle na fonte envolve atividades de modificação do projeto, realocação ou substituição de equipamentos e ações mecânicas (isolamento acústico, abafadores e confinamento). O controle no percurso é feito pela introdução de barreiras entre a fonte e o receptor. O controle no receptor envolve as ações de controle administrativo (limitar a duração da exposição) e a utilização de equipamentos de proteção individual.

Todavia, se esses controles podem ser aplicados em ambientes especiais (indústrias, escritórios e residências), o mesmo não acontece no ambiente comum de convivência da sociedade. Já existe tecnologia bastante desenvolvida para produção de veículos, tratores e máquinas mais silenciosas. Por exemplo, as cidades do México e Montreal possuem trens com rodas de borracha para diminuir os ruídos. Diversas cidades planejaram vias expressas para impedir o acúmulo de veículos em centros urbanos.

Dentre as iniciativas brasileiras, uma que merece destaque refere-se à adoção do selo ruído, instituído por meio da Resolução Conama nº 20, de 07.12.94. Por essa resolução, os produtores e importadores de eletrodomésticos que geram ruído em funcionamento deverão utilizar um selo para indicar o nível de potência sonora produzida. Esse procedimento possibilitará que o consumidor opte pelo equipamento mais silencioso, ao mesmo tempo que estimulará os fabricantes a desenvolverem produtos com níveis de ruído cada vez menores.

III Desenvolvimento sustentável

11 Conceitos básicos

O desenvolvimento de nossa sociedade urbana e industrial, por não conhecer limites, ocorreu de forma desordenada, sem planejamento, à custa de níveis crescentes de poluição e degradação ambiental. Esses níveis de degradação começaram a causar impactos negativos significantes, comprometendo a qualidade do ar e a saúde humana em cidades como Los Angeles e Londres, transformando rios como o Tâmisa, em Londres, o Sena, em Paris, o Reno, na Alemanha, e o Tietê, em São Paulo, em verdadeiros esgotos a céu aberto, reduzindo a fertilidade do solo e aumentando as áreas desérticas.

A tecnologia demonstrou, então, que poderia contribuir de forma efetiva na reversão de situações críticas. Métodos de planejamento, modelos matemáticos, equipamentos para controle de poluição e processos tecnológicos alternativos menos poluentes foram desenvolvidos. Isso possibilitou a correção de problemas existentes, como também a estimativa antecipada de efeitos e impactos de situações hipotéticas futuras por meio de simulações com modelos físicos e matemáticos. Passou-se, assim, a admitir que existem limites que devem ser respeitados e que a tecnologia é fundamental, mas não é capaz de resolver todos os problemas quando alguns limites, às vezes desconhecidos, são alcançados (efeito estufa, depleção da camada de ozônio).

Desenvolvimento sustentável é um conceito que foi proposto pela 'Comissão Mundial do Desenvolvimento e Meio Ambiente', em 1987. Essa comissão foi formada em 1984 pela Organização das Nações Unidas, tendo como coordenadora a primeira-ministra da Noruega, Gro Harlem Brundtland. A comissão incluía 23 membros de 22 países. Por três anos consecutivos, a comissão e seus assessores estudaram os conflitos entre os crescentes problemas ambientais e as necessidades quase desesperadoras das nações em desenvolvimento. Concluíram que era tecnicamente viável prover as necessidades mínimas, grosseiramente o dobro da população mundial, até o próximo século de forma sustentável e sem degradação continuada dos ecossistemas globais. A comissão definiu — em seu relatório final com o título 'Nosso Futuro Comum' — o conceito de desenvolvimento sustentável: *"Atender às necessidades da geração presente sem comprometer a habilidade das gerações futuras de atender às suas próprias necessidades"*.

Observamos, portanto, que, assim descrito, o conceito é um ato de fé ou um desejo filosófico de preservação que requer melhor especificação do ponto de vista prático. Existe uma boa dose de subjetividade na definição do que sejam necessidades futuras e, além disso, existe a questão do grau de desenvolvimento da região ou país em questão. Os parâmetros do desenvolvimento sustentável em um país com a força econômica do Japão devem ser certamente diferentes dos de um país da África Oriental, cujo consumo de energia mal supera os 2.000 kcal/dia de sobrevivência.

11.1 Natureza das medidas de controle e dos fatores da degradação ambiental

Uma primeira forma de classificar as medidas destinadas ao controle da degradação ambiental seria separá-las em *medidas preventivas* e *medidas corretivas*.

As medidas preventivas, como seu próprio nome indica, devem se antecipar e impedir ou minorar a ocorrência dos fatores de degradação. Duas razões principais tornam preferencial a aplicação dessas medidas. A primeira é por sua implantação depender de custos financeiros menores e, portanto, pressionar menos os caixas públicos e privados na disputa de recursos que são sempre escassos para atender ao conjunto das demandas da sociedade. A segunda razão é que as medidas preventivas serão mais eficazes se tomadas antes da ocorrência de degradação ambiental e de conseqüentes outros custos de natureza econômica e social nem sempre traduzíveis em valores monetários, mas nem por isso destituídos de importância. Em contrapartida, sua aplicação depende de a sociedade estar suficientemente organizada para planejar e gerenciar os processos socioeconômicos e assegurar o principal objetivo dessas medidas, que é a distribuição das atividades humanas no espaço e no tempo (planejamento territorial e de uso do solo) de maneira compatível com padrões desejáveis de qualidade ambiental.

As medidas corretivas, embora necessárias para situações já existentes, são em geral onerosas e muitas vezes de implementação difícil. Dependem não só de a sociedade reservar os recursos necessários para implantá-las, como também da sua capacidade de acessar e aplicar técnicas e tecnologias nem sempre triviais e sob seu efetivo domínio.

Podemos, ainda, classificar as medidas de controle da poluição em *estruturais* e *não-estruturais*.

As medidas estruturais são aquelas que envolvem a execução de obras (por exemplo, construção de estações de tratamento de esgotos urbanos e industriais e barragens de regularização de vazões para aumentar a diluição de poluentes na água) e a instalação de equipamentos (por exemplo, filtros para retenção de material particulado de efluentes industriais lançados por chaminés na atmosfera) e, em geral, envolvem custos substanciais. As medidas estruturais são familiares aos engenheiros, historicamente treinados para oferecer soluções eficientes, seguras e econômicas. De maneira geral, a percepção que as pessoas e os engenheiros têm sobre soluções de problemas de qualquer natureza, incluindo os ambientais, está associada a medidas estruturais. Tal fato é particularmente verdadeiro se observarmos alguns problemas já existentes que foram solucionados graças a essas medidas, de que são exemplo a estabilização de voçorocas em áreas urbanas, a recuperação da qualidade da água em rios com a construção de estações de tratamento de esgotos urbanos e a instalação de equipamentos para redução da emissão de poluentes atmosféricos em uma indústria.

As medidas não-estruturais não envolvem a execução de obras ou a manipulação de equipamentos onerosos. São soluções mais baratas que procuram intervir nas causas que podem originar ou agravar um problema, evitando, assim, que ele ocorra ou permitindo seu controle. Como exemplo, podemos citar a criação de áreas de proteção de mananciais na Região Metropolitana de São Paulo, que limita o desenvolvimento de atividades nessas áreas, evitando o comprometimento da qualidade da água que é usada para abastecimento da população. Trata-se de medida que procura compatibilizar ocupação do solo e proteção da qualidade da água, garantindo a preservação e o uso desse recurso natural essencial para o homem. As áreas de proteção ambiental têm motivações similares, mas com objetivo mais abrangente por envolverem a proteção de ecossistemas.

Outros exemplos de medidas não-estruturais são a mudança para combustível com menos resíduos poluidores (uso de derivados de petróleo com baixo teor de enxofre para aquecimento de caldeiras) ou a mudança de processo (uso de energia elétrica para aquecer as caldeiras), a adoção de práticas conservacionistas na agricultura para controlar a perda de solo por erosão, a exigência de estudos de impacto ambiental para licenciamento de atividades potencialmente poluidoras, a necessidade de receita agronômica para aquisição de agrotóxicos e também o zoneamento urbano e rural, orientando a utilização do espaço por atividades humanas.

Em geral, as medidas não-estruturais devem ser respaldadas por leis e regulamentos, requerendo uma visão integrada e abrangente das questões. Portanto, do ponto de vista de sua implementação, são de maturação mais lenta, exigindo participação dos vários agentes envolvidos e muitas negociações para compatibilizar interesses conflitantes. Talvez, em decorrência dessas dificuldades e por envolver aspectos políticos, elas têm merecido pouca atenção na formação de engenheiros. Devemos ressaltar, no entanto, que tais medidas exigem embasamento técnico e envolvem questões complexas, merecendo e tornando indispensável maior participação de técnicos em soluções dessa natureza.

Devemos ressaltar também que freqüentemente a eficiência das medidas estruturais para resolver problemas ambientais é posta em risco se não forem acompanhadas de medidas não-estruturais correlatas. Por exemplo, a eficiência de uma rede de drenagem ou da canalização de um rio para controle de enchentes ficará comprometida se as áreas que drenam para esses locais sofrerem um processo contínuo de crescimento das áreas impermeáveis decorrentes da urbanização. Nesse caso, os volumes de escoamento gerados por chuvas iguais serão cada vez maiores ao longo do tempo, adiante da redução da quantidade de água infiltrada no solo. É o caso do Rio Tietê, na Região Metropolitana de São Paulo. O controle do crescimento da área urbanizada é, portanto, vital para que as medidas estruturais de controle de enchentes não se tornem obsoletas. Assim, as medidas não-estruturais são, em geral, necessárias e devem ser adotadas inclusive para complementar as medidas estruturais, mantendo-as e ampliando sua eficiência.

A decisão sobre qual a melhor composição de medidas preventivas, corretivas, estruturais e não-estruturais provém de análise de cada caso e constitui o primeiro, o mais importante e essencial passo do planejamento estratégico da gestão do ambiente (ver item 11.2, a seguir). Para evidenciar a complexidade do processo de degradação ambiental ao qual as medidas de controle devem se contrapor e ressaltar a necessidade de soluções integradas e de conjunto nesse processo, basta lembrar esquemática e simplificadamente alguns dos principais fatores intervenientes em um modelo explicativo simplificado dos impactos ambientais:

Impacto Ambiental =

Tamanho da população	X	Distribuição da população	X	Distribuição da população	X	Distribuição da população	X	Distribuição da população
Tempo de Resposta	X	Sistema Econômico	X	Sistema Político	X	Sistema Ético		

Como o principal fator causativo da poluição é o ser humano, podemos concluir que a poluição é fruto do crescimento populacional e, portanto, função direta do tamanho da população. Esse fato, já evidenciado anteriormente, indica que não podemos crescer indefinidamente em um ambiente finito e que a estabilização da população humana é requisito básico para o desenvolvimento sustentável e a convivência com níveis aceitáveis de poluição.

Além do tamanho da população, é essencial considerarmos sua distribuição no espaço, ou a densidade demográfica. Grande parte dos problemas ambientais, como a poluição do ar e de cursos de água, está associada às aglomerações humanas nas áreas urbanas. Nessas regiões, a densidade demográfica é elevada, e a relação entre disponibilidade de recursos naturais na região e número de habitantes é baixa, implicando capacidade reduzida de assimilação de resíduos pelo ambiente.

A poluição somente ocorre quando as pessoas usam recursos materiais e energéticos, gerando resíduos que causam impactos negativos no ecossistema. Assim, ela depende também da quantidade de recursos usados por indivíduo. Para termos uma idéia, um cidadão norte-americano padrão consome 50 vezes mais aço, 56 vezes mais energia, 170 vezes mais borracha sintética, 250 vezes mais combustível para motores e 300 vezes mais plásticos que um cidadão indiano (Miller, 1985). Ainda nessa linha de pensamento, a referência indicada cita que "um cidadão norte-americano padrão causa um impacto de 25 a 50 vezes maior no ambiente que um homem do campo do Terceiro Mundo" e, ainda, que "é estimado que o impacto ambiental global das atividades humanas está duplicando a cada 14 anos, principalmente por causa do crescimento econômico das nações ricas".

Tais considerações reforçam a necessidade de revisão dos padrões de consumo no Primeiro Mundo e de desenvolvimento de modelos alternativos para ascensão do Terceiro Mundo a níveis aceitáveis de qualidade de vida.

Devemos lembrar, ainda, que o uso de alguns tipos de recursos gera mais poluição que outros. Por exemplo, jogar fora uma lata de alumínio significa desperdiçar mais recursos e gerar mais poluição que usar uma garrafa de vidro reutilizável, já que a lata requer cerca de três vezes mais energia que a garrafa para ser produzida (Miller,1985). Assim, outro termo a ser considerado no modelo é a poluição gerada por unidade de recurso usado, que, por sua vez, depende da tecnologia utilizada na sua produção.

Outro fator do modelo em discussão é o tempo de resposta, ou seja, o tempo decorrido entre a ação e a resposta. Por exemplo, para estabilizar a população no planeta, cada família deveria ter somente duas crianças, que substituiriam seus pais após a morte, que seriam substituídos por seus dois filhos e assim sucessivamente. No entanto, se adotada hoje essa medida, a população continuaria crescendo e só iria se estabilizar em cerca de 50 anos, porque grande parte da população mundial tem menos de 15 anos; com isso, o número de pessoas que teriam filhos continuaria a crescer por décadas. Medidas que incentivam a adoção de tecnologias limpas, do reúso e da reciclagem dão respostas lentas, envolvendo tempos superiores a uma década.

O sistema econômico também deve ser considerado no modelo, uma vez que ele é decisivo no controle da poluição. Por exemplo, incluir os custos do controle da poluição no preço dos produtos é uma forma recomendada de utilização de instrumentos econômicos para controle da qualidade ambiental.

Outro termo que deve constar do modelo simplificado em questão é o sistema político. Toda a parte legal do controle da poluição ambiental depende, para sua aprovação e implementação, de que o tema seja prioritário na agenda dos políticos. Como veremos adiante (item 11.2 e Capítulo 12), os bens ambientais são predominantemente bens coletivos aos quais a sociedade associa valores a que todos devem ter acesso (valores universais). Por essa razão, é tido como axioma que apenas os regimes políticos democráticos e amplamente representativos estão aptos a zelar pelo ambiente.

Finalmente, devemos levar em conta também o sistema ético, ou seja, os valores culturais e as tradições de uma sociedade. A aplicabilidade de leis e instrumentos econômicos pode ser comprometida se fizer contraposição a valores ou não se apoiar em comportamentos sociais de parcela significativa da população.

O modelo ora discutido, apesar de estar aqui relativamente simplificado, ilustra que a questão global do controle da poluição no planeta é complexa, envolvendo múltiplas variáveis. Um aspecto a ser enfatizado no modelo é que todos os termos são importantes, tanto isoladamente como de forma conjunta (de caráter multiplicativo). Por exemplo, a alteração do valor de um dos termos do modelo, por uma ação isolada, não garante necessariamente uma resposta satisfatória, pois outro termo pode estar aumentando. É o caso já citado da qualidade da água que não melhora, mesmo com o tratamento dos esgotos urbanos e industriais, se o crescimento urbano, das águas pluviais e dos resíduos sólidos que ele produz não for equacionado.

Outro ponto relevante a destacar é que os complexos problemas e os desafios ambientais com os quais nos defrontamos são todos interligados e nem sempre explicáveis apenas em termos estritamente técnicos ou científicos. É extremamente importante lembrar a necessidade de se permear as análises e proposições com abordagens não apenas técnicas para que as ferramentas e os próprios conhecimentos técnicos tenham força e de fato proporcionem mudanças efetivas.

Quanto à ênfase dada à complexidade e interdependência dos termos do modelo, não significa dizer que os problemas ambientais não podem ser abordados por partes. Qualquer ação que atue isoladamente em um dos termos aqui apontados no sentido de atenuar, corrigir ou evitar a poluição ou o impacto ambiental já é um avanço. No entanto, é importante reconhecer que uma solução definitiva passa pelo entendimento das questões globais e de ações integradas e complementares nos vários termos considerados.

Como já foi dito, a seleção da medida ou o conjunto de medidas mais adequadas para o controle da degradação ambiental é sem dúvida tarefa delicada e, por isso, tida como a fase mais importante do processo de sua implementação. Algo tão importante que, em seus aspectos fundamentais, deve estar compreendida no processo de definição das *políticas públicas* pelos poderes legislativo e executivo, conforme suas respectivas competências de representação e de atuação em nome da sociedade. Entretanto, pelo teor especializado (técnico, socioeconômico e administrativo) que envolve, a promulgação dessas políticas supõe a formulação de propostas por profissionais tecnicamente competentes que estejam a serviço desses poderes.

11.2 A gestão do ambiente

Conforme discutimos nos capítulos da Parte I, deve ter ficado claro que a biosfera e seus ecossistemas apresentam formato e equilíbrio garantidos pela interdependência e comportamento padronizados dos seres vivos entre si e com o ambiente. Portanto, o que garantiu esse equilíbrio e formato sempre foi o padrão de comportamento predeterminado pelas disposições genéticas de cada ser vivo.

Entretanto, ao ter o domínio da energia em razão de seu engenho, a humanidade criou um fato novo: as disposições genéticas não mais subordinavam a totalidade do comportamento do homem às imposições da interdependência e do equilíbrio dos ecossistemas e da biosfera. Surgiram, então, os conflitos por ele provocados e o que hoje se denomina crise ambiental. Para enfrentá-los, foi sendo desenvolvida uma série de ações coordenadas a qual, mais recentemente, se deu o nome de *gestão do ambiente* — entendida como a forma sistemática de a sociedade encaminhar a solução de conflitos de interesse no acesso e uso do ambiente pela humanidade.

Como primeiro e fundamental passo para essa gestão, faz-se necessária a identificação da natureza e o porte dos valores em disputa causadores do conflito. As sociedades organizadas aprenderam, desde há muito, a distinguir duas grandes categorias de valores. *Valores universais* (ou de acesso universalizado), que são aqueles a que todos os seus membros devem ter acesso assegurado indistinta e uniformemente, estando relacionados à essencialidade da vida. *Valores individualizáveis* (ou de acesso individualizado), que são os acessíveis a cada membro na medida de sua capacidade relativa de alcançá-los, capacidade essa aceita e reconhecida pela sociedade.

Nos ecossistemas, enquanto organizados com base no comportamento de padrão genético (pré-crise ambiental), também podem ser identificados valores assimiláveis nessas duas categorias. Seu equilíbrio e diversidade asseguram a vida das espécies constituindo um valor universal. Na disputa de participação no fluxo de matéria e energia nos ecossistemas são as diferenças interespécies e entre indivíduos que possibilitam a cada ser vivo usufruir os valores individualizáveis.

Relevadas as diferenças de complexidade das sociedades humanas, pode-se dizer que a concepção dessas duas categorias de valor pode ser compatível com o objetivo de uma reinserção harmoniosa das atividades do homem na biosfera. Quando a insuficiência do padrão de comportamento baseado no patrimônio genético demonstrou ser insuficiente para disciplinar os conflitos nas sociedades humanas, foi com base nessas categorias de valor que se construiu um novo referencial de comportamento. Para tanto, as sociedades humanas, desde as mais antigas até as mais modernas, autodotaram-se de códigos, constituições, leis, políticas públicas, processos socioeconômicos e instituições postas a serviço desses, com o objetivo de zelar pelo acesso de seus cidadãos a esses valores.

No caso do ambiente, o encaminhamento da solução dos conflitos internos à humanidade e dessa aos demais seres vivos, como se viu, passou a depender, além do disciplinamento de natureza genética, de outros disciplinamentos criados pela própria humanidade.

Para cumprir sua função de disciplinar o acesso da humanidade ao ambiente, dirimindo ou solucionando os conflitos entre seus membros e desses com os demais componentes da biosfera, a gestão do ambiente compreende várias fases.

Começa, como já foi dito, pela identificação dos *valores* envolvidos nesses conflitos — tarefa complexa e ainda hoje sem uma solução plena e universalmente aceita, como se verá no Capítulo 12. Seguem-se as demais, de diferentes graus de dificuldade e quase sempre longo período de maturação, que, em seu conjunto, constituem uma *Política Ambiental*. São elas: a identificação dos *objetivos*, a conceituação e a institucionalização do *sistema de gestão* e dos *instrumentos econômico-financeiros, legais e técnicos* que o compõem.

Os objetivos podem ser tão genéricos e pouco operacionais — como o 'Desenvolvimento Sustentável' — ou mais específicos — como os padrões de qualidade ambiental —, sejam eles localizados (como os de um corpo de água enquadrado em uma determinada classe) ou globais (como os de interesse internacional relativos ao efeito estufa e à destruição da camada de ozônio).

O sistema de gestão compreende as instituições às quais são delegados as ações e os instrumentos destinados a alcançar os objetivos previamente definidos. Na Parte II, examinamos vários exemplos de instrumentos técnicos hoje disponíveis (desde a modelagem até os equipamentos e as técnicas utilizados no planejamento, projeto, obras e instalações), bem como instrumentos técnico-legais, como, por exemplo, os padrões e os zoneamentos ambientais. Toda a legislação referida no Capítulo 13 constitui-se em exemplo de instrumentos legais em que se estabelecem limites ao acesso e desfrute ambiental e as sanções e penalidades aos que os violarem. Nesse capítulo,também são encontrados exemplos de como os objetivos, os sistemas e os instrumentos podem ser reunidos em uma política relativa ao ambiente (Política Nacional de Meio Ambiente, Política Nacional de Recursos Hídricos etc.).

No detalhamento dos objetivos da gestão do ambiente devem estar contemplados de forma diferenciada os valores universais e os valores individualizáveis. Entre os primeiros estão os que dependem, por exemplo, de garantia do acesso indistinto em quantidade e qualidade aos bens ambientais essenciais à vida por meio de constituições, códigos etc. Entre os segundos, por exemplo, estão aqueles associados ao acesso aos bens ambientais para as atividades de produção econômica.

Da mesma forma, os instrumentos técnicos, econômicos e legais da gestão do ambiente têm de estar subordinados a essa mesma categorização de valores. Ou seja, não devem impedir o acesso aos bens ambientais associados a valores universais, mas sim estabelecer condições (técnicas, econômicas e legais) para o acesso aos bens ambientais associados a valores individualizados.

12 Economia e meio ambiente

12.1 A questão ambiental no âmbito da economia

A raiz de uma das principais causas de dificuldades na gestão do ambiente certamente está na ausência de uma resposta objetiva a algumas perguntas que freqüentemente se apresentam. Ao disciplinar o acesso e a apropriação do ambiente pelos indivíduos, a sociedade define e impõe padrões ambientais que afetam interesses conflitantes. Há vantagens, ou seja, benefícios, na obediência a esses padrões? Quem aufere esses benefícios e quem assume os custos dessa obediência? A alocação de custos e os benefícios resultantes da obediência desses padrões trazem para a sociedade um excedente de benefícios sobre os custos? Esse excedente é o maior que se consegue obter?

A teoria econômica ensina que o acesso aos bens e serviços existentes em uma sociedade fica adequadamente disciplinado quando todos eles efetivamente se subordinam às leis econômicas. Em outras palavras: nesse caso, e somente nesse caso, todos os conflitos são resolvidos de modo a atender aos objetivos da economia a que se subordinam. Infelizmente nem a prática nem mesmo a teoria econômica têm condições de abranger e disciplinar todos os bens e serviços existentes.

Cabem aqui duas perguntas: a que objetivos atendem as leis econômicas? Quais os bens que a elas se subordinam?

A resposta à primeira é mais imediata. Em todos os modelos econômicos socialmente aceitáveis, o objetivo é o mesmo. Simplificadamente, esse objetivo pode ser resumido em atender à maior quantidade das demandas mais valorizadas pelo conjunto da sociedade, utilizando a menor quantidade possível dos bens que são escassos. De outro modo, pode-se dizer que o objetivo da economia é obter uma *alocação ótima de bens escassos.*

Embora as economias reais nunca sejam exatamente iguais aos modelos econômicos formulados, todas as economias atuais subordinam-se mais ou menos a um dos dois modelos fundamentais existentes. O modelo denominado de *economia de mercado* é o que está hoje presente em praticamente todos os países. O da *economia centralmente planejada* é hoje uma exceção, sendo o modelo econômico chinês o que mais se aproxima dele.

Os bens que se incluem na economia de mercado têm acesso disciplinado *pela lei da oferta e da demanda (ou da oferta e da procura)* mostrada na Figura 12.1, a seguir.

A curva da demanda traduz a *disposição a consumir* um determinado bem ou serviço (às vezes denominada disposição a pagar). A curva da oferta traduz a *disposição a produzir* esse bem ou serviço. O ponto de encontro entre as curvas de oferta e demanda traduz o resultado do confronto entre as duas disposições e identifica o preço e a quantidade ofertada (e consumida) em condições de equilíbrio. Níveis de preço maiores do que o de equilíbrio levam à produção de quantidades em excesso às necessárias. Níveis mais baixos do que o de equilíbrio levam a demandas maiores do que a produção ofertada e, portanto, à escassez. O preço de equilíbrio (ou simplesmente o preço de mercado) é a variável que fundamentalmente estabelece quanto desse bem vai ser consumido/produzido nesse mercado.

Como conseqüência importante desse mecanismo, deve ser ressaltado que só os indivíduos com capacidade para pagar esse preço é que podem ter acesso ao bem ou serviço correspondente. Desde logo, fica evidente que os bens aos quais estão associados valores universais não estão ou não podem estar submetidos às leis do mercado se os preços por ele ditados impedirem o acesso de alguém a esse bem nos níveis mínimos estabelecidos pela sociedade.

Por último, para complementar a resposta à primeira pergunta, deve-se destacar, ainda segundo os ensinamentos da economia, que esse preço de equilíbrio leva à *alocação de bens escassos de maior eficiência econômica.* Ou seja, a alocação à qual o total dos benefícios associados ao desfrute desses bens menos o total dos custos associados à sua obtenção é a maior dentre todas as outras alternativas de alocação possíveis. Como condição básica para que isso ocorra, o consumidor deve ter plena liberdade de escolha, ainda que haja livre concorrência no processo de produção. Isso se dá quando ocorre o que se denomina *mercado livre ideal ou de competição pura*. Como o nome diz, trata-se de um modelo ideal raramente ou nunca encontrado em sua plenitude na economia real.

FIGURA 12.1

Curvas de oferta e demanda — Mercado livre.

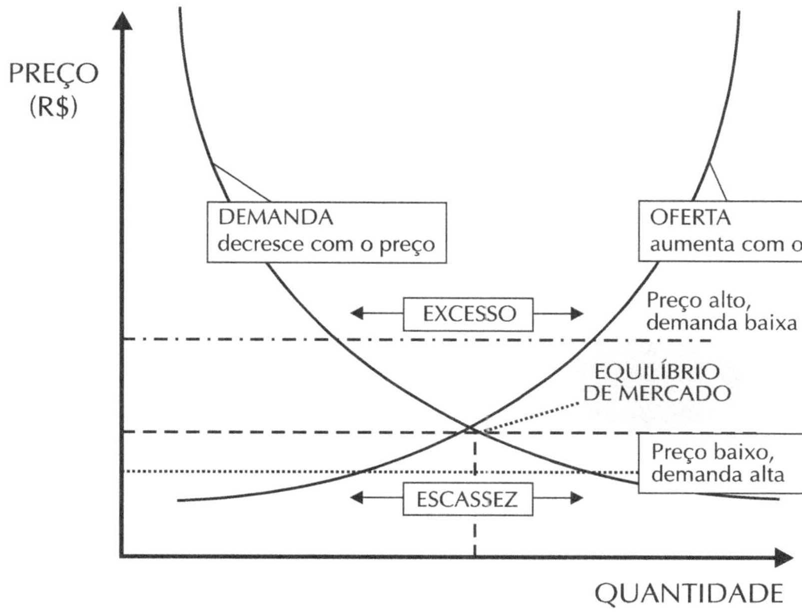

Também com o socorro da teoria econômica, pode-se dar resposta à segunda pergunta e a uma outra que dela decorre: os bens e serviços ambientais subordinam-se às leis econômicas de mercado?

Como mostramos no gráfico esquemático apresentado na Figura 12.2, os bens podem ser classificados em quatro categorias ideais que permitem avaliá-los quanto à sua subordinação às leis de mercado. Para tanto, basta confrontá-los com dois atributos, respectivamente: a exeqüibilidade ou não da exclusão de acesso de alguém ao bem e a natureza individual ou conjunta do consumo desse bem. Cruzando as possibilidades de ocorrência simultânea desses atributos, temos as quatro categorias ideais dos bens ou serviços classificados na economia:

- *privados:* aqueles de cujo desfrute (ou acesso) podem ser excluídos potenciais consumidores e que, por sua natureza, são passíveis de consumo individualizado;
- *públicos* (livres ou coletivos): aqueles de cujo desfrute não se pode excluir ninguém e que, por sua natureza, só são passíveis de consumo conjunto ou coletivo — esses bens são também denominados livres porque não são captáveis pelas leis de mercado (oferta e demanda), não sendo, portanto, possível a formação de um preço de equilíbrio que lhes discipline o acesso e sua alocação ótima;
- *tributáveis:* aqueles de cujo desfrute podem ser excluídos potenciais consumidores e que, por sua natureza, só são passíveis de consumo conjunto ou coletivo;
- *partilhados:* aqueles de cujo desfrute não se pode excluir ninguém e que, por sua natureza, são passíveis de consumo individualizado.

FIGURA 12.2

Classificação dos bens e serviços.

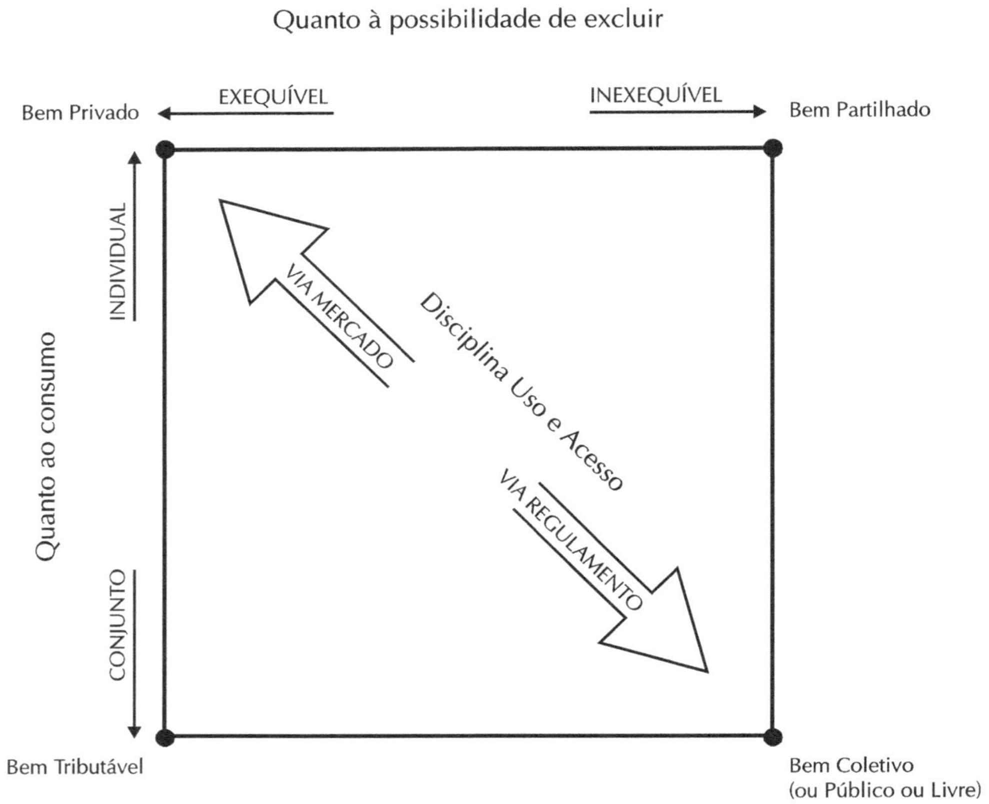

Os valores universais, como se vê, só podem corresponder a bens e serviços coletivos (públicos ou livres) ou partilhados, desde que a eles todos tenham acesso garantido. Os valores individualizáveis, em contrapartida, estão associados a bens e serviços privados ou tributáveis, desde que o acesso a eles seja seletivo.

Dentre esses quatro tipos ideais de bens e serviços, apenas os privados podem ser completamente subordinados às leis da economia de mercado. Os partilhados e os tributáveis apenas em parte, estando os públicos totalmente fora de seu domínio. Portanto, esses últimos, não sendo captáveis pelo processo de formação de preço e por ele disciplinados, precisam ser disciplinados por meio de instrumentos legais denominados *regulamentação*.

Os bens reais da economia podem ser analisados quanto a seu posicionamento no quadro esquemático anterior e, de acordo com sua maior ou menor proximidade em relação aos bens ideais, correspondem-lhes características mais ou menos similares às desses bens.

Em sua maioria, os bens e serviços ambientais existentes nas sociedades modernas, por suas características, assemelham-se e aproximam-se da categoria ideal de coletivos (públicos ou livres). Nessa condição, não estão sujeitos às leis econômicas, sendo, portanto, dependentes de legislação (regulamentação) que estabeleça os padrões ambientais que disciplinem o acesso e o desfrute deles. O exemplo das águas de um rio ou lago para usos como o paisagismo, lazer e recreação, usos esses naturalmente não-individualizáveis, ilustra a afirmação anterior. Da mesma maneira, citamos o exemplo das águas utilizadas para atender os habitantes ribeirinhos, que as enquadram como bens públicos (no caso de o abastecimento ocorrer por meio de um sistema coletivo) ou como bens partilhados (se o abastecimento for individual). Raciocínio semelhante, ao ser feito para o ar no atendimento das necessidades vitais, o qualificaria como um bem público. Já uma indústria, ao utilizá-lo como receptor de resíduos, o estaria utilizando como bem tributável (usando-o em conjunto com outros e podendo ser impedida desse uso).

Uma última e importante conclusão deve ser destacada. Os bens e serviços ambientais, enquanto públicos, devem ser regulamentados pelo poder público como condição para que atendam aos objetivos igualmente públicos a que se destina o seu uso no atendimento de valores universais e, enquanto públicos, também só podem ser disciplinados (regulamentados) pelo poder público. Se assim não se fizer, corre-se o risco de esse disciplinamento consagrar intencionalmente uma distribuição de valores individualizáveis de interesse de grupos, e não de toda a sociedade.

12.2 A evolução da economia para abranger os bens e serviços ambientais

Na tentativa de subordinar os bens e os serviços ambientais à economia, vários têm sido os caminhos percorridos, configurando no mínimo duas linhas de pensamento radicalmente distintas.

Uma delas aceita a possibilidade de que os princípios contidos na teoria econômica presentemente mais difundida e há mais tempo estudada — ou seja, a teoria neoclássica — são capazes de dar resposta às exigências de disciplinamento do acesso e desfrute dos bens e serviços ambientais. Há não mais do que três décadas ela vem sendo denominada de *Economia do Meio Ambiente e dos Recursos Naturais* (Marques & Comune, 1997). A outra linha é uma contestação à anterior, sendo representada pelo que se tem denominado de *Economia Ecológica.*

Na seqüência, abordamos com maior ênfase a Economia do Meio Ambiente e dos Recursos Naturais e destacamos os aspectos relevantes de cada uma dessas duas principais correntes do pensamento econômico relativamente ao ambiente.

Os antecessores mais radicais da teoria neoliberal, que desembocou na atual Economia do Meio Ambiente e dos Recursos Naturais, contestavam a possibilidade de coexistência de um processo econômico eficaz concomitantemente com a rigidez de um controle ambiental imposto pela regulamentação.

Iam mais além; refutavam também a necessidade de preestabelecer restrições ao livre acesso ao ambiente como condição indispensável para assegurar-lhe qualidade no nível desejado pela sociedade. Acreditavam os filiados a essa corrente de pensamento que os mecanismos da economia de mercado, assim como são capazes de regular em nível adequado o acesso da sociedade a todos os bens e serviços nele existentes, também podem cumprir papel semelhante relativamente ao ambiente. Bastaria, para tanto, integrá-los ao mercado. A forma sugerida para essa integração é a *privatização do ambiente.* Para consegui-la, propõem que o usuário que aufere do ambiente valores individualizáveis para benefício próprio ou com finalidades produtivas só tenha acesso a esse ambiente se for obrigado a absorver, como se fosse um custo do processo produtivo ou do desfrute, o valor atribuído pela sociedade ao bem ambiental utilizado. Uma forma de conseguir isso — assim entendem os partidários dessa corrente — é obrigar o usuário a comprar do poder público o que se denomina *direitos de uso* desse ambiente, adquiridos em mercado de compra e venda especialmente criado para a negociação desses direitos. Se esse mercado funcionar sob as mesmas regras vigentes no mercado de competição pura, a utilização do ambiente se fará preservando as características que atendem aos interesses globais da sociedade.

Essa teoria tem seu lado de fascínio. De fato, os mecanismos de mercado substituiriam a regulamentação e, portanto, toda a estrutura técnico-legal e jurídico-administrativa necessária à fixação e fiscalização do cumprimento de padrões ambientais e de aplicação de sanções àqueles que não os obedecessem. Além disso, e como decorrência do funcionamento do mercado ideal de competição pura, os bens e serviços ambientais, juntamente com os demais, também estariam sendo utilizados no processo econômico com máxima eficiência e preservando o ambiente no nível desejado pela sociedade.

Entretanto, mesmo entre os economistas neoliberais, várias são as críticas feitas a essa radicalização, contestando-lhe a eficácia na preservação ambiental. Uma delas nega a possibilidade de que as regras efetivamente vigentes sobre o mercado criado para a aquisição dos direitos de uso possam sequer se aproximar das regras de mercado de competição pura. Ao contrário, por meio de expedientes conhecidos de apropriação desse mercado (como a oligopolização e a monopolização), apenas alguns poucos acabariam por ter exclusividade na utilização do ambiente de acordo com seus interesses privados, em detrimento tanto da eficiência do processo puramente econômico como do de preservação do nível de qualidade ambiental que satisfaça a sociedade.

Outra crítica importante contesta a capacidade de esse mercado assegurar uma alocação adequada dos bens e serviços ambientais de natureza essencial ou associados a valores universais. Isso porque o mercado, qualquer que seja, por sua natureza, além de não visar a esse objetivo, pode até mesmo se contrapor a ele. Como ensina a economia e anteriormente foi dito, o mercado tende à distribuição de maior eficiência econômica, mesmo que essa entre em choque com outra distribuição de benefícios considerada mais adequada pelo conjunto da sociedade, como, por exemplo, a que privilegia a redução das desigualdades.

Outras razões que têm justificado a não-utilização integral dessa proposta de 'privatização do ambiente' provêm da quase total ausência de experiências que comprovem sua eficácia. Não obstante, em países institucional e economicamente mais avançados, há tentativas em curso, por enquanto limitadas, como no caso dos Estados Unidos — que vêm testando essa proposta no controle da poluição do ar e em alguns casos restritos de poluição das águas.

Uma alternativa menos radical entende que a preservação do ambiente pode se beneficiar da aplicação de uma cobrança (por exemplo, na forma de uma taxa) sobre os bens e serviços produzidos, de maneira que os preços aumentados resultantes refletissem a avaliação que a sociedade faz do custo dos danos ambientais que decorrem dessa produção. Desse modo, por meio do mecanismo de mercado, os produtos mais poluentes seriam consumidos em menor quantidade em razão de seus maiores preços.

Apesar de Pigou ter formulado esta proposta já na década de 1920, ela foi mais efetivamente retomada na década de 1970. No Brasil, o início da discussão pela cobrança do uso de recursos naturais foi contemplada na Constituição Federal de 1988. Mais recentemente, por meio da lei federal que criou a Política Nacional de Gerenciamento de Recursos Hídricos (Lei nº 9.433/1997), foi estabelecida a cobrança pelo uso da água, seja como fonte de matéria ou energia, seja como corpo receptor de efluentes. A lei nº 9.433 deu condições para que fosse aplicada a cobrança imaginada por Pigou. Isso foi verificado pela primeira vez em uma bacia hidrográfica federal — a Bacia do Rio Paraíba do Sul, que por meio da deliberação nº 15/2002 do Comitê para Integração da Bacia Hidrográfica do Rio Paraíba do Sul (CEIVAP) estabeleceu a metodologia e os critérios para o cálculo da cobrança pelo uso dos recursos hídricos naquela bacia. No Estado de São Paulo esses critérios fazem parte do projeto de lei nº 676/2000, o qual substituiu o projeto nº 20/1998, mas que ainda está em discussão na Assembléia Legislativa.

Além desse mecanismo para a captação dos custos ambientais no processo produtivo, a versão pigouviana neoliberal pressupõe a existência da regulamentação para que esses dois recursos, em conjunto, possam disciplinar o acesso aos bens e serviços ambientais.

A Economia Ecológica constituiu uma reação àquilo que considera como insuficiências dos princípios-base da economia tradicional, em face da natureza dos processos ecológicos nos ecossistemas e na biosfera, que são determinantes do equilíbrio e da qualidade do ambiente. Na sua visão, a economia deve ser entendida como um subsistema (o subsistema econômico) originado da atividade humana, mas subordinado às leis fundamentais que regem os ecossistemas da biosfera.

De acordo com seu ponto de vista, a economia não pode ignorar, como tradicionalmente sempre o fez, que o fluxo da matéria e da energia é finito e limitado, conforme estabelecem os dois princípios da termodinâmica. Não pode também ignorar, por exemplo, que os fluxos líquidos de matéria e energia no subsistema econômico não são infinitos nem ilimitados e que não pode haver limites livremente arbitrados pela humanidade, uma vez que eles estão restritos à capacidade de os demais seres vivos (biocenose) veiculá-los a partir da energia proveniente do sol e dos estoques de matéria (biótopo).

Ao contestar os princípios e os mecanismos de mercado para valoração dos bens e serviços econômicos, a Economia Ecológica propõe um método alternativo de base termodinâmica. Marques & Comune resumem assim:

> "Esse método, segundo seus defensores, avalia os objetos de acordo com seu custo, que, por sua vez, é determinado em função do seu grau de organização em relação ao ambiente. O conteúdo do conceito organizado está intimamente ligado aos requerimentos de energia necessária, na forma direta de combustível e, na indireta, por meio de outras

organizações que também utilizam energia na sua produção. Por exemplo, a quantidade de energia solar necessária para o crescimento das florestas pode, portanto, servir como medida do seu custo de energia, de sua organização e de seu valor. Em suma, esse método pressupõe que todo o ecossistema seja avaliável direta ou indiretamente. O método proposto por essa corrente superestima algum serviço do ecossistema que ainda não tenha valor reconhecido pelos seres humanos."

Os esforços de convergência entre as duas escolas têm dado alguns resultados, pelo menos no intercâmbio entre os muitos conceitos da Economia Ecológica (e mais especificamente da ecologia) e a abordagem econômica neoclássica do ambiente. Estão, entretanto, ainda distantes de produzir uma integração entre si e uma abordagem econômica do ambiente em condições de inseri-lo na economia real com todas as nuances que o caracterizam.

12.3 Avaliação dos benefícios de uma política ambiental

Uma política ambiental — seja por meio de regulamentação que estabeleça padrões (de emissão, de lançamento, de ocupação e uso do solo e de uso dos recursos em geral), seja por meio de mecanismos econômicos (como a taxação das cargas poluidoras) — deve ter como resultado mínimo uma redução da deterioração da qualidade ambiental, quando comparada com a que ocorreria caso essa política não fosse implantada. Pode ainda promover melhorias da qualidade ambiental pela recuperação de um nível maior de qualidade, a partir do progressivo atendimento aos padrões de qualidade ambiental impostos.

De um modo ou de outro, com a implantação de políticas ambientais, a sociedade e os indivíduos passam a ter à sua disposição um ambiente potencialmente capaz de propiciar a satisfação de uma série de demandas antes impossíveis de serem atendidas. Elas vão desde as de natureza psicológica, ligadas ao prazer estético da contemplação do ambiente belo e acolhedor, passando pelas diretamente ligadas à produção e à eficiência do processo produtivo, como a redução das perdas de materiais e equipamentos em um ambiente menos agressivo, e chegando até as ligadas à saúde.

Por meio de processos físicos, químicos e biológicos há uma melhoria da qualidade ambiental. Em conseqüência, por causa dos processos econômicos, esse ambiente melhorado passa a se constituir em um bem ou serviço para o qual existe demanda e ao qual as pessoas atribuem maior valor. Raciocinando desse modo, o bem ou serviço ambiental não difere de todos os demais bens e serviços considerados pela economia e para os quais o equilíbrio entre oferta e procura (demanda) determina o preço que constitui o seu valor de mercado. Algumas peculiaridades dos bens e serviços ambientais, já ressaltadas anteriormente nos itens 12.1 e 12.2, impedem, porém, a existência do mercado e, portanto, do preço respectivo como uma medida de seus valores. Isso torna a tarefa de medir o valor da qualidade do ambiente mais complexa, delicada e bem menos inequívoca, embora viável em muitos casos.

Uma das formas encontradas pelos economistas para medir esse valor baseia-se na *Teoria do Benefício*. Inicialmente desenvolvida para atender ao método do benefício-custo para avaliação econômica de projetos, ela vem sendo progressivamente aperfeiçoada para avaliar os valores de bens e serviços ambientais.

A apresentação detalhada dessa teoria, para tornar possível sua aplicação na valorização de bens e serviços ambientais e na avaliação de uma política ambiental, constitui objeto de estudos especializados no âmbito das ciências econômicas e vai muito além do escopo deste livro. A seguir, discutimos apenas os conceitos básicos envolvidos e o roteiro para aplicação dessa teoria. Com isso, pretendemos deixar claras a possibilidade de sua utilização e a dificuldade e a limitação que restringem sua validade, mas que não lhe tiram o mérito de ser um processo racional e objeto de análise de políticas ambientais e de seus resultados.

Segundo essa teoria, o benefício de uma melhoria ambiental para um indivíduo deve ser entendido como uma medida, em moeda, do aumento de seu bem-estar ou dos serviços a que ele possa ter acesso. A avaliação desse valor monetário baseia-se na hipótese de que um indivíduo, diante de duas situações alternativas, seja sempre capaz de dizer qual delas prefere ou se é indiferente às duas. Se uma melhoria ambiental acarretar a transição de uma dada situação para outra, o benefício decorrente dessa mudança pode ser medido de duas maneiras. A primeira, por meio do montante máximo de dinheiro que o indivíduo estaria disposto a pagar para não se ver privado dessa melhoria ambiental. Esse montante máximo é o que os economistas chamam de *disposição a pagar* e corresponde à quantidade que causa a indiferença do indivíduo entre pagar para usufruir da melhoria ou nada pagar e ficar sem acesso a ela. A segunda forma de medir é pelo montante de dinheiro que o indivíduo estaria disposto a aceitar como alternativa para não receber a melhoria ambiental. Esse montante é conhecido por *disposição a aceitar*. Corresponde à quantidade que causa a indiferença do indivíduo entre ter acesso à melhoria ou ficar sem ela, recebendo essa quantidade como compensação.

Apesar de essas quantidades não serem necessariamente iguais (a *disposição a pagar* está limitada pelos rendimentos do indivíduo, enquanto não há limitação para a *disposição a aceitar*), elas são praticamente coincidentes no caso da qualidade ambiental, asseguram os economistas.

O cálculo do benefício como disposição a pagar depende de se conhecer as *curvas de demanda* de cada um dos vários bens e serviços de qualidade ambiental, conforme esquematização na Figura 12.3.

FIGURA 12.3

Curva de demanda ambiental.

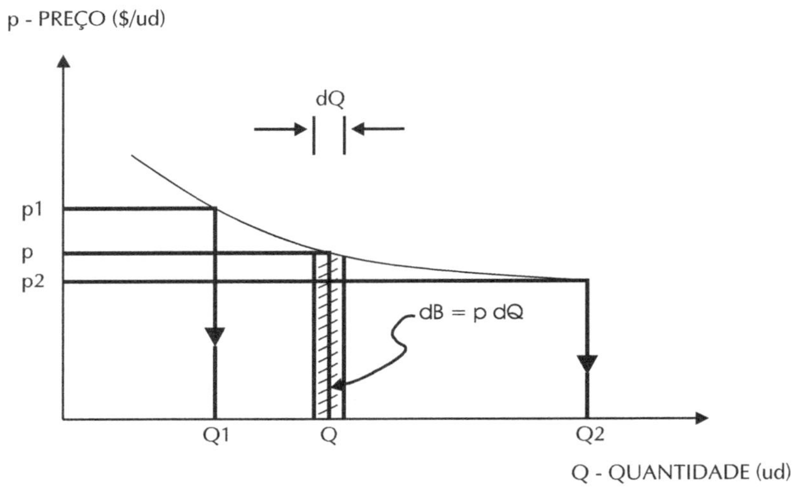

A disposição a pagar por uma variação infinitesimal da quantidade de um determinado bem ou serviço ambiental a partir de uma quantidade *Q*, sendo *p* o preço que um indivíduo está disposto a pagar para adquirir essa quantidade, equivale ao incremento infinitesimal de benefício (*B*), ou seja:

12.1 $$dB = p\,dQ$$

A disposição a pagar que mede o benefício proveniente da passagem da quantidade Q_1 à Q_2, correspondendo à integral entre essas duas quantidades, equivale à área sob a curva de demanda,

12.2 $$B = \int_{Q_1}^{Q_2} p\,dQ$$

No caso de bens e serviços que podem ser comprados em um mercado de funcionamento ideal ou perfeito, as curvas de demanda são facilmente disponíveis. Como não é esse o caso dos bens ambientais, para determiná-las os economistas desenvolveram metodologias especiais trabalhosas, que nem sempre levam a resultados suficientemente coerentes a ponto de ser indiscutíveis. A mais utilizada, a *metodologia de enfoque de mercado ou de simulação de mercado*, é de aplicação relativamente simples quando as melhorias ambientais acarretam efeitos comerciais. Nos demais casos, os estudiosos baseiam-se na possibilidade de existirem evidências indiretas do valor monetário dado ao bem ou serviço. O valor da melhoria da qualidade da água de um lago é um dos exemplos que ilustram esse método. Essa melhoria torna o lago mais aprazível e mais procurado para passeios, pesca, esportes náuticos, lazer e recreação em geral. O fato de as pessoas despenderem tempo e dinheiro para ter acesso ao lago é uma indicação da sua disposição a pagar para poder usufruir dele e denota a valorização monetária (ou benefício) da melhoria da qualidade ambiental.

A complexidade e a amplitude dos trabalhos de avaliação dos benefícios da melhoria ambiental vão ainda bem mais além, não se limitando às atividades anteriormente referidas, pois dependem de outras que as antecedem. A Figura 12.4, mostrada a seguir, sintetiza, por meio dos principais blocos de atividades, situações e processos que constituem as principais etapas compreendidas na avaliação dos benefícios de uma política ambiental, relacionando-as com os correspondentes blocos de medidas técnico-gerenciais que lhes dão suporte.

A primeira etapa desenvolve-se com a redução da quantidade de poluentes lançada no meio e com a efetivação das demais medidas de recomposição e valorização do ambiente. Para iniciá-la, porém, é preciso que esses processos tenham sido estabelecidos e que tenha sido implementada a aplicação dos mecanismos legais e econômicos citados nos itens precedentes que compõem a política ambiental e que obrigam a essas medidas de recomposição. A avaliação da redução da quantidade de poluentes e da extensão das medidas de recomposição e a valorização do meio que se efetivará pressupõem um grau elevado de conhecimento da realidade. Esse conhecimento pode ser obtido por meio de cadastros de atividades poluentes existentes e previstas, o que nem sempre é disponível na gestão pública das coletividades menos desenvolvidas.

A segunda etapa compreende uma série de processos físicos, químicos e biológicos (todos eles naturais, eventualmente acelerados por medidas artificiais) por meio dos quais o ambiente se transforma até alcançar um nível mais alto de qualidade. Para antecipar ou prever os resultados desses processos, é indispensável ter os conhecimentos técnico-científicos necessários à formulação de modelos que simulem o comportamento da natureza. Essa etapa se completa quando a melhoria ambiental alcançada é acompanhada dos correspondentes efeitos favoráveis. Eles podem ser *diretos*, decorrentes do aumento da disponibilidade e uso de bens e serviços (recreação e lazer, pesca, água, ar e solo como insumos mais favoráveis à produção etc.), e *indiretos*, que resultam da redução de perdas de materiais e equipamentos por menor agressividade do ambiente.

Entretanto, esses efeitos só se tornam concretos para a avaliação da política ambiental se conhecidos na forma de indicadores de qualidade ambiental ou de indicadores de atividades econômicas. A avaliação pode ser feita depois de a melhoria da qualidade ambiental e dos efeitos correspondentes terem ocorrido, baseando-se nas medidas registradas tanto por uma rede de monitoramento ambiental como por um sistema de coleta de indicadores econômicos previamente existentes ou especialmente definidos e implantados. Se o que se deseja é a antecipação dessa avaliação nas várias fases da aplicação da política ambiental, é necessário ter modelos econométricos capazes de prever os resultados a serem alcançados pelos índices econômicos.

Chega-se por fim à terceira etapa, formada pela avaliação dos benefícios. Tanto essa etapa quanto os procedimentos que a antecedem podem ser avaliados quanto à sua extensão e complexidade a partir da descrição discutida no início deste item.

FIGURA 12.4

Atividades e processos principais compreendidos na avaliação de benefícios ambientais.

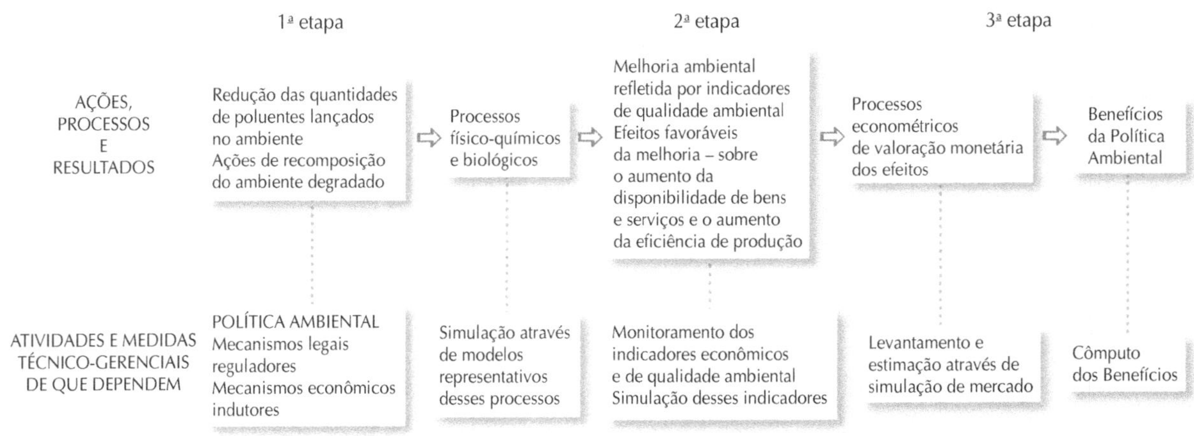

12.4 A cobrança pelo uso dos recursos ambientais

Falamos anteriormente da necessidade de se cobrar pelo uso dos recursos ambientais como condição essencial para que o processo econômico cumpra suas funções de alocar com eficiência os recursos disponíveis, sem comprometer o nível de qualidade ambiental desejado pela sociedade. Para o exercício da cobrança, é necessário responder às seguintes questões práticas:

- Qual o valor a ser cobrado?
- De quem cobrar?
- Qual é o melhor instrumento de cobrança? A taxa?

Do ponto de vista teórico, a resposta à primeira questão é unânime. A teoria econômica demonstra que o valor ideal a ser cobrado deve ser igual ao valor dos danos causados por esse uso ao ambiente. Dessa forma, o consumo do produto, em razão dos mecanismos de mercado e do novo preço final que incorpora o valor dessa cobrança, cairá para o nível que corresponde à alocação mais eficiente dos recursos usados na sua produção, inclusive dos relativos ao ambiente.

Entretanto, as dificuldades para determinar o valor desses danos têm levado à procura de outros critérios para a fixação do valor a cobrar, mesmo à custa de perda em eficiência de alocação, mas com ganho de facilidade de cálculo e maior rapidez na cobrança. Dentre as alternativas já formuladas e testadas, uma das poucas que continua sendo aceita admite que o cálculo do valor a cobrar deva ser uma função do custo do controle da fonte de poluição. Não obstante as dificuldades decorrentes do desconhecimento dos custos de controle da poluição, especialmente em economias menos desenvolvidas e organizadas, é opinião corrente entre experientes técnicos nacionais que elas são superáveis. Mesmo o critério ideal a que nos referimos, baseado no valor dos danos, é de aplicação viável entre nós, de acordo com a experiência desses mesmos técnicos e com os resultados já obtidos em alguns exemplos pioneiros de sua avaliação.

A busca de resposta à segunda questão levou à formulação de um princípio, hoje amplamente aceito, que orienta a decisão sobre quem deve ser onerado pela cobrança. Conhecido por *princípio do usuário pagador*, sua aplicação à água foi recentemente consagrada entre nós por meio da lei que criou a Política Estadual de Recursos Hídricos (Lei Estadual nº 7.663/91). Basicamente, esse princípio estabelece que a cobrança deve onerar aqueles que são os usuários do bem ou serviço ambiental. Assim, por exemplo, a cobrança pelo uso da água, do ar ou do solo como receptores dos poluentes de um processo produtivo industrial deve onerar a indústria que o emprega. Igualmente, o agricultor que capta água para irrigação ou o serviço de saneamento que capta água para irrigação ou para o abastecimento público também devem ser cobrados por esses usos.

A aplicação desse princípio nem sempre é simples e inequívoca, como pode parecer à primeira vista. Imaginemos o caso, por exemplo, de uma empresa que, ao captar água para abastecimento público, tenha de construir uma grande represa. Muito provavelmente, os efeitos benéficos dessa represa não atingirão apenas os usuários do sistema de abastecimento. Essa represa pode regularizar as descargas do curso de água, diminuindo a ocorrência tanto de vazões demasiadamente grandes de inundações como das demasiadamente pequenas, insuficientes para o atendimento das necessidades, em ambos os casos beneficiando populações ribeirinhas que podem não ser usuárias do sistema abastecedor. Do mesmo modo, poderá propiciar benefícios de lazer e recreação (um dos usos da água cuja demanda mais cresce com a prosperidade geral) a grupos muito mais amplos do que apenas o dos usuários do abastecimento. Cobrar todo o custo da represa da empresa (e portanto dos usuários do abastecimento) é ignorar os demais usos que ela propicia.

Esse é um dos exemplos que justificaram a formulação de um outro princípio, freqüentemente utilizado como substitutivo ou, mais propriamente, como complemento indispensável do usuário pagador. Esse é o *princípio do beneficiário pagador*. Aplicado ao caso da represa anteriormente referida, ele justificaria estender a cobrança dos danos ambientais de sua construção e operação a todos os grupos que dela se beneficiam.

Essa discussão sobre a represa e o beneficiário pagador facilita a compreensão da última das três questões apresentadas no início deste item. De fato, a forma de cobrança a ser utilizada depende da natureza do grupo sobre o qual ela vai incidir. Se esse grupo é formado apenas por pessoas, grupos ou entidades identificáveis e individualizáveis, como é a situação mais comum de aplicação do princípio do usuário pagador, a cobrança pode ser feita por meio de taxa ou tarifa, incidindo sobre cada um deles. Se, ao contrário, a identificação só puder ser genérica, e não individualizada, como é o caso dos beneficiários do controle de inundações e do lazer e recreação propiciados pela represa, a cobrança só pode se processar de forma indireta, por meio do recolhimento de tributos pelo poder público. Tal tributo, denominado *contribuição de melhoria*, está previsto na Constituição Federal.

Com base nos conhecimentos e experiências acumulados, supõe-se que será menos difícil, no futuro, estender o conceito de contribuição de melhoria aos demais segmentos do ambiente. Isso devido à aplicação do princípio de usuário pagador aos recursos hídricos, como acontece na Bacia Hidrográfica do Rio Paraíba do Sul.

13 Aspectos legais e institucionais

13.1 Introdução

Mesmo com o conhecimento dos efeitos adversos resultantes de um modelo de desenvolvimento econômico desvinculado do meio ambiente, ainda hoje se faz necessário utilizar mecanismos, muitas vezes coercitivos, na tentativa de harmonizar as relações entre o Homem e o meio ambiente.

Como primeiro instrumento de conciliação foi desenvolvido um sistema conhecido como "comando e controle", que consistiu na criação de normas e padrões ambientais para proteger o meio ambiente e o próprio Homem dos efeitos associados à exploração irracional dos recursos naturais disponíveis.

De uma maneira geral, por muito tempo, no Brasil e em outros países, a0 poluição era vista como um indicativo de progresso — uma percepção que perdurou até os problemas se tornarem evidentes. As primeiras iniciativas relacionadas ao controle da poluição tiveram como foco a proteção do trabalhador, no ambiente de trabalho, por meio do desenvolvimento de normas de saúde e segurança ocupacional, cujas primeiras sementes, nos Estados Unidos da América, foram plantadas no início do século XX (BLS, 2004). Posteriormente, a preocupação passou a ser a população situada nos arredores de indústrias e outros empreendimentos responsáveis pela emissão de poluentes para o meio ambiente.

Dentre as principais formas de poluição, a atmosférica foi a que se manifestou com maior intensidade, levando à necessidade do estabelecimento de normas para o seu controle. Também nos Estados Unidos da América, no início da década de 1970, foi criada uma norma para controle da poluição do ar, Clean Air Act, a qual foi resultado de um esforço iniciado em 1955, com a publicação da lei pública 84-159, conhecida como Air Pollution Control Act of 1955 (AMS, 2004).

Após esses eventos, outras normas de controle da poluição ambiental foram editadas pelo Poder Público, de maneira a abranger todas as formas de poluição do meio ambiente.

No Brasil, a evolução da legislação ambiental, de certa forma, foi semelhante à que ocorreu em outros países, tendo sido criada uma estrutura bastante complexa para o seu desenvolvimento e implantação.

Por se tratar de uma República Federativa, no Brasil, o estabelecimento das normas de controle ambiental considera três níveis hierárquicos, como ocorre no caso das normas relacionadas a outros temas, ou seja, à União cabe o estabelecimento de normas gerais que são válidas em todo o território nacional; aos Estados cabe o estabelecimento de normas peculiares; enquanto aos Municípios cabe o estabelecimento de normas que visem atender aos interesses locais (Machado, 1992).

Com uma melhor compreensão dos efeitos resultantes das atividades humanas sobre o meio ambiente, houve uma evolução no modelo de regulamentação ambiental, que passou a incorporar os conceitos de planejamento e gerenciamento dos recursos naturais, além dos mecanismos de coerção.

Atualmente, existe uma farta legislação de proteção ambiental e de gestão de recursos ambientais, o que, em tese, poderia parecer suficiente para assegurar a sua preservação ou manejo sustentado. Há, no entanto, necessidade de uma análise profunda dos instrumentos existentes e de sua reformulação para que possam, realmente, conduzir ao desenvolvimento sustentável — assunto exaustivamente discutido durante a Conferência Mundial sobre Meio Ambiente e Desenvolvimento, a ECO-92.

13.2 Princípios constitucionais relativos ao meio ambiente e aos recursos ambientais

Referências constitucionais

A introdução da matéria ambiental na Lei Maior brasileira é um marco histórico de inegável valor, dado que as constituições que precederam a de 1988 jamais se preocuparam com a proteção do meio ambiente de maneira específica e global. Nelas, sequer uma vez foi empregada a expressão 'meio ambiente', revelando a total despreocupação com o próprio espaço em que vivemos. Hoje, em 18 passagens, há referências a essa locução.

Na Constituição Federal (CF), o Capítulo VI, referente especificamente ao meio ambiente, incorpora várias disposições de lei federal anterior, a Lei nº. 6.938, de 31.8.81, tida como um marco na área ambiental, dando a essas disposições *status* constitucional. Além disso, a partir da promulgação da Constituição Federal, passou-se, obrigatoriamente, a tratar a questão ambiental inserindo-a na luta pela melhoria da qualidade de vida da população, já que o Capítulo VI faz parte do Título VIII da Constituição, denominado 'Da Ordem Social'. Mais importante que a existência desse Capítulo é o fato de o meio ambiente, assim como a preservação adequada dos recursos naturais, estar contemplado ao longo de todo o texto constitucional, incluindo a dimensão ambiental nos vários setores do País.

A seguir, indicamos alguns dos principais artigos que constituem, juntamente com as leis existentes, a base da formulação de políticas e execução de ações relativas ao meio ambiente e gestão dos recursos naturais, que serão comentados posteriormente no item 13.3 deste capítulo. Para mais detalhes, há necessidade de consulta ao texto constitucional: art. 5° (incisos XIV e XXXIII) — garantia de acesso a informações; art. 5° (inciso LXXIII) — ação popular contra ato lesivo ao patrimônio público; arts. 20 a 32 — bens da União e Estados e competências da União, Estados, municípios e Distrito Federal; art. 129 (incisos III e VI) — funções institucionais do Ministério Público referentes ao meio ambiente; art. 170 (incisos III e VI) — Princípios da Ordem Econômica; art. 174 § 1° Política de Desenvolvimento Urbano; art. 186, II — função social da propriedade; e o art. 225, que trata especificamente do meio ambiente, o qual é transcrito a seguir:

Constituição da República Federativa do Brasil

TÍTULO VIII
DA ORDEM SOCIAL
CAPÍTULO VI

DO MEIO AMBIENTE

Art. 225 — Todos têm direito ao meio ambiente ecologicamente e equilibrado, bem de uso comum do povo e essencial à sadia qualidade de vida, impondo-se ao Poder Público e à coletividade o dever de defendê-lo e preservá-lo para as presentes e futuras gerações.

§ 1° — Para assegurar a efetividade desse direito, incumbe ao Poder Público:

I — preservar e restaurar os processos ecológicos essenciais e prover o manejo ecológico das espécies e ecossistemas;

II — preservar a diversidade e a integridade do patrimônio genético do País e fiscalizar as entidades dedicadas à pesquisa e manipulação de material genético;

III — definir, em todas as Unidades da Federação, espaços territoriais e seus componentes a serem especialmente protegidos, sendo a alteração e a supressão permitidas somente através de lei, vedada qualquer utilização que comprometa a integridade dos atributos que justifiquem sua proteção;

IV — exigir, na forma da lei, para instalação de obra ou atividade potencialmente causadora de significativa degradação do meio ambiente, estudo prévio de impacto ambiental, a que se dará publicidade;

V — controlar a produção, a comercialização e o emprego de técnicas, métodos e substâncias que comportem risco para a vida, a qualidade de vida ao meio ambiente;
VI — promover a educação ambiental em todos os níveis de ensino e a conscientização pública para a preservação do meio ambiente;
VII — proteger a fauna e a flora, vedadas, na forma da lei, as práticas que coloquem em risco sua função ecológica, provoquem a extinção de espécies ou submetam os animais à crueldade.
§ 2º — Aquele que explorar recursos minerais fica obrigado a recuperar o meio ambiente degradado, de acordo com a solução técnica exigida pelo órgão público competente, na forma da lei.
§ 3º — As condutas e atividades consideradas lesivas ao meio ambiente sujeitarão aos infratores, pessoas físicas ou jurídicas, a sanções penais e administrativas, independentemente da obrigação de reparar os danos causados.
§ 4º — A Floresta Amazônica Brasileira, a Mata Atlântica, a Serra do Mar, o Pantanal Mato-Grossense e a Zona Costeira são patrimônio nacional, e a sua utilização far-se-á, na forma da lei, dentro de condições que assegurem a preservação do meio ambiente, inclusive quanto ao uso dos recursos naturais.
§ 5º — São indisponíveis as terras devolutas ou arrecadadas pelos Estados, por ações discriminatórias, necessárias à proteção dos ecossistemas naturais.
§ 6º — As usinas que operem com reator nuclear deverão ter sua localização definida em lei federal, sem o que não poderão ser instaladas.

Repartição de competências

Embora o art. 5º da CF, que trata dos direitos e deveres individuais e coletivos, não tenha destacado um inciso específico conferindo diretamente ao indivíduo o direito de desfrutar de uma vida sadia, de alguma forma se preocupou o legislador em legitimar qualquer cidadão, para propor ação popular em proteção ao meio ambiente e ao patrimônio histórico e cultural, conforme inciso LXXIII do art. 5º.

A CF mudou profundamente o sistema de competências ambientais, podendo agora a parte global das matérias ambientais ser legislada nos três planos, conforme arts. 21, 22, 23 e 24. Assim, o meio ambiente não ficou de competência exclusiva da União, apesar de alguns setores ambientais importantes estarem na competência privativa federal. Em matéria de distribuição de competências, a Constituição mostrou-se bastante descentralizadora, em contraposição à anterior, que enfaixava nas mãos da União praticamente toda a competência para disciplinar o uso dos recursos naturais.

As competências privativas da União vêm descritas nos arts. 21 e 22 da CF. As do art. 21 são de ordem administrativa e as do art. 22, de ordem legislativa. Notamos que, para atuar administrativamente em relação às atividades previstas no art. 21, a União tem antes de legislar sobres esses assuntos.

Observamos que o município não foi mencionado no art. 24 como detentor da competência concorrente para disciplinar as matérias ali relacionadas. Isso não significa, contudo, que essa atribuição tenha lhe sido vedada. Conforme expressamente previsto no art. 23, é também competência dos municípios proteger o meio ambiente, combater a poluição, preservar as florestas, a fauna e a flora.

Portanto, seja atendendo a assuntos de interesse local (art. 30), seja complementando a legislação federal e a estadual, está aberta a porta para legislação municipal na defesa do meio ambiente. Porém, diferentemente da União e dos Estados, os municípios precisam articular sua competência suplementar (art. 30, II, CF), em que essa 'competência suplementar' é 'no que couber'.

O controle da poluição, por sua vez, encontrava seu fundamento na disposição sobre 'normas gerais de defesa e proteção da saúde' (art. 8o, XVII, 'c', da Emenda Constitucional nº 1, de 17.10.69), exercendo, os Estados, a competência supletiva sobre a matéria.

No exercício e sua competência, a União vinha editando normas bastante genéricas sobre o controle da poluição ambiental, deixando a matéria para ser disciplinada quase totalmente em nível estadual. Contudo, essa atitude começou a ser modificada com a edição, a partir de 1975, de legislação que dispõe sobre o controle da poluição industrial e a fixação de normas e padrões ambientais. Tal tendência vem se acentuando bastante, podendo-se observar que, atualmente, a União não mais se limita a editar normas gerais, ocupando-se quase totalmente dessa atribuição e pouco deixando para ser estabelecido em outros níveis.

No entanto, enquanto isso ocorre no campo legislativo, o mesmo não se verifica com as ações de controle da poluição ambiental e com a fiscalização da legislação vigente. Nessa área, vem sendo mantida a política de deixar aos poderes locais (estaduais e municipais) a fiscalização do cumprimento das normas legais e o efetivo controle da poluição do meio ambiente. Ao órgão federal, no caso o Instituto Brasileiro do Meio Ambiente e dos Recursos Naturais Renováveis (Ibama), incumbe apenas a atuação supletiva nessa área, ou seja, a União somente atua no silêncio ou omissão do órgão estadual competente no caso da sua inexistência ou em situações que extrapolem o território de um Estado, causando efeitos nos Estados vizinhos.

Quanto à gestão dos recursos naturais, a tônica tem sido a celebração de convênios entre o órgão federal e órgãos estaduais, com o primeiro delegando aos segundos grande parte das atribuições de fiscalização.

Por outro lado, a partir da Constituição CF/88 foram abertos novos caminhos para atuação dos municípios, com a geração de instrumentos que possibilitam a ação e o controle do uso da propriedade privada à função social por meio dos Planos Diretores. No art. 120 estão descritos os princípios gerais da Ordem Econômica, entre eles a soberania nacional, a função social da propriedade e a defesa do meio ambiente. O art. 182, § 1°, coloca em evidência a expressão Plano Diretor e torna obrigatória sua elaboração e adoção em áreas urbanas com população igual ou superior a 20 mil habitantes.

Observamos que a propriedade urbana cumpre sua função social quando atende às exigências fundamentais expressas no Plano Diretor (§ 2° do art. 182) e o rural, quando atende simultaneamente às seguintes exigências:

I. aproveitamento racional e adequado;
II. utilização dos recursos naturais disponíveis e preservação do meio ambiente;
III. observância das disposições que regulam as relações do trabalho;
IV. exploração que favoreça o bem-estar dos proprietários e dos trabalhadores (art. 186, CF).

13.3 Legislação de proteção de recursos ambientais e da Política Nacional do Meio Ambiente

Na década de 1960, foram promulgadas várias leis federais de grande importância, como o Estatuto da Terra, Lei nº 4.504, de 30.11.64, alterada pela Lei nº 6.476/79, com dispositivos referentes à conservação dos recursos naturais renováveis; a Lei nº 4.771, de 15.9.65, que instituiu o Código Florestal, alterada pela Lei nº 7.803/89; o Decreto-lei nº 221, de 28.2.67, estabelecendo o Código da Pesca; o Decreto-lei nº 227, de 28.2.67, instituindo o Código de Mineração, mais tarde regulamentado pelo Decreto nº 62.934, de 2.7.68; e a Lei de Proteção à Fauna, Lei nº 5.197, de 3.1.67, com redação dada pela Lei nº 7.653, de 17.2.88.

A Lei nº 6.902, de 27.4.81, dispôs sobre a criação de estações ecológicas e áreas de proteção ambiental e foi regulamentada pelo Decreto nº 99.274, de 6.6.90.

A Lei Federal nº 6.938, de 31.8.81, estabeleceu a Política Nacional do Meio Ambiente, fixando princípios, objetivos e instrumentos. Estabeleceu o Sistema Nacional do Meio Ambiente (Sisnama) e criou o Conselho Nacional do Meio Ambiente (Conama). Além disso, era reconhecida nessa lei a legitimidade do Ministério Público da União para propor ações de responsabilidade civil e criminal por danos causados ao meio ambiente.

Após sua promulgação, a Lei nº 6.938 sofreu algumas alterações pelas Leis nº 7.804, de 18.7.89, e nº 8.028, de 12.4.90, sendo atualmente regulamentada pelo Decreto nº 99.274, de 6.6.90, com alterações dadas pelo Decreto nº 99.355, de 27.6.90.

Essa foi, na realidade, a primeira lei federal a abordar o meio ambiente como um todo, abrangendo os diversos aspectos envolvidos e as várias formas de degradação ambiental, e não apenas a poluição causada pelas atividades industriais ou o uso de recursos naturais, como vinha ocorrendo até então.

É interessante notar que a Lei nº 6.938/81 ampliou sensivelmente o conceito de poluição, já que expressamente a define como a 'degradação da qualidade ambiental', o que inclui não apenas o lançamento de matéria ou energia (poluente) nas águas, no solo ou no ar, mas também qualquer atividade que, direta ou indiretamente, cause os efeitos ali descritos.

Observa-se também que a Lei nº 7.804/89, que alterou a Lei nº 6.938/81, previu o 'crime ecológico'. O Decreto nº 97.822, de 8.6.89, instituiu o Sistema de Monitoramento Ambiental e dos Recursos Naturais por Satélite (Simarn).

O Fundo Nacional do Meio Ambiente foi instituído pela Lei nº 7.797, de 10.7.89, com alterações posteriores pela Lei nº 8.028, de 12.4.90. O Decreto nº 98.161, de 21.9.89, com alteração introduzida pelo Decreto nº 99.249, de 11.5.90, fixou regras sobre a administração do Fundo Nacional do Meio Ambiente.

Princípios e objetivos da Política Nacional do Meio Ambiente

Pela Lei nº 6.938, de 31.8.81, art. 2º, a Política Nacional do Meio Ambiente tem por objetivo a preservação, melhoria e recuperação da qualidade ambiental propícia à vida, visando assegurar, no País, condições ao desenvolvimento socioeconômico, aos interesses da segurança nacional e à proteção da dignidade da vida humana, atendidos os seguintes princípios:

- ação governamental na manutenção do equilíbrio ecológico, considerando o meio ambiente como patrimônio público a ser, necessariamente, assegurado e protegido, tendo em vista o uso coletivo;
- racionalização do uso do solo, do subsolo, da água e do ar;
- planejamento e fiscalização do uso dos recursos ambientais;
- proteção dos ecossistemas, com a preservação de áreas representativas;
- controle e zoneamento das atividades potencial ou efetivamente poluidoras;
- incentivos ao estudo e à pesquisa de tecnologias orientadas para uso racional e a proteção dos recursos ambientais;
- acompanhamento do estado da qualidade ambiental;
- recuperação de áreas degradadas;
- proteção de áreas ameaçadas de degradação; e
- educação ambiental em todos os níveis de ensino, inclusive a educação da comunidade, objetivando capacitá-la para participação ativa na defesa do meio ambiente.

Entre esses princípios, merece especial destaque o que declara ser o meio ambiente um patrimônio público, a ser necessariamente assegurado e protegido, tendo em vista o uso coletivo. Tal princípio traz uma série de conseqüências no campo prático, pois amplia sensivelmente a possibilidade de atuação da comunidade em defesa do meio ambiente.

A Lei nº 6.938, com redação dada pela Lei nº 7.804, de 18.7.89, estabelece que, para os fins previstos na lei, entende-se por:

- meio ambiente: o conjunto de condições, leis, influência e interações de ordem física, química e biológica, que permite, abriga e rege a vida em todas as suas formas;
- degradação da qualidade ambiental: a alteração adversa das características do meio ambiente;
- poluição: a degradação da qualidade ambiental resultante de atividades que direta ou indiretamente:
  a) prejudiquem a saúde, a segurança e o bem-estar da população;
  b) criem condições adversas às atividades sociais e econômicas;
  c) afetem desfavoravelmente a biota;
  d) afetem as condições estéticas ou sanitárias do meio ambiente; e

e) lancem matérias ou energia em desacordo com os padrões ambientais estabelecidos.

- poluidor: a pessoa física ou jurídica, de direito público ou privado, responsável, direta ou indiretamente, por atividade causadora de degradação ambiental; e
- recursos ambientais: a atmosfera, as águas interiores, superficiais e subterrâneas, os estuários, o mar territorial, o solo, o subsolo, os elementos da biosfera, a fauna e a flora.

A Lei nº 6.938, de 31.8.81, no seu art. 4º, estabeleceu que a Política Nacional do Meio Ambiente visará:

- à compatibilização do desenvolvimento econômico-social com a preservação da qualidade do meio ambiente e do equilíbrio ecológico;
- à definição de áreas prioritárias de ação governamental relativa à qualidade e ao equilíbrio ecológico, atendendo aos interesses da União, dos Estados, do Distrito Federal, dos Territórios e dos municípios;
- ao estabelecimento de critérios e padrões da qualidade ambiental e de normas relativas ao uso e manejo de recursos ambientais;
- ao desenvolvimento de pesquisas e de tecnologias nacionais orientadas para o uso racional de recursos ambientais;
- à difusão de tecnologias de manejo do meio ambiente, a divulgação de dados e informações ambientais e a formação de uma consciência pública sobre a necessidade de preservação da qualidade ambiental e do equilíbrio ecológico;
- à preservação e restauração dos recursos ambientais com vistas à sua utilização racional e disponibilidade permanente, concorrendo para manutenção do equilíbrio ecológico propício à vida; e
- à imposição, ao poluidor e ao predador, da obrigação de recuperar e/ou indenizar os danos causados e, ao usuário, da contribuição pela utilização de recursos ambientais com fins econômicos.

Instrumentos da Política Nacional do Meio Ambiente

A seguir, listamos os instrumentos da Política Nacional do Meio Ambiente, conforme a Lei nº 6.938, de 31.8.81, e posteriores alterações pela Lei nº 7.804 e Lei nº 8.028, de 12.4.90:

I. o estabelecimento de padrões de qualidade ambiental;
II. o zoneamento ambiental;
III. a avaliação de impactos ambientais;
IV. o licenciamento e a revisão de atividades efetiva ou potencialmente poluidoras;
V. os incentivos à produção e instalação de equipamentos e a criação ou absorção de tecnologia, voltados para a melhoria da qualidade ambiental;
VI. a criação de espaços territoriais especialmente protegidos pelo Poder Público Federal, Estadual e Municipal, tais como áreas de proteção ambiental, de relevante interesse ecológico e reservas extrativistas;
VII. o sistema nacional de informações sobre o meio ambiente;
VIII. o Cadastro Técnico Federal de atividades e instrumentos de defesa ambiental;
IX. as penalidades disciplinares ou compensatórias ao não-cumprimento das medidas necessárias à preservação ou correção da degradação ambiental;
X. a instituição do Relatório de Qualidade do Meio Ambiente, a ser divulgado anualmente pelo Instituto Brasileiro do Meio Ambiente e dos Recursos Naturais Renováveis (Ibama);
XI. a garantia da prestação de informações relativas ao Meio Ambiente, obrigando-se o Poder Público a produzi-las, quando inexistentes; e
XII. o Cadastro Técnico Federal de atividades potencialmente poluidoras e/ou utilizadoras dos recursos ambientais.

Alguns desses instrumentos, da maior importância, são detalhados a seguir.

Estabelecimento de padrões de qualidade ambiental

Esse estabelecimento diz respeito a normas gerais sobre a defesa ambiental baixadas pela União (§ 1°, art. 24 da CF), podendo os Estados e o Distrito Federal baixá-los em caráter suplementar.

Zoneamento ambiental

O zoneamento ambiental deve ser efetuado em nível nacional (macrozoneamento), regional e municipal. A CF deu competência à União para 'elaborar e executar planos nacionais e regionais de ordenação do território e de desenvolvimento econômico e social'. No desenvolvimento social, deve ser inserido o meio ambiente que faz parte do Título VIII — Da Ordem Social.

Os Estados, com base na competência comum e na concorrente, poderão estabelecer seus zoneamentos ambientais. Aliás, a Lei nº 6.803, de 2.7.80, que dispõe sobre as diretrizes básicas para o zoneamento industrial, prevê que os Estados estabeleçam leis de zoneamento nas áreas críticas de poluição que compatibilizem as atividades industriais com a proteção ambiental.

O município deverá prever na Lei do Plano Diretor, conforme art. 182, § 1° da CF, o zoneamento ambiental ao lado do urbanístico, que se confundirão por meio de lei própria em um só esquema.

Avaliação de impacto ambiental

A avaliação de impacto ambiental é um dos instrumentos mais importantes para a proteção dos recursos ambientais, tanto que a Constituição declarou como sendo um dos deveres do Poder Público 'exigir, na forma da Lei, para instalação de obra ou atividade potencialmente causadora de significativa degradação do meio ambiente estudo prévio de impacto ambiental a que se dará publicidade' (art. 225, inciso IV, §1°). Anteriormente, a Lei nº 6.938/81 já tinha estabelecido a avaliação de impacto ambiental como um dos instrumentos da Política Nacional do Meio Ambiente.

Posteriormente, a Resolução Conama nº 001, de 23.1.86, veio estabelecer a exigência de realização de Estudo de Impacto Ambiental (EIA) e apresentação do respectivo Relatório de Impacto Ambiental (Rima) para o licenciamento de atividades modificadoras do meio ambiente. Tal resolução relaciona algumas atividades que estariam sujeitas à elaboração de estudo de impacto ambiental, devendo ser observado que essa relação é apenas exemplificativa e que outras não constantes daquele rol poderão sujeitar-se às mesmas exigências.

Entre as obras e atividades enumeradas, além de estradas, ferrovias e aeroportos, podem ser citados os troncos coletores e emissários de esgotos sanitários e também os aterros sanitários, processamento e destino final de resíduos tóxicos ou perigosos e, ainda, obras hidráulicas para exploração de recursos hídricos, tais como barragens para fins hidrelétricos, de saneamento ou de irrigação, retificação de cursos de água e outros. Além desses, constam os projetos urbanísticos acima de 100 ha ou em áreas consideradas de relevante interesse ambiental a critério do Ibama e de órgãos municipais e estaduais competentes, os distritos industriais e as zonas estritamente industriais etc.

A decisão dos órgãos competentes sobre a possibilidade ou não de licenciamento de qualquer das atividades sujeitas à elaboração de estudo de impacto ambiental vai depender das condições desse impacto e da análise a ser feita pela autoridade ambiental, merecendo ser observado que o referido estudo não se limita a demonstrar os efeitos da realização do projeto sobre o meio ambiente, mas analisa, também, as conseqüências de sua não-execução.

O Rima é acessível ao público, e suas cópias devem permanecer à disposição dos interessados e, conforme o caso, deverá ser feita audiência pública para exame e discussão de seu conteúdo. As Audiências Públicas foram disciplinadas pela Resolução Conama nº 9, de 3.12.87, publicada somente em 5.7.90.

A Resolução Conama nº 6, de 16.9.87, veio estabelecer normas às concessionárias de exploração, geração e distribuição de energia elétrica no tocante à subjunção do empreendimento ao licenciamento e elaboração de estudos de impacto ambiental. Porém, embora se referindo, em seu art. 1°, às empresas de energia elétrica, tal resolução vem sendo aplicada às grandes obras executadas por órgãos públicos ou suas concessionárias e atinge, também, empreendimentos iniciados antes da vigência da Resolução nº 001/86.

Licenciamento

Embora na época da promulgação da Lei nº 6.938/81 o sistema de licenciamento já estivesse previsto na legislação de vários Estados, ele foi disciplinado por essa lei, em nível nacional, tornando-se obrigatório em todo o País. A referida lei deu origem ao sistema da tríplice licença, instituído por meio da resolução Conama nº 237, de 19.12.1997:

> *Licença Prévia (LP)* — fase preliminar do planejamento da atividade, contendo requisitos básicos a serem atendidos nas fases de localização, instalação e operação, observados os planos municipais, estaduais ou federais de uso do solo. É nessa fase que deve ser solicitado, quando for o caso, o estudo de impacto ambiental.
> *Licença de Instalação* — autoriza o início da implantação, de acordo com as especificações constantes do projeto executivo aprovado.
> *Licença de Operação* — autoriza, após as verificações necessárias, o início da operação da atividade licenciada e o funcionamento de seus equipamentos, de acordo com o estabelecido nas licenças prévias e de instalação.

De acordo com a norma federal, estão sujeitas a licenciamento as obras ou atividades utilizadoras dos recursos ambientais consideradas efetiva ou potencialmente poluidoras, bem como as capazes, sob qualquer forma, de causar degradação ambiental. Essa definição é bastante genérica, mas a grande maioria dos Estados optou por relacionar as obras ou atividades sujeitas ao sistema de licenciamento ou estabelecer critérios para sua identificação.

A Lei Federal nº 6.938/81 consagrou o princípio da publicidade do licenciamento, estabelecendo que, resguardado o sigilo industrial, os pedidos de licença deverão ser objeto de publicação resumida, em dois jornais, paga pelo requerente.

As licenças são normalmente expedidas pelos órgãos de controle ambiental dos Estados, cabendo ao Governo Federal, por meio do Ibama, o licenciamento de âmbito nacional ou regional.

No caso do licenciamento de estabelecimentos destinados a produzir materiais nucleares e/ou a utilizar energia nuclear e suas aplicações, o licenciamento compete à CNEN, mediante parecer do Ibama, e ouvidos os órgãos estaduais e municipais de controle ambiental.

13.4 Sistema Nacional do Meio Ambiente

O Sistema Nacional do Meio Ambiente (Sisnama), criado pela Lei nº 6.938/81, tem sua estrutura, composição e competências estabelecidas pelo Decreto nº 99.355, de 27.6.90. O Decreto nº 99.274, de 6.6.90, alterou a composição do Conama.

Pelo art. 3º do Decreto nº 99.355, de 27.6.90, o Sistema Nacional do Meio Ambiente (Sisnama), constituído pelos órgãos e entidades da União, dos Estados, do Distrito Federal, dos municípios e pelas fundações instituídas pelo Poder Público responsáveis pela proteção e melhoria da qualidade ambiental, tem a seguinte estrutura:

- Órgão Superior: o Conselho de Governo;
- Órgão Consultivo e Deliberativo: o Conselho Nacional do Meio Ambiente (Conama);
- Órgão Central: o Ministério do Meio Ambiente (anteriormente Secretaria do Meio Ambiente da Presidência da República (Semam/PR));
- Órgão Executor: o Instituto Brasileiro do Meio Ambiente e dos Recursos Naturais Renováveis (Ibama);
- Órgãos Seccionais: os órgãos ou entidades da Administração Pública Federal Direta e Indireta, as fundações instituídas pelo Poder Público cujas atividades estejam associadas às de proteção ambiental ou àquelas de disciplinamento do uso de recursos ambientais, bem assim os órgãos e entidades estaduais responsáveis pela execução de programas e projetos e pelo controle e fiscalização de atividades capazes de provocar a degradação ambiental; e

- Órgãos Locais: os órgãos ou entidades municipais responsáveis pelo controle e fiscalização das atividades referidas nas suas respectivas jurisdições.

São as seguintes as competências do Conama:

I. assessorar, estudar e propor ao Conselho de Governo as diretrizes de políticas governamentais para o meio ambiente e recursos naturais;

II. baixar as normas de sua competência necessárias à execução e implementação da Política Nacional do Meio Ambiente;

III. estabelecer normas e critérios para licenciamento de atividades efetiva ou potencialmente poluidoras, a ser concedido pelos Estados e pelo Distrito Federal;

IV. determinar, quando julgar necessário, a realização de estudos sobre as alternativas e possíveis conseqüências ambientais de projetos públicos ou privados, requisitando aos órgãos federais, estaduais ou municipais, bem assim a entidades privadas, as informações indispensáveis à apreciação dos estudos de impacto ambiental e respectivos relatórios, no caso de obras ou atividades de significativa degradação ambiental;

V. decidir, como última instância administrativa, em grau de recurso, mediante depósito prévio, sobre multas e outras penalidades impostas pelo Ibama;

VI. homologar acordos visando à transformação de penalidades pecuniárias na obrigação de executar medidas de interesse para a proteção ambiental;

VII. determinar, quando se tratar especificamente de matéria relativa ao meio ambiente, a perda ou restrição de benefícios fiscais concedidos pelo Poder Público, em caráter geral ou condicional, e a perda ou suspensão de participação em linhas de financiamento em estabelecimentos oficiais de crédito;

VIII. estabelecer, privativamente, normas e padrões nacionais de controle da poluição causada por veículos automotores terrestres, aeronaves e embarcações, após audiência aos Ministérios competentes;

IX. estabelecer normas, critérios e padrões relativos ao controle e à manutenção da qualidade do meio ambiente com vistas ao uso racional dos recursos ambientais, principalmente os hídricos;

X. estabelecer normas gerais relativas às Unidades de Conservação e às atividades que podem ser desenvolvidas em suas áreas circundantes;

XI. estabelecer os critérios para a declaração de áreas críticas, saturadas ou em vias de saturação;

XII. submeter à apreciação dos órgãos e entidades da Administração Pública Federal dos Estados, do Distrito Federal e dos municípios as propostas referentes à concessão de incentivos e benefícios fiscais e financeiros, visando à melhoria da qualidade ambiental;

XIII. criar e extinguir Câmaras Técnicas; e

XIV. aprovar seu Regimento Interno.

§1° — As normas e critérios para o licenciamento de atividades potencial ou efetivamente poluidoras deverão estabelecer os requisitos indispensáveis à proteção ambiental.

§ 2° — As penalidades previstas no inciso VII deste artigo somente serão aplicadas nos casos previamente definidos em ato específico do Conama, assegurando-se ao interessado ampla defesa.

§ 3° — Na fixação de normas, critérios e padrões relativos ao controle e à manutenção da qualidade do meio ambiente, o Conoma levará em consideração a capacidade de auto-regeneração dos corpos receptores e a necessidade de estabelecer parâmetros genéricos mensuráveis.

13.5 Lei de Crimes Ambientais

Um dos instrumentos legais que ganhou bastante destaque dentro do conjunto de normas para o controle da qualidade ambiental foi a Lei nº 9.605, de 12 de fevereiro de 1998, que dispõe sobre as sanções penais e administrativas derivadas de condutas lesivas ao meio ambiente e dá outras providências, a qual passou a ser conhecida como Lei de Crimes Ambientais.

A Lei nº 9.605 foi sancionada com 10 vetos e é composta por 82 artigos distribuídos em oito capítulos, nos quais são definidos os crimes ambientais relacionados à degradação do meio ambiente, as respectivas penas e critérios para a aplicação dessas, além de apresentar os conceitos relacionados à infração administrativa e à cooperação internacional para preservação do meio ambiente.

Não obstante a importância da Lei de Crimes Ambientais como um todo, merece atenção especial o **Capítulo V, Dos Crimes contra o Meio Ambiente**, que, na seção III, artigo 54, define o que é crime:

> Causar poluição de qualquer natureza em níveis tais que resultem ou possam resultar em danos à saúde humana, ou que provoquem mortandade de animais ou a destruição significativa da flora.
> Pena — reclusão, de um a quatro anos e multa.
>
> § 1° — se o crime é culposo:
> Pena — detenção, de seis meses a um ano e multa.
>
> § 2° — se o crime:
> I. tornar uma área, urbana ou rural, imprópria para a ocupação humana;
> II. causar poluição atmosférica que provoque a retirada, ainda que momentânea, dos habitantes das áreas afetadas, ou que cause danos diretos à saúde da população;
> III. causar poluição hídrica que torne necessária a interrupção do abastecimento público de água de uma comunidade;
> IV. dificultar ou impedir o uso público de praias;
> V. ocorrer por lançamento de resíduos sólidos, líquidos ou gasosos, ou detritos, óleos ou substâncias oleosas em desacordo com as exigências estabelecidas em leis ou regulamentos.
> Pena — reclusão, de um a cinco anos.
>
> § 3° — incorre nas mesmas penas previstas no parágrafo anterior quem deixar de adotar, quando assim o exigir a autoridade competente, medidas de precaução em caso de risco de dano ambiental grave ou irreversível.

Outro aspecto a ser destacado na Lei nº 9.605 refere-se à responsabilidade pelos atos ou condutas lesivas ao meio ambiente, pois quem, de qualquer forma, contribui para a prática dos crimes definidos, também responderá pelo crime na medida de sua culpabilidade, bem como o diretor, o administrador, o membro do conselho e de órgão técnico, o auditor, o gerente, o preposto ou mandatário de pessoa jurídica, que, sabendo da conduta criminosa de outros, deixar de impedir a sua prática, quando podia agir para evitá-la.

A Lei nº 9.605 foi regulamentada pelo Decreto nº 3.179, de 21 de setembro de 1999, que dispõe sobre a especificação das sanções aplicáveis às condutas e atividades lesivas ao meio ambiente, e dá outras providências, onde estão estabelecidas as multas e penalidades a serem aplicadas.

13.6 Sistema Nacional de Gerenciamento de Recursos Hídricos

O Sistema Nacional de Gerenciamento de Recursos Hídricos teve sua implantação ordenada pela Constituição de 1988. Em atendimento a esse princípio constitucional, foi promulgada a Lei nº 9.433, em 9.1.1997, que instituiu a Política Nacional de Recursos Hídricos e criou o Sistema Nacional de Gerenciamento de Recursos Hídricos.

São objetivos da Política Nacional de Recursos Hídricos assegurar a necessária disponibilidade de água, a utilização racional e integrada dos recursos e a prevenção e defesa contra eventos hidrológicos críticos. Ela se baseia nos princípios:

- a água é um bem de domínio público;
- a água é em recurso natural limitado, dotado de valor econômico;
- em situações de escassez, o uso prioritário de água é o consumo humano e a dessedentação de animais;
- a gestão dos recursos hídricos deve promover o uso múltiplo das águas;
- a bacia hidrográfica é a unidade territorial para a gestão dos recursos hídricos;
- a gestão dos recursos hídricos deve ser descentralizada e contar com a participação do Poder Público, dos usuários e das comunidades.

Para a implantação da Política Nacional de Recursos Hídricos, a Lei nº 9.433 prevê a utilização dos seguintes instrumentos:

- os Planos de Recursos Hídricos;
- o enquadramento dos corpos de água em classes de uso;
- a outorga dos direitos de uso da água;
- a cobrança pelo uso da água;
- o Sistema de Informações sobre Recursos Hídricos.

A implantação da Política Nacional de Recursos Hídricos e a coordenação da gestão das águas são feitas pelo Sistema Nacional de Gerenciamento de Recursos Hídricos (SNGRH).

O SNGRH é composto pelos seguintes órgãos:

- Conselho Nacional de Recursos Hídricos;
- Conselho de Recursos Hídricos dos Estados e do Distrito Federal;
- Agência Nacional de Água;
- Comitê de Bacia Hidrográfica;
- Órgãos dos poderes público federal, estaduais e municipais cujas competências se relacionam com a gestão de recursos hídricos; e
- Agências de Água.

13.7 Aspectos legais e institucionais relativos ao meio atmosférico

Legislação básica federal

A Portaria MINTER nº 231, de 27.4.76, estabeleceu padrões de qualidade do ar, em nível nacional, para quatro poluentes: poeira total em suspensão, dióxido de enxofre, monóxido de carbono e oxidantes fotoquímicos. Essa Portaria já previa o estabelecimento de novos padrões de qualidade do ar, quando houvesse informação científica a respeito.

Dando continuidade ao processo de regulamentação do controle da poluição atmosférica, em 6 de junho de 1986 foi instituído, em caráter nacional, o Programa de Controle da Poluição por Veículos Automotores, resolução Conama nº 18, com o objetivo de:

- Reduzir os níveis de emissão de poluentes por veículos automotores, com foco no atendimento aos padrões de qualidade do ar;
- Promover desenvolvimento tecnológico nacional na engenharia automobilística e em métodos e equipamentos para ensaios e medição da emissão de poluentes;
- Criar programas de inspeção e manutenção de veículos em uso;
- Conscientizar a população com relação à questão da poluição do ar por veículos automotores;
- Estabelecer condições de avaliação dos resultados alcançados; e

- Promover a melhoria das características dos combustíveis líquidos utilizados nos veículos automotores.

Em 15.6.1989, o Conselho Nacional do Meio Ambiente, editou a Resolução nº 5, que instituiu o Programa Nacional de Controle da Qualidade do Ar (Pronar), com três objetivos específicos:

- melhorar a qualidade do ar;
- atender aos padrões de qualidade estabelecidos; e
- não comprometer a qualidade do ar em áreas consideradas não degradadas.

Os padrões de qualidade do ar foram estabelecidos pela Resolução Conama nº 3, de 28.6.1990, atendendo o que preconizava a portaria MINTER nº 231, consolidando o conjunto básico de normas relativas ao controle da poluição atmosférica.

Programa Nacional de Controle da Qualidade do Ar

O Pronar foi criado como um dos instrumentos básicos da gestão ambiental para proteção da saúde e bem-estar das populações e melhoria da qualidade de vida, com o objetivo de permitir o desenvolvimento econômico e social do País, de modo ambientalmente seguro, pela limitação dos níveis de emissão de poluentes atmosféricos.

Foi estabelecida como estratégia básica do Pronar limitar, em nível nacional, as emissões por tipologia de fontes e poluentes prioritários, reservando o uso dos padrões de qualidade do ar como ação complementar de controle.

Limites máximos de emissão

Entende-se por limite máximo de emissão a quantidade de poluentes que pode ser lançada por fontes poluidoras para a atmosfera. Os limites máximos de emissão serão diferenciados em função da classificação de usos pretendidos para as diversas áreas e serão mais rígidos para as fontes novas de poluição. Entende-se por fontes novas de poluição aqueles empreendimentos que não tenham obtido a licença prévia do órgão licenciador na data da publicação da resolução.

Os limites máximos de emissão são definidos por meio de resoluções específicas do Conama.

Padrões de qualidade do ar

Considerando a necessidade de uma avaliação permanente das ações e controles estabelecidos no Pronar, é estratégica a adoção de padrões de qualidade do ar como ação complementar e referencial dos limites máximos de emissão estabelecidos.

Foram estabelecidos dois tipos de qualidade do ar:

Primários
Constituem os padrões primários de qualidade do ar as concentrações de poluentes que, ultrapassadas, poderão afetar a saúde da população. Esses padrões podem ser entendidos como níveis máximos toleráveis de concentração de poluentes atmosféricos e são metas de curto e médio prazos.

Secundários
Constituem os padrões secundários de qualidade do ar as concentrações de poluentes atmosféricos abaixo das quais se prevê o mínimo efeito adverso sobre o bem-estar da população, assim como o mínimo dano à fauna e flora, aos materiais e meio ambiente em geral. Esses padrões podem ser entendidos como níveis desejados de concentração de poluentes e são metas de longo prazo.

Prevenção de deterioração significativa da qualidade do ar

Para a implementação de uma política de não-deterioração significativa da qualidade do ar, as áreas de todo o território nacional serão enquadradas de acordo com a seguinte classificação de usos pretendidos:

Classe I

Áreas de observação, lazer e turismo, tais como parques nacionais e estaduais, reservas e estações ecológicas, estâncias hidrominerais e hidrotermais. Nessas áreas deverá ser mantida a qualidade do ar em nível o mais próximo possível do verificado sem a intervenção antropogênica.

Classe II

Áreas onde o nível de deterioração da qualidade do ar seja limitado pelo padrão secundário de qualidade.

Classe III

Áreas de desenvolvimento onde o nível de deterioração da qualidade seja limitado pelo padrão primário de qualidade.

- *Monitoramento da qualidade do ar*

Considerando a necessidade de conhecer e acompanhar os níveis de qualidade do ar no País como forma de avaliação das ações de controle estabelecidas pelo Pronar, é estratégica a criação de uma rede nacional para monitoramento da qualidade do ar. Por isso, deverá ser estabelecida uma rede básica de monitoramento que permitirá o acompanhamento dos níveis de qualidade do ar e sua comparação com os respectivos padrões estabelecidos.

- *Gerenciamento do licenciamento de fontes de poluição do ar*

Considerando que o crescimento industrial e urbano não devidamente planejado agrava as questões de poluição do ar, é fundamental estabelecer um sistema que discipline a ocupação do solo baseado no licenciamento prévio das fontes de poluição. Esse mecanismo deverá analisar previamente o impacto de atividades poluidoras, prevenindo uma deterioração descontrolada da qualidade do ar.

- *Inventário nacional de fontes e poluentes do ar*

Como forma de subsidiar o Pronar no que tange às cargas e aos locais de emissão de poluentes, é estratégica a criação de um inventário nacional de fontes e emissões que objetive o desenvolvimento de metodologias que permitam o cadastramento e a estimativa das emissões, bem como o devido processamento dos dados referentes à poluição do ar.

- *Desenvolvimento nacional na área de poluição do ar*

A efetiva implantação do Pronar está intimamente relacionada com a capacidade técnica dos órgãos ambientais e com o desenvolvimento tecnológico na área de poluição do ar.

Assim, é estratégia do Pronar promover, junto aos órgãos ambientais, meios de estruturação de recursos humanos e laboratoriais a fim de desenvolver programas regionais que viabilizarão o atendimento dos objetivos estabelecidos.

Do mesmo modo, deverá ser promovido pelo Pronar o desenvolvimento científico e tecnológico em questões relacionadas com a poluição atmosférica que envolva órgãos ambientais, universidades, setor produtivo e demais instituições relacionadas à questão como forma de criar novas evidências científicas que possam ser úteis ao Programa.

13.8 Aspectos legais e institucionais relativos ao meio aquático

Legislação básica federal

A primeira legislação federal sobre água foi o Decreto nº 24.643, de 10.7.1934, Código de Águas, o qual nunca foi completamente regulamentado.

Em termos de legislação, as diretrizes dadas ao recurso água estão também contidas na chamada legislação ambiental. A Lei nº 4.771, de 15.9.1965, instituiu o Código Florestal, que estabeleceu as faixas de proteção à margem dos rios; o Código de Pesca, que, além de outros dispositivos que proibiam a poluição das águas, estabeleceu condições no sentido de não haver prejuízo à fauna aquática. Em 26 de setembro de 1967, foi sancionada a Lei nº 5.318, que instituiu a política Nacional de Saneamento e criou o Conselho Nacional de Saneamento, cujo enfoque foi o saneamento básico, os esgotos pluviais e a drenagem, o controle da poluição ambiental, o controle das modificações artificiais das massas de água e o controle de inundações e erosões.

A Lei Federal nº 5.357, de 17.11.1967, estabeleceu penalidades para embarcações e terminais marítimos ou fluviais que lançarem detritos ou óleo em águas brasileiras.

Na década de 1980, podemos destacar a Lei nº 6.938, de 31.8.81, e suas alterações e regulamentações (Lei de Política Nacional do Meio Ambiente).

A Resolução nº 357, do Conselho Nacional do Meio Ambiente (Conama), de 17.03.2005 estabeleceu treze classes, em função dos usos preponderantes, para águas doces, salinas e salobras do Território Nacional. Cabe ressaltar que a resolução anterior, Conama nº 20, de 18.06.1986 estabelecia nove classes para as águas do Território Nacional.

A Lei Federal nº 7.861, de 16.5.88, instituiu o Plano Nacional de Gerenciamento Costeiro como parte integrante da Política Nacional do Meio Ambiente, visando a orientar a utilização racional dos recursos da zona costeira, contribuindo para a proteção do seu patrimônio natural, incluindo as águas costeiras, fluviais e estuárias.

A grande evolução veio com a Lei nº 9.433, de 8.1.97, que instituiu a Política e o Sistema Nacional de Gerenciamento de Recursos Hídricos.

Em 17 de julho de 2000, foi editada a Lei nº 9.984, que dispõe sobre a criação da Agência Nacional de Água (Ana), entidade federal responsável pela implementação da Política Nacional de Recursos Hídricos e coordenação do Sistema Nacional de Gerenciamento de Recursos Hídricos.

13.9 Aspectos legais e institucionais relativos ao meio terrestre

A Lei nº 6.803, de 2 de julho de 1980, dispõe sobre as diretrizes básicas para o zoneamento industrial nas áreas críticas de poluição, de maneira a compatibilizar o desenvolvimento das atividades industriais com a proteção ambiental. Por essa lei, as zonas industriais são classificadas em categorias, de acordo com a possibilidade de uso:

- Zona de uso estritamente industrial: são áreas preferencialmente destinadas à localização de estabelecimentos industriais cujos resíduos ou qualquer forma de emissão de energia possam trazer perigo à saúde e ao bem-estar da população.
- Zona de uso predominantemente industrial: áreas destinadas preferencialmente à instalação de indústrias cujos processos, após a adoção de medidas de controle e tratamento de seus resíduos, não causem incômodos sensíveis às demais atividades urbanas nem perturbem o repouso noturno.
- Zonas de uso diversificado: destinadas à localização de estabelecimentos industriais cujo processo produtivo seja complementar das atividades do meio urbano ou rural e sejam compatíveis com essas, independentemente do uso de métodos especiais de controle da poluição, não ocasionando, em qualquer caso, inconveniente à saúde, ao bem-estar e à segurança das populações vizinhas.

Com relação ao solo urbano, destaca-se a Lei nº 10.257, de 10 de julho de 2001, que regulamenta os artigos 182 e 183 da Constituição Federal, estabelecendo as diretrizes gerais da política urbana. Entre as diretrizes gerais dessa lei, estabelecidas no artigo 2º, devem ser destacadas:

VI. Ordenação e controle do uso do solo, de forma a evitar:
   a) A utilização inadequada dos imóveis urbanos;
   b) A proximidade de usos incompatíveis ou inconvenientes;

c) O parcelamento do solo, a edificação ou o uso excessivos ou inadequados em relação à infra-estrutura urbana;
d) A instalação de empreendimentos ou atividades que possam funcionar como pólos geradores de tráfego, sem a previsão da infra-estrutura correspondente;
e) A retenção especulativa de imóvel urbano, que resulte na sua subutilização ou não utilização;
f) A deterioração das áreas urbanizadas;
g) A poluição e a degradação ambiental.

VII. Integração e complementaridade entre as atividades urbanas e rurais, tendo em vista o desenvolvimento socioeconômico do Município e do território sob sua área de influência;
VIII. Adoção de padrões de produção e consumo de bens e serviços e de expansão urbana compatíveis com os limites da sustentabilidade ambiental, social e econômica do Município e do território sob sua área de influência;
IX. Justa distribuição dos benefícios e ônus decorrentes do processo de urbanização;
XII. Proteção, preservação e recuperação do meio ambiente natural e construído, do patrimônio cultural, histórico, artístico, paisagístico e arqueológico;
XIII. Audiência do Poder Público Municipal e da população interessada nos processos de implantação de empreendimentos ou atividades com efeitos potencialmente negativos sobre o meio ambiente natural ou construído, o conforto ou a segurança da população.

Resíduos sólidos

A situação brasileira relacionada aos resíduos sólidos ainda desperta preocupação, pois, ao contrário do que ocorre para o meio atmosférico e aquático, ainda não dispomos de uma Política Nacional que trate desse tema de uma maneira integrada.

Encontra-se, no Congresso Nacional, o Projeto de Lei nº 203/1991, com 69 apensamentos, para instituir a Política Nacional de Resíduos Sólidos, o qual ainda aguarda encaminhamento(http://www.camara.gov.br). Já no Senado Federal tramita o Projeto de Lei do Senado Federal nº 265/1999, que institui a Política Nacional de Resíduos Sólidos e dá outras providências, o qual foi encaminhado para análise na Comissão de Constituição, Justiça e Cidadania em 10.7.2003, pronto para pauta (http://legis.senado.gov.br/pls/prodasen),

Ambos os projetos procuram incorporar princípios avançados com relação à gestão dos resíduos sólidos, destacando-se os seguintes:

I. prevenção da poluição ou redução da geração de resíduos na fonte;
II. minimização dos resíduos;
III. recuperação de materiais ou de energia dos resíduos ou produtos descartados;
IV. tratamento dos resíduos;
V. disposição final dos resíduos remanescentes; e
VI. recuperação das áreas degradadas pela disposição inadequada de resíduos.

Enquanto o Poder Legislativo se mantém debruçado sobre os projetos de lei que definem a Política Nacional de Resíduos, a questão sobre os resíduos sólidos é tratada de maneira fragmentada.

A Portaria MINTER nº 53, de 1.3.79, do Ministério do Interior, estabelece normas para os projetos específicos de tratamento e disposição de resíduos sólidos, bem como para a fiscalização de sua implantação, operação e manutenção.

Conforme a Portaria, compete ao órgão estadual de controle de poluição e de preservação ambiental aprovar e fiscalizar a implantação, operação e manutenção dos projetos específicos de tratamento e disposição de resíduos sólidos. Ao Ibama devem ser enviadas cópias das autorizações concedidas. Estabelece, também, que os resíduos sólidos que contenham substâncias inflamáveis, corrosivas, explosivas, radioativas e outras consideradas prejudiciais deverão sofrer tratamento ou acondicionamento adequado, no próprio local da produção e nas condições estabelecidas pelo órgão estadual de controle da poluição. Essa Portaria está sendo revisada e já existem vários estudos para sua completa reformulação.

O Conama avançou muito na questão sobre a regulamentação associada aos resíduos sólidos e passou a editar resoluções que incorporam mecanismos de gestão avançados. Por exemplo, a resolução Conama nº 257, de 30.6.1999, trata dos procedimentos para reutilização, reciclagem, tratamento ou disposição final de pilhas e baterias, atribuindo aos fabricantes ou importadores a responsabilidade para que tais procedimentos sejam viabilizados. Outra resolução do Conama que incorpora o conceito de responsabilidade pós-consumo é a de nº 258 de 26.8.1999, que atribui aos fabricantes e importadores a responsabilidade pela coleta e destinação final de pneus inservíveis.

13.10 Aspectos legais e institucionais nos Estados

Conforme mencionado, os estados e municípios também podem estabelecer normas que tratam da proteção do meio ambiente, sendo que a maioria dos estados brasileiros dispõe de uma estrutura específica para tratar das questões ambientais, as quais são integrantes do Sisnama.

Por ter sido um dos primeiros estados onde os problemas de poluição se manifestaram com maior intensidade, São Paulo foi pioneiro no desenvolvimento de instrumentos legais para o controle da poluição. Com o passar do tempo, outros estados se defrontaram com tais problemas e também passaram a desenvolver uma legislação específica para atender às suas necessidades.

O Estado de São Paulo

Constituição Estadual

A partir da Constituição Federal de 1988, os estados passaram a ter autonomia para a elaboração de Constituição própria. No caso específico do Estado de São Paulo, em 5 de outubro de 1989 foi promulgada a Constituição do Estado, que, da mesma forma que a Constituição Federal, dedicou um capítulo específico para o meio ambiente, que também aborda os recursos naturais e o saneamento (Capítulo IV) — as questões relativas ao meio ambiente são abordadas na Seção I, artigos de 191 a 204.

Nesses artigos são abordados os aspectos relacionados à proteção do meio ambiente, licenciamento ambiental, sistema de administração ambiental, áreas de proteção ambiental entre outros, sendo estabelecido, no artigo 191, que:

> O Estado e os Municípios providenciarão, com a participação da coletividade, a preservação, conservação, defesa, recuperação e melhoria do meio ambiente natural, artificial e do trabalho, atendida as peculiaridades regionais e locais e em harmonia como desenvolvimento social e econômico.

Como pode ser verificado, a Constituição Estadual já incorpora o conceito de desenvolvimento sustentável, pois considera o desenvolvimento econômico e social vinculado à proteção do meio ambiente, que veio a ser proposto formalmente, para todos os países do planeta, na Agenda 21.

Lei nº 118, de 29 de junho de 1973, e Decreto nº 5.993, de 16 de abril de 1975.

A Lei nº 118 foi responsável pela constituição da Companhia Estadual de Tecnologia de Saneamento Básico e de Controle da Poluição da Água (Cetesb), sendo atribuída a essa instituição a responsabilidade, dentre outras, de:

- Efetuar o controle da qualidade das águas destinadas ao abastecimento público e a outros usos, assim como das águas residuárias;
- Realizar estudos, pesquisas, treinamento e aperfeiçoamento de pessoal e prestar assistência técnica especializada à operação e manutenção de sistemas de água e esgotos e resíduos industriais; e

- Manter o sistema de informação e divulgar dados de interesse da engenharia sanitária e da poluição da águas, de forma a ensejar o aperfeiçoamento de métodos e processos para estudos, projetos, execução, operação e manutenção de sistemas.

O Decreto nº 5.993 tratou de alterar a denominação e atribuições da Cetesb, que passou a ser denominada de Companhia Estadual de Tecnologia de Saneamento Básico e de Defesa do Meio Ambiente, recebendo a atribuição do exercício do controle da qualidade do meio ambiente — Água, Ar e Solo — em todo o território do Estado de São Paulo, assim como as funções de pesquisa e de serviços científicos e tecnológicos direta e indiretamente relacionados com o seu campo de atuação.

Lei nº 997, de 31 de maio de 1976.

Uma das primeiras leis referentes ao controle da poluição ambiental é a Lei nº 997, que dispõe sobre o Controle da Poluição do Meio Ambiente, sendo a mesma regulamentada pelo Decreto Estadual nº8.468, de 8 de setembro de 1976.

O Decreto nº 8.468 contém 117 artigos, distribuídos em sete títulos, conforme apresentado a seguir.

- Título I: Da Proteção do Meio Ambiente (Artigos 1° a 6°);
- Título II: Da Poluição da Águas;
  Capítulo I — Da Classificação das Águas (Artigos 7° a 9°)
  Capítulo II — Dos Padrões (Artigos 10° a 19°)
- Título III: Da Poluição do Ar;
  Capítulo I — Das Normas para Utilização e Preservação do Ar (Artigos 20° a 28°)
  Capítulo II — Dos Padrões (Artigos 29° a 42°)
  Capítulo III — Do Plano de Emergência para Episódios Críticos de Poluição do Ar (Artigos 43° a 50°)
- Título IV: Da Poluição do Solo (Artigos 51° a 56°);
- Título V: Das Licenças e Registros;
  Capítulo I — Das Fontes de Poluição (Artigo 57°)
  Capítulo II — Das Licenças de Instalação (Artigos 58° a 61°)
  Capítulo III — Da Licença de Funcionamento (Artigos 62° a 66°)
  Capítulo IV — Do Registro (Artigos 67° e 69°)
  Capítulo V — Dos Preços para Expedição de Licenças (Artigos 70° a 75°)
- Título VI: Da Fiscalização e das Sanções;
  Capítulo I — Da Fiscalização (Artigos 76° a 79°)
  Capítulo II — Das Infrações e das Penalidades (Artigos 80° a 91°)
  Capítulo III — Do Procedimento Administrativo (Artigos 92° a 100°)
  Capítulo IV — Dos Recursos (Artigos 101° a 107°)
- Título VII: Das Disposições Finais (Artigos 108° a 117°).

O Decreto nº 8.468 é um instrumento bastante abrangente, pois trata da questão da poluição ambiental em todos os meios (Água, Ar e Solo), além de tratar dos procedimentos relacionados ao licenciamento ambiental e da fiscalização ambiental, devendo-se observar que esse foi um dos primeiros documentos, em todo o território nacional, que passou a regulamentar as questões referentes à proteção do meio ambiente.

Decreto nº 24.932, de 24 de março de 1986.

O Decreto nº 24.932 foi responsável pela instituição do Sistema Estadual de Meio Ambiente e criação da Secretaria de Estado do Meio Ambiente, visando atender as necessidades de o Estado dispor de um instrumento de coordenação das atividades ligadas à defesa, preservação e melhoria do meio ambiente.

Por esse decreto, os objetivos do Sistema Estadual do Meio Ambiente são:

I. Promover a preservação, melhoria e recuperação da qualidade ambiental;
II. Coordenar e integrar as atividades ligadas à defesa do meio ambiente;
III. Promover a elaboração e o aperfeiçoamento das normas de proteção ao meio ambiente; e
IV. Estimular a realização de atividades educativas e a participação da comunidade no processo de preservação do meio ambiente.

Também por esse decreto, cabe à Secretaria do Meio Ambiente:

- Coordenar, orientar e integrar em âmbito estadual as atividades pertinentes ao Sistema Estadual do Meio Ambiente;
- Promover medidas junto aos órgãos e entidades integrantes do Sistema, para elaboração e execução de programas de trabalho integrados;
- Desenvolver formas de captação e distribuição de recursos destinados às atividades de preservação, melhoria e recuperação da qualidade ambiental;
- Estimular a promoção e o desenvolvimento de programas e projetos necessários à consecução dos objetivos do Sistema;
- Promover o desenvolvimento de gestões junto a entidades privadas para que colaborem na execução dos programas de preservação, melhoria e qualidade ambiental;
- Estimular a participação dos diversos segmentos da sociedade interessados na viabilização dos objetivos do Sistema;
- Organizar e implantar sistemas integrados de informações necessárias à adequada execução da Política Estadual do Meio Ambiente;
- Difundir as atividades relativas à defesa, preservação e melhoria do meio ambiente;
- Controlar os resultados do Sistema no que diz respeito ao atendimento de seus objetivos;
- Colaborar com os órgãos das administrações federal, municipais e de outros Estados na formulação de programas de interesse para o Sistema;
- Executar, em caráter supletivo e em integração com os órgãos competentes, projetos necessários à defesa, preservação e recuperação do meio ambiente;
- Criar e implantar áreas de proteção ambiental, de relevante interesse ecológico e unidades ecológicas multissetoriais.

A Secretaria do Meio Ambiente foi reestruturada, reorganizada e regulamentada pelo Decreto nº 30.555, de 3 de outubro de 1989, sendo acrescentadas às suas atribuições, as seguintes:

- A coordenação, orientação e integração das ações relativas à defesa e melhoria no controle da poluição das águas, do solo, da atmosfera e no desenvolvimento de tecnologia apropriada;
- Elaborar a Política Estadual de Meio Ambiente e as tarefas de sua implantação direta e indireta;
- Avaliar e aprovar Relatórios de Impacto Ambiental (Rimas) no Estado de São Paulo;
- Licenciar as atividades efetivas ou potencialmente poluidoras, bem como as consideradas causadoras de degradação ambiental.

Resoluções da Secretaria do Meio Ambiente

Considerando-se as atribuições recebidas, a Secretaria do Meio Ambiente (SMA) passou a editar resoluções, visando atender aos objetivos do Sistema Estadual do Meio Ambiente, sendo apresentadas, na Tabela 13.1, a seguir, algumas das resoluções editadas pela SMA.

TABELA 13.1

Resoluções da Secretaria do Meio Ambiente

Resolução	Data	Título
SMA-12	2.8.89	Dispõe sobre publicação de solicitação e concessão de Licenças de Instalação e Funcionamento, conforme exigência da Resolução Conama nº 6/86.
SMA-18	23.10.89	Dispõe sobre as diretrizes, para apresentação do Plano de Recuperação de Área Minerada, para os empreendimentos que exploram ou se destinam à exploração dos recursos minerais, estabelecido no Decreto Federal nº 97.632, de 10.4.89.
SMA-01	2.1.90	Dispõe sobre apresentação de EIA/Rima de obra ou atividade, pública ou privada, que se encontre em andamento, ou ainda não iniciada, mesmo que licenciada, autorizada ou aprovada por quaisquer órgãos ou entidade pública.
SMA-19	9.10.91	Procedimentos para análise de EIA/Rima, no âmbito da Secretaria do Meio Ambiente.
SMA-05	7.1.97	Institui o compromisso de ajustamento de conduta ambiental com força de título executivo extrajudicial, no âmbito da Secretaria do Meio Ambiente, da Companhia de Tecnologia e Saneamento Ambiental (Cetesb) e da Fundação para a Conservação e a Produção Florestal do Estado de São Paulo (Fundação Florestal) e dá providências correlatas.
SMA-23	14/12/2001	Dispõe sobre a implantação do Programa de Inspeção Veicular Ambiental a que se refere o Plano de Controle da Poluição por Veículos em Uso (PCPV) para o Estado de São Paulo, aprovado pela Resolução SMA nº 31, de 28 de dezembro de 2000.
SMA/SS-01	5.3.2002	Dispõe sobre a tritura ou retalhamento de pneus para fins de disposição em aterros sanitários e dá providências correlatas.

14 Avaliação de impactos ambientais

14.1 Surgimento e principais características

Entre fins da década de 1950 e início da de 1960, a crescente sensibilidade de estudiosos, acadêmicos e gestores públicos apontava a necessidade urgente da criação de novos instrumentos capazes de complementar e ampliar a eficiência dos tradicionalmente utilizados no licenciamento ambiental de atividades e empreendimentos. Vários grupos de estudos foram se formando nos Estados Unidos e Europa, primeiramente nacionais e a seguir multinacionais, para dar resposta a esse desafio.

Já na década de 1960 passou a consolidar-se o conceito, hoje corrente, de impactos sobre o ambiente. O detalhamento desse conceito demonstrou que sua avaliação podia ser feita com razoável margem de objetividade, de modo que ela pudesse ter aceitação e representatividade social e transformar-se em instrumento do processo de tomada de decisões no licenciamento ambiental. Para tanto, essa avaliação deveria ter características técnicas mínimas regulamentadas pelo poder público e ser traduzida em um documento público acessível aos vários segmentos da sociedade interessados no processo de licenciamento ambiental.

Munn (1975) dá uma versão das características básicas de uma avaliação de impacto ambiental:

a) descrever a ação proposta e as alternativas também;
b) prever a natureza e a magnitude dos efeitos ambientais;
c) identificar as preocupações humanas relevantes;
d) listar os indicadores de impacto a serem utilizados e para cada um definir sua magnitude. Para o conjunto de impactos, os pesos de cada indicador obtidos do decisor ou das metas nacionais; e
e) a partir dos valores previstos em (b) acima, determinar os valores de cada indicador de impacto e o impacto ambiental total.

Em 1981, decorridas já quase duas décadas de uma crescente preocupação com o meio ambiente e uma década desde a Primeira Conferência Mundial sobre o Meio Ambiente, realizada em 1972, em Estocolmo, pela ONU, o Brasil definiu a Política Nacional do Meio Ambiente (Lei Federal nº 6.938, de 31.8.81). Nessa lei, a 'Avaliação de Impactos Ambientais' e o 'Licenciamento de Atividades Efetiva ou Potencialmente Poluidoras' foram dois dos instrumentos criados para que fossem atingidos os objetivos dessa política, ou seja: "... preservação, melhoria e recuperação da qualidade ambiental propícia à vida, visando assegurar no país condições propícias ao desenvolvimento socioeconômico, aos interesses da segurança nacional e à proteção da dignidade da vida humana...".

Após cinco anos, durante os quais se viveu um processo rico de novas experiências, mas dificultado pela falta de prática do diálogo construtivo entre representantes dos vários segmentos que o compunham, o Conselho Nacional do Meio Ambiente (Conama), por meio da Resolução nº 001/86, definiu como deve ser feita a avaliação de impactos ambientais, criando duas figuras novas, respectivamente: o Estudo de Impactos Ambientais (EIA) e o Relatório de Impacto Ambiental (Rima). Definiu em que consiste cada um deles (Quadros 14.1 e 14.2) e estabeleceu a relação das atividades para as quais sua exigência é obrigatória (Quadro 14.3). O licenciamento para fins de exercício dessas atividades e de outras que podem ser estabelecidas pela autoridade ambiental local passou, desde então, a depender da prévia aprovação do EIA/Rima, mediante procedimentos regulamentados, resumidos no Quadro 14.4.

QUADRO 14.1

O que é o EIA? (Conama, 1986).

Relatório técnico, elaborado por equipe multidisciplinar, independente do empreendedor, profissional e tecnicamente habilitada para analisar os aspectos físico, biológico e socioeconômico do ambiente, que, além de atender aos princípios e objetivos da Lei da Política Nacional do Meio Ambiente, deve obedecer às seguintes diretrizes gerais:

I. contemplar todas as alternativas tecnológicas e de localização do projeto, confrontando-as com a hipótese de não-execução do projeto;
II. identificar e avaliar sistematicamente os impactos ambientais gerados nas fases de implantação e de operação;
III. definir os limites da área geográfica a ser direta ou indiretamente afetada pelos impactos, denominada área de influência do projeto, considerando, em todos os casos, a bacia hidrográfica na qual se localiza; e
IV. considerar os planos e programas governamentais, propostos e em implantação, na área de influência do projeto e sua compatibilidade (inclusive diretrizes específicas e peculiares ao projeto, adicionais, fixadas pelo órgão estadual ou, quando couber, municipal, competente).

Como conteúdo mínimo o EIA deverá apresentar:

I. informações gerais do empreendedor (identificação, histórico, localização etc.);
II. caracterização do empreendimento (objetivos, porte, etapas de implantação etc.);
III. área de influência do empreendimento;
IV. diagnóstico ambiental da área de influência – descrição e análise dos recursos ambientais e suas interações, tal como existentes, com os meios Físico, Biológico e Socioeconômico;
V. análise dos impactos e empreendimentos e de suas alternativas – Identificação, Previsão de Magnitude e Importância (permanência, reversibilidade, cumulatividade, sinergismo, distribuição social, dos custos e benefícios etc.) dos Impactos Relevantes Prováveis;
VI. definição de Medidas Mitigadoras dos impactos negativos; e
VII. definição de Programa de Acompanhamento e Monitoramento dos impactos e das medidas mitigadoras através dos fatores e parâmetros ambientais de interesse.

QUADRO 14.2

O que é o Rima? (Conama, 1986).

Relatório-resumo dos estudos do EIA, em linguagem objetiva e acessível para não técnicos, contendo no mínimo:

I. objetivos e justificativas do empreendimento;
II. descrição do empreendimento e das alternativas locacionais e tecnológicas existentes (área de influência, matéria-prima, energia, processo, efluentes, resíduos etc.);
III. síntese dos resultados do diagnóstico ambiental;
IV. descrição dos impactos prováveis;
V. caracterização da qualidade ambiental futura;
VI. efeitos esperados das medidas mitigadoras;
VII. programa de acompanhamento e monitoramento; e
VIII. conclusões e recomendações da alternativa mais favorável.

QUADRO 14.3

Atividades que dependem de EIA/Rima para licenciamento (Conama, 1986).

Depende da elaboração do EIA/Rima, a ser submetido à aprovação do órgão estadual competente e da Secretaria do Meio Ambiente (SMA — órgão federal), em caráter supletivo, o licenciamento de atividades modificadoras do meio ambiente, tais como:

I. estradas de rodagem com 2 (duas) ou mais faixas de rolamento;
II. ferrovias;
III. portos e terminais de minério, petróleo e produtos químicos;
IV. aeroportos;
V. oleodutos, gasodutos, minerodutos, troncos coletores e emissários de esgotos sanitários;
VI. linhas de transmissão de energia elétrica acima de 230 kW;
VII. obras hidráulicas para exploração de recursos hídricos, tais como barragem para quaisquer fins hidrelétricos acima de 10 MW, obras de saneamento ou de irrigação, abertura de canais para navegação, drenagem e irrigação, retificação de cursos de água, abertura de barras e embocaduras, transposição de bacias, diques;
VIII. extração de combustível fóssil (petróleo, xisto, carvão);
IX. extração de minério;
X. aterros sanitários, processamento e destino final de resíduos tóxicos ou perigosos;
XI. usinas de geração de eletricidade, qualquer que seja a fonte de energia primária, com potência instalada acima de 10 MW;
XII. complexo e unidades industriais e agroindustriais (petroquímicos, siderúrgicos, químicos, destilarias de álcool, hulha, extração e cultivo de recursos hidróbios);
XIII. distritos industriais e Zonas Estritamente Industriais (ZEI);
XIV. exploração econômica de madeira ou de lenha, em área acima de 100 ha ou menores, quando atingir áreas significativas em termos percentuais ou de importância do ponto de vista ambiental;
XV. projetos urbanísticos, acima de 100 ha ou em áreas consideradas de relevante interesse ambiental a critério da SMA e dos órgãos municipais e estaduais competentes;
XVI. qualquer atividade que utilizar carvão vegetal, derivados ou produtos similares, em quantidade superior a dez toneladas por dia; e
XVII. projetos agropecuários que contemplem áreas acima de 1000 ha ou menores, neste caso quando se tratar de áreas significativas em termos percentuais ou de importância do ponto de vista ambiental, inclusive nas áreas de proteção ambiental.

QUADRO 14.4

Resumo do processo decisório para habilitação ao licenciamento no Estado de São Paulo (Resolução Conama nº 01/1986, Lei Estadual nº 9.509/1997 e Resolução SMA nº 42/1994).

I. O empreendedor deverá entregar, na Secretaria do Meio Ambiente (SMA), os documentos seguintes:

- requerimento de pedido de análise do EIA/Rima;
- 6 (seis) cópias do EIA e do Rima, bem como súmula do EIA/Rima;
- cópia da publicação sobre o empreendimento em periódico do local ou região; e
- comprovação de regularização junto à entidade profissional a que esteja afiliada a empresa consultora responsável pela elaboração do EIA/Rima.

(continua)

(continuação)

II. A SMA, recebidos os documentos anteriores descritos, procederá seqüencialmente:
- à análise preliminar, em até 15 (quinze) dias, para saber se o EIA/Rima está de acordo com a legislação;
- à análise do EIA/Rima com emissão de Parecer Técnico, em até 3 (três) meses, deixando de contar esse prazo sempre que estiverem sendo preparadas pelo empreendedor/consultor as complementações solicitadas pela SMA. Esse prazo poderá ampliar-se ainda em casos de maior complexidade e sempre que o atendimento às Audiências Públicas assim o exigirem; e
- o envio do Parecer Técnico e respectiva súmula indicando a aprovação, reprovação ou aprovação com exigências complementares ao Conselho Estadual do Meio Ambiente (Consema), para sua deliberação. Apenas nos casos em que qualquer um dos membros do Consema assim o indicar, os responsáveis pelo empreendimento e pelo EIA/Rima poderão ser convocados para responder às questões formuladas pelos conselheiros. Na deliberação do Consema poderão constar exigências adicionais como condição para o licenciamento diretamente ao Secretário do Meio Ambiente para sua apreciação, análise, aprovação ou reprovação, quando não houver a indicação específica acima referida.

A criação do Relatório Ambiental Preliminar (RAP)

Em 1994, por meio da Resolução SMA nº 42, que normatizou os procedimentos para o licenciamento ambiental no Estado de São Paulo E.S.P., foi criado o Relatório Ambiental Preliminar (RAP), como um documento inicial que pode tornar dispensável a elaboração do EIA/Rima para a obtenção das três licenças previstas, conforme indicado esquematicamente na ilustração abaixo:

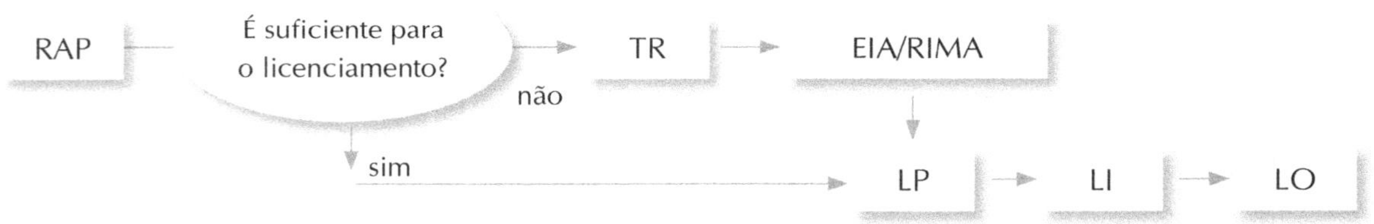

onde: TR é o Termo de Referência (contendo um sumário do plano de elaboração do EIA/Rima a ser previamente aprovado pela SMA), e LP, LI e LO são, respectivamente, as licenças seqüencialmente emitidas, prévias, de instalação e de operação.

O conteúdo mínimo do RAP compreende:
- Objeto do Licenciamento;
- Justificativa do Empreendimento;
- Caracterização do Empreendimento;
- Diagnóstico Ambiental Preliminar da Área de Influência;
- Identificação dos Impactos Ambientais;
- Medidas Mitigadoras.

Como documentos exigidos, a Resolução que criou o RAP relaciona:

- Laudo da vistoria ou protocolo de Parecer Técnico do Departamento de Pesquisa de Recursos Naturais (DEPRN);
- Equipe técnica que elaborou o RAP;
- Anotação de Responsabilidade Técnica (ART) do coordenador habilitado do projeto;
- Certidão de Conformidade de Uso do Solo da Prefeitura Municipal.

Do RAP deverão ser entregues dois exemplares ao Departamento de Avaliação de Impactos Ambientais (DAIA).

Como se vê, a aplicação desse instrumento é ainda recente. A prática de sua aplicação, assim como sua definição, também tem tido sua eficácia comprometida por uma mesma causa fundamental: insuficiência de compreensão e de experiência na gestão ambiental.

No âmbito público, essa insuficiência manifesta-se, no mínimo, de duas maneiras. Como agente promotor das atividades dependentes do EIA/Rima, o poder público baseia-se em organismos existentes desde longa data, com 'cultura' e 'hábitos de gestão' sedimentados muito antes de as preocupações ambientais fazerem parte de legislação específica. Até recentemente, a imagem externa de eficácia desses organismos – e, portanto, o reconhecimento da atuação de seus dirigentes e profissionais – dependia quase exclusivamente do atendimento de seus objetivos estatutários, ainda que por vezes isso viesse a provocar grandes danos ambientais. Em conseqüência, a tendência é a de submeter suas atividades a licenciamento apenas em último caso, no último momento, ao fim de um processo que já se consolidou por meio de grande número de interesses e fortes resistências a quaisquer modificações necessárias à adequação ambiental.

Como instituição responsável pelo arbítrio das pendências ambientais, o poder público brasileiro sofre as conseqüências de ter vivido regimes democráticos quase apenas como exceção. Conseqüentemente, a manifestação sistemática e institucionalizada da sociedade civil nos processos públicos de tomada de decisões ainda está por ser adequadamente abrigada.

Por razões semelhantes às do poder público e, além disso, pelas de riscos de custos de investimento e de perdas financeiras por atrasos de decisão provocados pela burocracia, o setor privado também quase sempre encara o licenciamento ambiental como algo do qual deve fugir. No âmbito técnico, a insuficiência está no número ainda muito reduzido de profissionais experientes e competentes para elaborar os EIA/Rima e para assessorar as várias partes envolvidas no processo decisório do licenciamento (empreendedor público ou privado, órgãos públicos ambientais e os representantes da sociedade civil nos colegiados, como os conselhos ambientais e as audiências públicas).

Relativamente à sociedade civil como participante do processo decisório ambiental, a exemplo do poder público que dela provém, falta-lhe ainda a experiência democrática. Sua organização é incipiente e sua representação freqüentemente se estende a parcelas reduzidas da sociedade, quase unicamente àquelas que se sentem comprometidas com a proteção e preservação ambiental. Nem sempre os integrantes dessas parcelas reduzidas, por mais combativos e bem-intencionados que sejam, podem substituir as comunidades diretamente envolvidas com os impactos ambientais decorrentes da atividade dependente do licenciamento.

Não obstante as dificuldades apresentadas — propositadamente destacadas para suscitar sua superação —, a instituição do EIA/Rima e do decorrente licenciamento ambiental vem sendo passo importantíssimo não apenas para assegurar a qualidade ambiental, mas também para o desenvolvimento socioeconômico e para o aperfeiçoamento institucional do país.

Nesse sentido, corroboram a constatação anterior a experiência internacional e a própria vivência do problema entre nós, sob diferentes formas:

- a limitação apenas à legislação ambiental corretiva anteriormente existente trazia custos insustentáveis, tanto na forma de danos ao ambiente e à saúde como ao processo econômico-produtivo;
- a gestão ambiental por meio do EIA/Rima é exemplar e educativa, pois exige uma convivência democrática, a integração de toda a sociedade na compreensão da problemática do meio ambiente e, sobretudo, a consciência e co-responsabilização mais direta no processo decisório público;
- os pensadores e estrategistas atuais do desenvolvimento econômico têm demonstrado que o principal fator para seu alcance é o acesso e o domínio das novas tecnologias; entre eles há hoje quase total unanimidade na eleição da busca da tecnologia branda ou ambientalmente adequada como o principal motor do crescimento tecnológico e único caminho para o desenvolvimento sustentado; e

- a demanda de técnicos e de tecnologia, suscitada pela gestão ambiental por meio do EIA/ Rima e do licenciamento, cria um mercado de trabalho de consultoria, projeto, equipamentos e obras que estimula o acesso e o desenvolvimento dessa tecnologia branda no país, além de propiciar a formação de competências técnicas para sua utilização.

Desde a promulgação da resolução pioneira, o Conama e os Conselhos Estaduais vêm complementando, detalhando e tornando mais específicos os procedimentos utilizados para o EIA/ Rima e o licenciamento ambiental que neles se baseia.

No Quadro 14.5 está resumido um roteiro básico para a elaboração do EIA/Rima.

O progresso verificado no campo institucional e técnico tem sido marcante. Ele foi resultante da capacidade de aprender com a experiência já vivida, que foi utilizada para tornar mais consistentes as análises técnico-administrativas e possibilitar a redução de prazos para o processo decisório.

Esse progresso também foi fruto do esforço de educação ambiental e, particularmente, técnico-ambiental no qual se engajaram as universidades e várias associações profissionais de engenharia ambiental. Em face do desafio ambiental e do desenvolvimento socioeconômico que enfrentamos são necessárias, entretanto, mais rapidez e determinação no caminho do seu aperfeiçoamento.

14.2 Fundamentos da metodologia

Os métodos hoje correntemente disponíveis para a avaliação de impactos ambientais, em sua maioria, resultaram da evolução de outros já existentes. Alguns são adaptações de técnicas do planejamento regional, de estudos econômicos ou de ecologia, como por exemplo a *análise de potencialidade de utilização do solo e de usos múltiplos de recursos naturais, análises de custo e benefício, modelos matemáticos* etc. Outros foram concebidos no sentido de considerar os requisitos legais envolvidos, como é o caso dos *Métodos das Matrizes e das Redes de Interação.* Esses métodos têm em comum a característica de disciplinarem os raciocínios e os procedimentos destinados a identificar os agentes causadores e as respectivas modificações decorrentes de uma determinada ação ou conjunto de ações.

Apesar dessa origem, entretanto, os métodos passaram a tornar-se cada vez mais específicos à medida que o aprofundamento do conhecimento permitiu tipificar causas e correspondentes efeitos em diferentes segmentos do ambiente, em face de intervenções também específicas. Atualmente, estão disponíveis métodos bastante elaborados e detalhados, visando apoiar a avaliação de impactos de empreendimentos das mais diferentes naturezas: aproveitamentos hidroenergéticos, usinas e indústrias com vários processos de produção, obras hidráulicas e sanitárias, rodoviárias, habitacionais etc.

À medida que a avaliação de impactos ambientais passou a ser uma atividade institucionalizada e regulamentada pelo poder público nacional, estadual e inclusive local, um dos critérios essenciais para a formulação ou a utilização de um método é o da verificação das peculiaridades dessa ação pública, a começar pela definição do que é legalmente considerado impacto ambiental. No Brasil, no âmbito da União, por exemplo, essa definição está contida no Artigo Primeiro da Resolução Conama nº 001/86.

"Para efeito desta Resolução, considera-se impacto ambiental qualquer alteração das propriedades físicas, químicas e biológicas do meio ambiente, causada por qualquer forma de matéria ou energia resultante das atividades humanas que, direta ou indiretamente, afetem:

- a saúde, a segurança e o bem-estar da população;
- as atividades sociais e econômicas;
- a biota;
- as condições estéticas e sanitárias do meio ambiente; e
- a qualidade dos recursos ambientais."

No caso brasileiro, por exemplo, considera-se que um método é tanto mais adequado quanto maior sua utilidade para dar suporte ao conjunto mínimo de atividades e produtos legalmente exigidos na execução dos EIA/Rima (arts. 6º e 9º da Resolução nº 001/86 do Conama) e para torná-los adequados ao

QUADRO 14.5

Resumo de um roteiro básico para elaboração do EIA/Rima.

1. Informações Gerais

- identificação do empreendimento, incluindo:
  - nome e razão social;
  - endereço para correspondência; e
  - inscrição estadual e CGC;
- histórico do empreendimento;
- nacionalidade de origem das tecnologias a serem empregadas;
- informações gerais que identifiquem o porte do empreendimento;
- tipos de atividades a serem desenvolvidas, incluindo as principais e as secundárias;
- síntese dos objetivos do empreendimento e sua justificativa em termos de importância no contexto econômico-social do país, da região, do estado e do município;
- localização geográfica proposta para o empreendimento, apresentada em mapa ou croqui, incluindo as vias de acesso e a bacia hidrográfica;
- previsão das etapas de implantação do empreendimento;
- empreendimento(s) associado(s) e decorrente(s); e
- nome e endereço para contatos relativos ao EIA/Rima.

2. Caracterização do empreendimento — com suas fases de planejamento, implantação e operação, com indicação detalhada de etapas e expansões, quando houver.

3. Área de Influência — com delimitação das áreas geográficas direta e indiretamente afetadas pelos impactos, devidamente justificadas e mapeadas.

4. Diagnóstico ambiental da área de influência, com descrição e análise dos fatores ambientais e suas interações, por meio das variáveis que descrevem o estado ambiental, caracterizando a qualidade ambiental — em um quadro sintético onde se expõem os fatores ambientais físicos, biológicos e socioeconômicos, indicando os métodos adotados para sua análise com o objetivo de descrever as inter-relações entre os componentes bióticos, abióticos e antrópicos do sistema a ser afetado pelo empreendimento. Além desses fatores, deverão ser identificadas as tendências evolutivas daqueles fatores importantes para caracterizar a interferência do empreendimento — fatores ambientais — como, por exemplo:

Meio Físico

- clima e condições meteorológicas da área potencialmente atingida pelo empreendimento;
- qualidade do ar na região;
- níveis de ruído na região;
- formação geológica da área potencialmente atingida pelo empreendimento;
- formação geomorfológica da área potencialmente atingida pelo empreendimento;
- solos da região que serão potencialmente atingidos pelo empreendimento; e
- recursos hídricos, sendo abordados hidrologia superficial, hidrogeologia, oceanografia física, qualidade das águas e usos da água.

Meio Biológico

- os ecossistemas terrestres existentes na área de influência do empreendimento;
- os ecossistemas aquáticos existentes na área de influência do empreendimento; e
- os ecossistemas de transição existentes na área de influência do empreendimento.

Meio Antrópico

- dinâmica populacional na área de influência do empreendimento;
- uso e ocupação do solo, com informações, em mapa, na área de influência do empreendimento;
- o nível de vida na área de influência do empreendimento;
- estrutura produtiva e de serviços; e
- organização social na área de influência.

5. Análise dos impactos ambientais — identificação, valorização e interpretação dos prováveis impactos nas diferentes fases do empreendimento, apresentadas sob as formas, respectivamente, de 'Síntese Conclusiva' e 'Descrição Detalhada', e analisados considerando-os segundo sejam:

- impactos diretos e indiretos;
- impactos benéficos e adversos;
- impactos temporários, permanentes e cíclicos;
- impactos imediatos e em médio e longo prazos;
- impactos reversíveis e irreversíveis; e
- impactos locais, regionais e estratégicos.

6. Proposição de medidas mitigadoras — classificadas quanto:

- à sua natureza preventiva ou corretiva, avaliando, inclusive, a eficiência dos equipamentos de controle de poluição em relação aos critérios de qualidade ambiental e aos padrões de disposição de efluentes líquidos, emissões atmosféricas e resíduos sólidos;
- à fase do empreendimento em que deverão ser adotadas: planejamento, implantação, operação e desativação, e para o caso de acidentes;
- ao fator ambiental a que se destinam: físico, biológico ou socioeconômico;
- ao prazo de permanência de suas aplicações: curto, médio ou longo;
- à responsabilidade pela implementação: empreendedor, Poder Público ou outros; e
- ao seu custo.

7. Programa de acompanhamento e monitoramento dos impactos — incluindo-se, conforme o caso:

- indicação e justificativa dos parâmetros selecionados para a avaliação dos impactos sobre cada um dos fatores ambientais considerados;
- indicação e justificativa da rede de amostragem, incluindo seu dimensionamento e distribuição espacial;
- indicação e justificativa dos métodos de coleta e análise de amostras;
- indicação e justificativa da periodicidade de amostragem para cada parâmetro, segundo os diversos fatores ambientais; e
- indicação e justificativa dos métodos a serem empregados no processamento das informações levantadas, visando retratar o quadro da evolução dos impactos ambientais causados pelo empreendimento.

processo de sua apreciação pelos técnicos e pelo público interessado (art. 11). A seguir, um resumo desse conjunto de atividades:

I. diagnósticos ambientais da área de influência do projeto;
II. identificação dos impactos;
III. previsão e medição dos impactos;
IV. definição das medidas mitigadoras;
V. elaboração do programa de monitoramento;
VI. comunicação dos resultados.

Embora existam vários métodos para a avaliação de impacto ambiental, nenhum deles abrange todas essas atividades ou possibilita a análise de quaisquer tipos de projetos ou sistemas ambientais.

Munn (1975) resume como atributo desejável de um método sua capacidade de atender às seguintes funções na avaliação de impactos:

A. identificação;
B. predição;
C. interpretação;
D. comunicação; e
E. monitoramento.

Finalmente, considera-se ainda desejável que o método caracterize os impactos quanto à sua relevância (ou importância) e sua magnitude.

Um método que atendesse a todas as características anteriormente referidas, mas se mostrasse inadequado no processo decisório a que se destina por ser de difícil comunicação fora do âmbito estritamente técnico, não cumpriria a função essencial que dele se espera. Não obstante as técnicas de comunicação já elaboradas, algumas delas especificamente para facilitar a comunicação em audiências públicas para avaliação de impactos ambientais, a facilidade de estabelecer a comunicação e favorecer o entendimento do público interessado pode ser fator decisório na seleção do método a ser empregado.

Na seqüência descrevemos os principais métodos de avaliação de impacto ambiental.

14.3 Método Ad Hoc

Nos métodos denominados *Ad Hoc* para avaliação dos impactos, são promovidas reuniões com a participação de técnicos e cientistas especializados, que tenham conhecimentos teóricos e práticos em setores relacionados às características do empreendimento em análise.

Nessas reuniões podem ser utilizados questionários previamente respondidos por pessoas com interesse no problema e só circunstancialmente com formação científica ou profissional relacionada ao tema sob análise, de modo a subsidiar os pareceres dos especialistas.

Essas reuniões, dirigidas de maneira a permitir uma visão integrada da questão ambiental, permitem obter rapidamente informações quanto aos impactos prováveis e possibilitam o cotejo e a classificação de alternativas. Entretanto, são passíveis de crítica em razão da grande subjetividade envolvida nas opiniões e do risco de tendenciosidade desde a avaliação até a escolha dos participantes.

Em resumo, apresentam:

- como vantagens – rapidez na identificação dos impactos mais prováveis e da melhor alternativa e a viabilidade de aplicação mesmo quando as informações são escassas; e
- como desvantagens – vulnerabilidade a subjetividades e a tendenciosidades na coordenação e na escolha dos participantes.

Na Tabela 14.1, adaptada de um exemplo de Rau e Wooten (Environmental Impact Analysis Handbook, 1980), ilustra-se a aplicação do método no qual estão qualificados os impactos sobre os diferentes componentes ambientais.

TABELA 14.1

Ilustração do Método Ad Hoc *de impacto ambiental x área ambiental (Rau e Wooten, 1980).*

Área ambiental	Impacto ambiental									
	EL	EP	EN	B	EA	P	CP	LP	R	I
Vida selvagem			X			X	X			
Espécies ameaçadas	X									
Vegetação			X			X			X	
Vegetação exótica	X									
Aragem			X			X		X		X
Características do solo	X									
Drenagem natural	X									
Água subterrânea		X		X						
Ruído			X				X			
Pavimentação						X				
Recreação	X									
Qualidade do ar			X		X			X		X
Comprometimento estético	X									
Áreas virgens			X		X			X		X
Saúde e segurança	X									
Valores econômicos		X		X				X		
Utilidades públicas (incluindo escolas)						X	X	X		
Serviços públicos	X									
Compatibilidade com planos regionais		X		X				X		

EL Efeito Nulo	**EP** Efeito Positivo	**EN** Efeito Negativo	**B** Efeito Benéfico	**EA** Efeito Adverso
P Problemático	**CP** Curto Prazo	**LP** Longo Prazo	**R** Reversível	**I** Irreversível

14.4 Método das Listagens de Controle

As listagens de controle são uma evolução natural do método anterior. Especialistas (*ad hoc* ou não) preparam listagens de fatores (ou componentes) ambientais potencialmente afetáveis pelas ações propostas. Com o decorrer do tempo, essas listagens tornaram-se disponíveis para um grande número de empreendimentos-padrão e facilmente acessíveis pela bibliografia especializada.

Em resumo, apresentam:

- como vantagens – simplicidade de aplicação, reduzida exigência quanto a dados e informações; e

- como desvantagens — não permitem projeções e previsões ou a identificação de impactos de segunda ordem.

As principais variantes do Método das Listagens, em grau crescente de complexidade e detalhamento nas respostas que propiciam, são apresentadas a seguir.

Listagens descritivas

As listagens de caráter puramente descritivo são bastante utilizadas para orientar a elaboração das avaliações de impacto ambiental, relacionando ações, componentes ambientais e respectivas características que podem ser alteradas. Podem também conter informações sobre técnicas mais adequadas de medição e previsão para os indicadores ambientais selecionados, bem como sobre a ponderação relativa dos impactos. Entretanto, não permitem o cotejo de alternativas mediante a quantificação dos impactos.

Apresentamos a seguir exemplos de listagens de controle descritivas empregadas em diferentes estudos de avaliação de impactos ambientais.

O primeiro deles (Tabela 14.2), elaborado por organismo da ONU e apresentado por Silveira e Moreira (1987), é parte da listagem referente a aproveitamento hídrico em uma bacia hidrográfica tropical. Na coluna da esquerda estão relacionadas as ações previstas com a implantação do aproveitamento; na da direita, as características e condições do ambiente físico e socioeconômico que poderão sofrer alteração com a implantação do aproveitamento (nas fases de construção e de operação).

Na segunda Tabela (Tabela 14.3), encontra-se parte de uma variante diferente de uma listagem de controle. Nela, os impactos potenciais estão relacionados na primeira coluna, e as respectivas fontes de informação e técnicas de previsão a serem utilizadas para sua avaliação são mostradas na coluna seguinte.

Na terceira Tabela (Tabela 14.4), encontra-se outra das formas que pode assumir uma listagem de controle descritiva. Neste caso, na tentativa de estender o uso da listagem de controle para a ordenação de alternativas, mesclou-se esse método com o *ad hoc*. Por meio do grupo *ad hoc* atribuiu-se um peso pela comparação de cada um dos parâmetros listados nas diferentes alternativas.

TABELA 14.2

Listagem de Controle — Componentes ambientais potencialmente afetados pelo desenvolvimento de uma bacia hidrográfica tropical (Silveira e Moreira, 1987).

Ações	
Revestimento dos canais	Lagoa de Irrigação
Canais para irrigação	*Piers*, molhas, marinas e desembocadouros
Barragem de reservatórios	Dinamitação e sondagem
Reservatórios	Cortes e aterros
Barragem de irrigação	Túneis e estruturas subterrâneas
Condições biológicas	
1. Flora	**2. Fauna**
Árvores	Aves terrestres
Arbustos	Aves aquáticas
Capim	Animais terrestres, inclusive répteis, anfíbios etc.
Cultura	Zooplâncton
Microflora terrestre	Bentos
Fitoplâncton	Peixes e crustáceos
Plantas aquáticas	

(continua)

(continuação)

Condições biológicas	
1. Flora	**2. Fauna**
Espécies raras	Insetos
Espécies ameaçadas	Microfauna
Barreiras	Espécies ameaçadas
Corredores	Espécies raras
	Barreiras
	Corredores
Características e condições ambientais e socioeconômicas	
Erosão	Compactação e assentamento
Deposição (sedimentação e precipitação)	Estabilidade (deslizamentos, quedas)
Solução	Pressões (terremotos)
Absorção (troca iônica, complexos)	Correntes de ar
Renovação de recursos	
Planejamento dos usos do solo e da água-manejo	Estoque de peixes e manejo da pesca
Reflorestamento e manejo florestal	Recarga do lençol freático
Estoque de animais selvagens e manejo	Aplicação de fertilizante
	Reciclagem dos despejos
Alteração do solo	
Remoção da floresta junto à linha-d'água	Consolidação do solo e nível para irrigação
Terras secas — expansão da agricultura tradicional	Controle da erosão
	Paisagismo
Processamento	
Lavoura — área tradicional	Pastagens – marinha d'água
Lavoura — colonização tradicional	Agroindústria
Lavoura — irrigação da área tradicional	Aquacultura
Lavoura — irrigação de uma colheita	Processamento da madeira
Lavoura — irrigação de duas plantações	Indústria madeireira
Lavoura — marinha d'água (zona submersa)	Artefatos
Pastagens — terrenos elevados	
Extração de recursos	
Eletrificação	Sondagem de poços e remoção dos fluidos
Escavação superficial	Exploração da floresta
Poço de argila para barragens	Pesca de subsistência
Arenito e calcáreo para barragens	
Fatores culturais	
Usos do solo	Pastagem
Hábitat de animais selvagens	Preparação do terreno
Reservas decimais	Agricultura na marinha d'água
Áreas alagadas	Agricultura de irrigação
Florestas	Agricultura de colonização
Cerrado	Agricultura tradicional
Reservas florestais	

TABELA 14.3

Parte de uma listagem de controle descritiva — Fatores ambientais (Silveira e Moreira, 1987).

Impactos potenciais/ Dados necessários	Fontes de informação/ Técnicas de previsão
Qualidade do ar/Saúde	
Alterações nas concentrações de poluentes no ar pela freqüência de ocorrência e número de pessoas ameaçadas.	Concentrações atuais ambientais, emissões atuais e previstas, modelos de dispersão, mapas demográficos.
Qualidade do ar/Incômodo	
Alterações na ocorrência de incômodos visuais (fumaça, névoa) ou odores e número de pessoas afetadas. Alteração dos níveis de ruído e freqüência da ocorrência e número de pessoas incomodadas.	Amostragens junto aos cidadãos, processos industriais previsíveis, volume de tráfego. Alterações no tráfego ou outras fontes de ruído e em barreiras de som: modelos de propaganda de ruídos, nomógrafos, relacionando níveis de tráfego, barreiras etc. Pesquisas e amostragens junto aos cidadãos ou atual opinião quanto aos níveis de ruído.
Qualidade da água	
Alterações nos usos permitidos ou tolerados da água e número de pessoas afetadas, por corpo de água relevante.	Efluentes existentes e previstos, concentrações atuais ambientes, modelos de qualidade da água.

TABELA 14.4

Interpretação dos impactos pela classificação das alternativas para o manejo de uma bacia hidrográfica (Silveira e Moreira, 1987).

Dados necessários	Ordenamento das alternativas				
	Nenhuma Ação	Projeto I	Projeto II	Projeto III	Projeto IV
Qualidade da água					
Alcalinidade — PH	5	2	3	4	1
Ferro — manganês	5	2	3	4	1
Dureza total	2	5	3	4	1
Ecologia					
Aquática	5	2	3	4	1
Terrestre	4	5	2	3	1
Estética					
Biota terrestre	4	5	2	3	1
Biota aquática	5	4	2	3	1
Estruturas feitas pelo homem	1	5	4	3	2

(continua)

(continuação)

Dados necessários	Ordenamento das alternativas				
	Nenhuma Ação	Projeto I	Projeto II	Projeto III	Projeto IV
Economia					
Mescla de atividades econômicas	5	1	3	4	2
Formação do capital	5	1	2	3	4
Renda — emprego	5	1	3	4	2
Valor das propriedades	5	4	2	3	1
Social					
Serviços individuais	5	4	2	3	1
Serviços comunitários	1	3	4	5	2
Custo público					
Construção	1	4	3	2	5
Operação e manutenção	1	5	4	3	2

Embora com as limitações que procedimentos desse tipo podem apresentar, essa mescla é freqüentemente utilizada para ordenação expedita de alternativas, sempre apoiadas na hipótese de ser possível associar-se uma escala de ponderação razoavelmente representativa da magnitude/relevância de cada impacto. As duas tabelas a seguir constituem exemplos mais elaborados, apresentados por Rau & Wooten (1980), visando a essa ordenação.

TABELA 14.5

Listagem de Controle por área de impacto (Rau e Wooten, 1980).

Impacto potencial	Construção			Operação		
	Efeito adverso	Efeito nulo	Efeito benéfico	Efeito adverso	Efeito nulo	Efeito benéfico
A. **Transformação da construção**						
a. Compactação e decantação						
b. Erosão						
c. Superfície do solo						
d. Deposição (sedimentação, precipitação)						
e. Estabilidade						
f. Esforços (terremotos)						
g. Enchentes						
h. Controle de gastos						
i. Explosões e perfurações						
j. Falha operacional						

(continua)

(continuação)

Impacto potencial		Construção			Operação		
		Efeito adverso	Efeito nulo	Efeito benéfico	Efeito adverso	Efeito nulo	Efeito benéfico
B.	**Uso da terra**						
a.	Espaço aberto						
b.	Recreacional						
c.	Agrícola						
d.	Residencial						
e.	Comercial						
f.	Industrial						
C.	**Recursos de água**						
a.	Qualidade						
b.	Irrigação						
c.	Drenagem						
d.	Água do solo						
D.	**Qualidade do ar**						
a.	Óxidos (sulfato, carbono, nitrogênio)						
b.	Água de percolação						
c.	Químico						
d.	Odores						
e.	Gases						
E.	**Serviços**						
a.	Escolas						
b.	Polícias						
c.	Proteção ao fogo						
d.	Abastecimento de água e de energia						
e.	Sistemas de esgotos						
f.	Disposição de lixo						
F.	**Condições biológicas**						
a.	Vida Selvagem						
b.	Árvore						
c.	Campos						
G.	**Sistemas de transporte**						
a.	Automóveis						
b.	Caminhões						
c.	Seguranças						
d.	Movimentos						
H.	**Ruído e vibração**						
a.	*On-site*						
b.	*Off-site*						

(continuação)

(continuação)

Impacto potencial	Construção			operação		
	Efeito adverso	Efeito nulo	Efeito benéfico	Efeito adverso	Efeito nulo	Efeito benéfico
I. **Estético**						
a. Paisagem						
b. Estrutura						
J. **Estrutura comunitária**						
a. Relocação						
b. Mobilidade						
c. Serviços						
d. Recreação						
e. Emprego						
f. Moradia						
K. **Outros** (listados apropriadamente)						

TABELA 14.6

Exemplo de Listagem de Controle para projeto de desenvolvimento de vizinhanças (Rau e Wooten,1980).

Elementos	Ações de impacto										
	Ação				Efeitos das ações						
	1	2	3	Δ	a	b	c	d	e	f	g
Físicos											
Solo e geologia	✡	✡	✡	✡	✡	✡	✡	✡	●	✡	✡
Esgoto sanitário	✡	✡	○	○	•	•	•	✡	✡	✡	•
Sistema de água	✡	✡	○	○	●	•	•	✡	✡	✡	•
Vegetação	✡	✡	○	○	✡	●	•	✡	●	✡	✡
Vida animal	✡	✡	✡	✡	✡	✡	✡	✡	○	✡	✡
Qualidade do ar	✡	✡	○	✡	✡	❍	❍	❍	•	•	✡
Uso do solo vizinho	✡	✡	❍	❍	✡	●	✡	✡	●	●	×
Drenagem de tempestades	✡	✡	○	○	●	•	•	✡	•	✡	•
Vias	✡	❍	❍	○	•	•	•	●	✡	✡	●
Transporte público	✡	✡	○	○	✡	×	×	×	✡	×	×
Pedestres	❍	○	❍	○	✡	●	●	•	●	×	×
Espaço aberto	✡	✡	✡	✡	✡	●	○	○	●	×	×
Socioeconômicos											
Demanda auxiliar	•	•	•	○	✡	•	•	✡	✡	•	•
Base de taxação	✡	✡	✡	○	•	●	●	•	✡	×	✡
Saúde e Segurança	✡	✡	✡	○	●	•	•	✡	•	•	•
Aceitação da vizinhança	○	❍	❍	❍	✡	●	•	•	●	●	×
Residentes	○	❍	❍	❍	•	●	•	•	●	●	×

(continua)

(continuação)

Elementos	Ações de impacto										
	ações				Efeitos das ações						
	1	2	3	Δ	a	b	c	d	e	f	g
Socioeconômicos											
Escolas públicas	✡	✡		O	✡	●	✡	✡	•	•	×
Policiamento	O	O	❍	O	•	•	•	•	×	✡	×
Bombeiro	O	O	❍	O	•	•	•	•	×	•	×
Estéticos											
Vista	✡	✡	O	❍	✡	•	•	O	●	O	✡
Estrutura histórica	✡	✡	O	O	•	✡	✡	×	•	●	✡
Amenidades	O	O	O	O	•	●	●	•	●	•	×
Caráter da vizinhança	O	O	❍	❍	•	●	•	O	●	•	×

1. Relocação residencial
2. Relocação do escritório
3. Demolição, *grading*, construção

Δ. Período provisório

a. Novas utilidades no local

b. Novos edifícios residenciais

c. Novos edifícios comerciais

d. Estrutura para estacionamentos

e. Parques e espaços abertos

f. Preservação histórica

g. Modificação para sistemas de vias

LEGENDA

O impacto negativo minoritário

❍ impacto negativo majoritário

• impacto positivo minoritário

● impacto positivo majoritário

× impacto indeterminado

✡ impacto não apreciável

Listagens comparativas

Esse tipo constitui-se numa evolução das listagens anteriores, mediante a incorporação de critérios de relevância aos indicadores ambientais característicos do estado ambiental alterável pelos impactos. Normalmente essas listagens são específicas para o caso em estudo e no máximo aplicáveis às situações-padrão por ele representadas.

A relevância do impacto é explicitada numericamente (ou por meio de letras) em relação ao nível de impacto considerado significativo. Em alguns modelos do método a relevância leva em conta também a duração do impacto. Habitualmente, a intensidade cresce com o número ou a ordem alfabética da letra.

Um exemplo de listagem comparativa foi desenvolvido para os Estados Unidos e passou a ter largo emprego internacionalmente. O US Forest Service desenvolveu uma listagem associada a critérios de relevância, composta de fatores ambientais, bem como socioeconômicos, qualidade da água e hábitats da vida selvagem, acompanhados de fatores desejáveis ou que sejam padrão para cada um deles. Essa listagem encontra-se descrita em Silveira e Moreira (1987).

Quando o impacto previsto ultrapassa os valores desejáveis estabelecidos, emerge uma situação a ser considerada na análise ambiental, à luz de critérios de relevância.

Como principais características desse método podemos destacar:

- os critérios de relevância, os fatores ambientais e os padrões estabelecidos dependem das características do empreendimento; e
- a dimensão temporal é considerada.

Mediante a aplicação desse método, é possível estabelecer a hierarquia dentre as alternativas quanto aos impactos que cada uma introduz sobre os diversos componentes (ou elementos) ambientais.

Ele não revela, porém, qual a hierarquia das alternativas no conjunto total dos impactos.

A Tabela 14.7 resume um exemplo de aplicação (elaborado por Sassaman, 1981, e por Silveira e Moreira,1987) de uma comparação de impactos ambientais de três alternativas de exploração florestal. Na primeira coluna estão os componentes ambientais físicos e socioeconômicos considerados. Na segunda, os parâmetros correspondentes caracterizadores dos respectivos estados ambientais. Na terceira, os valores do limiar (ou nível) de relevância. Nas três colunas seguintes está a caracterização dos impactos de cada alternativa sobre cada um dos componentes ambientais considerados.

No exemplo, os graus de intensidade considerados foram:

A – nenhum efeito
B – pouco efeito
C – efeito significativo
D – efeito grave
E – efeito muito grave
1 – menor impacto
2 – impacto significativo
3 – maior impacto

Listagens em questionário

Nesse tipo de listagem, procura-se contornar uma falha dos métodos anteriores, que consideram os impactos de um projeto isoladamente, sem levar em conta suas interdependências. Várias perguntas são elaboradas visando contornar a desvantagem da listagem puramente descritiva.

A listagem é subdividida em categorias genéricas (ecossistema terrestre, vetores de doenças e outras), para as quais são organizados questionários acompanhados de instruções para seu preenchimento, bem como de classificação do impacto resultante das ações neles descritas.

Os quadros 14.6 e 14.7 a seguir são exemplos de listagens de questionários citados em bibliografia corrente. Ambos foram vertidos e adaptados por Silveira e Moreira (1987). O primeiro é de 1981 e foi elaborado pela US Agency for International Development para aplicação em projetos de aproveitamento rural em países em desenvolvimento. O segundo, também de 1981, foi elaborado por Clark e seus colaboradores para a Grã-Bretanha.

TABELA 14.7

'Limites de Interesse' com elementos, critérios: limites de interesse e dados dos impactos (Silveira e Moreira, 1987).

Elementos	Parâmetros	Critérios de relevância	Alternativa 1 nenhuma ação		Alternativa 2 nenhuma ação		Alternativa 3 nenhuma ação	
			Impacto e Duração	Impacto Toc	Impacto e Duração	Impacto Toc	Impacto e Duração	Impacto Toc
Qualidade do ar	Diretrizes Estaduais	3	4 C	Sim	4 C	Sim	4 C	Sim
Economia	Eficiência (razão custo/ benefício)	1:1	3:1	Não	4:1	Não	4.5:1	Não
Emprego	Empresas no setor privado	Nível atual	9 000 C	Não	9 500 C	Não	10 000 C	Não
	Demanda do serviço florestal	Atual 10%	400 C	Não	440 C	Não	500 C	Sim
Animais selvagens (recursos)	Fornecimento de unidades animais/mês	Nível atual	50000 C	Não	50000 C	Não	30000 C	Sim
Recreação	Número de acampamentos Esportes de inverno	5 000	2 800 C	Sim	50000 C	Não	60000 C	Não
	Visitantes/dia	1 000 000	700 000 C	Sim	1 000 000 C	Não	2 000 000 C	Não
Espécies ameaçadas de extinção	Número de corujas	35	500	Não	350	Não	200	Sim
Qualidade do ar	Padrões estaduais	3	3 C	Não	3 C	Não	4 C	Sim
Animais selvagens	Inspeção – veados e alces	25% de redução na população	10% C	Não	10% C	Não	30% C	Sim

QUADRO 14.6

Partes de um questionário (Listagem de Controle) para países em desenvolvimento.

Ecossistemas terrestres			

a) Qualquer dos ecossistemas listados a seguir pode ser classificado como significativo ou único pela natureza de seu tamanho, abundância ou tipo?

- floresta   Sim_____ Não_____ Desconhecido
- savana   Sim_____ Não_____ Desconhecido
- campo   Sim_____ Não_____ Desconhecido
- deserto   Sim_____ Não_____ Desconhecido

b) Estão esses ecossistemas:

- integrados moderadamente?   Sim_____ Não_____ Desconhecido
- integrados?   Sim_____ Não_____ Desconhecido
- gravemente integrados?   Sim_____ Não_____ Desconhecido

c) Observa-se a tendência de alteração desses ecossistemas por corte, queimada etc. para uso agrícola, industrial ou urbano?

Sim_____ Não_____ Desconhecido

d) A população local usa esses ecossistemas para extração de:

- plantas comestíveis?   Sim_____ Não_____ Desconhecido
- plantas medicinais?   Sim_____ Não_____ Desconhecido
- madeira?   Sim_____ Não_____ Desconhecido
- fibra?   Sim_____ Não_____ Desconhecido
- pele?   Sim_____ Não_____ Desconhecido
- animais comestíveis?   Sim_____ Não_____ Desconhecido

e) O projeto vai provocar nesses ecossistemas limpeza ou alteração de:

- áreas médias?   Sim_____ Não_____ Desconhecido
- áreas externas?   Sim_____ Não_____ Desconhecido

f) O projeto depende desses ecossistemas para a extração de matérias-primas (madeira, fibras)?

Sim_____ Não_____ Desconhecido

g) O projeto prevê a redução do uso desses produtos dos ecossistemas ou sua substituição por outros materiais?

Sim_____ Não_____ Desconhecido

h) O projeto causará aumento no crescimento da população da área, provocando tensões sobre esses ecossistemas?

Sim_____ Não_____ Desconhecido

IMPACTO SOBRE O ECOSSISTEMA TERRESTRE.......ND.HA.MA.LA.O.LB.MB.HB.

(Silveira e Moreira, 1987)

(continua)

(continuação)

Vetores de doenças

a) Existem na área problemas de doenças transmitidas por espécies de vetores, tais como mosquitos, pulgas, caracóis?

Sim_____ Não_____ Desconhecido

b) Estão esses vetores em:

- hábitats aquáticos? Sim_____ Não_____ Desconhecido
- hábitats florestais? Sim_____ Não_____ Desconhecido
- terras agrícolas? Sim_____ Não_____ Desconhecido
- hábitats degredados? Sim_____ Não_____ Desconhecido
- assentamentos humanos? Sim_____ Não_____ Desconhecido

c) O projeto resultará em:

- aumento dos hábitats de vetores? Sim_____ Não_____ Desconhecido
- decréscimo dos hábitats de vetores? Sim_____ Não_____ Desconhecido
- oportunidade de controle de vetores? Sim_____ Não_____ Desconhecido

d) Será a força de trabalho uma possível fonte de doenças ainda desconhecidas na área do projeto?

Sim_____ Não_____ Desconhecido

e) Será o aumento da acessibilidade e do comércio com a área do projeto uma possível fonte de doenças ainda desconhecidas na área?

Sim_____ Não_____ Desconhecido

f) O projeto dará oportunidade para o controle de vetores por meio da melhoria dos padrões de vida?

Sim_____ Não_____ Desconhecido

IMPACTO SOBRE VETORES DE DOENÇAS..........ND..HA..MA..LA..O..LB..MB..HB.

LEGENDA

ND	não determinável	O	pouco ou insignificante
HA	muito adverso	LB	pouco benefício
MA	medianamente adverso	MB	benefício médio
LA	pouco adverso	HB	muito benefício

QUADRO 14.7

Listagem de Controle em forma de questionário para a Grã-Bretanha (Silveira e Moreira, 1987).

Poluição da água

a) Os efluentes, tratados ou não, têm efeito significativo sobre a flora e a fauna das águas dos rios, canais, lagos, estuários e do mar?
b) Os efluentes serão levados até as águas superficiais pelas águas subterrâneas?
c) Existem trechos do rio, a jusante, onde os efluentes possam causar alterações na fauna e na flora?
d) Haverá efeitos sinérgicos significativos, tanto entre os poluentes e o corpo receptor quanto entre os poluentes entre si?
e) Haverá efeitos progressivos significativos, tanto entre os poluentes e o corpo receptor quanto entre os poluentes entre si?
f) A descarga de efluentes elevará os níveis de poluição local?
g) Variações nas vazões (sazonais) causarão aumento significativo na concentração de poluentes?
h) Variações no gradiente de salinidade e/ou mais correntes do estuário levarão a aumentos nas concentrações de poluentes ou problemas de dispersão?
i) A pesca será afetada pelo lançamento de efluentes?
j) Serão os demais usos da água, como a canoagem, esqui aquático e vela, afetados pelo lançamento de efluentes?
k) Haverá odores que causarão, provavelmente, incômodos à população?
l) Quais as comunidades ou espécies de animais que provavelmente serão afetadas por alterações na flora aquática e na fauna?
m) Existe alguma comunidade vegetal dependente da água dos corpos receptores que provavelmente serão afetados pelas descargas de efluentes?
n) Alguma horticultura ou lavoura usa água dos corpos receptores para irrigação?

Listagens ponderais

Constituem uma evolução consolidada das listagens de controle comparativas com ponderação. O modelo que melhor representa o método é conhecido como método de Battelle, descrito adiante.

O método é baseado na listagem de parâmetros ambientais. A importância relativa de cada um dos parâmetros em relação à soma dos impactos do projeto é dada pela atribuição de pesos. Tanto a distribuição de pesos entre os parâmetros quanto o desenvolvimento das funções e valores dos índices de qualidade ambiental associados ao estado de cada parâmetro são obtidos com auxílio de uma equipe multidisciplinar.

O método de avaliação ambiental de Battelle (Columbus Lab. – US Bureau of Reclamation), inicialmente formulado para a utilização em aproveitamentos de recursos hídricos, é exemplo típico de listagem ponderal e possui as seguintes características principais:

- é abrangente e seletivo ao mesmo tempo;
- é bastante objetivo para a comparação de alternativas;
- não permite a interação dos impactos;
- permite previsão de magnitude pelo emprego de escala normalizada de valores; e
- não distingue a distribuição temporal.

Esse modelo é constituído por 78 parâmetros representativos de componentes ambientais (18 ecológicos, 17 estéticos, 24 físico-químicos e 19 sociais). A cada um deles está associado um peso previamente definido que estabelece sua importância relativa em face dos demais na constituição dos impactos. A cada parâmetro corresponde um índice de qualidade ambiental normalizado numa escala que varia entre 0 e 1, estabelecidos caso a caso por equipe multidisciplinar ou adotados a partir de casos similares relatados anteriormente. O somatório dos produtos dos índices de qualidade pelos pesos dos respectivos parâmetros constitui o valor relativo do impacto calculado para cada alternativa.

A Tabela 14.8 e os quadros 14.8 a 14.10 apresentam, respectivamente, a relação dos parâmetros do método Battelle (Munn, 1975) e três exemplos de possíveis curvas representativas de índices de qualidade ambiental utilizadas no método de Battelle, traduzidas e apresentadas por Silveira e Moreira (1987).

TABELA 14.8

Classificação ambiental de Battelle para desenvolvimento de projetos de recursos de água (Munn, 1975).

Ecologia	Físico/químico
• Espécies terrestres e populações (14)	• Qualidade da água
Herbívoros (14)	Perda da bacia hidrológica (20)
Colheitas (14)	Demanda bioquímica de oxigênio (25)
Vegetação natural (14)	Oxigênio dissolvido (31)
Espécies pestilentas (14)	Coliformes fecais (18)
Pássaros (14)	Carbono inorgânico (22)
	Nitrogênio inorgânico (25)
• Espécies Aquáticas e Populações	Fosfato inorgânico (28)
Pesca comercial (14)	Pesticidas (16)
Vegetação natural (14)	PH (18)
Espécies pestilentas (14)	Variação dos cursos de água (28)
Pesca esportiva (14)	Temperatura (28)
Ave aquática (14)	Total de sólidos dissolvidos (25)
	Substâncias tóxicas (14)
• Hábitats terrestres e comunidades	Turbidez (20)
Índice de cadeia alimentar (12)	
Uso da terra (12)	• Qualidade do ar
Espécies raras e ameaçadas (12)	Monóxido de carbono (5)
Diversidade de espécies (14)	Hidrocarbonetos (5)
	Óxidos de nitrogênio (10)
• Hábitats aquáticos e comunidades	Material particulado (12)
Índice de cadeia alimentar (12)	Oxidantes fotoquímicos (5)
Espécies raras e ameaçadas (12)	Óxidos sulfúricos (10)
Características do rio (12)	Outros (5)
Diversidade de espécies (14)	
	• Poluição da terra
	Uso da terra (14)
	Erosão do solo (14)
	• Poluição Sonora
	Ruído (4)

(continua)

(continuação)

Estético	Social
• Terra Material geológico superficial (6) Relevo e características topográficas (16) Largura e alinhamento (10) • Ar Odor e visual (3) Sons (2) • Água Aparência da água (10) Interface terra/água (16) Odor e material flutuante (6) Área superficial da água (10) Costa florestada (10) • Biota Animais domésticos (5) Animais selvagens (5) Diversidade de tipos de vegetação (9) Variedade entre tipos vegetais (5) • Objetos feitos pelo homem Objetos feitos pelo homem (10) • Composição Efeito composto (15) Composição peculiar (15)	• Educação/Ciência Arqueologia (13) Ecologia (13) Geologia (11) Hidrologia (11) • História Arquitetura e estilos (11) Eventos (11) Indivíduos (11) Religiões e culturas (11) Regiões remotas (11) • Culturas Indígenas (14) Outros grupos étnicos (7) Grupos religiosos (7) • Atmosfera Pavor (11) Isolamento/solidão (11) Mistério (4) Reencontro com a natureza (11) • Padrão de Vida Oportunidades de emprego (13) Moradia (13) Interações sociais (11)

** Números entre parênteses são pesos relativos*

QUADRO 14.8

Exemplo de curva representativa de índice de qualidade ambiental (Munn, 1975).

Exemplo I:
Para o parâmetro *turbidez* do subgrupo *qualidade de água*, temos o índice de qualidade ambiental (0 a 1), em função da medida de turbidez em unidades de turbidímetro Jackson. A técnica, a unidade e o equipamento escolhidos são de emprego corrente em controle de qualidade de água.

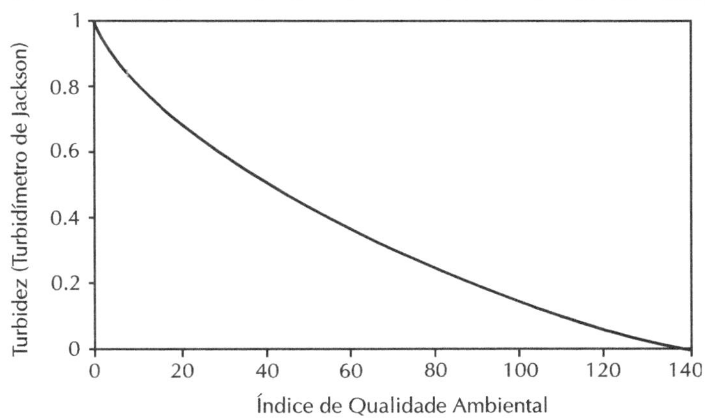

QUADRO 14.9

Exemplo de curva representativa de índice de qualidade ambiental (Munn, 1975).

Exemplo II:
No oeste norte-americano, a população ótima de herbívoros domésticos ou selvagens é a população capaz de consumir em torno de 50% a 60% da produção vegetal líquida. Quando esse valor é excedido, há risco de desestabilização por excesso de pastoreio; quando o número não é atingido, o potencial pleno da pastagem não é atingido.
O parâmetro *pastagens* do subgrupo *Ecologia* foi adotado na medida da sua capacidade de alimentar herbívoros e, com base nisso, foi estabelecido o índice de qualidade ambiental do gráfico a seguir:

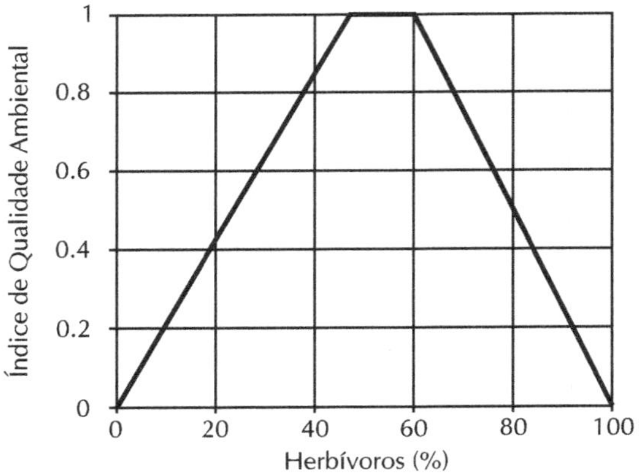

QUADRO 14.10

Exemplo de curva representativa de índice de qualidade ambiental (Munn, 1975).

Exemplo III:
O parâmetro *oxigênio dissolvido* do subgrupo *qualidade de água* é um descritor clássico de qualidade ambiental. Convém lembrar que os padrões geralmente aceitos para preservação da flora e fauna exigem uma concentração mínima de oxigênio dissolvido na água de 5 mg/L.

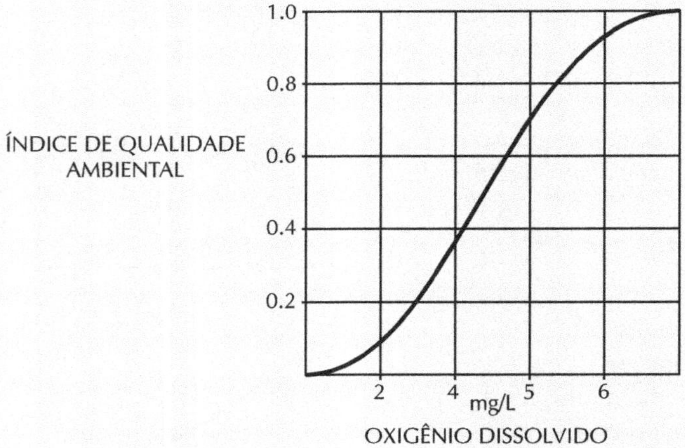

De maneira geral, os métodos que adotam pesos como medida de avaliação dos impactos ambientais são passíveis de críticas, tais como as formuladas por Silveira e Moreira (1987):

- parte significativa das informações se perde com a transformação em números;
- os pesos são dados aos atributos ambientais e, portanto, a seus impactos, sem garantia de que tais pesos representarão a realidade futura;

- a distribuição do impacto sobre diferentes segmentos da população não é identificada; e
- possíveis arranjos ou medidas atenuadoras de impacto não são evidenciados.

Como vantagens do método Battelle podem ser citadas sua grande abrangência, a possibilidade de previsões de magnitude relativa e a objetividade na comparação de alternativas.

14.5 Método da Superposição de Cartas

O Método da Superposição de Cartas trata da confecção de cartas temáticas relativas aos fatores ambientais potencialmente afetados pelas alternativas, tais como embasamento geológico, tipo de solo, declividades, cobertura vegetal, paisagem e outros. As informações resultantes da superposição são sintetizadas segundo conceitos de fragilidade (dando origem às cartas de restrição) ou de potencial de uso (na forma de cartas de aptidão).

Esse método é bastante utilizado, quase sempre na escolha do melhor traçado de projetos lineares, como rodovias, dutos e linhas de transmissão, sendo também recomendado na elaboração de diagnósticos ambientais.

Com a notável ampliação de perspectivas crescentemente oferecidas pela computação gráfica e pelas técnicas de sensoriamento associadas a sistemas de informações geográficas digitalizadas, esse método vem sendo valorizado com intensidade proporcional. Atualmente, tornou-se viável a produção de cartas de restrição de aptidão permanentemente atualizadas. Por meio de um sistema de pontuação obtido do cruzamento automático e informatizado dos valores de estado atribuídos aos fatores ambientais, identificam-se vários níveis ou categorias de restrição ou de aptidão. Esse método já tem sido usado entre nós dessa forma em estudos de impactos e particularmente na proteção aos mananciais da Região Metropolitana de São Paulo.

14.6 Método das Redes de Interação

As redes de interação surgiram da necessidade de identificar os impactos indiretos ou de ordem inferior, destacando-os dos impactos primários ou diretos.

Impactos primários ou diretos são geralmente causados pelos 'insumos' dos projetos (obras e equipamentos, por exemplo), enquanto os impactos indiretos são causados pelos 'resultados' do projeto (redirecionamento, mudança de intensidade e de natureza do tráfego, por exemplo).

Os impactos diretos são de mais fácil avaliação e medição. Os impactos indiretos podem, por vezes, ser mais significativos do que os primários, embora sua avaliação seja mais difícil, por se tratarem de impactos induzidos e dependentes de uma previsão nem sempre lastreada em técnicas confiáveis mais recentes e por abrangerem número maior de variáveis.

Não obstante as restrições apontadas, a distinção pode ser importante, pois, pela identificação da cadeia causa-condição-efeito, é possível encontrar formas mais apropriadas de minimizar impactos adversos. As redes permitem retornar, a partir de um impacto, até o conjunto de opções que contribuem para sua magnitude direta e indiretamente.

As vantagens desse método, além das já citadas, provêm da identificação do conjunto de ações que contribuem para a magnitude de um impacto, facilitando, assim, a previsão dos mecanismos de controle ambiental que deverão ser implementados para atuar preferencialmente sobre as causas potenciais de sua deterioração.

Devido à maneira como são construídas, as redes de interação têm normalmente uma limitação: só abrangem os impactos negativos.

14.7 Método das Matrizes de Interação

Esses métodos são uma evolução das listagens de controle, podendo ser considerados listagens de controle bidimensionais. Dispondo em coluna e linha os fatores ambientais e as ações decorrentes de um projeto (essas últimas, respectivamente, em suas fases de implantação e de operação), é possível relacionar os impactos de cada ação nas quadrículas resultantes do cruzamento das colunas com as linhas, preservando as relações de causa e efeito.

Percorrendo as filas das matrizes correspondentes a cada uma das ações, é possível detectar as que são potencialmente responsáveis pelo maior número de impactos. Utilizando indicadores que quantificam ou qualificam esses impactos, é possível configurar o potencial de impacto de cada ação, de modo útil para fixar medidas mitigadoras de impactos adversos ou amplificadoras de impactos benéficos.

As dificuldades de fixar critérios de relevância e de ponderação dos indicadores ambientais, para torná-los comensuráveis e passíveis de valorização globalizada, fazem as matrizes serem tão vulneráveis e sujeitas a riscos quanto os métodos anteriores.

Uma das matrizes mais utilizadas foi concebida pelo US Geological Survey e é conhecida como Matriz de Leopold. Do cruzamento de 88 componentes (ou fatores) ambientais e 100 ações potencialmente alteradoras do ambiente resultam 8 800 quadrículas. Em cada uma dessas quadrículas são indicados algarismos que variam entre 1 e 10, correspondendo, respectivamente, à magnitude e à importância do impacto. Ao número 1 corresponde a condição de menor magnitude (mínimo da alteração ambiental potencial) e de menor importância (mínima significância da ação sobre o componente ambiental considerado). Ao número 10 correspondem os valores máximos desses atributos. O sinal + ou - na frente dos números indica se o impacto é, respectivamente, benéfico ou adverso.

Como em métodos anteriores, na fixação desses valores está presente o risco da subjetividade.

Para esse método cabem muitas das observações feitas anteriormente a outros métodos, como, por exemplo:

- a generalidade da abrangência buscada limita a aplicabilidade caso a caso; deve-se ter esse, tanto quanto outros métodos, como uma referência;
- freqüentemente, mesmo pré-relacionando as ações que estão mais presentes no projeto, chega-se a uma matriz com quantidade elevada de quadrículas preenchidas, de difícil interpretação e visualização dos impactos, sendo necessária uma nova seleção para eliminar os menos significativos; e
- o enfoque sobre o qual a matriz foi gerada volta-se para projetos com impactos, estendendo-se por territórios de amplas extensões; daí sua inespecificidade para o caso de projetos urbanos. Uma inspeção das listagens da matriz de Leopold, segundo Canter (1977), justifica essa observação.

Na Tabela 14.9 e no Quadro 14.11 são mostrados, respectivamente, as 88 ações e os 100 fatores ambientais que integram a versão original, em inglês, da matriz de Leopold, apresentada por Canter (1977), e uma ilustração esquemática do modo de atribuir pesos e computar os impactos sobre cada fator ambiental e sobre a totalidade do ambiente.

TABELA 14.9

Ações e Fatores Ambientais
Matriz de Leopold (Canter, 1977).

Ações		Itens ambientais	
Categoria	**Descrição**	**Categoria**	**Descrição**
A. Modificação do regime	a. Introdução de fauna específica	A. Características físico-químicas	
	b. Controle biológico	1. Terra	a. Recursos minerais
	c. Modificação do hábitat		b. Construção material
	d. Alteração da superfície da terra		c. Solos
			d. Formato da terra
	e. Alteração da água subterrânea		e. Campos de força e radiação de fundo
	f. Alteração da drenagem		f. Características físicas singulares
	g. Controle do rio e modificação do fluxo	2. Água	a. Superfície
	h. Canalização		b. Oceano
	i. Irrigação		c. Subterrâneo
	j. Modificação do tempo		d. Qualidade
	k. Queimadas		e. Temperatura
	l. Superfície do terreno ou pavimento		f. Recarga
	m. Ruído e vibração		g. Neve, gelo e congelamento
B. Transformação do solo e construção	a. Urbanização		
	b. Sítios industriais e edifícios	3. Atmosfera	a. Qualidade (gases, partículas)
	c. Aeroportos		b. Clima (micro e macro)
	d. Pontes e viadutos		c. Temperatura
	e. Estradas e trilhas		
	f. Vias férreas	4. Processos	a. Enchente
	g. Teleféricos		b. Erosão
	h. Linhas de transmissão, oleodutos e corredores		c. Deposição (sedimentação, precipitação) Solução
	i. Barreiras incluindo cercas		d. Adsorção, (troca iônica)
	j. Dragagem e estreitamento de canal		e. Compactação e deposição
	k. Reversão de canais		f. Estabilidade (desabamentos e afundamentos)
	l. Canais		g. Fadiga
	m. Barragens e reservatórios		h. Movimentação de massas de ar
	n. Ancoradouros, portos, marinas e terminais marítimos	B. Condições biológicas	a. Árvores
	o. Estruturas marítimas	1. Flora	b. Arbustos
	p. Estruturas de recreação		c. Grama
	q. Explosões e perfurações		d. Campos

(continua)

(continuação)

Ações		Itens ambientais	
Categoria	**Descrição**	**Categoria**	**Descrição**
	r. Cortes e aterros s. Túneis e estruturas subterrâneas		e. Microflora f. Plantas aquáticas g. Espécies ameaçadas
C. Extração de recursos	a. Explosões e perfurações b. Escavação da superfície		h. Barreiras i. Corredores
	c. Escavação subterrânea e retorta d. Dragagem e remoção de fluidos e. Dragagem f. Desmatamento e madeireiras g. Pesca e caça comercial	2. Fauna	a. Pássaros b. Animais terrestres (incluindo répteis) c. Peixes e moluscos d. Bênton e. Insetos f. Microfauna
D. Processamento	a. Exploração agrícola b. Fazendas e pastos c. Currais		g. Espécies ameaçadas h. Barreiras i. Corredores
	d. Fábrica de laticínios e. Geração de energia f. Processamento mineral g. Indústria metalúrgica h. Indústria química i. Indústria têxtil j. Automóveis e aeronaves k. Refinamento de petróleo l. Alimento m. Madeireiras	C. Fatores culturais 1. Uso do solo	a. Selva e áreas virgens b. Terras alagadas c. Florestas d. Pastagem e. Agricultura f. Residencial g. Comercial h. Indústria i. Minas e pedreiras
	n. Papel o. Armazenamento de produtos	2. Recreação	a. Caça b. Pesca c. Navegação d. Nado e. Passeios e acampamentos f. Piqueniques g. *Resorts*
E. Alteração do solo	a. Plataformas e controle de erosão b. Vedação de minas e controle de desperdício		
	c. Reabilitação de faixas de mineração d. Paisagismo e. Dragagem de portos f. Aterramento de pântanos e drenagem	3. Estética	a. Vistas panorâmicas b. Propriedades da selva c. Propriedades das áreas virgens d. Projeto paisagístico e. Características físicas singulares

(continua)

(continuação)

Ações		Itens ambientais	
Categoria	**Descrição**	**Categoria**	**Descrição**
F. Renovação de recursos	a. Reflorestamento		f. Parques e reservas
			g. Monumentos
	b. Manutenção da vida selvagem		h. Ecossistemas raros e singulares
	c. Recarga subterrânea		i. Sítios históricos ou arqueológicos e objetos
	d. Fertilização		j. Aspecto desagradável
G. Mudanças de Tráfego	a. Reciclagem	4. Cultural/Social	a. Modelos culturais (estilo de vida)
	b. Via férrea		b. Saúde e segurança
	c. Automóvel		c. Emprego
	d. Caminhões		d. Densidade populacional
	e. Barcos	D. Dispositivos e atividades	a. Estruturas
	f. Aeronaves		b. Rede de Transporte
	g. Tráfego de rios e canais		c. Rede de Agências
	h. Navegação de Lazer		d. Desperdício
	i. Tráfego		e. Corredores
	j. Teleféricos		
	k. Comunicação	E. Relações ecológicas	a. Salinização
	l. Oleodutos		b. Eutrofização
H. Reposição do desperdício e tratamento	a. Depósito de lixo no oceano		c. Doenças causadas por insetos
	b. Aterro		d. Cadeias alimentares
	a. Disposição de resíduos		e. Salinização de materiais artificiais
	b. Armazenamento subterrâneo		f. Outros
	c. Depósito de lixo		
	d. Vazamento de poço de petróleo	F. Outros	
	e. Poços subterrâneos		
	f. Efluentes de água de refrigeração		
	g. Efluentes domésticos incluindo irrigação		
	h. Descarga de efluentes		
	i. Estabilização e oxidação de lagoas		
	j. Tanques sépticos, comerciais e domésticos		
	k. Emissão de gases de chaminé		

(continua)

(continuação)

Ações		Itens ambientais	
Categoria	**Descrição**	**Categoria**	**Descrição**
I. Tratamento químico	a. Fertilização b. Degelo químico de estradas c. Estabilização química do solo d. Controle de ervas daninhas e. Controle de insetos		
J. Acidentes	a. Explosões b. Derramamentos e vazamentos c. Falhas operacionais		
K. Outros			

QUADRO 14.11

Matriz de Leopold — Quadro esquemático do cômputo do impacto sobre um componente ambiental e sobre a totalidade do ambiente (Canter, 1977).

$m_{i,j}$ — peso atribuído à <u>magnitude</u> do impacto, variando entre 1 e 10, com sinal + se benéfico e – se adverso, correspondente à ação j sobre o componente i;

$r_{i,j}$ — peso atribuído à relevância do impacto, variando entre 1 e 10, correspondente à ação j sobre o componente i.

A matriz dos cômputos que podem ser feitos é a seguinte:

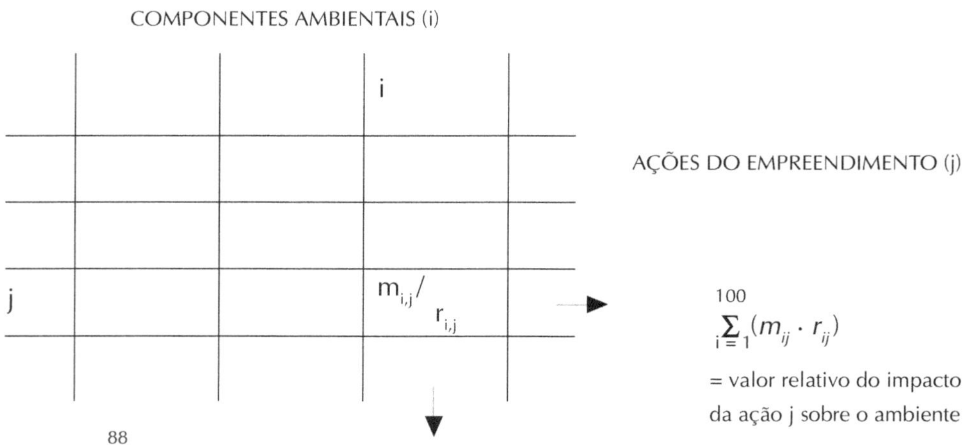

$\sum_{i=1}^{100} (m_{ij} \cdot r_{ij})$ = valor relativo do impacto da ação j sobre o ambiente

$\sum_{i=1}^{88} (m_{ij} \cdot r_{ij})$ = valor relativo do impacto do empreendimento sobre o componente ambiental i

$\sum_{i=1}^{88} \sum_{j=1}^{100} (m_{ij} \cdot r_{ij})$ = valor relativo do impacto do empreendimento (ou de uma de suas alternativas) sobre a totalidade do ambiente

14.8 Método dos Modelos de Simulação

Os Modelos de Simulação são modelos matemáticos com a finalidade de representar, o mais próximo possível da realidade, a estrutura e o funcionamento dos sistemas ambientais, explorando as relações entre seus fatores físicos, biológicos e socioeconômicos. Eles são estruturados com base na definição de objetivos, escolha de variáveis e estabelecimento de suas inter-relações, discussão e interpretação dos resultados.

Uma vez feitas as simulações para as várias alternativas, fica-se conhecendo o estado ambiental antes e depois da implantação de cada uma das alternativas, por meio das variáveis (ou indicadores ambientais) que caracterizam cada componente ambiental. Para a comparação e a ordenação das alternativas pode ser necessário utilizar algum dos modelos de ponderação vistos anteriormente.

As principais desvantagens do emprego de modelos de simulação são:

- dificuldade de encontrar dados em disponibilidade ou de obter com a presteza e a representatividade necessárias os dados requeridos para o desenvolvimento e a calibração do modelo;
- freqüente necessidade de empregar relações simplificadas entre as variáveis intervenientes, seja por razões de complexidade dos fenômenos representados, seja por insuficiência de seu conhecimento ou por limitações computacionais;
- dificuldade de incorporar fatores, tais como os estéticos, sociais e outros; e
- possibilidade de induzir o processo de decisão.

Apesar dessas restrições, os modelos de simulação são extremamente versáteis na comparação de alternativas, permitem projeções temporais, promovem a comunicação interdisciplinar e incorporam as relações de variáveis, algumas vezes de extrema complexidade.

14.9 Método da Análise Benefício-Custo

A Análise Benefício-Custo é um método de avaliação de projetos de largo emprego há cerca de meio século. Surgido inicialmente como uma resposta às necessidades do esforço de guerra, mostrou-se posteriormente um auxiliar bastante útil no processo de reorganização e dinamização da economia mundial. Desde então vem sendo continuamente utilizado na avaliação e otimização de projetos em vários setores, devendo-se destacar sua ampla utilização no campo dos aproveitamentos hídricos por tratar-se de um dos segmentos do ambiente.

Fundamentalmente, a Análise Benefício-Custo propõe-se a computar os custos e os benefícios de um projeto ou de suas alternativas, visando compará-los e ordená-los por meio da relação Benefício-Custo ou do Benefício Líquido (diferença entre os benefícios e os custos) que lhes correspondem. A prática consagrou a segunda das variantes como a mais adequada nas avaliações para as quais os aspectos ambientais são importantes.

Para a comparação das alternativas com base no Benefício Líquido (BL), deve-se calcular para cada uma delas o valor da expressão abaixo, dando-se preferência àquelas a que correspondam os maiores valores.

14.1

$$VP(BL) = \sum_{t=0}^{r} \frac{(B_t - C_t)}{(1+r)^t}$$

Nesse operador:

- Σ é o somatório no período de 0 a T unidades de tempo (por exemplo o ano) correspondente ao horizonte de análise adotado;
- B_t e C_t são os valores computados para os benefícios e os custos correspondentes à alternativa em análise, previstos para a data t;

- $1/(1 + r)^t$ é o fator de atualização a ser aplicado ao *BL* da data *t*, $(B_t - C_t)$, para transformá-lo no seu valor presente (ou valor atual à data 0) com uma taxa de desconto *r*; e
- *VP* é o valor presente da alternativa em análise.

Simples, em princípio, a aplicação da Análise Benefício-Custo apresenta entretanto várias dificuldades, nem sempre superáveis. Em resumo, essas dificuldades prendem-se à avaliação, sob um mesmo padrão de medida (monetário), dos bens e serviços ambientais gerados (benefícios ambientais) e dos bens e serviços utilizados ou comprometidos pelo projeto (custos ambientais).

Uma breve discussão dessas dificuldades já foi apresentada no Capítulo 12, seção 12.2. Mais detalhes estão além do escopo da presente abordagem do problema. São, porém, várias as publicações recentes que tratam delas em detalhe, mostrando maneiras de superá-las e de dar atendimento à tendência já referida de ampliar a aplicação da Análise Benefício-Custo na avaliação econômico-ambiental de projetos. Uma das publicações de referência que pode ser consultada é editada pelo Banco Mundial (Munasinghe, 1993).

14.10 Método da Análise Multiobjetivo

Um dos pontos cruciais da chamada Análise Multiobjetivo é justamente a definição dos objetivos a serem considerados em uma determinada situação decisória. Nesse sentido, a literatura é bastante controversa quanto às definições. Alguns autores da área de gestão de recursos hídricos, por exemplo, costumam diferenciar *objetivos* de *propósitos*. Objetivos seriam reservados para aspectos relativos à maximização de eficiência econômica, minimização de impactos ambientais, maximização do bem-estar social etc. Propósitos estariam ligados a, por exemplo, geração de energia elétrica, irrigação, abastecimento doméstico, lazer etc. Ou seja, um determinado objetivo poderia ser alcançado pela execução de uma obra com propósitos múltiplos.

Outros autores preferem deixar o analista absolutamente à vontade, afirmando que em um problema de planejamento e gerenciamento de recursos hídricos existem tantos objetivos quantas forem as medidas quantitativas disponíveis para definir o progresso a ser alcançado em várias direções nas quais se deseja alteração. Dessa maneira, a geração hidrelétrica seria em si mesma um objetivo, que poderia ser quantificado por meio, por exemplo, da potência a ser instalada em um dado aproveitamento hidráulico em MW. Esse conceito pode ser expandido para o aproveitamento de outros recursos naturais, ou seja, os objetivos retratam a percepção dos decisores dos aspectos mais relevantes a considerar em uma situação decisória.

Em geral, um problema multiobjetivo pode ser estruturado na forma de uma hierarquia. Define-se *meta* como sendo uma intenção ou um objetivo muito genérico que pode ser atendido por objetivos mais específicos que são *quantificados* por *atributos* (Figura 14.1). *Objetivos* refletem as aspirações do decisor (ou decisores) em relação ao atendimento de uma determinada meta. Um determinado objetivo pode ser alcançado pela sua maximização ou minimização. *Atributos* permitem avaliar como um determinado objetivo está sendo alcançado. Desse modo, atributos podem ser entendidos como um aspecto mensurável de julgamento pelo qual uma variável de decisão pode ser caracterizada. Essa caracterização pode assumir a forma *cardinal,* quando é possível estabelecer-se uma escala numérica de comparação (por exemplo, reais, metros, g/l etc.), e *ordinal,* no caso em que é possível somente a ordenação, sem a possibilidade de estabelecer-se uma comparação numérica. Por exemplo, o grau de proteção contra cheias pode ser mensurado como alto, médio, baixo e insuficiente sem gradação entre eles.

FIGURA 14.1

Estrutura hierárquica do processo decisório.

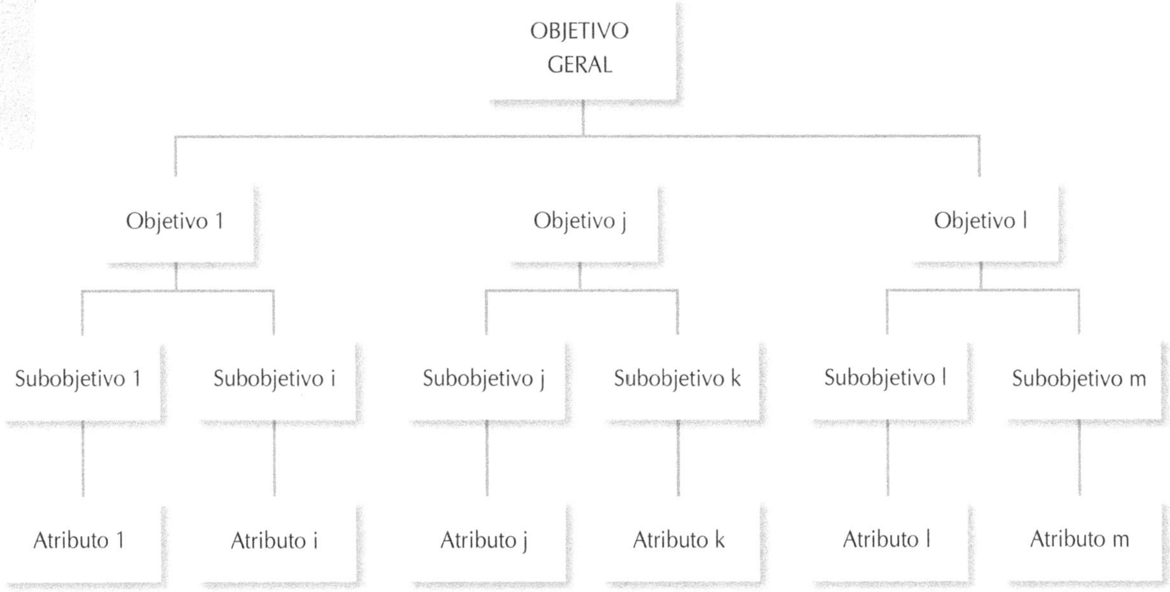

Apresentamos um exemplo de estrutura hierárquica para tratamento multiobjetivo da operação de um reservatório na Figura 14.2. Neste caso, a *meta* genérica de melhoria da qualidade de vida dos usuários do reservatório será atendida por meio de quatro *objetivos* distintos: maximização do benefício líquido, maximização da segurança da população a jusante, maximização do uso recreacional do reservatório e maximização da confiabilidade da operação.

FIGURA 14.2

Estrutura hierárquica da operação de um reservatório com múltiplos objetivos (Braga, 1979).

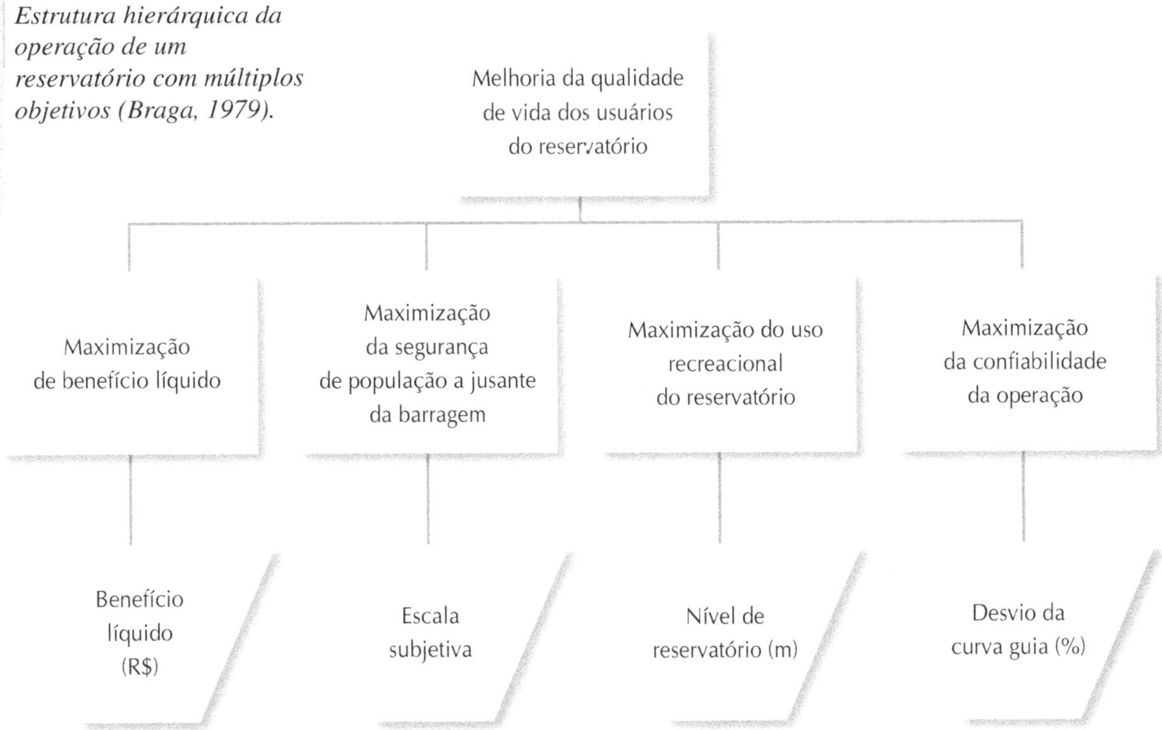

Em três dos quatro objetivos foi possível a identificação de medidas cardinais (R$, metros e porcentagem), enquanto o objetivo relativo à segurança da população a jusante da barragem utilizou uma medida ordinal dada por uma escala subjetiva que varia entre 0 e 5. Nessa escala subjetiva o valor zero significa nenhum impacto (vazão efluente menor que a capacidade do canal a jusante da barragem), e o valor 5 significa cheia de grande porte, perda agrícola total, danos consideráveis em áreas ecologicamente sensíveis, infra-estrutura comercial e de transportes seriamente impactada, alta probabilidade de perda de vidas humanas e imprensa dando ampla cobertura ao evento. Os valores 1, 2, 3 e 4 indicam impactos que variam gradativamente entre os valores acima descritos.

Dessa maneira, uma meta bastante ampla, como a melhoria da qualidade de vida dos usuários de um reservatório, pode ser decomposta e convenientemente tratada por quatro objetivos quantificáveis de maneiras distintas. Nesse processo de definição dos objetivos para quantificação da meta deve-se tomar o cuidado de evitar a dupla contagem, ou seja, cada objetivo deve ser uma medida individual da meta considerada. Keeney e Raiffa (1976) exemplificam de modo extensivo as maneiras de decompor metas para diferentes problemas decisórios.

Dominância

O tradicional conceito de otimização, no qual se busca o máximo ou o mínimo de uma função objetivo, encontra uma dificuldade importante na Análise Multiobjetivo. Simplesmente não existe um único 'ótimo' em um problema com múltiplos objetivos. Existe sim um conjunto de 'ótimos' que satisfazem de formas diferentes os diferentes objetivos envolvidos na análise. Surge nesse caso o conceito de *ótimo no sentido de Pareto,* apresentado a seguir em um exemplo ilustrativo.

Considere o caso da operação de um reservatório, onde se deseja ao mesmo tempo minimizar o risco de inundação a jusante e maximizar a geração hidrelétrica. Esse é o caso típico da maioria dos reservatórios do parque gerador hidrelétrico da região sudeste do Brasil. Quantificando-se o objetivo de controle de cheias em termos do período de retorno da cheia evitada e o objetivo da geração de energia hidrelétrica em termos da energia média produzida ao longo de um ano em MWh, é possível a determinação de um conjunto de políticas operacionais que atendem de modo diferenciado aos dois objetivos.

Na Figura 14.3 estão mostrados possíveis resultados de diferentes políticas operacionais em termos dos dois objetivos considerados. As soluções indicadas pelo símbolo 'o' têm uma característica comum, qual seja, a de serem inferiores àquelas indicadas pelo símbolo '☆' . Vale dizer que as soluções '☆' são melhores que as soluções 'o' em *ambos os objetivos.* Assim, podemos dizer que as soluções '☆' são *dominantes* ou *não-inferiores* e constituem o *conjunto Pareto ótimo* ou o conjunto das soluções não-inferiores.

FIGURA 14.3

Soluções dominantes e dominadas na operação multiobjetivo de um reservatório.

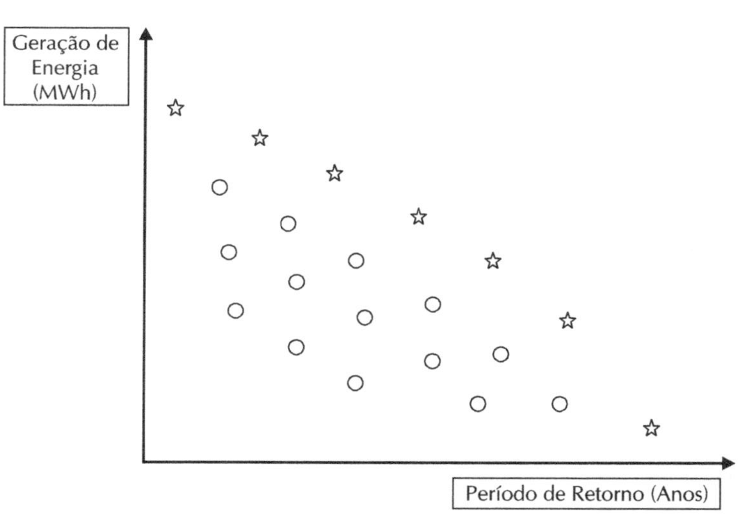

Ao contrário das soluções dominadas ou inferiores ('o'), nas quais pode haver melhoria em ambos os objetivos ao mesmo tempo, no conjunto *Pareto ótimo* só é possível uma melhora em relação a um objetivo com uma piora em relação a outro objetivo. Ou seja, o conjunto não-inferior é o máximo que se pode conseguir em um problema com múltiplos objetivos conflitantes. Fica evidenciado, desse modo, que não existe um único ótimo. Na melhor situação é necessário ceder em relação a um objetivo para se conseguir algo em troca em relação a outro objetivo. Esse é o conceito de *compromisso* (*trade-off*) que norteia as decisões em problemas dessa natureza.

Técnicas de Análise Multiobjetivo

Dependendo de como são utilizadas as preferências do decisor e da natureza do problema, as técnicas de Análise Multiobjetivo podem ser divididas da seguinte maneira (Cohon e Marks, 1975):

a) Técnicas que geram o conjunto das soluções não dominadas: Essas técnicas consideram um vetor de funções objetivo e, mediante tal vetor, geram o conjunto das soluções não dominadas. Não são consideradas no processo as preferências do decisor, trabalhando-se somente com as restrições físicas do problema.
b) Técnicas que utilizam uma articulação antecipada das preferências: Para obter a ordenação das soluções não dominadas, as técnicas deste grupo solicitam, anteriormente à resolução do problema, a opinião do decisor a respeito das trocas possíveis entre objetos e dos seus valores relativos. As variáveis de decisão utilizadas podem ser contínuas ou discretas, em função do tipo de problema. Algumas técnicas são aplicadas somente a problemas contínuos ou discretos, enquanto outras podem ser usadas em ambas as situações.
c) Técnicas que utilizam uma articulação progressiva das preferências: A característica desse grupo de técnicas é de que, assim que uma solução é alcançada, se pergunta ao decisor se o nível atingido de atendimento dos objetivos é satisfatório e, em caso negativo, o problema modificado é resolvido novamente.

14.11 Seleção da metodologia

A definição da metodologia a ser empregada para a avaliação dos impactos ambientais é tarefa específica de cada caso que se apresenta e deve partir da comparação entre os métodos de aplicação correntes. Esses métodos, como já vimos, utilizam técnicas diversas para a qualificação e quantificação desses impactos, bem como para o cotejo de alternativas de projeto.

A análise de cada um dos métodos anteriormente apresentados evidencia os diferentes graus de subjetividade envolvidos na sua aplicação e as possíveis dificuldades de quantificação para cada caso específico.

O diálogo entre o profissional com formação ambiental e versado nessas metodologias e o especializado nas técnicas envolvidas no desenvolvimento do empreendimento (tanto na construção como na operação) ainda é o melhor caminho para a seleção dos métodos a serem utilizados na avaliação do impacto ambiental.

A Tabela 14.10, apresentada por Munn (1975), resume uma comparação entre os métodos de Leopold, de Battelle e da Sobreposição de Cartas, em face de uma extensa e ainda atual lista de importantes atributos. À exceção das apreciações feitas para o último dos métodos, em parte tornadas obsoletas pelos avanços dos sistemas digitais de informação geográfica associados ao sensoriamento remoto, todas as demais continuam válidas, apesar do tempo decorrido.

TABELA 14.10

Comparação entre os métodos de Leopold, de Battelle e da Sobreposição de Cartas (Munn, 1975).

		Leopold	**Sobreposição de cartas**	**Battelle**
Capacidade	Identificação	Médio	Médio	Alto
	Previsão	Baixo	Baixo	Alto
	Interpretação	Baixo	Baixo-médio	Alto
	Comunicação	Baixo	Alto	Baixo-médio
	Procedimentos de inspeção	Baixo	Médio	Baixo-médio
Capacidade de ações complexas		Alternativas incrementais	Alternativas fundamentais e incrementais	Alternativas incrementais
Capacidade de avaliação de riscos		Não	Não	Não
Capacidade de deflagrar extremos		Baixo	Baixo	Médio
Replicabilidade dos resultados		Baixo	Baixo-médio	Alto
Nível de detalhamento	'Peneiramento' das alternativas	Incremental	Incremental e fundamental	Incremental
	Estimativa detalhada	Sim	Sim	Sim
	Estágio da documentação	Sim	Sim	Sim
Recursos necessários	Capital	Baixo	Mapa baixo; computador alto	Alto
	Tempo	Baixo	Mapa baixo; computador alto	Alto
	Força de trabalho qualificada	Médio	Alto	Alto
	Computacional	Baixo	Mapa baixo; computador alto	Médio
	Conhecimento	Médio	Médio	Médio

15 Gestão Ambiental

15.1 Introdução

No Brasil e em muitos outros países, durante um longo período de tempo, a poluição era vista como um indicativo de progresso. Essa percepção foi mantida até que os problemas relacionados à degradação do meio ambiente, contaminação do ar, da água e do solo — com efeitos diretos sobre os seres humanos — se intensificaram.

A degradação ambiental tornou-se mais evidente na década de 1970, conduzindo à realização, em Estocolmo, da 1ª Conferência das Nações Unidas sobre o Ambiente Humano no ano de 1972 (Harrington; Knight, 2001).

Nessa época, em países da Europa e da América do Norte, muitas empresas se viram obrigadas a desembolsar recursos financeiros significativos por causa dos problemas resultantes de uma atuação desvinculada do meio ambiente, além de terem a sua imagem perante o mercado seriamente comprometida. Isso também acabava dificultando o relacionamento com fornecedores, consumidores e órgãos de controle ambiental, exigindo o desenvolvimento de um novo modelo de atuação.

Enquanto no Brasil o Sistema de Comando e Controle ainda estava por ser implantado, os conceitos de Qualidade Total e Qualidade Total Ambiental começaram a ser desenvolvidos por algumas empresas, como, por exemplo, a Gillete, em 1972 — por meio de um programa para conservação de água e energia —, e a 3M, em 1975 — com o desenvolvimento de uma política ambiental corporativa e um programa para prevenção da poluição (Bennett; Freierman; George, 1993).

Como resultado da conferência de 1972, foram criados o Programa das Nações Unidas para o Meio Ambiente (PNUMA) e a Comissão Mundial sobre Meio Ambiente e Desenvolvimento, que, em 1987, publicou o relatório 'Nosso Futuro Comum', o qual consagrou a expressão Desenvolvimento Sustentável, além de estabelecer com bastante clareza o papel das empresas na gestão ambiental.

Em 1992, durante a realização da 2ª conferência mundial sobre meio ambiente, a Conferência das Nações Unidas sobre Meio Ambiente e Desenvolvimento, no Rio de Janeiro, foi novamente enfatizada a necessidade de uma maior integração entre meio ambiente e desenvolvimento, demonstrando que o nosso modo de atuação ainda despertava preocupação.

Com uma maior abertura dos mercados, empresas localizadas nos países com uma legislação ambiental mais desenvolvida passaram a alegar uma desvantagem competitiva em relação às empresas de países onde a legislação era mais branda ou não existia. Assim sendo, houve a necessidade de transformar essa desvantagem em vantagem, de maneira que as empresas que investissem na proteção do meio ambiente pudessem se tornar mais competitivas, contribuindo para o aprimoramento das relações entre desenvolvimento e meio ambiente.

A partir dessa percepção, conceitos como gestão ambiental, prevenção da poluição e o já consagrado desenvolvimento sustentável começaram a ser amplamente difundidos e incorporados nas estratégias de planejamento de inúmeras indústrias ao redor do planeta.

15.2 Sistemas de Gestão Ambiental

Com uma maior preocupação entre as atividades industriais desenvolvidas e os impactos resultantes sobre o meio ambiente, o que decorreu de uma associação de vários fatores, os procedimentos para o gerenciamento eficaz das relações entre desenvolvimento econômico e meio ambiente foram aperfeiçoados.

A Inglaterra, berço dos sistemas de qualidade, também foi a precursora dos Sistemas de Gestão Ambiental normalizados, dando origem à Norma BS-7750, cuja versão preliminar foi publicada em 1992 (BSI, 1994). Com o crescente interesse pelas questões ambientais em outras regiões, foi implantado pela Organização Internacional para Padronização (ISO), em 4 de março de 1993, o Comitê Técnico 207 (TC-207), com a incumbência de elaborar uma série de normas direcionadas para o meio ambiente, dando origem à Série ISO 14.000 (SMA, 1998).

Norma BS-7750

O objetivo da Norma BS-7750 era servir de ferramenta para verificar e assegurar que os efeitos das atividades, produtos e serviços de uma determinada empresa estivessem de acordo com o conceito de proteção do meio ambiente, devendo-se destacar que essa preocupação com o meio ambiente, por parte das empresas, resultou das restrições impostas pela legislação e pelo desenvolvimento de medidas econômicas e outras medidas, visando incentivar as ações relacionadas à proteção ambiental.

Para que este objetivo pudesse ser atingido, a Norma BS-7750 especificou os elementos básicos de um Sistema de Gestão Ambiental, destinado à aplicação em empresas de qualquer ramo de atividade e de qualquer tamanho. A implantação de um Sistema de Gestão Ambiental (SGA), com base na Norma BS-7750, deveria contemplar:

- Comprometimento da alta administração;
- Revisão Inicial;
- Política Ambiental;
- Organização e Pessoal;
- Avaliação e Registro dos Efeitos;
- Identificação da Legislação Aplicável;
- Objetivos e Metas;
- Programa de Gerenciamento;
- Manual de Gerenciamento;
- Controle Operacional;
- Registros;
- Auditorias; e
- Revisão.

Com o desenvolvimento das normas da Série ISO 14.000, a implantação dos Sistemas de Gestão Ambiental baseados na BS-7750 ficou restrita a poucas empresas, as quais devem ter convertido o seu sistema para o sistema baseado na Norma ISO 14.001, resultando na superação da BS-7750.

Normas da Série ISO 14.000

Ao contrário da Norma BS-7750, as normas da Série ISO 14.000 podem ser consideradas como normas internacionais, pois foram desenvolvidas por uma organização composta por representantes de 120 países membros, dentre os quais o Brasil — representado pela Associação Brasileira de Normas Técnicas (ABNT).

Além de abordar os Sistemas de Gestão Ambiental, as normas da Série ISO 14.000 também tratam das diretrizes para a auditoria ambiental, rótulos e declarações ambientais, avaliação do desempenho ambiental e análise do ciclo de vida, conforme pode ser verificado na Tabela 15.1.

TABELA 15.1

Relação de normas da Série ISO 14.000.

Designação	Publicação	Título
ISO 14.001:1996	1996	Sistemas de Gestão Ambiental — Especificação e orientação para uso.
ISO 14.004:1996	1996	Sistemas de Gestão Ambiental — Diretrizes gerais sobre princípios, sistemas e técnicas de apoio.
ISO 14.010:1996	1996	Diretrizes para Auditoria Ambiental — Princípios gerais.
ISO 14.011:1996	1996	Diretrizes para Auditoria Ambiental — Procedimentos de auditoria — Auditoria de Sistemas de Gestão Ambiental.
ISO 14.012:1996	1996	Diretrizes para Auditoria Ambiental — Critérios para a qualificação de auditores ambientais.
ISO 14.015:2001	2001	Avaliação ambiental de locais e organizações.
ISO 14.020:2000	2000	Rótulos e Declarações Ambientais — Princípios gerais.
ISO 14.021:1999	1999	Rótulos e Declarações Ambientais — Autodeclaração de alegação ambiental — Rotulagem ambiental Tipo II.
ISO 14.024:1999	1999	Rótulos e Declarações Ambientais — Rotulagem ambiental Tipo I: Princípios e procedimentos.
ISO/TR 14.025	2000	Rótulos e Declarações Ambientais — Declarações ambientais Tipo III.
ISO 14.031:1999	1999	Gestão Ambiental — Avaliação do desempenho ambiental — Diretrizes.
ISO/TR 14.032	1999	Gestão Ambiental — Exemplos de avaliações do desempenho ambiental.
ISO 14.040:1997	1997	Gestão Ambiental — Análise do Ciclo de Vida: Princípios e estrutura.
ISO 14.041:1998	1998	Gestão Ambiental — Análise do Ciclo de Vida: Definição do escopo e metas e análise de inventário.
ISO 14.042:2000	2000	Gestão Ambiental — Análise do Ciclo de Vida: Avaliação de impactos no Ciclo de Vida.
ISO 14.043:2000	2000	Gestão Ambiental — Análise do Ciclo de Vida: Interpretação do Ciclo de Vida.
ISO/TR 14.047	A ser definida	Gestão Ambiental — Análise do Ciclo de Vida — Exemplos de aplicação da ISO 14.042.
ISO/TR 14.048	2002	Gestão Ambiental — Análise do Ciclo de Vida: Formato da documentação de dados.
ISO/TR 14.049	2000	Gestão Ambiental — Análise do Ciclo de Vida: Exemplos para a aplicação da Norma ISO 14.041 para definição de escopo e matas e análise de inventário.
ISO 14.050:2002	2002	Gestão Ambiental — Vocabulário.
ISO/TR 14.061	1998	Informações para auxiliar empresas de Produtos Florestais no uso das normas de Sistemas de Gestão Ambiental (ISO 14.001 e ISO 14.004).
ISO/TR 14.062	2002	Gestão Ambiental — Integrando os aspectos ambientais no projeto e desenvolvimento do produto.

(continua)

(continuação)

ISO/WD 14.063	A ser definida	Gestão Ambiental — Comunicação ambiental: Diretrizes e exemplos.
ISO/AWI 14.064	A ser definida	Diretrizes para medir, reportar e verificar a existência de níveis de projeto da emissão de gases estufa.
ISO 19.011:2002	2002	Diretrizes para Auditoria de Sistemas de Qualidade ou Gestão Ambiental (essa norma substitui as normas 14.010, 14.011 e 14.012).
ISO Guia 64: 1997	1997	Guia para a inclusão dos Aspectos Ambientais em normas de Produtos.
ISO/IEC Guia 66	1999	Requisitos gerais para grupos conduzindo avaliações e certificações/registros de Sistemas de Gestão Ambiental.

Fonte: ISO, 2002.
AWI = Approved Work Item (Item de Trabalho Aprovado).
TR = Technical Report (Relatório Técnico).
WD = Working Draft (Versão de Trabalho).

As normas da Série ISO 14.000, além de se preocuparem com as questões relativas ao desenvolvimento sustentável, foram desenvolvidas com o objetivo de permitir uma competição mais justa entre as empresas que participam do comércio internacional.

ISO 14.001: Sistemas de gestão ambiental — Especificação e diretrizes para uso

A Norma ISO 14.001 especifica os principais requisitos de um Sistema de Gestão Ambiental (SGA), sendo que o sucesso deste sistema depende do comprometimento de todos os níveis e funções da organização, principalmente da alta administração dessa, sendo bastante semelhante à norma inglesa BS-7750.

A abordagem básica com relação aos requisitos estabelecidos pela Norma ISO 14.001 é apresentada na Figura 15.1.

FIGURA 15.1
Programa de Gestão Ambiental, conforme a Norma ISO 14.001.

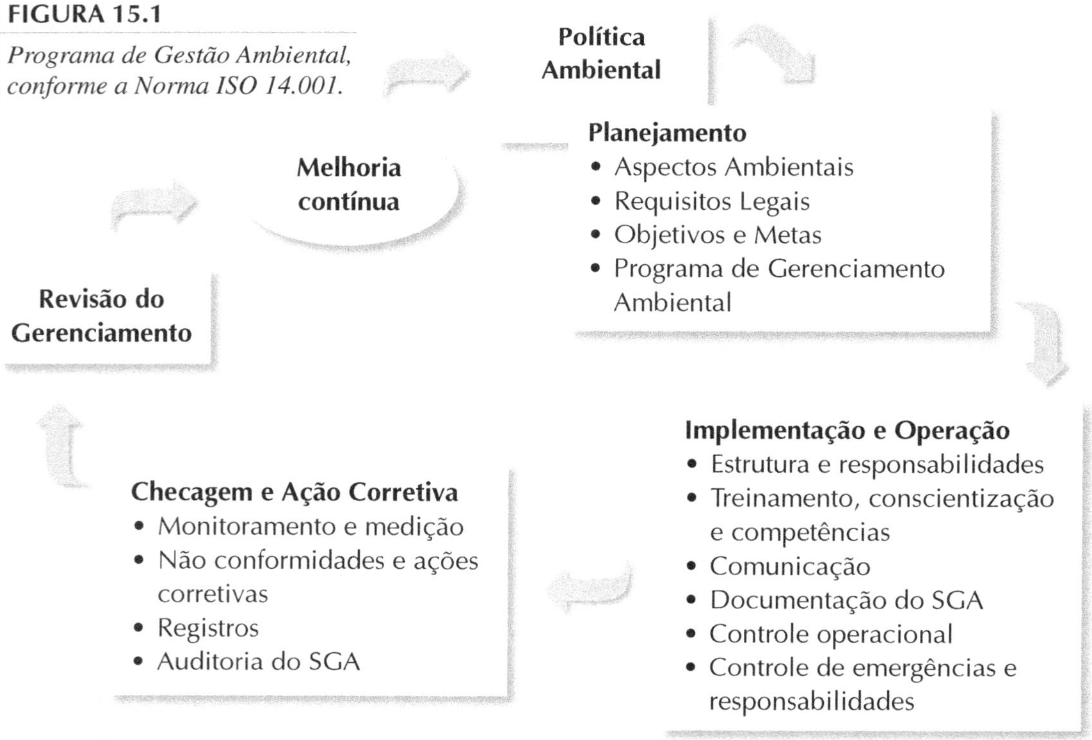

Um SGA se constitui, na verdade, em um conjunto de procedimentos sistematizados que são desenvolvidos para que as questões ambientais sejam integradas à administração global de um empreendimento. Por meio de uma melhor compreensão das relações entre as atividades desenvolvidas e o meio ambiente, é possível estabelecer um método de gerenciamento que possibilite a obtenção de melhores resultados no desempenho global da empresa.

A seguir são detalhados os elementos de um Sistema de Gestão Ambiental com base na Norma ISO 14.001 (ABNT, 1996).

- **Política Ambiental:** A política ambiental dá um senso global de direção e apresenta os princípios de ação para uma organização, sendo estabelecidas metas relativas ao desempenho e responsabilidade ambiental, contra as quais todas as ações subseqüentes serão julgadas. Essa política deve ser definida pela alta administração da empresa, devendo assegurar que ela: seja apropriada à natureza, à escala e aos impactos ambientais de suas atividades, produtos e serviços; inclua um comprometimento com a melhoria contínua e com a prevenção da poluição; inclua um comprometimento para cumprir com as normas e regulamentos ambientais, além de outros requisitos para os quais a organização subscreve; forneça uma estrutura para estabelecer e revisar objetivos e metas ambientais; seja documentada, implantada, mantida e comunicada para todos os empregados; e esteja disponível para o público.
- **Planejamento:** Com base na política ambiental, a organização deve fazer um planejamento com o objetivo de atender aos requisitos estabelecidos.
- **Implementação e Operação:** O processo de implementação e operação do SGA deve ser conduzido de forma a serem atingidos os objetivos e as metas estabelecidas.
- **Verificação e Ações Corretivas:** Para que a política ambiental possa ser avaliada, é necessário que sejam desenvolvidos procedimentos para monitorar e medir as principais características das operações e atividades que podem causar um impacto significativo no meio ambiente, ao mesmo tempo que devem ser estabelecidos os procedimentos referentes às ações corretivas que devem ser tomadas para eliminar as causas reais ou potenciais, que poderiam resultar em um impacto no meio ambiente.
- **Revisão do Gerenciamento:** Para que o comprometimento com a melhoria contínua possa ser efetivo, a alta administração da organização deve, em intervalos predefinidos, revisar o Sistema de Gestão Ambiental, de forma a assegurar que este continue adequado e efetivo. Nessa revisão, devem ser verificados as necessidades de mudanças na política, os objetivos e outros elementos do SGA, tomando-se como base os resultados obtidos nas auditorias do sistema.

Uma etapa que deve anteceder o desenvolvimento de um SGA refere-se à revisão ou diagnóstico inicial, que contempla uma avaliação inicial dos procedimentos que estão sendo utilizados pela empresa, no que se refere às questões ambientais e uma prospecção sobre as estratégias futuras, estando essa etapa restrita à alta administração e a alguns níveis hierárquicos superiores da empresa.

A implantação de um sistema de gestão ambiental é baseada no Ciclo PDCA (*Plan, Do, Check and Act)*, que nada mais é do que um procedimento sistematizado e estruturado para o planejamento, implantação, verificação e revisão das estratégias para a obtenção de uma melhoria do desempenho ambiental da organização. A Figura 15.2 mostra as relações entre as normas da Série ISO 14.000 em um ciclo PDCA (ISO, 2002).

FIGURA 15.2

Modelo de implantação de um sistema de gestão ambiental pela Série ISO 14.000.

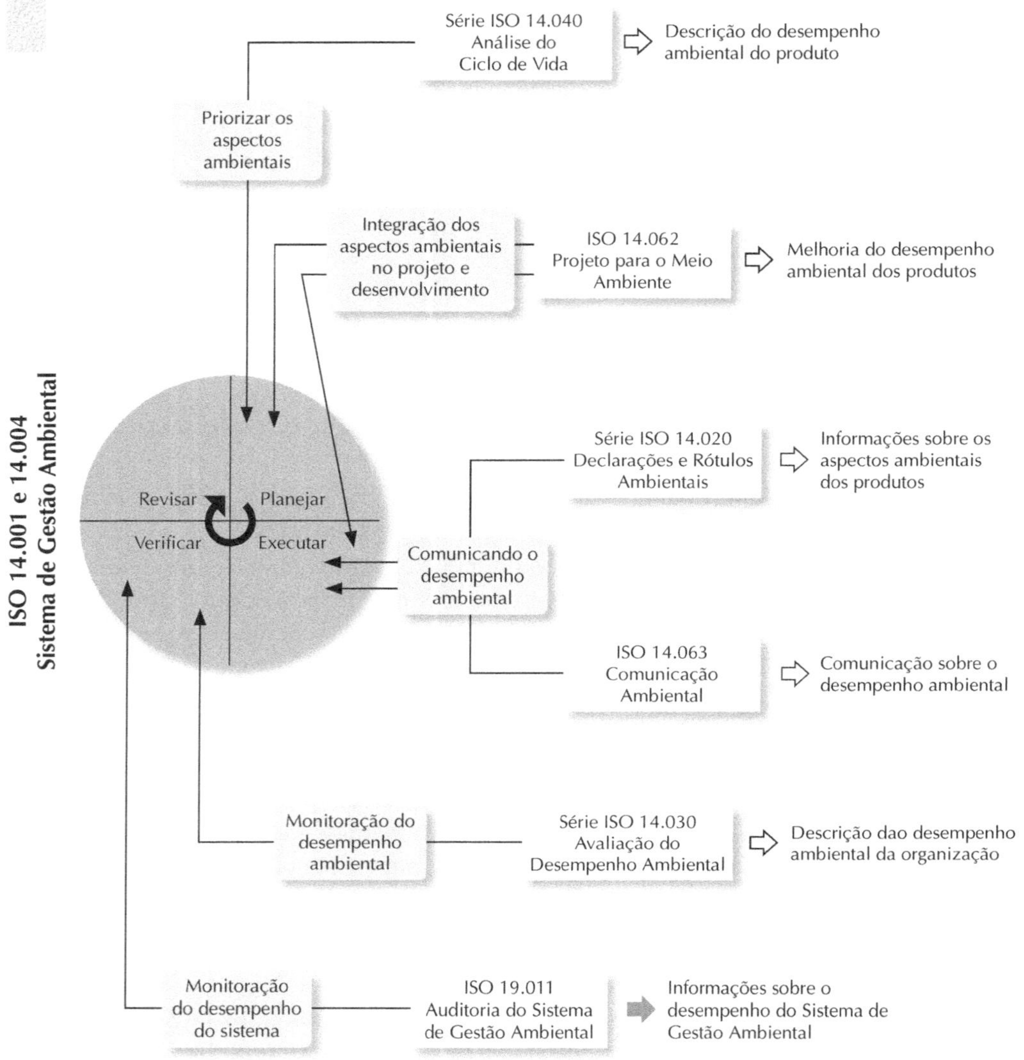

Todos os elementos do SGA devem ser devidamente documentados, o que é feito pelo desenvolvimento do Manual do Sistema de Gestão Ambiental, o qual deve estar disponível para consulta, principalmente os procedimentos que tratam diretamente das atividades que tenham relação direta com o meio ambiente.

Um SGA desenvolvido e implantado com base na Norma ISO 14.001 pode ser certificado por uma organização independente ou, então, pode ser utilizado para que a empresa possa emitir uma autodeclaração de conformidade com a norma, de maneira a melhor se posicionar no mercado, ressaltando-se que, para o mercado externo, a certificação é necessária. Cabe ressaltar que a implantação de um SGA exige a aplicação de recursos financeiros na fase de diagnóstico inicial, desenvolvimento, implantação, certificação e manutenção.

Como se verifica, um Sistema de Gestão Ambiental com base na Norma ISO 14.001 é bastante semelhante ao sistema baseado na Norma BS-7750, devendo-se destacar que o mérito das normas da Série ISO 14.000 é o fato de elas terem ido além do sistema de gestão, abordando outros aspectos relevantes à proteção do meio ambiente, conforme poderá ser verificado a seguir.

Auditorias ambientais

O conceito de auditorias ambientais teve início na década de 1970, principalmente nos países desenvolvidos, onde algumas companhias industriais privadas inspecionavam suas unidades industriais com o objetivo de identificar programas de controle de risco, além de avaliar o potencial de ocorrência de acidentes ambientais.

De um modo geral, a auditoria ambiental é reconhecida mundialmente como uma ferramenta que auxilia no gerenciamento e na comunicação do desempenho de uma organização, sendo desenvolvida com os seguintes objetivos:

- fornecer uma garantia aos executivos da organização quanto à conformidade com relação às exigências legais e procedimentos internos de uma boa prática de gerenciamento da organização;
- avaliar os potenciais de passivos ambientais da organização; e
- demonstrar às partes interessadas que está sendo realizado o gerenciamento efetivo das obrigações ambientais da companhia.

No caso da auditoria ambiental, o objetivo principal é a obtenção de evidências relacionadas ao desempenho e aos aspectos ambientais de uma empresa ou instituição, visando determinar o grau de conformidade destes com os critérios estabelecidos anteriormente, sendo um elemento de grande importância de qualquer Sistema de Gestão Ambiental, no sentido de verificar se este está ou não sendo implementado e mantido de forma adequada.

Para cumprir os seus objetivos, as auditorias ambientais devem ser:

- sistemáticas, completas e detalhadas, em que cada aspecto e área devem ser avaliados de acordo com uma metodologia específica;
- documentadas, de forma que os registros facilitem a resolução dos problemas encontrados e sirvam de base de comparação com auditorias futuras;
- periódicas, realizadas em intervalos regulares; e
- objetivas, buscando-se a precisão científica.

As auditorias ambientais de que tratam a Norma ISO 19.011 têm como principal objetivo avaliar os Sistemas de Gestão Ambiental e de Qualidade desenvolvidos de acordo com a Norma ISO 14.001 e ISO 9.001.

Rotulagem ambiental

Inicialmente, os esquemas de rotulagem ambiental foram desenvolvidos em alguns países, na tentativa de promover o uso de métodos de produção menos agressivos ao meio ambiente (Welford, 1995).

Tais esquemas tentaram fornecer um reconhecimento independente do perfil ambiental positivo de um produto. Dessa forma, é importante que a rotulagem do produto assegure que o produto, ou grupos de produtos, seja avaliado de uma maneira abrangente, geralmente baseada na análise do ciclo de vida e, onde apropriado, apresentar os dados de eficiência e segurança.

A Agência Americana de Proteção Ambiental (USEPA) identifica a rotulagem ambiental dos produtos, dividida em categorias baseadas em três atributos-chave:

- **Primeiro:** Todos os programas de rotulagem ambiental, que são independentes dos fabricantes e vendedores, podem ser considerados como de terceira parte.
- **Segundo:** A participação nesses esquemas pode ser voluntária ou obrigatória.
- **Terceiro:** Os programas de rotulagem podem ser positivos, negativos ou neutros, ou seja, podem promover os atributos positivos do produto, podem requerer a divulgação de informações que não são boas nem más ou eles podem requerer informações sobre os aspectos negativos de um produto — como, por exemplo, apresentar avisos sobre a toxicidade do produto.

Na Tabela 15.2 são apresentados os cinco tipos de programas de rotulagem ambiental, segundo os critérios da USEPA (Welfod, 1995), enquanto, na Figura 15.3, é apresentada a classificação da rotulagem ambiental, também de acordo com a agência norte-americana.

TABELA 15.2

Comparação dos programas de rotulagem ambiental pela USEPA (EPA, 1998).

Tipo de Rótulo	Positivo	Neutro	Negativo	Voluntário	Obrigatório
Selo de Aprovação	X			X	
Certificação de Simples Atributo	X			X	
Relatórios		X		X	
Divulgação de Informações		X			X
Avisos de Perigo			X		X

Os selos de aprovação identificam os produtos ou serviços como sendo menos prejudiciais ao meio ambiente, quando comparados com produtos e serviços similares que apresentam a mesma função.

A certificação de simples atributo geralmente indica que uma terceira parte independente validou um aspecto particular do produto, permitindo que este seja usado como único aspecto com apelo ambiental.

Os relatórios tendem a fornecer aos consumidores informações neutras sobre um produto ou sobre o desempenho ambiental de uma empresa.

A divulgação de informações também é neutra, pois apresenta fatos sobre um produto, os quais, por outro lado, não seriam divulgados pelo fabricante.

Os rótulos com aviso de perigo são uma exigência legal, devendo conter avisos obrigatórios, relacionados aos efeitos adversos do produto, tanto sobre o meio ambiente quanto sobre a saúde.

FIGURA 15.3

Classificação da rotulagem ambiental.

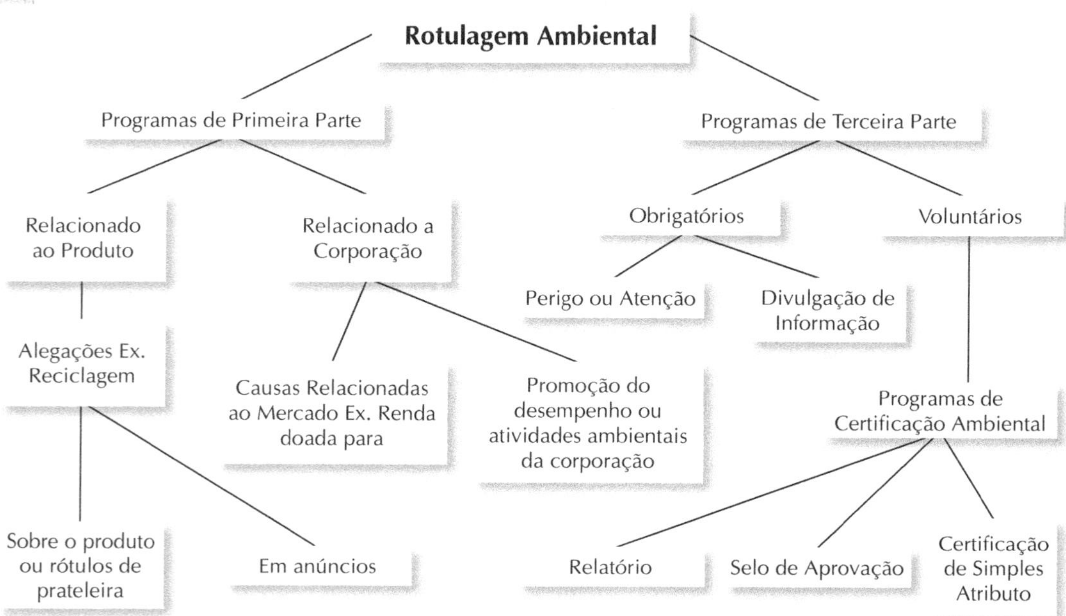

No Brasil, desenvolvido pela Associação Brasileira de Normas Técnicas (ABNT), encontra-se em fase experimental um programa de qualidade ambiental denominado "ABNT — Qualidade Ambiental", sendo o mesmo desenvolvido com base na versão preliminar da Norma ISO 14.020.

O objetivo desse programa é o de promover a redução na pressão ambiental e os impactos negativos relacionados aos produtos e serviços. A metodologia adotada pela ABNT é baseada na Análise do Ciclo de Vida do Produto, em que são considerados os seguintes elementos:

- Extração e processamento da matéria-prima;
- Produção, transporte e distribuição;
- Uso do Produto;
- Reúso;
- Manutenção;
- Reciclagem;
- Disposição final;
- Restrição de materiais ou componentes; e
- Desempenho ambiental dos processos de produção.

Análise do ciclo de vida

A análise do ciclo de vida pode ser definida como sendo uma abordagem holística para a verificação das implicações ambientais dos produtos e processos, desde o seu 'nascimento' até a sua 'morte', conceito conhecido como 'Do Berço ao Túmulo'. Essa ferramenta fornece às indústrias os meios necessários para a identificação e avaliação das oportunidades de minimizar os impactos ambientais adversos.

O conceito 'Do Berço ao Túmulo' descreve os estágios do ciclo de vida de um produto, que começa com a aquisição da matéria-prima, passa pelos processos de fabricação, transporte e distribuição, uso e reúso do produto, chegando, finalmente, à reciclagem e à disposição final, conforme representação esquemática apresentada na Figura 15.4. É importante observar que, em cada uma das etapas do ciclo de vida, são contabilizadas as entradas e as saídas. Entende-se como entradas o consumo de água, de energia, de força de trabalho e os insumos diversos; enquanto, na saída, são considerados os produtos finais obtidos, os efluentes, os resíduos e as emissões atmosféricas, além de outros impactos ambientais (SMA, 1998).

FIGURA 15.4

Representação esquemática dos estágios da análise do ciclo de vida.

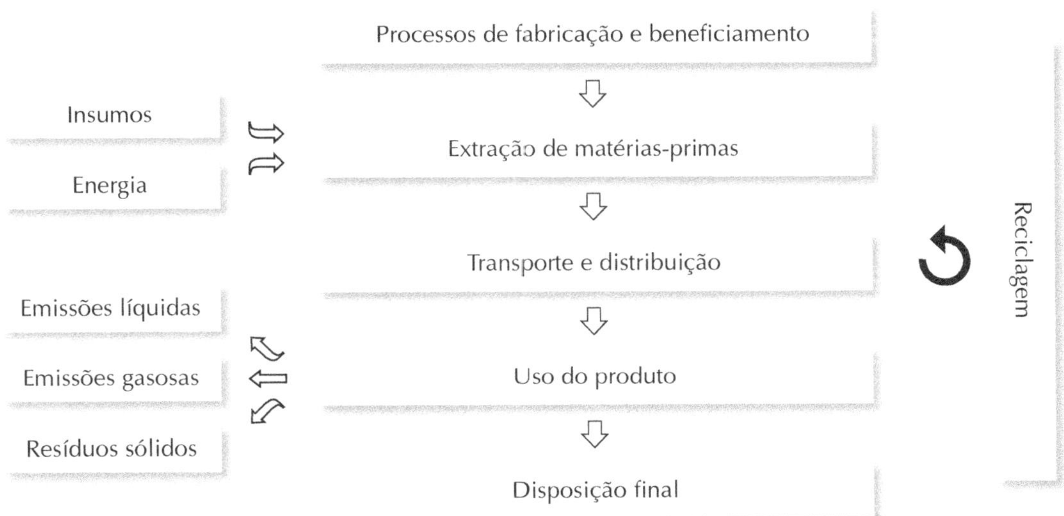

Geralmente, as informações obtidas em uma análise do ciclo de vida podem ser utilizadas em um processo decisório ou, então, para se obter uma maior compreensão dos negócios em geral, ressaltando-se que só pode ser feita a comparação de diferentes análises de ciclo de vida se o contexto de cada estudo for o mesmo.

A seguir são apresentados, de forma resumida, os principais pontos da metodologia da análise do ciclo de vida:

- O estudo pode envolver de maneira adequada e sistemática os aspectos ambientais de um sistema de produção de um produto, desde a aquisição das matérias-primas até a disposição final do mesmo.
- A profundidade de detalhes e o intervalo de tempo de um estudo de análise do ciclo de vida podem variar de maneira substancial, em função das definições dos objetivos traçados e da definição de seu escopo.
- O escopo, os princípios, os parâmetros de qualidade de dados, as metodologias e as variáveis de saída de um estudo de análise do ciclo de vida devem ter apresentação clara e apropriada.
- Podem ser feitas provisões, dependendo da intenção da aplicação do estudo, respeitando-se sempre a confidencialidade e a propriedade industrial.
- As metodologias de análise do ciclo de vida deverão ser responsáveis pela inclusão de novas descobertas científicas e melhorias do estado da arte da metodologia.

Para que uma análise de ciclo de vida possa ser desenvolvida, é necessário que essa contemple os objetivos e o escopo, a análise do inventário, além da determinação e interpretação dos resultados.

15.3 Prevenção à poluição

Em decorrência da experiência adquirida ao longo de vários anos, passou-se a perceber que a estratégia adotada para o controle da poluição deveria ser reformulada, e, em vez de se dar ênfase à busca de soluções dos problemas de poluição, após os mesmos terem sido criados, deveriam ser adotadas estratégias que visassem a evitar que a poluição fosse gerada, eliminando-se a necessidade de adoção de métodos para o seu controle, bem como seria eliminada a possibilidade de ocorrência de qualquer efeito adverso aos seres humanos e ao meio ambiente. Essas novas estratégias é que deram origem ao conceito de Prevenção da Poluição.

O conceito de Prevenção da Poluição pode ser definido da seguinte forma (Duncan, 1994):

> *Qualquer prática que reduz a quantidade ou impacto ambiental e na saúde de qualquer poluente antes da sua reciclagem, tratamento ou disposição final, incluindo modificação de equipamentos ou tecnologias, reformulação ou redesign de produtos, substituição de matérias-primas e melhoria organizacional (*housekeeping*), treinamento ou controle de inventário.*

Deve-se ressaltar que o principal objetivo de qualquer iniciativa de Prevenção da Poluição é reduzir os impactos ambientais agregados a todo o ciclo de vida de um produto. Assim, dessa forma, a conservação de recursos e de energia também é forma de prevenção da poluição.

Princípios básicos da Prevenção da Poluição

Pelo conceito de Prevenção da Poluição (P2), em vez de ficarmos tentando resolver os problemas de poluição após os mesmos terem sido originados, o melhor é procurarmos reduzir, de todas as maneiras, a geração de poluição, almejando promover mudanças ou modificações de planos, práticas e hábitos, incluindo-se, também, as atividades que protegem os recursos naturais, pela conservação ou uso mais eficiente dos recursos disponíveis (EPA, 1997).

A seguir, são apresentados os princípios básicos relacionados à Prevenção da Poluição, podendo os mesmos ser utilizados por empresas e até em nossos lares.

Substituição de Materiais e Insumos: Não utilizar produtos tóxicos ou, então, utilizar produtos mais eficientes e com maior grau de pureza.

- Utilizar preferencialmente substâncias que utilizam a água como solvente em vez de solventes orgânicos.
- Dar preferência ao uso de materiais originados de recursos naturais renováveis.
- Fazer uso de fontes energéticas que causem menos impacto ambiental.

Mudanças de Procedimentos: Encontrar métodos mais eficientes para o desenvolvimento das nossas atividades ou das atividades industriais.

- Utilizar, sempre que possível, métodos contínuos de produção.
- Alterar configurações geométricas dos produtos, de forma a obter um melhor aproveitamento dos materiais e reduzir a quantidade de embalagens.
- Incorporar o conceito de reciclagem no desenvolvimento de novos produtos e processos.
- Levar em consideração os aspectos ambientais no desenvolvimento dos produtos.
- Identificar tecnologias mais eficientes.

Melhorar a Organização (*Housekeeping*): Adotar procedimentos que visem manter de uma forma organizada e limpa todas as áreas da empresa e da nossa própria casa.

- Minimizar derramamento e vazamentos.
- Identificar os recipientes que contêm qualquer material ou substâncias utilizadas.
- Desenvolver programas de manutenção preventiva.
- Utilização de arranjos que favoreçam a contenção de possíveis vazamentos.

Programas Educacionais: Desenvolver programas de conscientização, abordando os problemas associados à poluição, bem como enfatizando a necessidade da adoção de estratégias de prevenção da poluição, além dos benefícios que essas podem proporcionar.

Com a introdução do conceito de Prevenção da Poluição, as estratégias de gerenciamento ambiental devem considerar a hierarquia apresentada na Figura 15.5.

FIGURA 15.5

Hierarquia a ser adotada para o Gerenciamento Ambiental, com a introdução do conceito de Prevenção da Poluição.

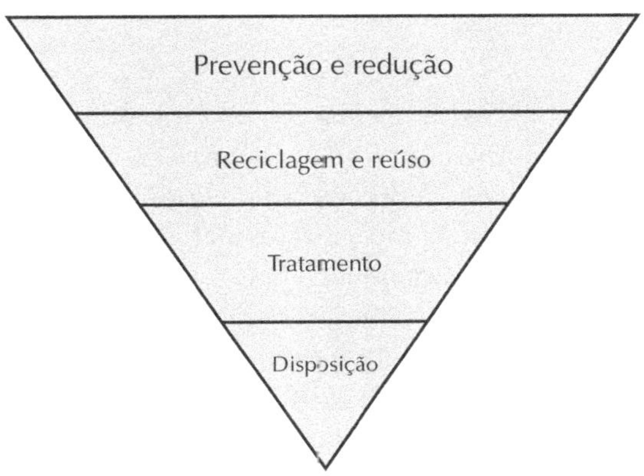

Como já mencionado anteriormente, a reciclagem não é reconhecida como uma alternativa de prevenção da poluição, já que os materiais ou resíduos foram produzidos e têm o potencial de prejudicar os trabalhadores, o meio ambiente e a saúde pública.

Pelo exposto anteriormente, pode-se concluir que as oportunidades de P2 só são limitadas pela nossa criatividade e inexperiência, além, é claro, do nosso comprometimento com a melhoria do meio ambiente (Phipps, 1995).

Em muitos casos, a identificação de oportunidades para a aplicação do conceito de Prevenção da Poluição é bastante simples, bastando apenas fazer uma análise do produto, do processo ou dos procedimentos que estão sendo utilizados para a distribuição e comercialização do produto para identificar um grande número de oportunidades, conforme exemplificado a seguir no Quadro 15.1.

QUADRO 15. 1

O caso dos sapatos

Como é de conhecimento geral, as lojas de sapatos comercializam os produtos fabricados pelas indústrias de calçados, as quais, para garantir a integridade do seu produto — da fábrica até o ponto de distribuição final —, acondicionam os calçados em caixas normalmente de papelão.

Na maioria dos casos, essas embalagens, além da função de acondicionamento dos sapatos, são utilizadas para divulgar o nome da empresa responsável pela fabricação, além de algumas informações referentes ao seu conteúdo (tamanho e cor). Em muitos casos, porém, essas embalagens são tão sofisticadas que, para a sua fabricação, são necessários vários tipos de materiais — tanto estruturais quanto para o acabamento da mesma (papelão, plástico e tintas) —, o que acaba elevando o custo do produto principal.

Uma vez no ponto de comercialização, os calçados e as respectivas caixas são armazenados em um depósito. Para a divulgação do produto, porém, é utilizada apenas uma amostra de cada modelo de calçado, que é exposta na vitrine da loja, juntamente com as demais, para que os consumidores possam avaliar o produto antes mesmo de entrarem na loja.

Dessa forma, verifica-se que o primeiro critério — e talvez um dos mais importantes utilizados para a seleção de um calçado — é o próprio calçado, que irá ou não atrair a atenção de um consumidor em potencial, principalmente em função das características visuais do produto. Demonstrado o interesse pelo produto, os próximos critérios a ser analisados seriam: o custo, o material utilizado para confecção, além, é claro, da origem do produto — nesse caso específico, o nome do fabricante, que já teve a preocupação de incorporar a sua marca no próprio produto.

Após a avaliação de todos esses critérios e, ainda, após a realização de uma série de provas do calçado, com o objetivo de avaliar se esse irá atender às expectativas, é que o comprador irá se decidir ou não pela aquisição do produto. Porém, somente após a opção pela compra ou, então, durante a prova do calçado, o consumidor terá contato com a embalagem que acondicionava o produto, sendo que, em alguns casos, o cliente ainda opta por não carregar consigo aquele volume adicional.

O que se pode concluir deste exemplo é que, várias vezes, a preocupação com a embalagem de alguns produtos excede, em muito, as funções que essa deverá cumprir. Isso acaba resultando em um maior consumo de materiais e insumos para a sua confecção, resultando, ainda, na elevação do custo da embalagem, além de dificultar a sua disposição final no meio ambiente ou, então, a sua reciclagem.

Por meio dessa simples análise, pode-se verificar que a elaboração de embalagens menos sofisticadas para alguns tipos de produtos é uma grande oportunidade para a prevenção da poluição.

Por outro lado, em outras situações e para outros produtos, a identificação de oportunidades para a aplicação do conceito de Prevenção da Poluição requer a utilização de procedimentos mais complexos e mais bem elaborados, como, por exemplo, a utilização da análise do ciclo de vida do produto, o qual já foi abordado anteriormente.

De um modo geral, podemos concluir que a prevenção da poluição protege a nossa saúde e o meio ambiente, reduzindo a necessidade de nos protegermos dos efeitos adversos da poluição, além de ser uma ferramenta útil na busca de novos procedimentos de produção, visando à maximização do uso dos recursos naturais.

Na Figura 15.6 encontram-se os procedimentos que podem auxiliar na estratégia de prevenção da poluição.

FIGURA 15.6

Procedimentos relacionados à Prevenção da Poluição.

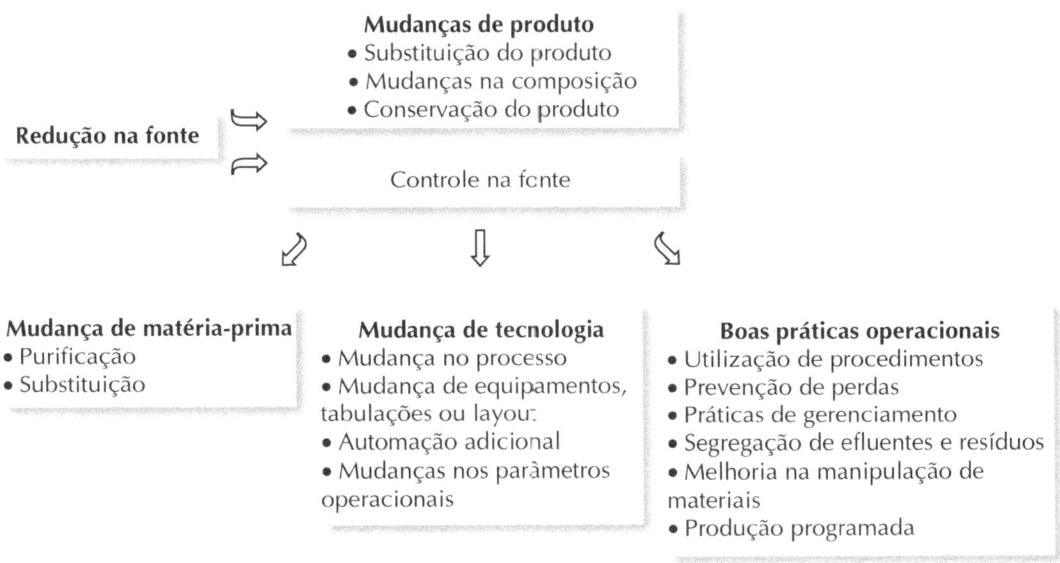

Prevenção da poluição na indústria

O foco da maior parte das pesquisas, atenção pública e ações governamentais relacionadas às atividades de prevenção da poluição recai sobre as indústrias, já que essas são as principais responsáveis pelos problemas de degradação da qualidade ambiental (Phipps, 1995).

A prevenção da poluição, nesse caso específico, pode ser vista como uma forma economicamente vantajosa e estrategicamente sensata para as empresas protegerem o meio ambiente, protegendo a si mesmas de possíveis responsabilidades, infrações legais e despesas desnecessárias ou não previstas. Por outro lado, a implantação de programas de prevenção da poluição pode encontrar algumas barreiras, o que deve ser analisado cuidadosamente.

Com o objetivo de melhor compreendermos os conceitos envolvidos na aplicação dos programas de prevenção da poluição na indústria, a seguir serão apresentados os benefícios potenciais relacionados a sua implantação, bem como as barreiras que podem dificultar essa implantação.

Benefícios potenciais relacionados à implantação dos Programas de Prevenção da Poluição

Dentre os principais benefícios associados aos programas de prevenção da poluição, conforme já mencionado anteriormente, pode-se destacar (Phipps, 1995):

- Redução de Custos;
- Redução da Responsabilidade Legal;
- Melhoria da Imagem Corporativa; e
- Melhoria da Segurança dos Trabalhadores.

Redução de custos

O potencial para a redução de custos e a economia de dinheiro talvez seja um dos benefícios mais atrativos de qualquer programa de prevenção da poluição para as indústrias. A redução na fonte, reciclagem no processo e melhoria na eficiência da utilização de energia podem reduzir a quantidade de insumos e energia necessários ao desenvolvimento dos processos industriais, o que, por sua vez, resultará na redução das despesas da indústria.

Com a substituição de compostos químicos tóxicos por substâncias menos perigosas, podem ser reduzidos tanto os custos relacionados à obtenção e à manipulação dessas substâncias quanto os gastos com os sistemas de controle da poluição gerada por essas substâncias. Por outro lado, reduzindo-se a quantidade de resíduos não perigosos, também reduzem-se custos, principalmente associados a manipulação, transporte e disposição final desses resíduos.

Além do que foi exposto, as atividades de prevenção da poluição também podem reduzir os custos associados com a obtenção de licenças de implantação e operação das indústrias.

Redução da responsabilidade legal

Evitar a geração de poluentes sólidos, líquidos ou gasosos, que poderiam afetar de forma negativa o meio ambiente e a saúde dos seres humanos, é uma das maneiras mais eficientes e sensatas para uma empresa se proteger contra possíveis responsabilidades legais. Isso porque, não existindo o poluente, não existe a possibilidade de ocorrência de qualquer dano ambiental ou problema de poluição.

Com o desenvolvimento de uma legislação cada vez mais restritiva e punitiva, caso específico da Lei de Crimes Ambientais, a adoção de estratégias de prevenção da poluição figura entre as opções mais racionais disponíveis para a indústria.

Melhoria da imagem corporativa

A adoção de programas de prevenção da poluição também pode ser considerada uma excelente ferramenta de relações públicas, pois uma empresa que demonstra um comprometimento para reduzir os impactos negativos sobre o meio ambiente, em razão de suas atividades, poderá desenvolver um relacionamento mais amigável com a comunidade local e com os seus consumidores.

Isso é importante, pois os consumidores e a comunidade em geral estão, a cada dia que passa, se conscientizando dos problemas ambientais associados aos produtos que consomem, dando às empresas a oportunidade de utilizar o seu desempenho ambiental e a sua preocupação com o meio ambiente e com a saúde das pessoas, para melhorar a sua participação no mercado, além de se estabelecer como um membro respeitável na comunidade.

Melhorar a segurança dos trabalhadores

A prevenção da poluição também pode ser um importante componente dos esforços para a melhoria da saúde e segurança dos trabalhadores, já que a substituição de substâncias tóxicas por compostos químicos menos prejudiciais, a redução na emissão fugitiva de solventes orgânicos dos processos produtivos e a minimização da geração de resíduos e efluentes a serem manipulados e dispostos reduzirão o risco de exposição dos trabalhadores ao materiais tóxicos. Isso, por sua vez, resulta em uma melhor condição de saúde ocupacional.

Barreiras associadas à implantação dos Programas de Prevenção da Poluição

Em alguns casos, independentemente dos benefícios que podem ser obtidos com a implantação de um programa de prevenção da poluição, podem existir algumas barreiras associadas à implantação desse tipo de programa em algumas empresas, devendo-se destacar os seguintes (Phipps, 1995):

- Cultura Corporativa e Normas Institucionais;
- Dificuldades para Identificação de Oportunidades de Prevenção da Poluição;
- Custo;
- Falta de Ferramentas e Metodologias de Avaliação;
- Externalidades;
- Falta de Planejamento de Longo Prazo e Tomada de Decisão; e
- Expectativa dos Consumidores.

Cultura corporativa e normas institucionais

A cultura de uma corporação e suas normas institucionais podem ser difíceis obstáculos a serem transpostos para que se possa iniciar as atividades de prevenção da poluição. O comprometimento e a forte liderança dos executivos do alto escalão de uma empresa são fundamentais, da mesma forma que o envolvimento dos trabalhadores dos demais níveis hierárquicos também é importante, pois muitas das idéias para a redução da geração de resíduos e poluentes surgem dos trabalhadores do chão de fábrica, os quais vivenciam diariamente a realidade dos sistemas de produção.

Nesse sentido, há a necessidade de quebra de barreiras hierárquicas, o que pode ser bastante difícil em algumas empresas.

Além do mais, muitas empresas não têm autonomia sobre os procedimentos e processos que desenvolvem, seguindo, na maioria das vezes, as recomendações da matriz — o que também dificulta a implementação dos programas de prevenção da poluição.

Dificuldades para a identificação de oportunidades de Prevenção da Poluição

A proteção ambiental do ponto de vista de uma indústria normalmente refere-se à obediência e concordância com a legislação de controle da poluição ambiental e gerenciamento de resíduos. A idéia de evitar a geração de resíduos e poluentes, embora não seja inovadora, ainda não se tornou uma segunda opção para muitas indústrias, sendo vista como uma atividade opcional — caso existam recursos disponíveis.

Enquanto muitas empresas estão acostumadas a gastar muito dinheiro para adequar as suas emissões aos padrões estabelecidos em normas, a maior parte dessas empresas não investe tempo nem recursos para a identificação de oportunidades de prevenção, as quais muitas vezes necessitam de um estudo mais aprofundado para viabilizá-las.

Tem-se ainda que, tradicionalmente, os engenheiros ambientais ou o pessoal responsável pela área de saúde e segurança são responsáveis pelo gerenciamento dos resíduos e efluentes, além de serem responsáveis pelo atendimento às normas de controle ambiental, desenvolvendo habilidades específicas relacionadas às tecnologias de controle da poluição, no qual o principal foco está relacionado aos subprodutos originados nos processos de produção, após todas as decisões relacionadas ao produto e processo já terem sido tomadas.

Assim sendo, pode ocorrer desse grupo de gerenciamento ambiental não estar familiarizado com os conceitos de prevenção da poluição, o que acaba dificultando a identificação de oportunidades.

Custo

Os programas de prevenção da poluição são sempre apresentados como uma alternativa para a redução de despesas e economia de dinheiro. No entanto, essa redução e essa economia só poderão ser efetivadas e contabilizadas após o investimento de capital e implementação das mudanças nos processos produtivos.

A substituição de uma substância tóxica por um composto menos prejudicial, a melhoria da eficiência energética e a redução de vazamentos nos processos e emissão de poluentes são todas atividades que requerem o investimento de capital, o que, para muitas empresas — principalmente para aquelas de pequeno porte —, não é visto como prioritário.

Falta de ferramentas e metodologia de avaliação

As dificuldades associadas à monitoração do desempenho ambiental de uma empresa podem ser um impedimento para justificar e implementar as atividades de prevenção da poluição, podendo até atrapalhar na avaliação da sua efetividade na redução dos impactos ambientais.

Diferentemente dos critérios tradicionais de avaliação de desempenho, tais como custos, lucratividade, vendas ou níveis de produção, o desempenho ambiental não é medido, sendo que a quantificação da redução de resíduos e o nível de poluentes emitidos podem ser um ponto de partida. Porém, tais medidas podem não ser efetivas para identificar e quantificar os impactos associados à extração de recursos naturais não-renováveis e ao uso ineficiente das fontes de energia.

Além do mais, a medida das quantidades de resíduos ou poluentes produzidos não reflete a sua toxicidade ou o impacto relativo de diferentes tipos de materiais. Talvez muito mais significativo sejam os impactos ambientais associados a um produto, o qual, uma vez distribuído e comercializado, raramente é considerado como parte do desempenho ambiental de uma empresa.

Pode-se mencionar, ainda, a falta de procedimentos analíticos padronizados que facilitem a comparação entre impactos ambientais incomensuráveis, como, por exemplo, emissão de CO_2, degradação de hábitats, substâncias químicas susceptíveis aos processos de bioacumulação e o risco de câncer — o que torna muito difícil priorizar as estratégias de prevenção da poluição e de proteção ambiental.

Externalidades

Externalidades são considerados os custos (ou benefícios) resultantes da ação de consumidores ou produtores, que não se refletem em valores de mercado. A poluição é um exemplo clássico de uma externalidade negativa, pois, na ausência do controle governamental ou de uma resposta dos consumidores, os quais forçam uma empresa a considerar os custos sociais associados às suas atividades lesivas ao meio ambiente, os custos associados aos danos causados permaneceriam externos à empresa e não refletiriam no preço do produto.

Resumindo, a menos que uma empresa seja obrigada a responsabilizar-se pela poluição gerada, essa poluição é gratuita.

Falta de planejamento de longo prazo e tomada de decisão

Os processos de tomada de decisão podem ser uma barreira às atividades de prevenção da poluição, pois, freqüentemente, existem um intervalo de tempo e um investimento de capital nas mudanças associadas à prevenção da poluição, até que ocorram a amortização e o retorno do investimento efetuado. Assim sendo, implementar práticas de prevenção de poluição e medidas de otimização da eficiência pode não parecer economicamente vantajoso para uma empresa que não tem uma visão ou um planejamento de longo prazo.

Expectativa dos consumidores

Enquanto existem algumas evidências de que os consumidores, na sua opção de compra, estão começando a levar em consideração alguns critérios ambientais relacionados ao produto, um produto que possa apresentar características ambientais melhoradas, mas que não atenda a outras necessidades desse mesmo consumidor, acaba sendo esquecido nas prateleiras.

Assim sendo, também é preciso considerar como uma barreira à aplicação das práticas de prevenção da poluição algumas expectativas dos consumidores. Essas, muitas vezes, estão associadas aos níveis de qualidade esperados para o produto, conveniência, confiabilidade e aparência dos produtos que estão sendo adquiridos, que, por sua vez, podem resultar em uma maior produção de resíduos.

O conceito de Prevenção da Poluição no Estado de São Paulo

No Estado de São Paulo, já existem algumas iniciativas referentes aos Programas de Prevenção da Poluição, podendo-se mencionar o programa desenvolvido pela Companhia de Tecnologia de Saneamento Ambiental (Cetesb) — que lançou o Manual para a Implementação de um Programa de Prevenção à Poluição — e o programa desenvolvido pelo Departamento de Engenharia de Produção e Fundação Vanzolini, da Escola Politécnica da USP — que desenvolveu um Manual para a Prevenção de Resíduos na Fonte e Economia de Água e Energia (Epusp; Vanzolini, 1998).

Esses dois manuais abordam as metodologias a serem utilizadas para o planejamento e desenvolvimento de um Programa de Prevenção da Poluição, seguindo-se, como modelo, a estruturação e alguns conceitos estabelecidos nos programas de gestão ambiental, sendo o manual desenvolvido pelo Departamento de Engenharia de Produção e Fundação Vanzolini da USP mais detalhado que o dá Cetesb. Para uma melhor compreensão desses programas de Prevenção da Poluição, na Figura 15.7 é apresentado um fluxograma contendo as principais etapas necessárias ao desenvolvimento de um Programa de P2 (Cetesb, 1998).

FIGURA 15.7

Fluxograma das etapas do desenvolvimento de um programa de Prevenção à Poluição.

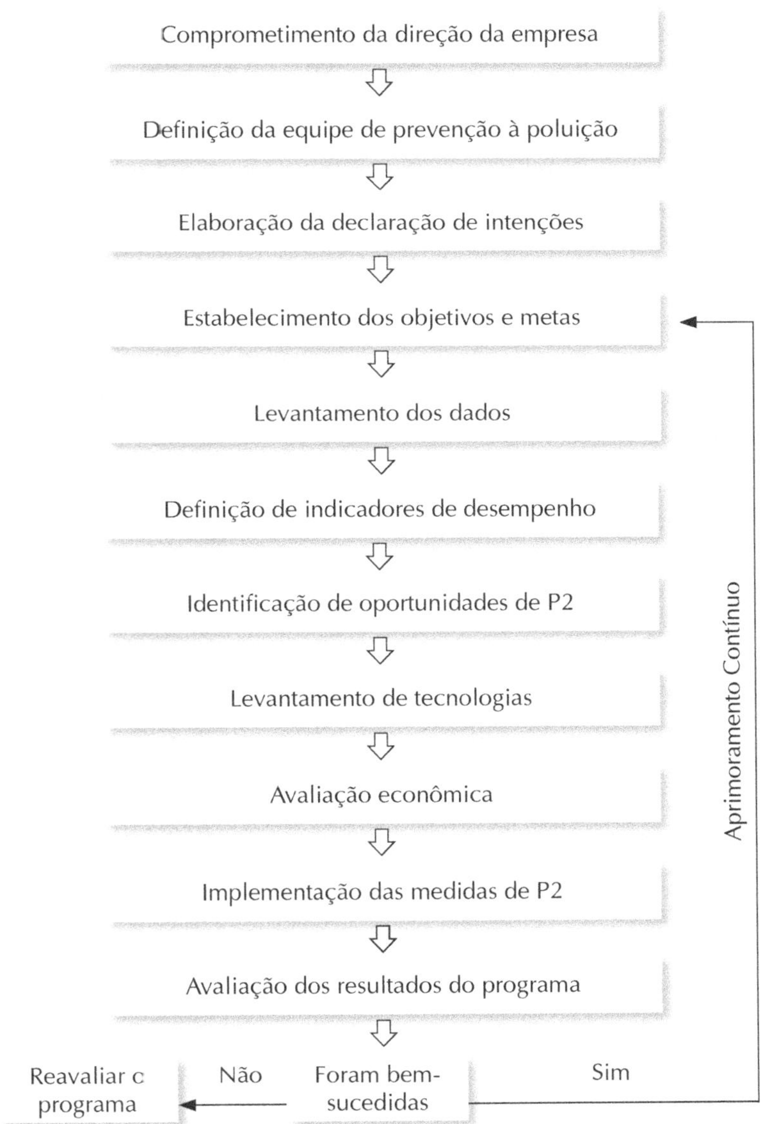

Um ponto importante a ser observado é que o conceito de prevenção da poluição não se aplica apenas às atividades que já se encontram em andamento, sendo também uma ferramenta bastante útil para o desenvolvimento de novos produtos e serviços, visto que a aplicação destes conceitos na fase de projeto é muito mais interessante, pois pode-se de antemão prever todos os impactos que poderiam ser causados pelos diversos processos ou operações a serem desenvolvidos, o que garante uma maior eficácia das medidas de prevenção da poluição, bem como possibilita a adoção de alternativas que apresentem um menor custo, se comparados com os custos necessários para promover alterações em um processo ou sistema que já se encontra implantado e em funcionamento.

Casos de sucesso de prevenção à poluição

Com base na sua atuação junto a algumas indústrias, a Cetesb pôde identificar vários casos de sucesso relacionados à prevenção da poluição, elaborando uma publicação em que esses casos de sucesso são apresentados, alguns dos quais se encontram na Tabela 15.3.

TABELA 15.3

Casos de sucesso de prevenção da poluição (http://www.cetesb.sp.gov.br).

Empresa	Problema Ambiental	Medidas Implementares	Resultados Alcaçados
T R W Automotive Ltda. (2004)	Geração de efluentes com cromo hexavalente.	Desenvolvimento de novo processo de galvanoplastia, substituindo o cromo trivalente, menos tóxico, com um investimento da cromo hexavalente pelo R$ 1.000.000,00.	Redução da toxicidade dos efluentes. Melhoria das condições de trabalho no local. Melhoria da competitividade no mercado internacional.
Mahle Metal Leve S/A (2003)	Geração de efluentes com elevada concentração de níquel.	Desenvolvimento de parceria com fornecedor de matéria-prima, para desenvolver equipamento de recuperação de níquel, com investimento de R$ 65.000,00.	Redução da carga de níquel no efluente. Redução de R$ 10.800,00/ano, para transporte e disposição de resíduos. Recuperação de 3t/ano de hidróxido de zinco e redução de 35% na aquisição de sulfato de zinco, resultando em uma economia de R$ 38.400,00/ano.
Kodak Brasileira Com. Ind. Ltda. (2002)	Consumo excessivo de água em processos de lavagem.	Automatização do sistema de lavagem de reatores, com a implantação de temporizador e condutivímetros, com um investimento de R$ 24.500,00.	Redução no consumo de água em 65% em relação ao ano de 2000, para os reatores modificados. Redução no tempo de lavagem dos reatores, resultando em um ganho de produtividade de 76 h/mês.

(continua)

(continuação)

TEKA — Tecelagem Kuehnrich S/A (1998)	Geração e disposição inadequada de resíduos sólidos.	Substituição de carboximetilamido por carboximeti-celulose no processo de engomagem. Otimização da ETE com retornc de lodo do valo de oxidação para o tanque de carvão ativado.	Economia de R$ 12.000,00/mês e aumento da eficiência no processo de engomagem devido à alteração da matéria-prima. Economia de R$ 10.603,00/mês, referente à redução da carga orgânica enviada a ETE. Redução de 40% dos resíduos sólidos industriais a serem dispostos.

Bibliografia

A GRANDE experiência da Conferência das Nações Unidas sobre o meio ambiente. *Revista Bio*, Rio de Janeiro, edição histórica da ABES, ano IV, jul./set., 1992.

Agência Nacional de Águas – ANA. *A evolução na gestão dos recursos hídricos no Brasil.* Brasília, 2002.

Agência Nacional de Energia Elétrica – ANEEL. *Atlas de energia elétrica do Brasil.* Brasília, 2002.

AMARANTE; BROWER; ZACK e SÁ. *Atlas do potencial eólico brasileiro.* Brasília, 2001.

American Society of Civil Engineers – ASCE. *Sedimention engineering.* Nova York: Vanoni Editor, 1980.

American Water Resourses Association – AWRA. *Water Uses.* Virginia, EUA,1990.

ARAUJO, A. M. C. *Daniel e as aplicações nucleares na medicina.* Brasília, Comissão Nacional de Energia Nuclear – CNEN, s.d.

ARRUDA, N. M. *Arranjos institucionais do controle ambiental.* São Paulo, 1991. Tese (Doutorado). Escola Politécnica da USP – EPUSP.

Associação Brasileira de Normas Técnicas – ABNT. NBR ISO 14.001 *Sistemas de gestão ambiental: Especificação e diretrizes para uso,* 1996.

Associação Brasileira de Normas Técnicas – ABNT. NBR10004 *Resíduos sólidos: Classificação.* São Paulo, setembro,1987.

Associação Brasileira para o Desenvolvimento das Atividades Técnicas e Industriais na Área Nuclear – ABDAN, 1992.

Associação Nacional de Transporte Público – ANTP. *Projeto transporte humano.* São Paulo,1996.

ATR – ATR Multimedia. *Atlas geográfico digital.* São Paulo, distribuído pelo *O Estado de São Paulo,* 1998.

BEAR. J. *Hydraulics of groundwater.* Nova York: Mc Graw Hill, 1979.

BENN, F. R.; MCAULIFFE, A. C. *Química e poluição.* Rio de Janeiro: Livros Técnicos e Científicos, 1975.

BENNETT, S.; FREIERMAN, R.; GEORGE, S. *Corporate realities & environmental truths: Strategies for leading your business in the environmental era.* Chapter 2, John Wiley & Sons, Inc., 1993.

BERTONI, J.; LOMBARDI NETO, F. *Conservação do solo.* São Paulo: Livroceres, 1985.

BOTKIN, D. B.; KELLER, E. A. *Environmental science: Earth as a living planet.* Third edition, John Wiley & Sons, Inc., 2000.

BOUBEL, R. N. et. al. *Fundamentals of air pollution.* 3. ed. Califórnia: Academic Press, 1994.

BRAGA, B. P. F. *An evaluation of streamflow forecasting models for short range multiobjective reservoir operation.* Palo Alto Califórnia, EUA: Stanford University, 1979. Phd Dissertation.

BRAS, R. *Hydrology: An introduction to hydrologic science.* Nova York: Addison-Wesley Pub.Co, 1990. p. 643.

BRASIL. Constituição da República Federativa do Brasil, 1988. São Paulo: Ed. Revista dos Tribunais, 1989.

BRASIL. Resolução Conama nº 357, de 17 de março de 2005. Dispõe sobre a classificação dos corpos d'água e diretrizes ambientais para o seu enquadramento, bem como estabelece as condições e padrões de lançamento de efluentes e dá outras providências. DOU, nº 53, Brasília. 2005.British Standards Institution (BSI). *BS 7750 – Specification for environmental management systems,* 1994.

CANTER, L. W. *Environmental impact assesment.* Nova York: Mc Graw Hill, 1977.

CAPUTO, H. P. *Mecânica dos solos e suas aplicações.* 4. ed. Rio de Janeiro: Livros Técnicos e Científicos S.A., 1981.

CARVALHO, J. F. 'As transformações do combustível atômico'. *Revista Ciência Hoje,* v. 2, nº 12, mai/jun, 1984.

CARVALHO, J. F. *'Lixo atômico: O que fazer?'. Revista Ciência Hoje,* v. 2, nº 12, mai/jun, 1984.

Centro Experimental de Aramar. Coordenadoria dos Projetos Especiais do Ministério da Marinha. Rio de Janeiro, COPESP, 1988.

CHAPRA, S. C. *Water quality modeling.* Nova York: McGraw Hill, 1997, p. 844.

CHOW, V. T. *Handbook of applied hydrology.* Nova York: McGraw Hill, 1970.

COELHO, F. S.; VERLENGIA, F. *Fertilidade do solo.* São Paulo, Instituto Campineiro de Ensino Agrícola, 1976.

COHON, J. L.; Marks, D. H., *A review and evaluation of multiobjective programming techniques.* Water Resource Research, v. 11, nº 2. Washington, DC, Geophysical Union, 1975.

Comissão Nacional de Energia Nuclear – CNEN. CNEN–NE-3.01. *Diretrizes básicas de radioproteção,* agosto, 1988.

Comissão Nacional de Energia Nuclear – CNEN. CNEN-NE-6.05. *Gerência de rejeitos radioativos em instalações radioativas,* dez. 1985.

Comissão Nacional de Política Urbana – CNPU Instituto de Pesquisas Econômicas – IPEA. *Proposições básicas para uma política brasileira pública.* Rio de Janeiro, agosto, 1978.

COMMONER, B. *Theats to the integrity of nitrogen vycle: Nitrogen in soil, water atmosphere and precipitation, Global effects of environmental pollution.* Dordrecht, Reidel ed., 1970, p. 70-95.

Companhia de Tecnologia de Saneamento Ambiental – Cetesb. *Balanço da Operação Rodízio 96.* São Paulo, 1996.

Companhia de Tecnologia de Saneamento Ambiental – Cetesb. *Consolidação do inventário de fontes (incluindo os municipais), e de locais de tratamento e disposição final de resíduos sólidos,* 1997.

Companhia de Tecnologia de Saneamento Ambiental – Cetesb. *Manual para a implementação de um programa de prevenção à poluição,* 1998.

Companhia de Tecnologia de Saneamento Ambiental – Cetesb. *Relatórios de qualidade ambiental.* Série Relatórios, Secretaria do Meio Ambiente. São Paulo, 1996.

Companhia de Tecnologia de Saneamento Ambiental – Cetesb. *Relatório anual de qualidade do ar.* São Paulo, 1996.

Companhia de Tecnologia de Saneamento Ambiental – Cetesb. *Relatório de qualidade do ar no Estado de São Paulo – 2003.* Série Relatórios – Secretaria de Estado do Meio Ambiente, 2004.

Companhia de Tecnologia de Saneamento Ambiental – Cetesb. *Relatório anual de qualidade do ar, 1996.* Série Documentos. São Paulo, 1997.

Companhia de Tecnologia de Saneamento Ambiental – Cetesb. *Resíduos sólidos industriais na Região Metropolitana de São Paulo.* Encontro Técnico. São Paulo, CETESB, julho, 1990.

Companhia de Tecnologia de Saneamento Ambiental – Cetesb. *Resíduos perigosos Na Região Metropolitana de São Paulo.* São Paulo, 1990.

Companhia de Tecnologia de Saneamento Ambiental – Cetesb. *Respira São Paulo.* São Paulo, 1996.

Conselho Nacional do Meio Ambiente – Conama, Brasil. *Resolução de 28.06.1990 – Padrões de Qualidade do Ar,* Brasília, 1990.

Conselho Nacional do Meio Ambiente – Conama, Brasil. *Resolução nº 20.* Brasília, 1976.

Conselho Nacional do Meio Ambiente – Conama, Brasil. *Resolução nº 001.* Brasília, 1986.

COSTA, C. A. R. et al. *Noções básicas de radioproteção.* São Paulo, Instituto de Pesquisas Energéticas e Nucleares – IPEN, Centro Nacional de Energia Nuclear – CNEN, jun, 1986.

DAJOZ, R. *Ecologia geral.* Rio de Janeiro: Editora Vozes, 1983, p. 472.

DAVIS, M. L.; CORNWELL, D. A. *Introduction to environmental engineering.* Nova York: McGraw Hill, Inc., 1991.

Departamento Nacional de Produção Mineral – DNPM. *Balanço nacional de produção mineral, 2001.*

DUNCAN, A. *bibliographic teaching outline, introductory pollution prevention materials: National pollution prevention center for higher education.* December, 1994.

EAGLESON, P. S. *Dynamic Hydrology.* Nova York: McGraw Hill, 1970.

Eletric Power Research Institute (EPRI). *Radwaste desk reference. Volume 1: Dry active waste.* EPRI NP-7386. Volume 1. Project 2414-23. Final Report, june 1991.

Eletrobras – *Plano nacional de energia elétrica 1993/2015.* Relatório Executivo, Síntese. Rio de Janeiro, Eletrobras, 1995, vol 1.a.

Eletrobras. Ministério das Minas e Energia. *GCPS – Plano Decenal de Expansão 1996/2005,* 1995 b. Rio de Janeiro, Eletrobras.

Empresa Brasileira de Planejamento de Transporte – Geipot. *Anuário estatístico dos transportes – 2000.* Sistema de Informações do Anuário Estatístico dos Transportes. Ministério dos Transportes, 2001.

Environment Programme – UNEP/ United Nations Development Programme – UNDP/ World Resources Institute – WRI/ World Bank e Oxford University,1998, 369 p.

Environmental Protection Agency – EPA. *Pollution prevention (P2) education toolbox – tools for helping teachers integrate P2 Concepts in the classroom.* United States Protection Agency – EPA-905-F-97-011. Agosto, 1997.

EPUSP; Fundação Vanzolini. *Prevenção de resíduos na fonte e economia de água e energia: Manual de avaliação na fábrica.* Escola Politécnica da USP. São Paulo, 1998. (Texto disponível na Internet.)

FETTER, C. W. *Contaminant hydrogeology.* Nova York: Macmillan Publishing Company, 1993.

GAINES, M. *Energia Atômica.* Coleção Prisma Editora da Universidade de São Paulo e Editora Melhoramentos. Tradução de Atomic Energy. São Paulo, 1969.

GOLDENBERG, J. 'Energia e desenvolvimento'. *Revista Estudos Avançados,* do Instituto Estadual de Estudos Avançados e Universidade de São Paulo, v. 12, n. 33, p. 7-15. São Paulo, maio/ago.1998.

GOUVÊA, Y. M. G. *Curso sobre Legislação Ambiental.* São Paulo, Cetesb, 1988.

Governo de São Paulo. Secretaria do Meio Ambiente. *Por um transporte sustentável: Documentos ambientais. Documento de Discussão Pública*. São Paulo, 1997.

HANSEN, J; LEBEDEV, S. *Global trends of measures surface air temperature*. s.l/s.d.

HARDIN, G. 'The tragedy of the commons'. *Science*, v. 162, p. 1243-1248, 1968.

HARRINGTON, H. J.; KNIGHT, A. *A implementação da ISO 14.000: Como atualizar o Sistema de Gestão Ambiental com eficácia*. Tradução Fernanda Góes Barroso e Jerusa Gonçalves de Araújo. São Paulo: Editora Atlas, 2001

HENRY, J. G.; HEINKE, G. W. *Environmental Science and Engineering*. Nova Jersey: Prentice Hall Inc., 1989.

HUNGRIA, H. *Manual de Otorrinolaringologia*. Rio de Janeiro: Editora Guandsao Koogan, 1973.

Instituto Brasileiro de Geografia e Estatística – IBGE. *Anuário Estatístico*. Brasília, DF, 1991.

Instituto Brasileiro de Geografia e Estatística – IBGE. *Anuário Estatístico*. Brasília, DF, 1995.

Instituto de Pesquisas Tecnológicas – IPT. *Manual de gerenciamento integrado de lixo urbano*. São Paulo, IPT/CEMPRE, 1995.

KANN, Z. *Produção de energia elétrica através de energia nuclear e seus impactos ambientais*. Palestra proferida na Escola Politécnica da USP – EPUSP, São Paulo, 1993.

KEENEY, R.; RAIFFA, H. *Decisions with multiple objectives: Preferences and value trade-offs*. Nova York: John Wiley, 1976.

KORMONDY, E. D. *Concepts of ecology*. 2. ed. Englewood Cliffs: Prentice-Hall, Inc., 1976.

KUPCHELLA, C. E.; Hyland, M. C. *Environmental science:Living within the system of nature* 2. ed. Massachusetts: Allyn and Bacon Publishers, 1989.

LAPPE, F. M.; COLLINS, J. *Food first*. Boston: Houghton Mifflin, 1977.

LEÃO, M. L. G. *A problemática dos lixos perigosos*. Palestra proferida na Escola Politécnica da USP – EPUSP. São Paulo, 1991.

Legislação Federal. *Controle da poluição ambiental* (atualizada até junho de 1992). São Paulo, Cetesb, 1992.

Leis, Decretos, Legislação Federal. *Controle da poluição ambiental* (atualizada). São Paulo, Cetesb, 1994.

LEPSCH, I. *Solos: Formação e conservação*. São Paulo: Edições Melhoramentos/EDUSP, 1977.

Limpurb. *Caracterização gravimétrica e físico-química dos resíduos sólidos domiciliares do município de São Paulo*. Secretaria Municipal de Serviços e Obras. Prefeitura do Município de São Paulo, 2003.

LOBOS, T. *Os segredos do átomo*. Rio de Janeiro: COPESP – Coordenação dos Projetos Especiais do Ministério da Marinha, 1988.

MACHADO, P. A. L. *Direito ambiental brasileiro*. 4ª ed. revista e ampliada. Malheiros Editores, 1992.

MAIDMENT, D. H. *Handbook of hidrology*. Nova York: Mcgraw Hill, 1993.

MEISSER, M. *Acustica de los Edificios*. Barcelona: Editores Técnicos Associados, 1973, p. 253.

MILARÉ, E. *Legislação Ambiental do Brasil*. São Paulo: Edições APMP, 1991.

MILLER, G. T. *Living in the environment*. Califórnia: Wadsworth Pub. Inc., 1985.

MILLER, G. T. *Sustaining the Earth: An integrated approach*. Califórnia: Wadsworth Pub.Co., 1994.

Ministério das Minas e Energia – MME. *Balanço Energético Nacional*. Brasília, 2003.

MOTTA, A. M. T.; OLIVEIRA, L. F. S. 'Um reator nuclear pode explodir?' *Revista Ciência Hoje*, v. 2, nº 8, set./out., 1983.

MUKAI, T. *Direito ambiental sistematizado*. Rio de Janeiro: Forense Universitária, 1992.

MUNASINGHE, M. *Environmental economics and sustainable development*. Washington D.C, World Bank Environment, 1993. Paper Number 3.

MUNN, R. E. *Environmental Impact Assesment*. Nova York: John Wiley and Sons, 1975.

MURGEL BRANCO, S.; ROCHA, A. A. *Ciências do ambiente para universitários*. São Paulo, Cetesb, 1980.

NEBEL, B. J. *Environmental science: The way the world works*. EngleWood Cliffs: Prentice Hall, Inc., 1981.

NUCCI, N. L. R. et al. *Tratamento de esgotos municipais por disposição no solo e sua aplicabilidade no Estado de São Paulo*. São Paulo, Fundação Prefeito Faria Lima, Centro de Estudos e Pesquisas Municipais, 1978.

ODUM, E. *Fundamentals of ecology*. 3. ed. Toronto, W.B. Saunders, 1971.

ORSINI, E. Q. *Sistema de abastecimento de água*. São Paulo, Escola Politécnica da USP – EPUSP, 1994. (Apostila de PHD-412).

PERKINS, H. C. *Air pollution*. Nova York: McGraw Hill, 1974.

PHIPPS, E. *Pollution prevention: Concepts and principles, introductory pollution prevention materials. National Pollution Prevention Center for Higher Education*. Setembro, 1995

PORTO, M. F. A. *Sensibilidade de modelos de estratificação térmica e dados de radiação solar*. São Paulo,1993. Tese (Doutorado) – Escola Politécnica da USP – EPUSP.

RAMADE, F. *Élements d'ecologie appliquée*. Paris, Ediscience, 1974.

Rau, J. G.; Wooten, D. C. *Environmental impact analysis handbook*, Nova York: Mc Graw-Hill, 1980.

RAVEN P. H. et al. *Enviroment US*. EUA: Saunders College Publishing, 1995.

ROWLAND, F. S. *Chlorofluorcarbons and the deplation of stratospheric ozone*. American Scientist, v. 77, p. 36-45, 1989.

RZYSKI, B. M. *Controle de qualidade no gerenciamento de rejeitos radioativos*. São Paulo, Publicação IPEN – 237 – Instituto de Pesquisas Energéticas e Nucleares, 1989.

SALVADOR, N. N. B. *Avaliação de impactos sobre a qualidade dos recursos hídricos*. São Paulo, 1989. Tese (Doutorado) – São Carlos: E.E.S.C. da USP – Universidade de São Paulo.

Secretaria do Meio Ambiente (SMA). ISO 14.000, *Sistema de gestão ambiental, entendendo o meio ambiente*. Volume XIV. Governo do Estado de São Paulo, p. 71, mar. 1998.

Secretaria do Meio Ambiente. *Manual de Orientação EIA – Estudo de Impactos Ambientais e RIMA – Relatório de Impacto Ambiental*. São Paulo, Secretaria do Meio Ambiente do GESP, 1992.

SHIKLOMANOV, L. A. *Global water resources: In nature and resources*. Paris: UNESCO, 1990. Vol. 26 p. 34-43.

SILVEIRA, R. S. A.; MOREIRA, I.V.D. *Estudos de impacto ambiental e relatório de impactos ambientais: Métodos e técnicas*. Rio de Janeiro, ABES, 1987. (Curso mimeografado).

SMA, *Por um transporte sustentável*. Documento de Discussão Pública, Documentos Ambiental, GESP, fevereiro, 1997.

SMA, Resolução nº 42, 29.12.94.

SORENSEN, J. C. *A framework for the identification and control of resource degradation and conflict in the multiple use of coastal zone*. Califórnia, 1971. Tese (Mestrado). Master's Thesis. Dept. of Landscape Architecture, Univ. Califórnia: Berkeley.

SOUZA, J. A. M. *A energia nuclear para proteção do meio ambiente*. São Paulo, ABDAM – Associação Brasileira para o Desenvolvimento das Atividades Técnicas e Industriais na Área Nuclear, 1992

STREETER, H. S.; PHELPS, E.B. *A study of the pollution and natural purification of the Ohio river, III Factors Concerning the Phenomena of Oxidation and Reaeration*, 1925. U.S. Public Health Center, Pub. Health Bulletin, nº146.

SUAREZ, A. A. *Embalagem para transporte e deposição final de rejeitos radioativos*, 1989. (Publicação IPEN – Instituto de Pesquisas Energéticas e Nucleares nº 240).

SUAREZ, A. A. *Tratamento de rejeitos radioativos no instituto de pesquisas energética e nucleares*, 1989. (Publicação IPEN – Instituto de Pesquisas Energéticas e Nucleares nº 238).

TCHOBANOGLOUS, G.; SCHROEDER, E. D. *Water quality*. Massachusetts: Addison-Wesley Publishing Company, Reading, 1987.

The Global Tomorrow Coalition 1990, *The Global Ecology Handbook*, Beacon Pres, Boston.

The safe disposal of hazardous wastes. World Bank,Technical Paper Number 93, palestra proferida na EPUSP e texto datilografado. EPUSP, 1991.

TUTELA jurídica. *Revista Bio*, Rio de Janeiro, nov./dez. 1989.

United Nations Development Programme, United Nations Environment Programme, World Bank, World Resources Institute. 2003.

United Nations Environment Program – UNEP. *The greenhouse gases*. Washington D.C., 1988.

United Nations Environment Program – UNEP. *The ozone layer*. London, Butterworth, 1987.

United States Environmental Protection Agency – USEPA. Washington D.C, *Code of Federal Regulations*, 1989, 40 CFR 260.

VÁRIOS. Autos de Goiânia. *Revista Ciência Hoje*, suplemento, v. 7, nº 40.

VASCONCELLOS, E. *Transporte urbano nos países em desenvolvimento: Reflexões e propostas*. São Paulo, FAPESP, Ed. Unidas,1996.

WELFORD, R. *Green marketing and ECO-Labelling*, chapter 7 of environmental strategy and sustainable development / The corporate challenge for 21st century. Routtedge, London, 1995.

WISCHMEYER, W.H.; SMITH, D.D. 1960, *A universal soil-loss equation to guide conservation form planning*. In: 7º Congresso Internacional de Ciência do Solo, Madison, Wisconsin.

World Resources Institute – WRI. *World Resources 2002-2004: Decisions for the Earth: balance, voice, and power*.

World Resources Institute. *A guide to the global environment*. Nova York. United Nations

Internet

Ambiente,1999. Disponível em :<http://www.ambiente.sp.gov.br>. Acesso em: 13 ago. 2004

American Meteorological Society – AMS. *Legislation – a look at U.S. air pollution laws and their amendments: Clean air acts of 1955, 1963, 1970, 1990.* Disponível em <http://www.ametsoc.org/sloan/cleanair/cleanairlegisl.html>. Acesso em: 13 ago. 2004.

Bureau of Labor Statistics – BLS. *Hystory of BLS and health statistical programs.* U.S. Department of Labor. Disponível em : <http:// www.bls.gov/iif/oshhist.htm>. Acesso em: 13 ago. 2004.

Cetesb,1998. Disponível em : <http://www.cetesb.br>. Acesso em: 13 ago. 2004.

Comissão Nacional de Energia Nuclear – CNEN. *A história da energia nuclear.* Apostilas. Disponível em : <http:// www.cnen.gov.br/ensino/apostilas.asp>. Acesso em: 19 jul. 2004.

Departamento Nacional de Produção Mineral – DNPM. *Balanço Nacional de Produção Mineral,* 2001. Disponível em : <http:// www.dnpm.gov.br/dnpm_legis/bmb2001.html>. Acesso em: 13 ago. 2004.

EPA 1 – EPA OZONE SCIENCE, 1999. Disponível em : <http://www.epa.gov/students/ozone_depletion.html>. Acesso em: 13 ago. 2004.

EPA 2 – National Ambient Air Quality Standards – NAAQS, 1999. Disponível em : <http://www.epa.gov/airs/ criteria.html>. Acesso em: 13 ago. 2004.

HELOU, G. *Conforto e meio ambiente.* Faculdade de Belas Artes/notas de aula /. Instituto Brasileiro de Geografia e Estatística – IBGE. *Anuário Estatístico.* Brasília, DF, 1996. Disponível em <http://www.ibge.gov.br>. Acesso em: 13 ago. 2004.

International Organization for Standardization – ISO. *Environmental management: The ISO 14.000 family of international standards.* 2002 edition.Disponível em < http://www.iso.org/iso/en/prods-services/otherpubs/iso14000/ index.html>. Acesso em: 13 ago. 2004

IPEA, Informações estatísticas, 1999.Disponível em: <http://www.ipea.gov.br>. Acesso em: 13 ago. 2004.

Population Reference Bureau, 2000. Disponível em: <http://www.prb.org/>. Acesso em: 13 ago. 2004

UN – Revision of the World Population Estimates and Projections,1998. Disponível em: <http://www.undp.org/popin/>. Acesso em: 13 ago. 2004.

UN – The World at Six Billion, 1999. Disponível em : <http://www.undp.org/popin/>. Acesso em: 13 ago. 2004

Índice